普通高等教育土建学科专业“十一五”规划教材
高等学校工程管理专业规划教材

国际工程索赔

INTERNATIONAL PROJECT CLAIMS

天津大学　陈勇强　张水波　编著

中国建筑工业出版社

图书在版编目（CIP）数据

国际工程索赔/陈勇强，张水波编著．—北京：中国建筑工业出版社，2008

普通高等教育土建学科“十一五”规划教材．高等学校工程管理专业规划教材

ISBN 978-7-112-09843-9

Ⅰ．国…　Ⅱ．①陈…②张…　Ⅲ．对外承包-索赔-高等学校-教材　Ⅳ．F752.68　D996.1

中国版本图书馆CIP数据核字（2008）第068940号

普通高等教育土建学科专业“十一五”规划教材

高等学校工程管理专业规划教材

国际工程索赔

INTERNATIONAL PROJECT CLAIMS

天津大学　陈勇强　张水波　编著

*

中国建筑工业出版社出版、发行（北京西郊百万庄）

各地新华书店、建筑书店经销

北京红光制版公司制版

北京富生印刷厂印刷

*

开本：787×1092 毫米　1/16　印张：20½　字数：512 千字

2008 年 6 月第一版　2019 年 11 月第八次印刷

定价：**34.00** 元

ISBN 978-7-112-09843-9

（16547）

国际工程索赔是国际工程项目管理水平的综合体现，是一门跨学科的专业知识。本书以国际工程索赔的处理流程为主线，系统地论述了国际工程索赔的理论和相关基本概念；以FIDIC合同条件为例，论述了索赔的合同依据；对索赔基础工作——组织保障和文档资料的管理作了专题论述；深入分析了工期索赔和费用索赔的模型和计算方法；给出了索赔报告的一般编写结构和编写技巧；对索赔争端解决替代方式和最终解决途径——仲裁进行了详细的介绍。书中专门分析了国际工程索赔常见的典型索赔问题，大量引用了国际工程实践中的真实索赔案例。

本书可以作为高等学校工程管理及相关专业学生的教材，也可供从事国际工程管理的专业人员在工作中参考学习。

为更好地支持相应课程的教学，我们向采用本书作为教材的教师免费提供教学课件，有需要者可与出版社联系，邮箱：jgkejian@163.com。

* * *

责任编辑：牛 松 王 跃
责任设计：董建平
责任校对：刘 钰 王金珠

前　言

随着国际工程市场的迅猛发展、我国加入世界贸易组织和我国政府“走出去”战略的实施，我国在国际工程市场的开拓取得了令人瞩目的成绩，对外承包工程完成营业额、新签合同额分别从2001年的89亿美元和130亿美元增长到2007年的406亿美元和776亿美元，而且承揽的大型总承包项目越来越多，对外投资项目也逐年增多。但同时也应看到，这些项目中有相当一部分的效益并不理想。要真正占领国际工程市场，还需要加强国际工程项目的精细化管理，而实现国际工程项目精细化管理的关键又在于人才，但我国高水平的国际工程项目管理人才尤其是合同与索赔管理人才极其匮乏。在这种背景下，近年来国内各高校工程管理专业迅速发展，机构和企业相关培训需求激增，对相关教材也提出了很高的要求。我们很荣幸承担了普通高等教育土建学科专业“十一五”规划教材《国际工程索赔》的编写任务。在本书的立项过程中我们就查阅了大量国内外与工程索赔有关的资料、文章和书籍，尤其在看到已经有大量的相关书籍出现时，深感要真正写好本书并得到读者的认可是多么的不容易。好在我们在本书的编写过程中得到了多方面的支持和帮助。

首先要感谢中国水利电力对外公司原副总经理、水利部外事司原副司长、中国灌溉排水国家委员会副主席梁鑑先生。本书作者之一陈勇强有幸在梁总的指导下于1995年参加了《国际工程施工索赔》一书的编写。在2002年《国际工程施工索赔》第二版出版之际，梁总写了一封语重心长的长信，希望作者能够接替他将此书改进、发扬光大。这封信作者一直珍藏着，同时也感到愧对梁总，因为在这个较为浮躁且有很多外界诱惑的环境中，总能找出未能及时完成此书的理由。本书名为《国际工程索赔》，保留和引用了很多《国际工程施工索赔》中的案例，希望能在继承《国际工程施工索赔》优良传统的基础上有所突破和创新。

同时，还要感谢天津大学何伯森教授，他一直对我国国际工程管理事业无私倾注着自己的心血，常常提醒我们这些已经成为一线骨干教师的他的学生不要愧对自己的职业，要多培养出优秀的人才回报国家和社会。本书也正是在他的关心和指导下完成的，在编写过程中，本书大纲几易其稿，每一稿他都提出了很多指导性和具体的修改建议。

小浪底水利枢纽工程是大型国际工程，其索赔的处理过程极具代表性和借鉴意义。本书作者之一张水波曾参加了小浪底工程业主向承包商的反索赔工作。我们的校友，小浪底水利枢纽建设管理局曹应超总经济师和张鸿喜高级工程师是小浪底工程的建设者和管理者，也是本书的直接参与者。他们为本书提供了小浪底工程的一手资料和实际案例，极大地丰富了本书的内容，使读者阅读本书时如身临其境，可以对大型国际工程索赔有更深刻的认识。

本书两位作者多年来一直从事国际工程项目管理、国际工程招标投标与合同管理、国际工程索赔管理等的教学和研究工作，主持多项国家和部委的相关研究课题；均直接参加过国外大型国际工程的项目管理工作；同时，为多家大型国际工程业主、咨询和承包单位进行过多次专题培训，并为多项国内外大型国际工程项目提供了相关的咨询服务。本书可以说是作者这些年从事国际工程项目合同与索赔管理心得和成果的总结，希望能和读者一起分享。

还需说明的是，天津大学管理学院工程管理系吕文学承担了《国际工程承包》、张水波承担了《国际工程合同管理》的编写工作。这两本书同属普通高等教育土建学科专业"十一五"规划教材，和本书一起同步编写，这三本书互相补充、自成体系。在本书的编写过程中也采纳了吕文学副教授提出的很多建设性意见。

为本书编写作出贡献的还有我们的研究生：王向飞、汪智慧、华心萌、胡佳、朱星宇和马晓苹等。他们在项目调研、案例收集、书稿整理、图表制作和文字排版等方面做了大量辛苦而细致的工作。他们是本书的参与者也是第一批读者，他们从学生的视角对本书提出的建议和意见相信对在校学生使用本书会很有帮助。

还要感谢本书参考文献中所列著作和文章的所有作者。

为方便读者阅读本书，现介绍一下本书的编写思路和结构。本书以国际工程索赔处理的流程为主线，共分为12章，各章之间的关系如图1所示。读者可以根据自己的水平和需要，按此图有选择地阅读此书。本书收集吸纳了大量实际的国际工程索赔案例，共计65个。在保持这些案例内容不变的前提下，本书对案例进行了初步标准化处理，多数案例附有参考性评述。为方便读者直接阅读案例，书中附有案例索引目录。本书作者多年来

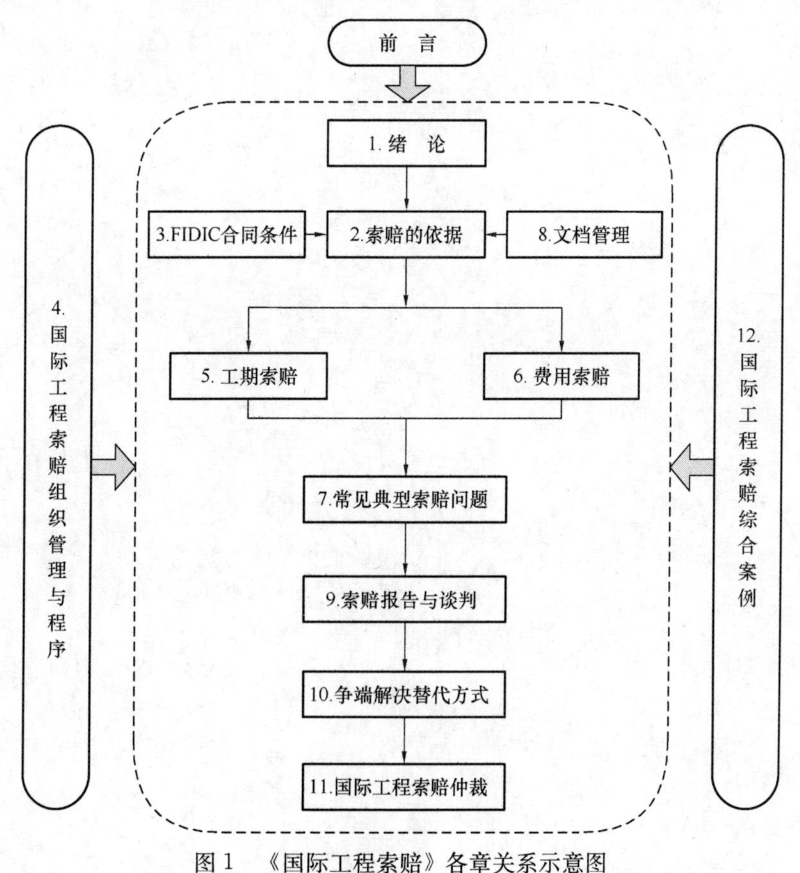

图1　《国际工程索赔》各章关系示意图

对 FIDIC 系列合同条件有比较深入的研究，在本书写作过程中以 1999 版 FIDIC 系列合同条件为基本依据贯穿各章内容。

谨以此书献给国际工程管理界的同仁，也献给已经成为我们同行的我们的学生们和我们未来的学生们。本书还会存在不足之处，但可以肯定的是本书还将改进再版，希望在下一版的内容中有你们的参与和支持。对本书有任何意见和建议，请随时和我们联系，可发信至 symbolpmc@vip. sina. com。

陈勇强、张水波

2008 年春于天津大学

目　　录

《国际工程索赔》案例目录

第一章　绪　　论

本章首先介绍了国际工程、国际工程项目管理、国际工程项目管理与承包模式、国际工程合同支付模式、国际工程参与方、国际工程索赔等基本概念，阐述了国际工程索赔管理与国际工程项目管理、合同管理之间的关系。然后介绍了国际工程索赔常用的分类方法，论述了国际工程索赔的重要意义。这些内容为本书后续章节讨论和分析国际工程索赔问题奠定了基础。

第一节　国际工程概述

一、国际工程与国际工程项目管理

1. 国际工程的概念

国际工程（International Project）是指一个工程项目的可行性研究、融资、设计、采购、施工与安装、验收移交和运营等多个阶段的参与方来自不止一个国家或国际组织，并且按照国际上通用的工程项目管理模式、规则和理念进行管理的工程。

2. 项目的概念

“项目”一词已经越来越多地被应用于社会经济、文化和生活等各个领域。ISO10006定义项目为：“具有独特的过程，有开始和结束日期，由一系列相互协调和受控的活动组成。过程的实施是为了达到规定的目标，包括满足时间、费用和资源约束条件。”

美国项目管理学会（PMI）在其项目管理知识体系指南（A Guide to the Project Management Body of Knowledge，以下简称 PMBOK）2004 版中定义项目为：“项目是为完成某一独特的产品或服务所作的一次性努力。”

3. 国际工程项目管理

PMI 的 PMBOK2004 版对项目管理进行了如下的描述：“项目管理就是把各种知识、技能、手段和技术应用于项目活动之中，以达到项目的要求。项目管理是通过应用和综合诸如启动、规划、实施、监控和收尾等项目管理过程来进行的。”

PMI 的 PMBOK2004 版指出项目管理包括：集成化管理、范围管理、工期管理、费用管理、质量管理、人力资源管理、沟通管理、风险管理和采购管理九个方面的职能。作为国际工程项目管理还应在此基础上增加以下内容：健康管理、安全管理和环保管理（HSE），以及贯穿项目各个管理职能的信息管理，如图 1-1 所示。

广义的采购管理包括合同管理，但图 1-1 中将采购管理理解为狭义的工程项目设备和材料的采购管理。图 1-1 中将合同管理单独列出，此处定义的合同管理可包括国际工程项目招标、投标、谈判、合同签订、合同实施过程中的管理（包括索赔管理）直至合同收尾管理。根据国际工程管理实践经验，为了突出了国际工程合同管理的地位，将其放在了国际工程项目管理的核心地位。

图 1-1 国际工程项目各职能管理及其关系示意图

本书所重点论述的国际工程索赔管理属于国际工程合同管理的一部分。同时，国际工程索赔管理又需要几乎其他所有项目管理职能配合完成。

4. 国际工程项目生命周期

由于项目是一次性的工作，它包含一定的不确定性。为有效地进行管理控制，项目经理或组织可以把每一个项目划分成若干个阶段，并与实施该项目组织的日常运作联系起来。这些项目阶段合在一起称为项目生命周期。国际工程项目的生命周期一般可分为五个阶段，如图 1-2 所示。

图 1-2 中从上而下、由左至右的曲线反映了项目早期的投入虽然较少，但其对项目总投资的影响程度却非常高，这种影响程度随着项目的进展而减弱。从另一个角度也可以说明，项目变更所花费的代价将随着项目的进展而增大，即发现问题应及时尽早解决，越早解决所花费的代价就越小。也正是依据此原理，本书提出了国际工程索赔的一个基本理念和原则："凡事及时解决，大事化小，小事化了。"这一点需要工程项目的各参与方谨记。

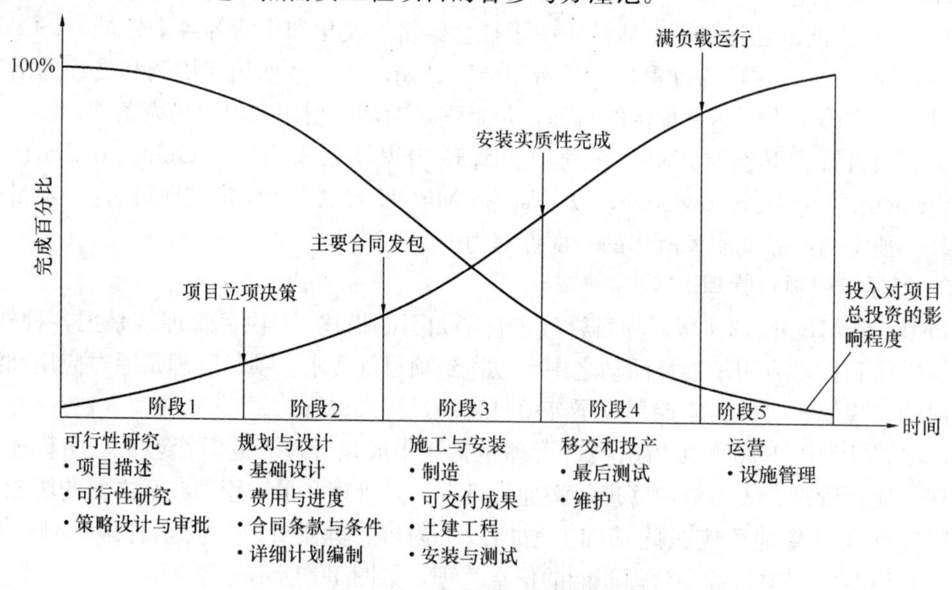

图 1-2 国际工程项目生命周期的划分示意图

二、国际工程项目管理与承包模式

目前，国际工程市场上的项目管理与承包模式呈现多样化发展趋势，其中被广泛采用的模式主要包括：DBB（设计、招标、建造）、DB（设计－建造）、EPC（设计－采购－施工）、BOT（建造－运营－移交）等。由于在不同的模式下国际工程索赔问题的处理不尽相同，所以下面对这几种模式进行简要的介绍。

1. DBB 模式

DBB（Design-Bid-Build，即设计—招标—建造）项目管理与承包模式是一种传统的、同时也是应用比较广泛的模式。在这种模式下，业主委托咨询顾问进行前期的可行性研究等各项有关工作，项目评估立项后，再委托设计公司进行项目的设计，设计基本完成后编制施工招标文件，随后通过招标选择施工承包商。业主和施工承包商签订工程施工合同，同时选择一家项目管理或咨询公司作为其咨询工程师（本书以后简称“工程师”），授权工程师代表业主管理施工承包商，负责有关的项目管理和协调工作。有关工程的分包和设备、材料的采购一般由施工承包商与分包商和供应商直接订立分包与供应合同并组织实施。

DBB 模式的优点有：由于这种模式长期地、广泛地在世界各地采用，因而管理方法较成熟，各方对有关程序都很熟悉；业主可自由选择设计人员，对设计要求可以控制；可自由选择工程师管理工程；可采用各方均熟悉的标准合同文本，以利于合同管理和风险管理。这种模式的缺点是：项目建设周期较长；业主前期投入和管理费较高；业主对工程师控制预算和工期信心常常不足，当出现质量问题时，设计和施工双方互相推诿责任；设计变更或设计图提供不及时，容易引起较多的索赔，业主方的协调管理难度大。

2. DB 和 EPC/交钥匙模式

DB（Design-Build，设计—建造）模式下，业主首先聘用一家专业咨询公司为他研究拟建项目的基本要求，在项目的原则确定之后，业主只需通过招标选定一家公司（DB 总承包商）负责项目的设计和建造等后续工作。这种模式常以总价合同为基础。DB 总承包商经业主同意可以选择设计和其他分包商，当然也可以利用自身设计和施工力量完成工程。

DB 模式的主要优点是：DB 总承包商对整个项目负责，项目责任单一；由于设计与施工可以比较紧密地搭接，有利于在项目设计阶段预先考虑施工因素，从而可减少由于设计的错误或疏忽引起的变更，也避免了设计和施工的矛盾；同时，在选定 DB 总承包商时，把设计方案的优劣作为主要的评标因素，可保证业主得到高质量的工程项目；这种模式下 DB 总承包商可以对分包采用阶段发包方式，能缩短工期，因而项目可以提早投产；业主能节约管理费用，减少利息及价格上涨的影响，并可得到早期的成本保证，对项目总的造价做到心中有数。主要缺点是：业主无法参与设计人员的选择，而且业主对最终设计和细节的控制能力降低。

EPC/交钥匙（Engineering，Procurement and Construction /Turnkey）模式与 DB 模式很相似，它广泛应用于能源类国际工程项目。在国际工程界，对 EPC/交钥匙模式还没有一个公认的统一定义，可以理解为全过程总承包。也有的称之为 D+D+B（Develop + Design + Build）模式，即 EPC 总承包商根据合同要求负责项目的前期策划，提出方案，待业主评估决策后进行设计、采购、施工、安装和调试，直至竣工移交的全套服务。EPC/交钥匙模式的合同关系与 DB 模式基本相同，但可不设工程师，由业主代表对项目直接管理，一般采用固定总价合同，项目主要风险均由 EPC 总承包商承担。该模式的主要优缺点与 DB 模式基本相同。

据美国和英国有关组织的调查分析，DB 和 EPC 模式近些年来发展很快。表 1-1 是美国设计一建造学会的统计和预测数据，表中百分数为各类模式所占市场的份额。由此可以看出，DB与EPC模式已经逐步超过传统DBB模式的市场份额。关于这两种模式的索赔问题研究现有的文献资料还比较少，而本书将其作为重点研究内容之一。

DBB模式与DB/EPC模式市场份额比较　　**表1-1**

年　份	1985	1990	1995	2000	2005	2010	2015
DBB模式	82%	72%	65%	54%	45%	40%	35%
DB和EPC模式	5%	15%	25%	35%	45%	50%	55%

3. 其他国际工程项目管理与承包模式

国际工程承包界新的项目管理与承包模式越来越多，如公私合营伙伴关系包括BOT（Build-Operate-Transfer）建造—运营—移交模式、BOLT（Build-Operate-Lease-Transfer）建造—运营—出租—移交模式、DBFO（Design-Build-Finance-Operate）设计—建造—融资—运营模式、DBO（Design-Build-Operate）设计—建造—运营模式等。这些模式也均可实现设计和建造的一体化，尤其受到发展中国家的欢迎。目前，这些模式的应用范围已由原来的发展中国家扩展到很多发达国家，发达国家使用这些模式主要是看中这些项目管理与承包模式的高效率。

图1-3为上述各种国际工程项目管理与承包模式与项目生命周期之间关系的示意图。

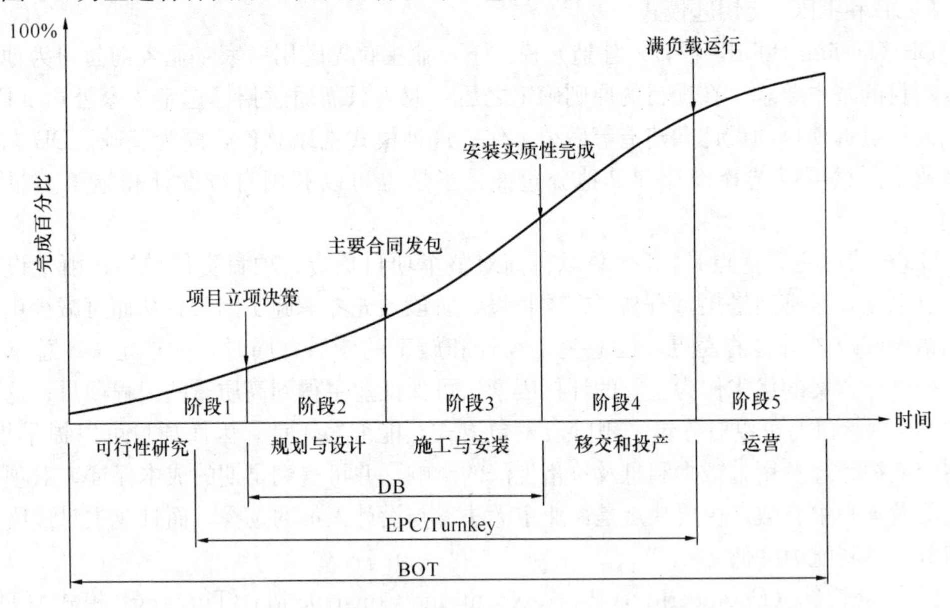

图1-3　常用国际工程项目管理与承包模式与项目生命周期之间关系示意图

三、国际工程合同支付模式的选择

不同的国际工程项目管理与承包模式选择的合同支付模式往往也不同。选择合理可行的合同支付模式可以合理明确地分配合同各方的风险，使项目参与各方的目标达到高度一致，减少业主或承包商投机行为发生的可能性和由此带来的不正当收益，从而成功地完成项目。

1. 国际工程合同支付模式分类

国际工程项目合同支付模式一般可以分为：

➢ 单价合同（又可细分为：估计工程量单价合同和纯单价合同等）；

➢ 总价合同（又可细分为：固定总价合同和固定价格加激励合同等）；

➢ 成本补偿合同（又可细分为：成本加定比酬金合同、成本加固定酬金合同和成本加激励酬金合同等）。

2. 不同合同支付模式下业主和承包商的风险分担

在不同的合同支付模式下业主和承包商分别承担的风险程度是不一样的，图 1-4 表示了几种典型合同支付模式与双方所承担风险的程度。

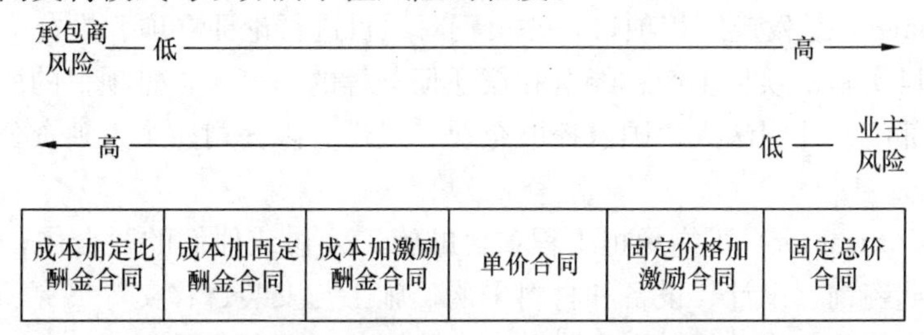

图 1-4　国际工程项目合同支付模式与风险分担

由图 1-4 可以看出，在不同的合同支付模式下业主和承包商所承担的风险是有很大差别的，而且同一个项目业主和承包商所承担的风险是成反比关系的，其中固定总价合同承包商所承担的风险最大，而成本加定比酬金合同业主所承担的风险最大。

合同支付模式的选择还与项目最终交付成果的不确定性（项目设计风险）和项目实施过程的不确定性（项目实施风险）有关。单价合同一般适用于设计和实施风险都较小的情况；总价合同适用于设计风险较小而实施风险较高的情况；而成本补偿合同则适用于二者风险都较高的情况。

如果能比较明确地定义项目的最终交付成果，那么使用总价合同比较合适。这时承包商可以在实施的过程中通过选择合适的施工工艺或者改良施工工艺而获利，业主则不应过多地干涉承包商的实施过程，因为实施过程中业主与承包商有共同的利益。当双方有共同利益时，双方都会自律，管理费用也会大幅度降低。

图 1-5 表明了选择合同支付模式时应该考虑项目最终产品的不确定性和项目实施过程的不确定性。可以看出在项目最终产品的不确定性较高，同时项目实施过程的不确定性也比较高的时候，选用成本补偿合同比较合适。

		产品的不确定性：低	产品的不确定性：高		
过程的不确定性	高	固定价格合同	成本加成合同	高	复杂性
	低	单价合同	此情况尚未研究	低	
		低	高		
		业主提供支持的能力			

图 1-5　国际工程项目合同支付模式与项目实施过程不确定性及产品不确定性的关系

上文所述DBB模式一般选用单价合同，DB和EPC模式一般选择总价合同。BOT模式下工程项目建设阶段一般采用DB或EPC模式。不同的合同支付模式下，对于索赔问题的处理也存在较大的差异。

四、国际工程项目主要参与方

国际工程项目在实施过程中有众多参与方，而国际工程索赔正是在他们之间产生和处理的。下面简要介绍其中的几个主要参与方。

1. 业主

业主（Owner）是发起工程项目，并负责对项目进行论证立项、投资决策分析、筹集资金、组织项目实施、项目生产、经营和偿还债务等的当事人，是项目的所有者。业主机构可以是政府部门、社团法人、国家控股企业、股份有限公司、个人独资公司等。

2. 承包商

承包商（Contractor）可指承担工程项目的施工公司或他们的联合体；也可以是向业主提供项目前期咨询、设计、设备和材料采购、施工与安装、移交等贯穿项目全过程服务的承包公司，一般称之为总承包商，如DB总承包商、EPC总承包商。

3. 工程师

工程师（Engineer）一般指不同领域和项目阶段负责咨询或设计的专业公司和专业人员，是指为业主就某一具体项目管理问题提供有偿技术服务的独立专业工程师，有时也称为咨询工程师或建筑师。

4. 分包商

分包商（Subcontractor）是指经业主同意，总承包商将工程的某一部分通过招标的方式承包给的其他组织或个人。

5. 供应商

供应商（Supplier）是指为工程实施提供工程设备、材料和施工机械的公司或个人。一般而言供应商不参与工程的施工，但是如果设备安装要求比较高，一些设备供应商（有时称为制造商）往往既承担供货，又承担安装和调试工作。

6. 项目融资方

项目融资方（Project Financer）通常为银行、大型企业、保险公司或信托基金等金融机构。项目融资方可以向业主，也可以向承包商有偿提供资金。BOT、DBFO等类型的工程项目则更需要融资方的参与。

一个国际工程项目的实施过程中除了上述参与方外，还有保险公司、当地政府、当地公众等。

第二节 国际工程索赔概述

一、索赔的定义

在朗曼（LONGMAN）辞典中将“索赔”（Claim）定义为：“作为合法的所有者，根据自己的权利提出的有关某一资格、财产、金钱等方面的要求。”

在牛津辞典中“索赔”是要求承认其所有权或某种权利，或根据保险合同所要求的赔款。

美国建筑师学会编制的《业主与承包商标准协议书》（简称 AIA 合同）AIA-A201 4.3条款［索赔与争议］中对索赔进行了如下的定义：索赔是指数方中的一方提出投诉和要求，目的是维护一定的权利，使合同条件得到合理调整或进一步解释，使付款问题获得解决或工期能够延长，或使合同其他条款的争议得到裁决。

通俗地说，索赔就是要求取得本应属于自己的东西，是对自己权利的主动主张。对于国际工程的业主和承包商来说，索赔是维护双方合法利益的权利。承包商可以向业主提出索赔；业主也可以向承包商提出索赔。

二、国际工程索赔与变更

1. 国际工程变更

由于国际工程是一个开放的系统，其受项目参与各方、技术、外部环境等因素的影响非常大，在工程实施过程中发生变更是不可避免的。一般认为国际工程变更（Variation/Change）是指在颁发工程接收证书之前的任何时间，业主通过发布指示或由承包商提交建议书经业主批准对合同原规定的工作范围、质量标准、实施顺序等内容进行的任何更改。变更并没有对合同中业主和承包商的权利、义务作实质性的改动。

2. 国际工程变更与索赔的关系

变更与索赔是既有联系又有区别的两个概念。在国际工程中，若发生变更，则合同双方可按照合同中变更条款的约定来确定变更带来的工期和费用的影响。若双方对所影响的工期和费用达不成一致意见，业主可暂时仅仅支付和延长他认为合理的费用和工期，而承包商则可能对业主未能同意的部分再提出索赔要求。此情况下，合同的变更问题就转化成了一个索赔问题。

三、国际工程索赔管理与项目管理

国际工程索赔管理可以看作是国际工程项目管理中的一个组成部分，与其他管理职能密不可分。索赔的成功建立在国际工程质量、工期、费用和 HSE 等目标成功实现的基础上。如果这些目标未能如期实现，即使按照合同本应得到的索赔权益的获得也会变得异常困难。图 1-6 表示了索赔管理与项目管理其他职能之间的关系。由图 1-6 可以看出，索赔处于此金字塔的顶端，没有下面的基础根本谈不上索赔的成功。

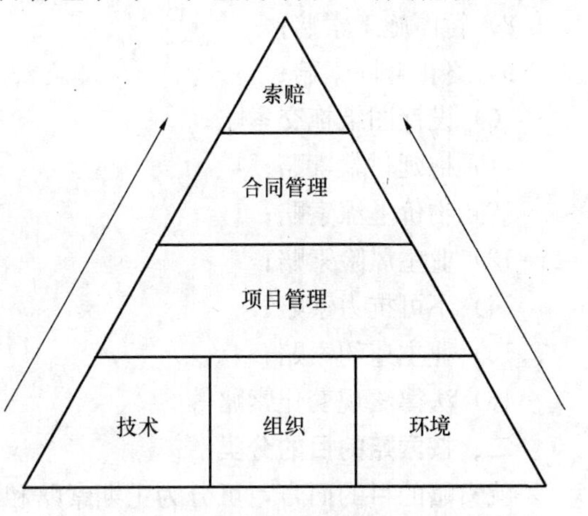

图 1-6 国际工程索赔管理与项目管理其他职能的关系示意图

四、国际工程索赔管理与合同管理

合同的本质是规定合同双方的权利、义务，以及保证实现此类权利和义务的可靠且可操作的程序。合同管理的本质是以合同为保障机制，保证自己一方达到最佳利益，服务于整个项目管理目标。在整个国际工程项目的管理工作中，合同管理处于非常重要的地位。合同管理得好就可以在合同的监督和跟踪过程中发现更多的索赔线索，为索赔提供所需要的证据资料。索赔管理是合同管理的重要组成部分，是合同管理的延续，是解决双方合同争端的独特方法。

第三节 国际工程索赔分类方法

对国际工程索赔进行合理的分类可以明确索赔工作的任务和方向，有效指导索赔工作的开展。关于国际工程索赔的分类方法很多，目前比较常见的分类法大致有6种：

1）按索赔发生的原因分类；

2）按索赔的目的分类；

3）按索赔的合同依据分类；

4）按索赔的对象分类；

5）按索赔有关当事人分类；

6）按索赔的处理方式分类。

一、按索赔发生的原因分类

按引发索赔的原因对国际工程索赔进行分类可以明确地指出每一项索赔的原因，便于索赔的审核分析与处理。

根据国际工程索赔实践，按发生原因提出的索赔主要有：

1）增加（或减少）工程量索赔；

2）地基变化索赔；

3）工期延误索赔；

4）加速施工索赔；

5）不利自然条件或障碍索赔；

6）工程变更索赔；

7）合同文件错误索赔；

8）暂停施工索赔；

9）终止合同索赔；

10）设计图纸拖交索赔；

11）拖延付款索赔；

12）物价上涨索赔；

13）业主风险索赔；

14）不可抗力索赔；

15）业主违约索赔；

16）法律法规变化索赔等。

二、按索赔的目的分类

就索赔的目的而言，可分为工期索赔和费用索赔两类。

1. 工期索赔

工期索赔就是承包商向业主要求延长时间（Claim for Extension of Time，简写为Claim for EOT），使原定的工程竣工日期顺延一段合理的时间。

获得工期补偿的前提是工期延误不是由于承包商的责任造成的，而是由于客观原因或是业主方面的原因导致。合理的工期延长，可以使承包商避免承担“误期损害赔偿费”。如果由于承包商的原因导致计划进度延误，如实际开工日期晚于业主指令的开工日期、施工机械缺乏、物资供应不及时或组织管理不善等，则承包商无权要求延长工期，对此承包商的唯一办法就是自费采取赶工措施（如延长工作时间、增加劳动力和设备、提高工作效率等）把延误的工期赶回来；否则，承包商就必须承担误期损害赔偿费。至于在哪些条件下承包商可以要求获得工期延长，在合同条件中都应该有具体的规定。

2. 费用索赔

本书中所用的“费用索赔”是一个广义的概念，包括成本支出和利润，也可称之为经济索赔。在实际工程实施过程中，如果承包商发生的费用超过了投标报价书中的预算费用，而费用超支的责任不在承包商方面，也不属于承包商的风险范围，则承包商有权向业主要求补偿不应该由承包商承担的经济损失或者额外开支（Losses and Expenses），也就是取得合理的费用补偿，甚至包括合理的利润。

同样，如果由于承包商的原因导致业主发生了额外的费用开支或者遭受了损失，那么业主也有权向承包商要求相应的费用补偿，这是业主向承包商的费用索赔。

三、按索赔的合同依据分类

在处理索赔事件时，可以将索赔分为合同规定的索赔、非合同规定的索赔及道义索赔。

1. 合同规定的索赔

合同规定的索赔（Contractual Claims）是指所提出的索赔要求，在该工程项目的合同文件中有相关明确的规定，要求索赔的一方根据这些规定享有相应的索赔权。凡是依据项目合同文件中的明示条款提出的索赔都属于合同规定的索赔，这类索赔一般处理起来比较容易。

这些在合同文件中有明文规定的合同条款，在合同解释上被称为“明示条款”（Expressed Terms）或“明文条款”。

2. 非合同规定的索赔

非合同规定的索赔（Non-Contractual Claims）亦被称为“超越合同规定的索赔”（Ex-Contractual Claims），指索赔涉及的内容在合同文件中没有专门的文字叙述，但可以根据某些条款的含义，推论出具有一定的索赔权。

这种合同条款通常被称为“默示条款”（Implied Terms）或“隐含条款”。默示条款是一个广泛的合同概念，虽然没有在合同中明确写出，但符合合同双方签订合同时设想的愿望和当时的环境条件。这些默示条款，或者从明示条款所表述的设想愿望中引申出来，经合同双方协商一致；或者从合同双方在法律上的合同关系中引申出来，或被法律或法规所指明，都成为合同文件的有效条款，要求合同双方遵照执行。因此，默示条款为非合同规定的索赔提供了支持。关于明示条款和默示条款在本书第二章将进行详细论述。

3. 道义索赔

所谓道义索赔（Ex-Gratia Claims），是通情达理的业主在目睹承包商为完成某项困难的任务承受了额外费用损失，甚至出现了重大亏损，且承包商出色完成合同义务时，出于善良意愿给承包商以适当的经济补偿，但在合同条款中找不到关于此项索赔补偿的规定。这种经济补偿被称为道义上的支付，或称为优惠支付。道义索赔只在特定的情况下才会出现，是合同双方友好信任的表现。

四、按索赔的对象分类

被索赔的一方（Defendant）是相对于索赔者一方（Claimant）而言的。按照索赔的对象不同，通常把索赔分成两类：索赔（Claims）和反索赔（Counterclaims）。

从广义的含义来说，凡是主动提出权利要求的行为均被称为“索赔”；凡是对此项“索赔”进行反驳、修改或拒绝的行为，均属于“反索赔”。

在国际工程实践中，通常把承包商向业主提出的、为了取得经济补偿或工期延长的要求称为“索赔”；把业主向承包商提出的、由于承包商违约而导致业主经济损失的补偿要求，称为“反索赔”。

承包商向业主提出某种索赔，业主对承包商此项索赔的反驳或拒绝，也可被称为反索赔。《牛津法律指南》中对反索赔的定义是：“由被索赔一方发起的对该项索赔坚持进行检查和处理的行动。它不仅是对该项索赔的防卫和反驳，而且是对索赔者提出实质性索赔的一个独立行动。”

《Construction Claims—A Quantitative Approach》（J. J. Adrian 著）一书在论述业主的反索赔时有这样一段话：“对承包商提出的损失索赔要求，业主采取的立场有两种可能的处理途径：第一，就（承包商）施工质量存在的问题和工期延误，业主可以对承包商提出反要求，这就是业主通常向承包商提出的反索赔。此项反索赔就是要求承包商承担修理工程缺陷的费用。第二，业主也可以对承包商提出的索赔要求进行评审，即按照双方认可的生产率和会计原则等事项，对索赔要求进行分析，最终达成一个业主可以接受的合理款额。”

由此可见，业主对承包商的反索赔包括两个方面：一是对承包商提出的索赔要求进行分析、评审和修正，否定其不合理的要求，接受其合理的要求；其二是对承包商履约中的其他缺陷责任，如部分工程质量达不到技术规范的要求或工期延误等，独立地提出损失补偿要求。

五、按索赔的当事人分类

每一项索赔工作都至少涉及两方面的当事人，即要求索赔者和被索赔者。根据索赔的提出者和对象不同，通常有以下三种不同的索赔。

1. 承包商与业主之间的索赔

承包商与业主之间的索赔是国际工程索赔中最常见的索赔形式。承包商向业主提出工期索赔或费用索赔，业主评审承包商的索赔要求，或者向承包商提出损失补偿的要求，即进行反索赔。

2. 总承包商与分包商之间的索赔

总承包商是向业主承担全部合同责任的签约人，总承包商承担的责任包括分包商向总承包商所承担的那部分合同责任。总承包商和分包商，根据他们之间所签订的合同，都有向对方提出索赔的权利，以维护自己的利益。

分包商向总承包商提出的索赔要求，经过总承包商审核后，凡是属于业主责任范围内的事项，均由总承包商汇总后再向业主提出；凡属于总承包商责任的事项，则由总承包商同分包商协商解决。

分包商向总承包商提出的、属于总承包商责任范围的索赔要求，总承包商通常有反驳、拒绝或者部分承认的权利，这也可以认为是一种反索赔行为。

3. 承包商与供货商之间的索赔

承包商在中标之后，根据合同规定向设备制造厂家或材料供应商询价订货，签订供货合同。供货合同一般规定供货商提供的设备型号、数量、质量标准和供货时间等具体要求。如果供货商违反供货合同的规定而使承包商受到经济损失，承包商有权向供货商提出索赔，反之亦然。

六、按索赔的处理方式分类

根据处理索赔的方式，可将索赔分为单项索赔和综合索赔。

1. 单项索赔

单项索赔是针对某一比较明确的干扰事件提出的索赔，即在每一件索赔事项发生后，报送索赔通知书，编写索赔报告，要求单项解决。通常引起单项索赔的原因单一，避免了多项索赔的相互影响制约，分析较为容易，因此解决起来比较容易。但是当某些单项索赔的索赔额度较大时，处理起来也会很复杂。

2. 综合索赔

综合索赔是将整个工程（或某单项工程）中所发生的数项索赔事项综合在一起进行索赔，又称为一揽子索赔。

综合索赔是在特定的情况下采用的一种索赔方法。在一些大型复杂工程中，由于同时发生多个干扰事件，难以分清各个事件的影响，可采用综合索赔的方式解决。有时，有些单项索赔的原因和产生的影响都很复杂，或者由于其他原因未能及时解决单项索赔时，一般也采用综合索赔的方式。

由于综合索赔的干扰事件较多，原因、责任和影响分析困难，因此索赔报告编写的难度较大，索赔证据资料收集也较困难。此外，综合索赔的索赔额一般较大，因此处理往往比较困难。

第四节　国际工程索赔的意义

一、国际工程市场与索赔

国际建筑行业2007年年产值已达到4.6万亿美元，占全球GDP的8%～10%，建筑从业人员已超过1亿2千万人（Roger Flanagan and Carol Jewell，University of Reading，2007. data：Asia Construct，Euro Construct and National Statistics，2006.）。根据美国标准普尔公司的统计分析和预测，世界主要的150个国家和地区的建筑业投资规模预计2010年将达到5.74万亿美元。随着我国政府“走出去”战略的实施，我国对外承包工程取得了快速发展，对外承包工程完成营业额、新签合同额分别从2001年的89亿美元和130亿美元增长到2007年的406亿美元和776亿美元（如图1-7所示），年均增长率分别达到28.8%和34.7%，而且承揽的大型国际工程项目越来越多，“十五”初期，我国对外承包企业每年签订的上亿美元的项目不到20个，“十五”末期的2005年当年就签订了49个，而2006年则达到了96个，10亿美元以上的特大项目5个。

但同时也必须看到，这些项目中有相当一部分的效益并不理想，有资料统计表明我国对外承包工程的利润总额相对于工程承包收入明显表现为下降趋势。这些项目普遍存在不重视科学管理和决策、技术水平低、产品质量差、忽视合同管理、不重视现代信息技术在

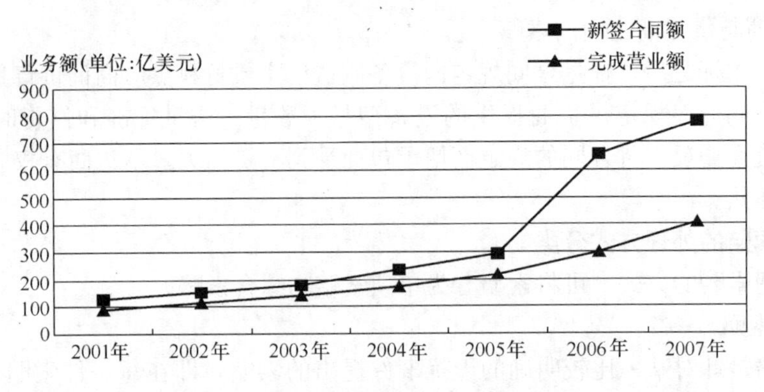

图 1-7 我国对外承包工程业务增长示意图

项目管理中的应用等问题。我国在开拓国际工程市场方面的成绩是显著的，但要真正占领国际工程市场还需要加强项目的精细化管理，而合同与索赔管理正是实现国际工程精细化管理的核心。

在履行国际工程合同的过程中，合同双方均可利用合同赋予自己的权力，要求得到自己应得的利益。在国际工程管理中，承包商可以大胆地运用合同赋予自己进行索赔的权利，对在履行合同义务时产生的额外支出提出索赔。国际工程索赔已成为承包商维护自己合同利益的关键问题之一。因此，提高我国对外承包企业的国际工程合同与索赔管理水平，对我国占领国际工程承包市场具有现实而长远的意义。

二、国际工程的特征与索赔

国际工程一般具有以下特征：

(1) 从管理主体看，国际工程投资主体呈现多元化趋势。在项目全生命期内由多个分布在不同地域的组织参与，且组织处在动态变化过程中，造成协调难度加大。国际工程各参与方来自不同国家，其文化差异导致沟通难度加大，冲突更为频繁。各参与方目标不一致使各参与方易产生矛盾，而信息不对称造成参与各方之间的层层信息壁垒。

(2) 从管理客体看，国际工程一般投资额巨大、建设周期长、空间跨度大、技术要求高、实施过程复杂。国际工程是由多层次的众多子系统集成起来的复杂巨系统，各子系统之间关系复杂。项目的复杂性、明显的阶段性和专业分工，使项目实施过程割裂问题严重，项目全生命期统一的协调控制和优化困难，致使项目变更频繁发生。

(3) 从管理环境看，国际工程所处的自然、社会环境（经济、政治、法律和技术）中，随机因素多，不确定性明显。项目环境的动态性和开放性使得项目风险增大且难以识别和控制。同时，国际工程本身又反过来对其所处的自然与社会环境产生重大影响，因此备受工程所在国公众乃至国际社会的关注，也因此容易受到社会和政治变革的影响。

随着世界经济总量不断增加，对国际工程建设服务的需求迅速扩大；全球工程建设市场的投资主体趋于多元化；科学技术进步，使工程所需新工艺、新技术不断发展和完善；信息技术的飞速发展等因素。这些因素使得国际工程项目的大型化趋势日益明显。

国际工程的上述特征和项目大型化的趋势使得国际工程越来越难于控制和管理，各种项目管理与承包模式的出现更使得项目的合同设计也越来越复杂，而商业的好诉讼性（litigious nature）使国际工程法律和合同纠纷越来越多。因此，国际工程索赔成为国际工程管理界的一个现实而值得各方深入研究和认真对待的问题。

三、国际工程索赔与国际工程人才培养

开拓和占领国际工程市场需要实现国际工程精细化管理，实现国际工程精细化管理的关键在于人才的培养，而高水平的合同与索赔管理的人才是索赔获得成功的关键。由于国际工程索赔工作具有综合性、复杂性和学科交叉等特点，因此对国际工程索赔人才提出了非常高的要求，但我国国际工程合同与索赔管理人才尤其匮乏。国际工程合同与索赔人才的培养对于国际工程项目管理人才的培养具有带动作用。通过国际工程索赔实践活动，也有利于培养出一批高水平的国际工程管理人才，这对提高我国对外工程公司的经营管理水平和增强其在国际工程市场上的竞争力具有深远的意义。

复习思考题

1. 常见国际工程项目管理与承包模式有哪些？
2. 国际工程合同支付模式主要有哪些，选择国际工程合同支付模式时应考虑哪些因素？
3. 什么是索赔？你怎样认识索赔与变更之间的关系？
4. 国际工程索赔常用的分类方法有哪些？
5. 国际工程有哪些特征，这些特征与索赔有什么关系？
6. 谈谈你对国际工程索赔意义的认识。

第二章　国际工程索赔的依据

国际工程索赔的成功建立在准确、有力的合同依据和翔实的证据资料基础之上。本章介绍了国际工程索赔的主要合同依据，并对国际工程合同解释的条款分析、合同解释原则及合同失效情况等进行了概述。此外，本章还对国际工程常用的合同范本进行了简要的介绍。

第一节　国际工程索赔的主要依据

国际工程索赔的目的，一般是希望得到工期延长或费用补偿，或者是既获得工期延长，又得到费用的补偿。为了达到这个目的，需要进行大量的索赔论证工作，以充分翔实的资料来证明自己拥有索赔的权利。

一、国际工程索赔常用证据资料和依据

由于索赔的具体事由不同，所需的证据资料也有所不同，对于大部分的国际工程索赔而言，常用的证据资料和依据有以下各种。

1. 法律与法规

国际工程索赔的一方首先要收集和研究与工程相关的法律法规。因为每一个国家都有大量涉及工程项目实施的法律法规以及相关政府部门制定的法令、规章和管理办法，如招标投标法、政府采购法、合同法、公司法、劳动法、仲裁法及有关外汇管理的指令、货币兑换限制、税收变更指令及工程仲裁规则等。国家法律法规的变化可能给工程造价带来较大的影响。因此，这些法律法规文件都可能作为索赔的依据。

2. 招标文件

业主编制的招标文件是承包商投标报价的依据，也是双方签订合同的基础。下面以世界银行 2006 年编制的《工程项目采购标准招标文件》为例介绍传统模式下施工类型项目招标文件的主要组成部分，如表 2-1 所示。

世界银行 2006 版《工程项目采购标准招标文件》内容框架　　表 2-1

第一部分	招标程序（Part 1 - Bidding Procurements）
第一章	投标者须知（Instructions to Bidders）
第二章	招标数据表（Bid Data Sheet）
第三章	评标和资格标准（Evaluation and Qualification Criteria）
第四章	投标书格式（Bidding Forms）
第五章	合格国家（Eligible Countries）
第二部分	工程要求（Part 2 - Works Requirements）
第六章	工程要求（Works Requirements）
第三部分	合同条件和合同格式（Part 3 - Conditions of Contract and Contract Forms）
第七章	通用合同条件（General Conditions）
第八章	专用合同条件（Particular Conditions）
第九章	专用合同条件附录——合同格式（Annex to the Particular Conditions- Contract Forms）
附件	投标邀请书（Invitation for Bids）

招标文件不仅是投标者编标报价的依据，也可能成为索赔的依据。其中，工程范围规定了承包商实施的工作范围，如果业主要求实施此范围外的工作，就形成了变更或索赔；施工技术的变化也会带来成本的增加或降低；招标文件中所提供的现场水文地质条件变化或者招标文件中的数据错误等都会引起索赔。

3. 投标文件

投标者依据招标文件编制投标文件。以施工类型工程项目为例，投标文件通常包括投标函及其附件、投标保证、标价的工程量清单、施工组织设计方案及进度计划、提出的备选方案，以及“投标者须知”中所要求提供的其他各类文件。投标文件是索赔的重要依据之一，尤其是其中的工程量清单和进度计划将是费用索赔和工期索赔的主要参考依据。

4. 工程量清单

传统模式下的施工或安装工程项目一般采用单价合同，通常会有工程量清单（Bill of Quantities，BOQ）。工程量清单包含合同规定需要实施的工程的全部项目和内容。它为所有投标者提供了一个共同的竞争性投标的基础，投标者根据施工图纸和技术规范的要求以及拟定的施工方法，通过单价分析并参照以前的经验对工程量清单中的各工作进行报价。中标后合同实施过程中每月结算时可以按照工程量清单的序号、已经实施的项目、单价或价格来计算应该支付给承包商的款项。此外，在工程变更增加新的工作或处理索赔时，可以从工程量清单中选择或参照工程量清单中的单价来确定新项目或者索赔事项的单价或价格。因此，工程量清单是单价合同索赔的重要依据。

5. 计日工表

在国际工程招标文件中可能有一个计日工表（Day Work），列出有关的施工机械设备、常用材料和各类人员等，要求投标者报出相应的单价，作为工程实施期间业主指令要求承包商实施的额外工作的支付依据。由于此类工作属于索赔的范畴，因此计日工表也是索赔该部分工作款额的重要依据。

6. 合同条件

合同条件是合同文件的重要组成部分，是索赔最重要、最根本的依据。在合同条件中对合同双方的权利、义务以及风险分担进行了详细界定，在发生索赔争端时，双方均可以引用相关的条款来申明自己的权利。因此合同条件是索赔的最基本依据。在国际工程实践中，一般将合同条件分为通用合同条件和专用合同条件。

7. 业主要求

对于需由承包商负责设计的设计－建造或 EPC 合同文件中，常包括的一个重要文件就是“业主要求”。业主要求指合同中包括的，列明工程的目标、范围和设计及其他技术标准的文件，以及按合同对此文件所作的任何补充和修改。业主要求在设计－建造或 EPC 类型项目中是非常重要的索赔依据。

8. 来往信函

在国际工程合同实施期间，合同双方在沟通过程中会产生大量的来往信函。这些信函是合同款结算和索赔的重要依据资料，如业主的工程变更指令、口头变更确认函、加速施工指令、工程单价变更通知以及对承包商问题的书面回答等。这些信函（包括电传、传真资料）可能繁琐且数量巨大，应仔细分类存档，以便在需要时调用。

9. 会议纪要

在国际工程项目从招标到履约完成的整个期间，合同双方要召开许多次的会议，许多项目重大问题，都是通过会议反复协商讨论后决定的。所有这些会议的记录，都是很重要的文件。如标前会议纪要、工程协调会议纪要、工程进度变更会议纪要、技术讨论会议纪要、索赔会议纪要等。

对于重要的会议纪要，应建立审阅制度，即由做纪要的一方写好纪要稿后，送交对方（以及有关各方）传阅核签，如有不同意见，可在纪要稿上修改。也可规定一个核签的期限（如7天），如在核签期内未返回核签意见，即认为其同意，这对会议纪要稿的合法性是很必要的。对于涉及变更、索赔等事项的重要会议纪要一定要由双方负责人签字确认。

10. 现场记录

现场记录是衡量承包商项目管理水平的一个重要标志。这些资料的具体项目甚多，主要有施工日志、施工检查记录、工时记录、质量检查记录、施工机械设备使用记录、材料使用记录、施工进度记录等。有些重要记录文本，如质量检查、验收记录，还应有业主或其代表的签字认可。这些资料是工程实际状态的证明，是索赔时必不可少的依据。业主方同样要有自己完备的现场记录，以备核查，因为业主在审核承包商的索赔请求或向承包商提出索赔时同样需要出具相应的记录。

11. 现场气象记录

水文气象条件对工程的影响甚大，它经常引起工程施工中断或工效降低，有时甚至造成在建工程的破损。许多工期延误索赔与气象条件有关。应注意记录现场气象资料，如每月降水量、风力、气温、河水位、河水流量、洪水位、洪水流量及施工基坑地下水状况等。如遇到地震、海啸、飓风等特殊自然灾害，更应注意随时详细记录。

12. 工程进度计划

经过业主批准的工程进度计划和实际的进度计划也是提出索赔和处理索赔的重要依据，尤其在工期索赔中。进度计划不仅指明施工顺序和工序的持续时间，还直接影响材料、设备和人员的安排。在进行工期影响分析时，必须根据批准的进度计划与实际的进度进行比较分析。

13. 工程财务记录

在工程实施过程中，对工程的成本开支和工程款的历次收入，均应作详细的记录，并输入计算机备查。这些财务资料包括，工程进度款每月的支付申请表、工人劳动计时卡和工资单、设备材料和零配件采购单、付款收据、工程开支月报等。在索赔计价工作中，财务单证十分重要，应注意积累和分析整理。

14. 市场信息资料

国际工程项目的工期一般较长，对物价变动等信息资料，应系统地搜集整理。这些信息资料，如工程所在国官方或民间组织（如商会）公开出版的物价指数报导、外汇兑换率行情、工人工资调整决定等，不仅对工程款的调价计算是必不可少的，对索赔亦同样重要。

15. 先例与国际惯例

在国际工程实践中，对于某些在合同中没有索赔依据的事项，如果有可靠的先例，也可以根据这些先例提出索赔。普通法系下往往就采取这种“按例裁决”的形式。除了按照先例索赔之外，还可以依据国际惯例来处理索赔问题。国际惯例是指在国际事件中逐渐形成的不成文准则，是一种不成文的法律规范，最初只被某些国家采用，后来被大多数国家所接受，成为公认的行为准则。国际惯例和先例有时可以成为论证索赔权利的有力依据。

二、相关案例

【案例 2-1】　招标文件错误导致的索赔

（选自梁鉴《国际工程施工索赔》（第二版））

关键词：招标文件错误；税

背景和综述：

我国某水电站工程，通过国际竞争性招标，选定外国承包公司进行引水隧洞的施工。

在招标文件中，列出了承包商进口材料和设备的工商统一税税率。但在施工过程中，工程所在地的税务部门根据我国税法规定，要求承包商交纳营业环节的工商统一税，该税率为承包合同结算额的3.03%，是一笔相当大的款额。但承包商在投标报价时没有包括此项工商统一税。

索赔要求：

承包商认为，业主的招标文件仅列出了进口工商统一税，而遗漏了营业工商统一税，是属于招标文件中的错误，因而向业主提出了索赔要求。承包商在向业主提出索赔的同时，按当地税务部门的规定，交纳了92万元人民币的营业税。

索赔处理过程及结果：

在承包商提出索赔要求之初，水电站业主曾试图驳回承包商的索赔要求，并援引合同文件中的一些条款，作为拒绝索赔的依据，如："承包商应遵守工程所在国的一切法律"，"承包商应交纳税法所规定的一切税收"等。但无法解释在招标文件中为何对几种较小数额的税收都作了详细规定，却未包括较大款额的营业工商统一税。

经工程师审查，发现上述失误的原因是业主的编制招标文件人员不熟悉中国的税法和税种，不了解有两个环节的工商统一税。

此项索赔发生后，业主在上级部门的帮助下，向国家申请并获批准，对该水电站工程免除了营业环节的工商统一税。

至于承包商已交纳的92万元人民币的税款，经合同双方谈判协商，决定各承担50%，即对承包商已交纳的该种税款，由业主单位给予50%的补偿。

案例评述：

招标文件中的错误，应该由业主负责。因此，本案例中的承包商可以就招标文件中的错误提出索赔；业主最终承担了承包商缴纳税款的一半，这样的结果并不太合理。

该索赔案例对国际工程项目业主编制招标文件时关于税收问题的规定有什么启发呢？

【案例 2-2】　运用各类依据和惯例全面论证索赔权的范例

（选自梁鉴《国际工程施工索赔》（第二版））

关键词：不可预见的地质条件；国际惯例；先例；总价合同

背景和综述：

某大型石油管道工程，全长1,506km，管径28英寸，管道延伸穿越热带雨林、沼泽和沙漠，跨过山脉和丘陵地区，直至运油轮船抛锚的海湾，地理气候条件十分复杂。

此工程项目按照总价合同形式进行国际公开招标及合同管理。工程项目的合同文件参照英国合同审定联合会（JCT）发行的标准总价合同的格式编制，但亦加进不少工程所在国特有的合同条款。

在工程的实施过程中，承包商克服难以设想的困难，出色地完成了合同规定的任务，保证了整个工程项目在规定时间发挥效益。但是，由于在管道埋设施工中遇到了大量的岩石段开挖，施工成本大量超支，造成严重亏损。按照合同文件的描述，在管道沿线70km的范围内将遇到岩石，需要进行岩石开挖以埋设管道。但在实际施工过程中，管道岩石段开挖总长度达685.8km，为合同文件描述的9.79倍。

索赔要求：

由于上述施工成本的大量超支，承包商提出索赔要求，连同施工过程中发生的洪水冲毁、管道改线等事项，索赔总额达4,100万美元。

索赔处理过程及结果：

对于承包商的索赔要求，业主（投资联营体）及其咨询工程师坚决反对，对索赔要求悉数驳回，不予考虑，所给出的理由如下。

1. 总价合同已包含承包商可能遇到的风险，合同价格已包含承包商可能遇到的额外开支。

2. 承包商对工程现场条件及其影响的忽视与无知，不能解除他履行合同的责任，也不能作为他要求延长工期及经济补偿等索赔的基础。

3. 业主在合同文件中提供的任何信息资料，都不能被认为是正式陈述或保证，仅为信息提供。承包商对其所作的任何解释、推论或结论，业主概不负责。

面对业主方面坚决拒绝索赔的态度，承包商陷入困境。但是若不进行索赔，则承包商将面临巨额亏损，于是承包商聘请索赔专家研讨索赔问题。

索赔专家亲赴工程现场，对工程项目的合同文件进行透彻的研究，对工程现状仔细考察，对已报出的多项索赔文件仔细研究，对业主和咨询工程师的历次反驳索赔的函件进行研究，并听取项目合同部人员的详细汇报。在完成大量工作的基础上，索赔专家就承包商的索赔问题写出4份论证报告，由项目经理部上报业主及咨询工程师。对于承包商应享受的索赔权，专家们进行了5个方面的论证，简述如下：

1. 根据工程项目的合同文件

①招标文件中多处描述管道沿线的地理、地质条件甚好，“全线仅有长度约10km的管道工程需在岩石条件下埋设管道……”。

②承包商在得到招标文件至投标报价的短暂时间内，进行了力所能及的现场勘察坑探等工作，对工程现场的条件是了解的。因此，承包商在报价书中把管道上的岩石段估为70km，而不是招标文件中所述的10km。由于承包商在投标前进行了上述大量工作，故不能认为“承包商对工程现场条件及其影响忽视或无知……”。

③承包商在实施合同过程中认真努力，克服了许多困难，保证施工质量，甚至较规定的竣工日期提前，使整个管道提前投入输油运营，给业主创造了可观的经济效益。

④业主在合同文件中关于管道沿线1,506km长、幅宽10～20km范围内的地质资料非常少，甚至连一张地质图也没有提供，直接导致承包商在如此长的管线上遇到了“不可预见的施工条件”，以致实际的岩石段长达685.8km，较招标文件中所述的10km增多67.58倍。

鉴于工程项目在地理和地质上的特殊情况，并考虑到项目的勘探设计资料极度匮乏。承包商聘请的索赔专家认为：

(1) 咨询工程师引用的、作为拒绝索赔的合同条款是不符合工程现场实际的，因而是不适用的。

(2) 承包商遇到完全不同的现场施工条件，即“不可预见的事件”，正如本合同条件第2. 39条所说的，承包商遇到了“自己不能合理控制的不可预见的事件”。正如美国名著《不同现场条件索赔》一书中所述：“需要通过详细的地表查勘才能显露出来的工地现场条件，不能责怪承包商为无知。”

(3) 在施工过程中，承包商遇到了大量的岩石开挖段，所有岩石段的长度及资料，均已报经业主代表核实，并取得业主代表的批准。根据本工程合同条件第2.39条的规定，岩石段的极大增加属于不可预见的事态，不是承包商的责任，承包商有权得到合理的经济补偿。

2. 按照国际惯例

所有的国际性标准合同条件中，包括本工程使用的总价合同标准条件——JCT合同条件，对于承包商无力控制的事态，承包商均有权得到相应的工期延长和经济补偿。

在国际工程的合同管理实践中，没有任何的关于“总价合同不能索赔”的规定。

3. 参照总价合同的索赔先例

承包商聘请的索赔专家，为了进一步论证总价合同索赔权的合理性，引用了一个总价合同工程施工已经解决了的索赔先例。证明类似的工程项目，同属总价合同，已经合理地给予承包商经济补偿及工期延长。

更有说服力的是，这个先例项目恰好发生在咨询工程师所在国。而这位咨询工程师是承包商索赔的坚决反对者。

在这个索赔先例的事实面前，咨询工程师无力反对。

4. 遵照工程所在国的法律

工程项目通用合同条件规定，该合同受工程所在国的法律约束并按该国法律进行解释。这是国际工程合同的普遍规则。

通过当地的律师，承包商取得了所在国有关工程变更控制的法规。该法令称：“如果由于一般不可预见的事件使实施合同责任变得极艰难并可能使承包商遭受大量亏损的威胁时，法庭可考虑此情况……并将此合同责任进行合理的修改”；“如果合同责任超过原来的2/3时，此责任即属艰巨……”

按这项法令，如果承包商遇到了一个有经验的承包商不可预见的地质条件，使其将要完成的岩石段埋管工作量超过原合同中规定的岩石段埋管工作量的2/3时，即超过原定价的66.6%时，则此合同责任对承包商来说已变得极为艰巨，且会使承包商遭受大量的亏损。在这种情况下，承包商的合同责任应予以修改。

按照工程的实际情况，岩石段的埋管长度由合同文件中的约70km增加为685.8km，即达到原定量的9.79倍，即979%；因此，这一合同责任理应得到修改。这个修改的办法就是业主接受承包商的索赔要求，给予合理的经济补偿。

5. 结论

按照以上分析，无论是从对工程项目的合同条件的正确理解，还是按照国际惯例及索赔先例，以及遵照工程所在国的法律，承包商的索赔要求都是合理的，业主及其咨询工程师不应拒绝。

在论证管道岩石段索赔权的同时，索赔专家还论证了关于管道受洪灾冲毁、管油充水及工期延长等另外3项索赔要求，为索赔总款额达4，100万美元的多项索赔要求奠定了基础。

在对以上论证文件进行了审慎研究以后，业主和咨询工程师，改变了拒绝索赔的态度，接受了承包商的索赔要求，开始了正式的索赔谈判，逐项解决承包商的索赔事项。

案例评述：

本案例充分说明索赔依据是进行索赔权论证的重要前提。承包商在论证索赔权时，要充分利用各类索赔依据，包括合同条件中对承包商索赔权的规定、相关的法律文件、先例及国际惯例等，来保护自己的合法权益。另外，总价合同不能索赔的观点是片面和错误的。

第二节　国际工程合同解释

在处理国际工程索赔争端的过程中，最重要的依据是合同文件。因为合同文件具有划分合同双方的权利和义务，在合同双方之间合理分配风险，明确合同的工作内容、范围、合同价格、工期和质量标准，明确合同双方的目标和期望等重要作用。一个国际工程项目能否顺利进行并取得预期的效果，索赔争端能否顺利圆满解决，与合同文件是否成熟与完备密切相关。

一、合同解释的条款分析

在编写合同文件时，无论多么认真地推敲审核，都难免有遗漏或不准确的地方，因此可能引发合同纠纷。合同双方都力求通过解释有关的合同条款，以解决争端。但是，如果少数的合同争端不能协商解决时，就必须诉诸仲裁或诉讼。在仲裁或法院审理过程中，往往要对某些模棱两可或互相矛盾的合同条款进行推敲，以确定其准确含义或签约时的意图。这些推敲合同条款的过程，就是合同解释。在合同解释中通常将合同条款分为明示条款、默示条款、风险条款、免责条款、保障条款和保证条款等。

1. 明示条款

明示条款（Expressed Terms）是指在合同文件（包括合同协议书、投标书、通用条件、专用条件、以及技术规范等）中明文写出的各项条款或规定。

明示条款清楚地显示了签约双方的意图，是解释合同条款含义的基础和出发点。因此，要正确地理解合同条款中每一个字的含义，从它们的通常含义和语法含义进行分析，并排除某些互相抵触或前后矛盾的含义，然后对合同条款进行解释。

但是，在国际工程合同实施的过程中，经常发现合同文件存在含糊或矛盾之处，如：文字要求和图纸上的要求不一致，专用条件和技术规范中描述不一致等。遇到这种情况时，应由业主作出书面解释，并作出相应的合同调整。因为按照一般规定，工程项目合同文件的解释权首先属于业主一方；只有当其解释不被合同双方（或任何一方）承认时，才形成合同纠纷（或合同争端），需要通过调解人、仲裁员或法官来解释或裁决。

在分析明示条款时，应该注意以下几点：

1）该条款必须是合同文件的一个组成部分，违反此条款即构成违约，可能导致非违约方拒绝实施该合同；

2）要考虑到签约双方在商签合同时的环境和意图，这些意图可能在他们签订的协议书中有较清楚的反映；

3）在普通法系下，书面证据和口头证据都是分析明示条款的根据，但是当口头证据与书面证据有矛盾时，应以书面证据为准；口头证据不能改变书面证据的事实，但可用来补充书面证据的不足之处。

鉴于合同文件中明示条款的重要意义，合同双方在编写、协商和签订合同过程中，应尽量使合同条款的含义准确，尽可能减少含糊或矛盾之处，以便双方在合同实施过程中协调配合，顺利完成合同目标。为此，合同双方应注意做好以下三方面的工作。

1）业主在编写合同文件时要细致慎重，避免合同文件各部分之间出现矛盾或含糊。大中型国际工程业主在编制合同文件时可以参照国际上普遍采用的各种标准合同范本，如FIDIC、ICE、JCT合同条件或世界银行等国际金融组织推荐的标准合同范本，或者采用工程所在国有关政府部门制定的标准合同范本；并根据工程项目的具体特点和情况，认真细致地编写专用条件、工作范围、工程量清单、技术规范、图纸等专用的合同文件，并注意这些专用文件与通用的标准合同范本规定的一致性，避免矛盾或含糊。

2）投标者在投标报价时，要细致地研究全部招标文件，对模糊或矛盾之处及时提出质询，要求予以澄清。通过澄清，投标者可以比较准确地了解该工程项目的风险程度，有助于确定较为准确的报价，制定正确的投标策略，为中标和顺利实施项目打下可靠的基础。

3）在授标后的合同洽商过程中（议标时），在签订合同之前，业主和中标承包商对合同文件中个别条款的不同意见进行充分协商，力争达成一致，并形成文字记录，作为对原合同条款的补充或修改，以便在合同实施过程中双方共同遵守执行。

2. 默示条款

默示条款（Implied Terms）是相对明示条款而言的，是对明示条款的补充和完善。工程项目的合同文件不可能全部以明示条款的形式表现出来。尤其是在发生合同争端时，合同双方可能对某些合同条款理解不同，需要有一个人以调解者或公断人的身份，研究有争议的合同条款，并从整个合同的含义、签约时的环境条件，以及签约双方的设想意图出发，确定该合同中的隐含意愿或条件，即考虑合同中的默示条款，来公正合理地解决合同争端。

(1) 形成默示条款的必要条件

默示条款是一个广义的合同概念，它包含合同的明示条款中没有写入、但符合合同双方签约时的设想愿望和当时环境条件的一切条款。这些默示条款都成为合同文件中的有效条款，要求合同双方遵照执行。但是，另一方面，默示条款有其严格的合同意义，并不能随心所欲地被任何一方指定，并强迫对方遵照办理。

一个有效的默示条款，在形成时必须满足以下5个条件：

1）必须是公平合理的；

2）必须能使合同有效地实施；

3）必须是显而易见、不言而喻的；

4）必须是清晰明确的；

5）必须符合该合同的明示条款，而不能与明示条款相矛盾。

一般来说，这些默示条款由工程师、合同争端调解人（Disputes Resolution Advisor）、仲裁员（Arbitrator）或法官（Court Judge）作出。

（2）形成默示条款的依据

默示条款的来源，必须依据法律法规、实践惯例或整个合同条款的精神，从而使该合同可以实施，并与明示条款互相对照，互为补充。仲裁员和法官在解决合同争端时，不能修改或改善原合同，只能以合理合法的依据提出默示条款，要求争端双方遵照执行，以裁决争端。

1）实践惯例默示的条款

任何合同所规定的工程建设或商品交易都不能脱离其所处的外界环境和人们的实践惯例。在合同文件中没有必要明文写出人所共知、不言而喻的规则或要求；但是，如果任何一方违反了这些实践惯例，他将受到默示条款的制约，承担合同责任。例如：业主和承包商既然签订了工程承包合同，则双方理应密切协作，使该合同顺利实施。这就是默示条款的一个基本方面——“协作责任”，即：默示的协作责任与明示条款的合同责任一样，对合同双方同样有约束力。

【案例2-3】 实践惯例形成的默示条款

（选自梁镒《国际工程施工索赔》（第二版））

某国由工厂主和工人签订的一份劳工雇佣合同，在劳动报酬方面只写明了正常上班工资和加班工资，没有写明在法定节假日上班劳动的工资待遇。工厂主认为按照加班工资（1.5倍的正常工资）支付就可以了；但工人则要求按法定节假日加班支付（正常工资的2.0倍，甚至3.0倍）。

法院裁定：虽然明示条款对法定节假日上班劳动的支付办法没有规定，但按照实践惯例，法定节假日上班劳动不能等同于一般的加班劳动，而应按法定节假日的规定支付劳动报酬。

案例评述：

从本案例可以看出，根据实践惯例作出的默示条款，是为了使已签订的合同能够实施并具有商务功效（Business Efficacy）。

2）法律法规默示的条款

国际工程常用的FIDIC合同范本、英国的ICE合同范本及JCT合同范本，以及美国采用的AIA合同范本，在国际法系的隶属方面，属于普通法系。普通法要求合同双方准确地履行已签订的合同，允许合理的索赔，并允许对合同进行必要的默示解释，以利于合同实施。

国际工程合同在其适用性方面，均明确应服从工程所在国的法律，即按照该国的法律、法规对合同进行解释；合同文件中的规定不能违反该国的法律；在发生合同争端的仲裁或法院判决中，可根据该国的法律、法规对合同条款进行解释，公断人（仲裁员或法官）可以根据法律、法规对合同提出默示条款。这些默示条款，同该合同文件的明示条款一样，对合同双方均有约束力。

公断人在提出默示条款时，必须遵照这样的原则：对于原合同文件，默示条款的目的是补充其明示条款的空隙，以便合同双方能按照他们原来的意图实施完合同。因此，这个默示条款必须是“合理的”（Reasonable）且是“必需的”（Necessary）。公断人不能仅仅由于是“合理的”就提出某一默示条款，或在必要时提出默示条款，因为公断人不能改善或修改合同文件，只能对合同予以解释。

【案例 2-4】 法律法规形成的默示条款

（选自梁鉴《国际工程施工索赔》（第二版））

建新房地产开发公司购地建居民楼出售，其销售合同系按该国《1966 年住房法令》的规定实施。威廉先生以 105 万美元从建新房地产开发公司购进 4 居室住房一套。购房合同中没有明示条款说明居室必须适合居住，也没有写明质量保证条件。

威廉先生迁入后不久，逢连阴细雨，居室地面潮湿，随即地面出水，墙壁生苔。威廉先生被迫搬出，并要求建新房地产开发公司返工修缮。建新房地产开发公司称：此系长期连阴雨所致，天晴后自会消失；合同中无保修条款，开发公司无责任保修；如坚持要修缮，则需支付修缮金。威廉先生无奈，将该房地产开发商告到法院。

法院在审理后认为：原售房合同中没有保修的明示条款，也没有规定售后的保修期；但是，该售房行为及售房合同系按《1966 年国家住房法令》办理。根据该《住房法令》，房地产公司应向住户提供“适合居住的条件”。据此，法院决定由建新房地产开发公司对已售给威廉先生的住房进行修缮，做好地面渗水防潮的工程处理，费用由该房地产公司自行负责。

3）客观事实默示的条款

任何合同文件，均有其合同双方的意愿和目的，有其特定的客观环境，以及双方均有按计划实现合同目标的愿望。但是，由于签约双方的疏忽或轻视，在合同的明示条款中未写明全部重要的规定，以致面临争端时双方各执一词，无法协调解决。根据普通法的观念，为了使合同得到实施，鉴于签约时的独特环境以及合同双方的初始愿望，应允许根据合同的“需要和事实”（Necessary and Fact）提出一些合理而必要的默示条款，从而使该合同的实施成为可能。这就是根据客观事实及实施合同的需要，在合同文件增加一定的默示条款。这种默示条款的特点是：在第三者看来，该合同中，不言而喻应包括该条款。

事实上，在签订合同时，合同双方均从思想上作了承担某项义务的准备，期望合同能顺利实施，以便双方达到各自的目的，这就是解释合同被经常提到的“协作的责任”。对于业主来说，这些默示的许诺有：及时地解决承包商的合理要求，不妨碍其施工，提供的图纸要及时而准确等。对于承包商来说，要小心谨慎地施工，向业主提供质量合格的建筑物等。即使在明示条款中疏漏这些问题，也应以默示条款的做法补充进来。

【案例 2-5】 客观事实形成的默示条款

（选自梁鉴《国际工程施工索赔》（第二版））

亨利先生租用平安拖船公司的货轮运输水果，船至预定码头后，在卸货过程中，由于海水退潮、水位猛降，货轮底板被水下的锐利硬物撞破，轮船底洞进水、造成船损及货损。

平安拖船公司向租船户亨利先生提出修船赔偿要求。亨利先生以此为由，要求码头主修好货轮，并赔偿水果被淹损失。

被告人码头主拒绝承担上述责任，辩称：海水退潮及水位猛降是客观现象，码头主不能对此负责；货主在卸船过程中应自己注意，防止事故发生。

由于双方各持己见，争执不下，亨利先生向法院起诉码头主。在法院审理时，法院认为：作为码头主，应对码头地域水下地面情况经常进行检查和清理，应向租用者提供安全的卸货位置。被告码头主引导水果货轮停泊导致底板撞坏，责无旁贷应负责修好货船，并赔原告租船人亨利先生所受的经济损失。

3. 风险条款

国际工程是一项高风险事业，任何合同中都包含着有关风险分配的条款，许多国际通用的标准合同条款亦是如此。在工程建设过程中，业主承担着许多风险，如不可抗御的天灾、不能控制的战争和动乱、国家或地区性的经济危机以及工程效益不能全部实现等。但是，整个工程实施的主要风险，还是落在承包商一方。各种标准合同范本中对承包商应当承担的风险均有陈述，诸如：

1）不利的自然条件或障碍；对现场的自然状态、水文和气候条件，甚至地表面以下的情况，要“自行负责”，对业主提交的资料的准确性负责；对投标书的完备性承担全部责任；

2）严格地按合同规定完成工程并修补缺陷，直至使业主感到满意；在战争动乱或重大天灾条件下，尽力保护工程不受损坏；

3）承包商完成的工程设计和施工，提供的进度计划或操作规程等资料，即使已经得到业主的审核批准，也不解除承包商的义务或责任；如发现任何错误，仍由承包商负责；

4）如果工程因承包商的原因而拖期，承包商要承担误期损害赔偿费，甚至被业主没收履约保函；

5）当工程所在国物价暴涨、当地币严重贬值，当地币同国际硬通货的汇率大幅度变化时，承包商面临严峻的经济风险等。

4. 免责条款

在国际工程合同文件中，有些业主为了免除或减少自己的合同责任，经常在起草工程项目合同文件时写入一些对自己有利的合同条款，借以把相应的风险责任转嫁给承包商，这样的合同条款，一般称为免责条款。免责条款也被称为除外条款（Exclusion Clauses）、限制条款（Limitation Clauses）、例外条款（Exception Clauses）、豁免条款（Exemption Clauses）或开脱性条款（Exculpatory Clauses）等。

免责条款出现的形式，通常有以下情况：

1）对违约的补偿责任予以限制，例如，在合同中规定，业主对工程款的拖延支付不计利息，损失赔偿的总额不超过合同额等；

2）限制索赔要求，例如，合同条款中写入“工期延误不赔偿”（No Damages for Delay），规定承包商不得以工期延长为由要求索赔；

3）物价上涨不予调整合同价，例如，合同规定物价上涨率不超过投标日物价的5%时，不调整合同价，或者根本不提物价调整的问题，即无论物价上涨多少，该合同不考虑价格调整；

4）对合同违约损失补偿提出时间限制，例如，规定要求货物运输途中损坏的索赔时间为收货后的7天以内提出，否则不受理该项索赔要求；

5）拒绝承担因不利的自然条件引起的索赔，例如，合同规定业主对由于不利的自然条件而引起的工期延长及经济损失不承担责任；

6）无条件地保护业主的利益不受损害，例如，有的合同写明业主人员和第三方人员的一切财产或生命损失，均由承包商负责；

7）总价合同不许索赔，有的总价合同中明确写出“本工程项目为总价合同，对实施过程中所发生的一切额外开支，业主均不予补偿”；

8）对工程所在国的法律法规变化给承包商造成的损失，业主不承担责任，均由承包商自己承担等。

类似以上的免责条款还有很多。因此，承包商在每个项目的投标报价以前，应发现和仔细地研究合同文件中的免责条款。

根据经验，承包商对于免责条款的处理，一般可采取下列措施：

1）在编标报价以前，对于合同文件中所纳入的所有免责条款，承包商应估算其可能带来的经济损失款额，并把这一风险损失计入报价；

2）当业主经过评标审核向某一投标者发出授标意向书时，该投标者应利用合同谈判的机会，对合同文件中的某些免责条款提出异议，要求适当修改，如双方协商达成一致，则写入“会议纪要”，使其成为合同的组成部分，从而减少或避免了该免责条款可能带来的损失；

3）在仲裁或法院审理过程中，当争议的免责条款含义模糊时，仲裁员或法官经常根据“反义居先”的原则，裁决该项免责条款无效，因此承包商可以利用仲裁或诉讼的机会，使某些免责条款失效。

【案例 2-6】 合同中存在免责条款时的索赔

（选自梁鑑《国际工程施工索赔》（第二版））

关键词：免责条款；仲裁

背景和综述：

C工程承包公司承担了一个湖泊的清淤工程，在承包合同文件中有这样的规定：

“承包商同意，通过自己的调查研究，对工程的所有条件感到满意，而且将不会因任何不合理的原因向业主索赔。因合同工作的性质或施工过程中可能遇到的不可预见障碍或困难而产生的所有损失或损害，均应由承包商负担。”

“该湖泊已经排干，并且在淤泥清除工作完成之前，均将保持无水状态。要求承包商按图纸所示清除湖中的淤泥。”

对于这样一个有免责条款的湖泊清淤工程，承包商以最低报价中标。开工前，承包商进行第二次现场调查，发现现场情况同标前调查时一样，湖泊处于排干无水状态。

但是，当承包商接到开工令后，进场准备施工时，却发现湖泊中灌满了水。因此，承包商立即将此情况正式通报给业主的现场工程师，要求业主将湖泊排干，以便承包商施工。实际上，在整个施工期间，湖水始终未被排干，只是由业主的雇员不时地乘船来开闸放水，但收效甚微。

索赔过程及结果：

由于上述情况，承包商因增加了施工的额外成本而向业主提出了索赔要求。但业主认为，合同条款中已经规定免除业主任何的补偿责任，故驳回了该项索赔要求。因此，承包商将这一合同争端提交给了仲裁机关。

在仲裁过程中，承包商成功地进行了关于免责条款无效的申辩。仲裁庭认为，因为工程的施工技术规范明确论述湖水已排干，并保持干燥状态，那么业主显然有义务做到这一点。如果业主对承包商的工作造成了干扰，或没有履行使承包商施工得以顺利进行的基本义务，则此类免责条款不能免除业主的责任。由于免责条款与该工程合同文件的其他有关具体规定相互矛盾，因此该免责条款无效。

因此，仲裁庭认为，业主没有履行合同文件中规定的属于自己的责任（义务），对承包商的施工形成干扰，应该对相应增加的成本负责，对承包商的经济损失进行合理的补偿。

案例评述：

合同条款中经常出现类似的"免责条款"，它们是业主和工程师在编写招标文件时为了减少自己的风险而采用的开脱性语言。作为承包商，应在投标报价之前仔细研究招标文件，识别这些免责条款，并制定相应对策。承包商可以选择放弃投标；也可以在投标时适当提高报价，若有可能，可在合同谈判时让业主作适当修改。

5. 保障条款

在合同中，经常要求签约人一方向另一方承担某些保障性义务，即当发生某种事件时保障另一方免受经济上的损失，这就是保障条款（Indemnity Clauses）。

在合同中，通常规定承包商应保障业主免受损失。主要是当第三方在合同实施过程中受到伤害而提出索赔要求时，承包商保障业主不因此承受损失；或者保障业主及其人员的生命财产不因施工事故而受到损害。因此，保障人（承包商）必须具备支付索赔款的能力。为了使这种保障建立在可靠的基础上，合同通常规定保障人必须对保障的问题进行投保。这种保险通常以保障人和被保障人的联合名义投保，由保障人付款经办。由此可见，保障条款是免责条款的补充和发展。

当投保的保障事件已经发生，而保险人（保险公司）有责任理赔时，受保障的一方不能既从保险公司又从保障人方面得到双倍的赔偿。即在接受保险公司的赔偿后，保障人便没有义务理赔。

在实施保障条款时，除非有明示条款规定，被保障人如果在此保障事项中犯有自身过失（Negligence）或违反法律责任（Statutory Duties）时，则此项保障条款不能适用于犯过失者的经济损失。

常见的保障条款主要有：

1）承包商要保障业主由于工程施工而发生人身伤亡或财产丢失等事项带来的经济损失；

2）承包商要以他和业主的共同名义对由于履行合同而引起的任何人身伤亡和财产丢失或损坏办理保险，即第三方责任险；

3）承包商要保障业主免于工程事故对任何人员造成的损害赔偿，包括由此发生的一切索赔、诉讼等费用；

4）业主应保障承包商免于承担由于业主风险所引起的一切索赔、诉讼等费用。

6. 保证条款

在合同文件中一般包含保证条款，有的是明示的保证，有的是默示的保证。违反了这种条款时，受损害的一方有权要求赔偿。

在法律上，保证条款系属于合同责任，提供保证的一方负有不可推卸的合同责任。有时，在主体合同以外，为了明确某项合同责任，由双方签订副保（Collateral Warranty，有时称 Collateral Contract）条款，作为对主体合同的补充。加入副保的双方不一定都是主体合同的签约者。

合同中经常包含的保证条款有：

1）在合同条件中所明示的工程建成日期，意味着承包商的一项明示保证，除非有别的原因使原定的竣工日期有所改变；

2）在合同文件技术规范中所具体规定的施工方法和工程质量标准，也意味着承包商对业主的明示保证；

3）如果业主提出的计划和技术规范有缺陷错误，承包商照此实施造成工程缺陷时，不应由承包商承担责任，而应由业主来承担，这属于业主的默示保证；

4）在业主同设计单位之间签订的技术服务合同中，对设计单位的责任也包含保证条款，错误的计划和技术规范则属于设计者的默示保证；

5）如果业主负责提供材料，则由于材料的质量问题或强度等级方面的差异造成主体建筑物的质量问题，承包商不承担责任，这是业主的默示保证；

6）如果在合同实施过程中存在着“不能实施”或“不切实际”的情况，则承包商对原合同文件中的有关保证条款不承担责任。

二、合同解释的原则

在国际工程合同争端（纠纷）的审理过程中，并没有统一规定的合同解释原则，往往是根据普通法的原则，并考虑该合同签订时合同双方的意愿，对该合同进行解释，以达到比较公正合理的解决争端的目的。现根据国际工程合同管理的实践经验及国际惯例，下面对解释合同的原则进行简要介绍和分析。

1. 从整体上解释合同

从整体上解释合同（Contract read as a whole）即从整个合同的意图出发，解释其各个条款的含义，使该合同的每一个条款与整个合同的意图一致。合同争端产生的一个主要根源，是合同各方从自己的利益出发对某一条款的含义进行解释，使同一合同条款出现不同的理解；或对同一合同问题各自引证不同的合同条款，提出截然不同的处理意见。因此，仲裁员和法官在裁决合同争端时，要坚持“从整体上解释合同”的原则。具体来说，就是对那些模棱两可的合同条款进行词义分析，并参照该合同文件中的明示条款和默示条款，从中选择符合整个合同意图的条款作为主导条款，据此解释其他的含义模糊的合同条款。

在选定主导的合同条款时，可借助以下方法：

1）确认该合同文件的组成部分，按其优先顺序，选定优先的合同条款；

2）查阅该合同文件的导言部分，导言中通常列举出签订该合同的目的，即签约双方的意图，这些意图就是整个合同的主导目的。

2. 根据合同文字的含义

对合同条款含义的解释，最主要的是根据合同文字的含义。如果合同条款的文字表述清晰，则仲裁员（或法官）将按该文字的含义作出判断。如果合同条款的文字含糊不清，或条款之间的含义互相矛盾时，仲裁员（或法官）则按照整个合同的精神，参考有关的明示条款或合理的默示条款，探讨该合同文字的通常含义（Ordinary Meaning）及合理含义（Reasonable Meaning），然后作出判断。

仲裁员或法官在对合同争端进行审理裁决时，只能根据该合同文件的文字含义及签约意向，以及合理的默示条款作出判断，但无权修改（改善）合同。这是仲裁员或法院裁决合同争端的一个规则。有的工程的合同文件对承包商列出了苛刻的明示条款，在一般情况下，仲裁员或法官只能按此裁决，而不能修改那些苛刻的规定，因为该合同文件已被合同双方签字，形成了要约和承诺，合同双方已承担起合同文件所规定的权利和义务，第三者无权予以修改。

由此可见，合同双方在签约前应充分研究合同条款，承包商应充分衡量自己的合同风险，在没有透彻了解合同条件之前不可轻易签字。合同双方一旦在合同文件上签字，就要受该合同的约束，正如合同的一般原则所述："在任何法系和环境下，合同都应该按其规定予以准确而正当地执行。"

3. 书面文字为准

有时合同签字双方中的任何一方要求对合同的某一条款进行进一步的诠释，使其含义更加具体明确，如果另一方同意此诠释意见，则可将其以书面文字的形式写在该条款之旁，或增写为一个新的条款，并由双方在书面文字上盖章或签字。在合同实施过程中，如果双方对该项条款的解释发生分歧，即印刷的条款与手写的条款有歧义时，一般以手写的条款为准。这是因为，一般认为签约前的商榷与诠释更确切地反映了合同双方的初始意图，更有代表性和效力。

对合同文件的任何改动必须经合同双方协商一致，经签字盖章后方可有效。如果在签约以后，任何一方私自以书面文字方式改动合同条款，而无另一方的同意和签字盖章，则此书面文字无效。

4. 定量优先

国际工程项目的合同文件，经常涉及论述数量的条款。有的合同文件在数量的描述方面往往不够准确，或互相矛盾。在解释合同条款时，对这些含糊不清之处的处理原则是：以定量方式所作的解释优先于其他任何方式的解释，即说明具体数量的条款优先于笼统数量的条款，这就是通称的定量优先原则。

有时，在同一个合同中，对具体数量描述的阿拉伯数字与其对应的文字数量描述不一致时，则以文字数量描述为准。

5. 反义居先

国际工程合同文件通常由业主或其委托的咨询工程师编写。有的业主借此机会在合同条件中写入一些对自己有利的条款，或以含糊的论述将风险转移给承包商。如果由于这些情况引发争议，仲裁员（或法官）解释合同时并不以文件编写者的意图为准，而将与其意图相反的解释居于优先地位，这一原则被称为"反义居先原则"，目的是不允许合同编写者利用编写之便为自己谋利。这一原则体现了仲裁或审判的公正性，不允许任何一方投机取巧谋取利益。

6. 以法律为准

任何合同文件都有其适用的法律，因此该合同文件要根据所适用的法律来解释，符合有关法律规定的条款有效，违背有关法律规定的条款无效。根据该原则，对合同条款含义的解释有两种：一种是符合适用的法律，另一种不符合适用的法律。在解决争端时应该以前者为准进行解释和执行。

根据合同要符合适用法律的原则，如果工程所在国的法律或法规变化而给承包商带来额外的开支，承包商有权得到相应的补偿。

7. 以明示条款为准

合同条款中的明示条款，如果字义是明确的，则合同双方必须遵守，这是合同解释的一般原则。如果发生合同争端，最终诉诸仲裁或法院判决时，仲裁员或法官有权根据整个合同的精神或合同双方的最初意向，或根据法律以及签约时的具体情况，提出默示条款，作为裁决的依据。但是，默示条款必须符合合同的明示条款，而不能与明示条款相矛盾，只能作为明示条款的补充，即在特定的条件下对明示条款没有提出的问题（或含糊不清的问题）作适当的补充。

8. 参照先例裁决

普通法系的一个重要特点是实行“按例裁决”的原则，即参照已经裁决的案子，对类似情况的合同争端按此先例进行裁决。许多国家还专门出版了一些关于裁决先例的资料以供各方参考。按照先例进行裁决的做法已经被国际社会公认，当前大多数国家的司法界（包括仲裁）均实行这一原则，使得这一原则成为一种国际公认的惯例实践。

三、合同失效的情况

合同签订以后，在正式实施前或在实施过程中，签约的一方如发现该合同在签订时存在异常情况，并严重损害了自己的利益时，可向法院申请要求该合同失效。对此类诉讼，法院一般采取慎重的态度，不轻易宣判一个合同失效。但如属下列情况，且证据确凿时，法院可裁定该合同失效。导致合同失效的情况主要有误解、曲解、威胁、难以觉察和实施受挫五种。

1. 误解

普通法体系只承认有效的误解（Mistake）。这种误解是具体的，即合同的双方或某一方对该合同的协议主题或现实基础存在误解，或者是弄错了合同的对象或对方的意图，使该合同存在显著的差错。这样的合同可以被宣布无效。

但是，被裁定属于误解而失效的合同，必须属于下列具体情况：

1）必须是重大的误解和差错；

2）签订协议书时即存在这类误解；

3）必须是合同双方均存在误解，或一方误解而对方知其误解并利用其误解而企图达成协议。

2. 曲解

曲解（Misrepresentation）又称误导，指在协商过程中某一方为了诱使对方签订一项合同，而对事实进行了不真实的陈述，但并不打算把这种陈述写入合同而成为有约束力的条款。

这种不真实的陈述又可分为两种不同的情况：一种是有意欺骗性的误导（Fraudulent

Misrepresentation)，此类合同一般可宣布其失效；另一种是由于疏忽或无知，进行了不真实的陈述，属于过失性的误导（Negligent Misrepresentation)，此类合同一般不宜使其失效。

3. 威胁

威胁（Duress）或称逼迫，是指一方以威胁的方式强迫另一方签订或修改某项合同，以达到自己的目的。在审理确定是否存在威胁时，要区分不同的情况：是由于合法的商务压力还是属于非法的施加压力。如果是前者，则此项合同不能轻易地被宣布无效；如果属于后者，则构成威胁，可能使合同失效，但原告必须证明，他当时确实是被迫签约，而没有别的选择。

4. 难以觉察

难以觉察（Unconscionability）的情况大多数出现在合同的某一方在协商合同时处于极为不利的地位，丧失了讨价还价的能力，而使对方在合同中处于绝对的优势。这种合同在风险分配上明显地表现为对某一方不利。

但是，对于一般的风险分配不均或对某一方过于苛求的合同，法院不会轻易裁定其为无效，而认为是双方签约时某一方考虑不周所致。只有对一方有意的欺骗性行为而嫁祸于对方的合同，才宣布其为无效。

5. 实施受挫

实施受挫（Frustration）一般系指签约时合同双方均未料到会发生特殊的事态，如战争，或业主的土地被官方没收等，这些事态导致合同的实施受挫，或者无法实施。在国际工程合同实施过程中，还经常会由于极端恶劣的地质或土壤条件，或由于特大的自然灾害（如强烈地震、特大洪水、严重火灾等）而使合同的实施受挫或无法实施。

第三节 国际工程常用合同范本

国际工程界的许多组织和机构都出版了标准合同范本，这些标准合同范本是国际工程界经验和智慧的总结，也是从事国际工程合同管理与索赔管理人员必须认真学习和研究的。国际工程项目业主往往借鉴一些高水平的标准合同范本，并结合工程的特点来编制适合自己项目的合同文件。下面介绍几种在国际工程界比较常用的合同范本。

一、FIDIC合同范本

FIDIC（国际咨询工程师联合会 Fédération Internationale des Ingénieurs-Conseils）下的专业委员会编制了许多规范性的文件，这些文件被许多国家以及世界银行、亚洲开发银行、非洲开发银行等国际金融组织采用。其中，FIDIC 编制的一系列工程合同条件在国际范围享有极高的声誉。FIDIC 出版的土木工程施工合同条件、土木工程施工分包合同条件和电气与机械工程合同条件在国际工程界得到了广泛的应用。

1999 年，FIDIC 又出版了一套合同范本，分别为：①施工合同条件；②生产设备与设计－建造合同条件；③设计－采购－施工/交钥匙工程合同条件；④简明合同格式。这四个合同条件和 1999 年以前的系列合同条件相比，适用范围大大拓宽，而且在具体的合同条件、组织结构和措辞上也有很大的不同，是对其原合同条件的根本性变革。

FIDIC 还编写并将正式出版《设计－施工－运营合同条件》（Conditions of Contract for Design, Build and Operate Projects)，以满足承包商同时要负责项目设计、建设和运营工作这种合同模式的需求。

FIDIC系列合同范本是在总结国际工程合同管理各方面的经验的基础上制定的，并不断吸取其他多个专业机构的建议和意见进行修改完善。本书的第三章将从国际工程索赔的角度对FIDIC系列合同条件进行详细的介绍和分析。

二、NEC合同范本

英国的标准合同范本种类很多，按照适用工程的种类大致可以分成一般建筑合同、土木工程建设项目合同、政府项目合同和特殊用途合同。合同审定联合会（Joint Contracts Tribunal，JCT）、英国土木工程师学会（Institution of Civil Engineers，ICE）、英国政府出版机构（Her Majesty's Stationary Office，HMSO）和咨询建筑师协会（Association of Consulting Architects，ACA）等机构都出版有自己的标准合同范本。在土木工程建设和房屋建筑业领域，英国长期以来应用比较广泛的是ICE和JCT编制的合同范本。

英国土木工程师学会（ICE）编制的许多合同文件被广泛采用和借鉴，其中《ICE合同条件（土木工程施工）》（The ICE Conditions of Contract）应用最多。ICE在土木工程合同方面具有很高的权威性，曾对FIDIC合同范本有着重要的影响。1991年ICE的《新工程合同》（New Engineering Contract，简称NEC）征求意见版出版，1993年正式出版，并于1995出版了第二版。NEC的最新版是2005年7月的第三版，称为NEC3。NEC3指出，成功应用NEC3关键是要完成从被动的管理与决策模式转变为有远见的创造性的合作关系。英国政府和商务部推荐在英国所有的公共项目中使用新版的NEC3合同范本。

NEC系列合同范本体现了英国合同体系发展的最新成果，包含了很多新的合同理念和思想。NEC合同采用了全新的编制理念，目的是增进合同各方的合作，建立团队精神，明确合同各方分担的风险，减少合同实施中的不确定性，减少索赔以及仲裁或诉讼的可能性。

NEC3包含以下所列出的6类文件。

1）工程设计与施工合同（Engineering and Construction Contract，ECC）：适用于所有领域的工程项目。

2）专业服务合同（Professional Services Contract，PSC）：适用于项目聘用专业顾问、项目经理、设计师、咨询工程师等专业技术人才。

3）工程设计与施工简要合同（Engineering and Construction Short Contract，EC-SC）：适用于结构简单、风险较低、对项目管理要求不太苛刻的工程项目。

4）评判人合同（Adjudication Contract，AJC）：用于业主聘用评判人。

5）定期合同（Term Service Contract）：用于采购定期的服务。

6）框架合同（Framework Contract）：这是NEC3新增的合同范本，用于业主和承包商在项目完全确立之前建立一种工作关系。

以上每一种合同都配有相应的使用指南和流程图来帮助用户使用这些合同范本。ECC合同是整个NEC合同体系的基础，体现了NEC合同范本的中心思想。ECC的显著特点是可以利用"选项表"，通过选项的灵活组合使得ECC可以适用于不同建设模式的项目。

NEC系列合同适用于土木、电气、机械和房屋建筑工程等各种领域，既适用于传统模式，也可用于设计—建造、CM等模式；在语言方面，NEC系列合同的语言比较浅显易懂，便于用户使用；更重要的是体现了"伙伴关系"的理念，倡导合同双方之间合理分担风险，共同预测、防范和管理风险，并引入早期预警程序，设立“评判人”制度，使争端在萌芽状态就得以解决。这也符合近年来项目管理领域新的思想。

NEC合同范本与FIDIC合同范本相比，不同之处主要有：

1）NEC合同条件没有独立的“专用条件”，它在合同条件的第72条中，专门列举工程项目的特殊要求及有关数据，起专用条件的作用；

2）NEC合同对税收问题作了更详细的规定，在第69条和第70条中对上述税收问题专门进行了叙述；

3）对工程师的职责和权力作出详细的规定，在以下各项问题上，工程师在发出指示以前必须征得业主的同意，如延长工期、加速施工、发布工程变更指令、发布竣工证书、最终验收证书以及决定是否属于不利的自然条件等；

4）对承包商的索赔作了比较具体的规定，如：工程师拖期发放施工图纸或施工指令时，承包商有权提出索赔；索赔款额中允许包括管理费及资金利息，但不能包括利润。

三、JCT合同范本

英国皇家建筑师学会（The Royal Institute of British Architects，RIBA）是一个在房屋建筑领域有高度权威的组织。1902年其编制的《建筑合同条件标准格式》被称为RIBA合同范本，在国际房屋建筑工程界享有高度声誉。它是英国第一部建筑业合同范本，比ICE合同范本有更悠久的历史。

RIBA合同条件的制定者同英国皇家特许测量师学会（RICS）、英国咨询工程师联合会、以及地方当局负责人和分包商的代表组成了一个“合同审定联合会”（The Joint Contract Tribunal，JCT）。此后RIBA合同范本由合同审定联合会（JCT）修订出版，遂被称作JCT合同范本。

1980年出版的JCT合同条件第四版受到了业主们的不少批评，被认为对业主的利益考虑不够。因此，在1987年对第四版内容作了相当大的修改，于1989年又作了修改，于1991年发布第五版。同ICE合同条件相比，JCT合同条件有以下特点：

1）在对建筑师即相当于ICE合同条件中的工程师的授权方面，JCT合同条件授权较少；

2）ICE合同条件中的工程师负责工程项目施工中的监督工作，但JCT合同条件中仅要求建筑师进行定期的现场监督，日常的监督工作由承包商和业主承担；

3）JCT合同条件通常以总价合同的形式出现，在施工过程中，某项工作的实际完成工程量较原合同有增减时，通常作为工程变更，相应地调整总合同价的款额；

4）JCT合同条件中包括了一个“增值税补充协议书”（Supplemental VAT Agreement），对税收作了详细的规定。

2005年JCT出版了一系列新的合同范本，主要包括：

1）标准房屋合同（Standard Building Contract，又分为有工程量清单、有估计工程量清单和无工程量清单三种）；

2）设计—建造合同（Design and Building Contract）；

3）大型工程施工合同（Major Project Construction Contract）；

4）中型施工合同（Intermediate Building Contract）等。

RICS定期对英国标准合同文件的使用情况进行问卷调查，最新的调查结果发现，无论从数量还是合同总额上看，JCT合同都是英国使用最为广泛的标准合同文件。

四、PPC2000合同范本

2000年英国咨询建筑师协会（Association of Consultant Architects，ACA）出版的《项目伙伴关系标准合同格式》（Standard Form of Contract for Project Partnering）（以下简称PPC2000）是国际上第一个以伙伴关系命名的标准合同范本，主要倡导信任与合作，将伙伴关系的理念付诸实践。

PPC2000是一个多方合同，适用于任何法律制度下的工程采购。PPC2000一共有28条197款和5个附录，对伙伴关系团队成员的权利、义务、风险分担以及争端解决的方式进行了全面的规定。与其他合同范本相比，PPC2000具有以下6个方面的特点。

1. 基于团队的多方协议

PPC2000倡导业主、承包商、工程师和主要的分包商及供应商组成一个伙伴关系团队，共同签署一份伙伴关系合同，通过这一合同约束每一个团队成员，避免了合同之间不一致引发的争议，同时也便于各成员认识彼此的角色和责任，共同为了实现目标而努力。

2. 项目过程的整合

PPC2000提供了一个伙伴关系时间表，用以管理所有伙伴关系成员对伙伴关系活动所作的贡献，同时还规定了开工后现场管理各项活动的时间表。

3. 项目各方的整合

PPC2000规定了如何在早期建立伙伴关系团队，共同确定伙伴关系的成员；鼓励承包商、专业分包商或供应商在开工前的关键阶段及合同实施过程中发挥自身的作用，运用价值工程优化设计，并进行持续有效的风险管理，以减少项目成本、实现项目价值增值。

PPC2000还规定由代表伙伴关系团队成员的关键人员组成核心小组，负责运作项目的早期预警系统，并对进度和绩效进行定期评价。

4. 项目目标的整合

PPC2000将项目利益和伙伴关系团队成员的共同利益相联系，进而使项目实施目标和伙伴关系团队中每个成员的具体目标联系起来，并利用各方所达成一致的关键绩效指标，对目标的完成情况进行衡量，并据此进行支付。PPC2000还提供了利润、总部管理费和现场管理费的协议，鼓励伙伴关系团队成员在分享成本节约和价值增值方面共同努力，并对价值工程和价值管理的操作作出了明确规定。

5. 合理分担风险

PPC2000对减少、控制和分担风险及公开、公平地达成变更协议提供了清晰的体系，将风险管理作为项目伙伴关系团队每个成员的职责，有利于针对每个子项目进行合理的风险分配。此外，PPC2000还规定建立风险问题的早期预警系统，提前对可能的变更或干扰事件作出预测，提出解决方案和补偿办法。

6. 非对抗性问题解决方案

PPC2000允许设立伙伴关系顾问，来指导项目的伙伴关系过程，记录伙伴关系团队成员的关系、承诺和期望，并协助解决问题，避免和解决争端。PPC2000还为每个项目伙伴关系团队成员组织中的高层管理人员提供了解决问题的严格时间限制，以及就问题向核心小组进一步咨询的途径。PPC2000也提出了其他的争端解决方式，但是并不限制伙伴关系团队成员将争端提交评判人的权利。

近年来，伙伴关系的理念在国际工程建设领域被广泛采用，项目的参与方希望以一种共赢的理念实现合作。由于PPC2000倡导合作和共赢，形成一个有共同目标的项目团队，有利于共同努力、减少冲突和节约投资，适应了国际工程建设领域的需求，因而被公共业主和私人业主广泛采用。

2000年，英国咨询建筑师协会还出版了《项目伙伴关系专业分包标准合同格式》(The ACA Standard Form of Specialist Contract for Project Partnering，SPC2000)，用于承包商与专业分包商签订伙伴关系合同。2005年英国咨询建筑师协会又推出了《定期合作伙伴关系合同标准格式》(The ACA Standard Form of Term Partnering，TPC2000)，用于定期工程与服务采购，为定期合作的伙伴各方提供了一个多方合同。SPC2000与TPC2000采用了与PPC2000相同的编制理念，尽可能使伙伴关系团队包含供应链中的每个成员，使成员都尽可能早地参与到项目设计和风险管理中，是对PPC2000的重要补充。

五、AIA合同范本

美国建筑师学会(The American Institute of Architects，AIA)成立于1857年，是美国主要的建筑师专业社团，其成员来自美国以及全世界的注册建筑师，成立目的是提高建筑师的水平并促进其事业成功，通过改善居住环境提高大众的生活标准。AIA出版了一系列标准化的合同，经过多年的发展已经形成了一个完整的体系，在美洲地区具有较高的权威性，应用十分广泛。

AIA所编制的标准合同涵盖非常广，不仅包括合同协议书和合同条件，还有招标投标、资质审查、合同签订、项目实施等工程建设各阶段所需要的各种文件，甚至包括建筑师日常项目管理中需要的各种表格。根据合同文本中合同双方的关系，AIA文件分为A、B、C、D、G五个系列。

A系列是业主与总承包商、CM经理、供应商及总承包商与分包商之间的合同文件，包括协议书和合同条件，以及施工合同通用条件和与招投标相关的文件，包括各种标准格式等；B系列是业主与建筑师之间的合同条件；C系列为建筑师与其他专业咨询人员之间的协议书和合同条件；D系列是建筑师行业的有关文件；G系列是项目管理过程中使用的各种表格和文件。

AIA早在1985年就编制了第一版设计—施工合同范本，1996年进行了修订，2004年编制了新版合同范本。AIA旧版设计—施工合同文本全套包括3个文本，分别为：

1）A191：设计—施工承包商标准协议书格式；

2）A491：设计—施工承包商与施工承包商之间标准协议书格式；

3）B901：设计—施工承包商与建筑师之间标准协议书格式。

2004年，AIA对上述3个文本进行了更新，此外还添加了2个全新的文本，分别为：

1）A141：业主与设计—施工承包商协议标准格式；

2）A142：设计—施工承包商与承包商协议标准格式；

3）B142：业主和咨询方协议标准格式；

4）B143：设计—施工承包商与建筑师协议标准格式；

5）G704/DB：设计—施工项目实质性完工通知。

六、美国常用的其他合同范本

1. AGC合同范本

美国承包商总会（AGC）于 1984 年 8 月制定发布了一个关于《建筑工程分包合同》（Subcontract for Building Construction）的标准格式，被称为 AGC 合同文件第 600 号。1993 年 AGC 出版了设计—施工模式的标准合同范本，并于 2000 年进行了更新。

AGC 合同文件的结构与 AIA 范本类似，也是由许多文本组成的文本族，主要包括：

1）AGC400：业主与承包商设计施工初步协议书；

2）AGC410：业主与承包商设计施工标准协议书格式及通用合同条件（成本加酬金并有最高限价）；

3）AGC415：业主与承包商设计施工标准协议书格式及通用合同条件（总价）；

4）AGC420：承包商与建筑师/工程师设计施工项目标准协议书格式；

5）AGC450：设计—施工承包商与分包商标准协议书；

6）AGC460：设计—施工承包商与分包商标准协议书格式（分包商提供最高价）。

AGC 范本的特点是将整个工程分为两个阶段，业主首先通过 AGC400 文本要求承包商制定需求大纲，作出价格预算和工期计划，然后再根据 AGC410 或 AGC415 正式进行工程设计与施工。

2. EJCDC 合同范本

美国的工程师联席合同委员会（EJCDC）是多个专业学术组织联合组成的一个委员会，包括美国土木工程师学会（ASCE）、美国专业工程师学会（NSPE）、美国咨询工程师理事会（ACEC）、施工技术规范协会（CSI），以及美国私人工程师协会（PEPP）。EJCDC 制定的《建筑合同标准通用条件》（Standard General Conditions of Construction Contract）内容比较全面，在美国建筑界享有盛誉。EJCDC 在 2002 年为设计—施工模式制定了一系列的合同范本。

3. SF－23A 合同范本

美国联邦政府为了对以政府部门为业主的工程项目进行管理，制定了《联邦政府标准合同格式》，被简称为“SF－23A”（Federal Government Standard Contract Form 23A）。

SF－23A 合同条件包括三个部分：

1）通用条件：有 31 个条款；

2）通用条件的补充：另增加 3 个条款，使通用条款的编号达到 34 条；

3）通用条件的再次补充：又增加了一条关于对妇女为业主的企业给予授标时优先考虑的规定。

以上简要介绍了国际上常用国际工程合同范本。作为国际工程的业主和承包商，都应了解、学习甚至研究这些合同范本，这对各方的合同管理，尤其是索赔管理尤为重要。

复 习 思 考 题

1. 国际工程索赔的主要依据有哪些？

2. 合同解释时，通常将合同条款分为哪几类？

3. 合同解释的原则有哪些？请谈谈你对这些解释原则的认识。

4. 明示条款和默示条款的含义是什么？形成默示条款的必要条件有哪些？在利用默示条款进行索赔时，应该注意哪些问题？

5. 请列举你熟悉的国际上常用的合同范本，并针对其中的一个谈谈你的认识。

第三章　FIDIC合同条件及其索赔条款解析

合同条件是合同文件的核心，是国际工程索赔最主要、最根本的依据。本章对国际工程界广泛应用的FIDIC系列合同条件进行了简要介绍，对FIDIC1999版施工合同条件中的变更与索赔条款进行了详细分析，并将其与FIDIC1999版DB合同条件、EPC合同条件、简明合同格式及FIDIC土木工程施工合同条件第四版中的相关条款进行了对比分析，为本书其他章节引用FIDIC合同条件提供了支持。

第一节　FIDIC及其合同条件介绍

一、FIDIC简介

FIDIC成立于1913年，是一个非官方机构，现已有会员国70多个。FIDIC的宗旨是通过编制高水平的行业标准文件、召开研讨会，传播工程信息，从而推动全球工程咨询行业的发展。

FIDIC有四个地区性组织：亚洲及太平洋地区成员协会（ASPAC）、欧共体成员协会（CEDIC）、非洲成员协会集团（GAMA）和北欧成员协会集团（RINORD）。FIDIC总部设在瑞士日内瓦，主要职能机构是执行委员会（EC），下面还设有土木工程合同委员会（CECC）、业主与咨询工程师关系委员会（CCRC）、职业责任委员会（PLC）等专业委员会。FIDIC代表着世界上大多数独立的咨询工程师，是最具权威性的咨询工程师组织，推动了全球范围内高质量的工程咨询服务业的发展。

二、FIDIC合同条件

1. FIDIC合同条件演变历程

FIDIC的各专业委员会编制了许多规范性的标准文件，这些文件国际上也得到了广泛应用和普遍认可。世界银行、亚洲开发银行和非洲开发银行的招标文件样本也采用了这些文件。在FIDIC编制的各类文件中，享誉最广的是其编制的一系列合同范本。在1999年版FIDIC系列合同条件出版之前，FIDIC主要编制出版了五个合同条件，应用于国际工程建设领域的不同类型的项目。

（1）土木工程施工合同条件（Conditions of Contract for Works of Civil Engineering Construction）

1957年，FIDIC以当时英国土木工程师学会（ICE）编写的土木建筑工程一般条款（ICE合同格式）为蓝本，首次出版了标准的土木工程施工合同条件第一版，业界又称之为FIDIC“红皮书”。由于此前还没有比较适用于国际工程的合同条件，因此，该合同条件受到了国际工程界的欢迎，迅速以“红皮书”的称谓闻名于世。该合同条件包括两部分的内容，第一部分为通用条件，第二部分为专用条件。

1963年，FIDIC出版了土木工程施工合同条件第二版。第二版只对通用条件作了一些修改，并在第一版的基础上增加了第三部分："疏浚和填筑条款"。

1977年，FIDIC出版了土木工程施工合同条件第三版，对第二版作了全面的修订，同时还编写了一个与之配套的"土木工程合同条件注释"。1983年FIDIC执行委员会组建了一个合同起草委员会，其委员主要由土木工程合同委员会（CECC）的成员组成，负责监督第三版的使用情况。由于第三版的语言比较通俗，更易于理解，因此得到了欧洲建筑业国际联合会、亚洲及西太平洋承包商协会国际联合会、美洲国家建筑业联合会、美国普通承包商联合会和国际疏浚公司协会的共同认可。后经世界银行推荐，第三版又被纳入了世界银行与美洲开发银行共同编制的工程项目采购标准招标文件。

1983年后，CECC将某些地方业主对条款提出的意见向执行委员会作了汇报，希望对条款进行修改，使其更具可操作性。FIDIC执行委员会接受了这些意见，要求CECC编制第四版，并提出了如下要求：

1）只对必须改动的地方才予以改动；

2）保持工程师的基本作用；

3）特别注意一些具体问题，如保函和保证书、风险分配、保险、索赔、证书、付款和争端解决等。

1987年，土木工程施工合同条件第四版在瑞士洛桑举行的FIDIC年会上正式出版发行，并于1988年作了订正。此次修订FIDIC比以往修订时更多地与世界银行进行了协商；同时，还与在监督第三版的使用方面颇有经验的阿拉伯联合基金会的代表们进行了广泛的接触。第四版在第三版的基础上作了较多的修改。在第四版中将第三部分"疏浚和填筑工程"与第二部分进行了合并，合同条件仍只有通用和专用两个部分；并在合同条件中突出了业主在合同管理过程中的地位和作用；同时在保留工程师权力和作用的前提下，对工程延期、增加工程费用等重大事项处理明确了业主的权利；另外，听取了承包商代表的意见对承包商应有的权益也作了适当的补充；对合同责任、风险分配等也作了相应的调整，使各方的利益和责任更加公平合理。

1989年，FIDIC针对土木工程施工合同条件第四版出版了应用指南。

（2）土木工程施工分包合同条件（Conditions of Subcontract for Works of Civil Engineering Construction）

随着土木工程施工合同条件日益广泛地被采用，FIDIC收到了越来越多的希望发布分包合同范本的要求。于是1994年，FIDIC出版了土木工程施工分包合同条件，与土木工程施工合同条件配套使用。

该分包合同条件起草时借鉴了英国土木工程承包商联合会1991年9月编制的分包合同范本（FCEC范本），但在内容和形式上都进行了较大的修改，以使其更适合国际工程项目的需要。当然，FIDIC较多地采纳了FCEC范本或土木工程施工合同条件中现有的、迄今被证明是可行的条款。按土木工程施工合同条件的做法，该分包合同条件也分为通用条件和专用条件两部分。其次，该分包合同条件中的每一条款均用标题形式给出，这与FIDIC习惯相一致，更加易于理解和阅读；为使该条件与土木工程施工合同条件相匹配，在内容中也尽可能地采用相近于土木工程施工合同条件的措词和术语。

（3）电气与机械工程合同条件（Conditions of Contract for Electrical and Mechanical Works）

1963年，FIDIC电气机械合同委员会编制了用于业主负责设计，承包商负责机械与设备供应和安装的电气和机械工程合同条件，1980年和1987年又分别出版了第二版和第三版及其应用指南。电气和机械工程合同条件第三版在一切可能的条件下，原则上对新增的条款参照土木工程施工合同条件第四版。

电气和机械工程合同条件第三版的合同条件分为三个独立的部分：序言（对第一部分通用条件的条款所要求的详细细节作了规定）；第一部分，通用条件（这部分包含了适用于任何类型机电工程合同的条款）；第二部分，专用条件（该部分分为A、B两项，A项用于在需要时对通用条件中的规定进行修改，B项用于补充所需要的条款）。

（4）设计—建造与交钥匙项目合同条件（Conditions of Contract for Design-Build and Turnkey）

FIDIC于1995年出版了设计—建造与交钥匙项目合同条件。设计—建造与交钥匙项目合同条件，也分为通用条件和专用条件两部分。交钥匙工程是具有特定含义的DB方式，按照国际惯例，承包商为业主提供包括项目融资、土地购买、设计与建造等的全套服务，也可以要求承包商进行一定时间的项目运营。

（5）业主—咨询工程师标准服务协议书（Conditions of the Client/Consultant Model Services Agreement）

FIDIC在1979年和1980年分别编写了三本业主与咨询工程师协议书的范本。一本被推荐用于投资前研究及可行性研究，简称IGRA 1979 P.I；另一本被推荐用于设计和施工管理，简称IGRA 1979 D&S；第三本被推荐用于项目管理，简称IGRA 1980 PM。1990年，FIDIC广泛征求对此类服务的建议，在此基础上，编制出版了新的业主与咨询工程师标准服务协议书；此后，又对此协议书进行了补充和完善。

业主与咨询工程师标准服务协议书包括通用条件和专用条件两部分，后面还有三个附件。通用条件对任何类型的咨询服务都适用，专用条件则需要针对某一具体咨询服务项目确定，附件A（服务范围）、附件B（业主提供的设备、设施和其他人员的服务）和附件C（报酬与支付）需要根据每个服务项目具体情况编制。

尽管FIDIC的各类合同条件在全球工程承包界得到了广泛的应用，但随着国际建筑业项目管理与承包模式的发展，FIDIC感到有必要根据业界实践的做法，对原有的合同条件加以更新，以使其能更好的反映国际工程实践，更具有代表性和普遍意义。于是，根据在世界范围内对FIDIC各类合同版本应用情况的调查结果，于1999年出版了4本标准合同条件范本，简称为1999版FIDIC合同条件。

2. 1999版FIDIC合同条件

1999年FIDIC出版的标准合同条件范本包括：施工合同条件、生产设备和设计—建造合同条件、设计—采购—施工/交钥匙工程合同条件和简明合同格式。

（1）施工合同条件（Conditions of Contract for Construction）

1999年FIDIC施工合同条件（简称FIDIC1999版施工合同条件）与1987年土木工程施工合同条件第四版的应用条件基本相同，即可用于由业主或其委托的设计单位提供设计，在工程实施过程中由工程师为业主管理项目，以单价合同为计价基础的施工合同；但是施工合同条件的适用范围不仅限于土木工程，还可以应用于房屋建筑、电力、机械等各类工程的施工。

FIDIC土木工程施工合同条件是以ICE合同条件为蓝本编制的，在内容上很多地方与ICE合同条件雷同。但是，FIDIC1999版施工合同条件确立了新的合同条件框架，根据多年国际工程实践中取得的经验以及专家学者和相关各方的意见和建议，在布局、结构、措辞等方面都作了重大的修改。

(2) 生产设备和设计—建造合同条件（Conditions of Contract for Plant and Design-Build）

生产设备和设计—建造合同条件（以下称FIDIC1999版DB合同条件）推荐用于电气和（或）机械设备的供货以及房屋建筑和工程构筑物的设计与施工。一般是由承包商按照业主要求来设计并提供生产设备和（或）其他工程，可以包括土木、机械、电气、构筑物和（或）它们的组合。

FIDIC1999版DB合同条件对1987年出版的电气与机械工程合同条件作了较大的修改，适用范围更加广泛。电气与机械工程合同条件主要用于设备供应和安装，FIDIC1999版DB合同条件则更适用于由承包商设计并进行施工和安装的总承包项目。在条款内容上也作了较大的改动和补充，借鉴了1995年出版的设计—建造与交钥匙项目合同条件格式，对条款顺序进行了合理调整，对业主和承包商双方的职责和义务以及工程师的职权都作了更为严格而明确的规定。

(3) 设计—采购—施工/交钥匙工程合同条件（Conditions of Contract for EPC/Turnkey Projects）

EPC是Engineering（设计）、Procurement（采购）和Construction（施工）的缩写。设计—采购—施工/交钥匙工程合同条件（以下称FIDIC1999版EPC合同条件）是FIDIC编制出版的一种区别于其原有合同模式的合同条件，是近年来国际工程市场发展和实践的产物。在EPC/交钥匙合同模式下，EPC总承包商一般要负责设计、工程材料和设备的采购、施工安装以及试运行和业主操作人员的培训等工作。这里的“设计”不仅包括工程图纸的设计，还包括工程规划和整个设计过程的管理。该合同条件通常适用于提供加工或动力设备、工厂或类似设施、基础设施项目或其他类型的开发项目。这种方式下：

1）项目的最终价格和要求的工期具有较大程度的确定性；

2）由承包商承担项目的设计和实施的全部责任，业主介入很少。通常情况是由承包商进行全部设计、采购和施工，提供一套配备完善的设施，“转动钥匙”时即可运行。

FIDIC1999版EPC合同条件不适用于下列情况：

1）投标人没有足够的时间或资料，以仔细研究和核查业主要求或进行设计、风险评估和估算；

2）项目内容涉及相当多数量的地下工程，或投标人未能调查的区域内的工程；

3）业主要求严密监督或控制承包商的工作，或要求审核大部分施工图纸；

4）每次期中付款的款额要经某些官员或其他中间人确定。

如果出现上述情况，则可采用FIDIC1999版DB合同条件。

(4) 简明合同格式（Short Form of Contract）

FIDIC针对一般小型工程和/或建筑合同出版了简明合同格式。该合同条件适用于投资金额相对较小的工程或建筑项目；也可以用于投资金额较大，但是简单或者重复性工作较多或工期较短的工程。在该合同条件下，通常由承包商按照业主或业主代表提供的设计进行工程施工，但是也可以用于部分或全部由承包商设计的土木、机械和/或电气工程。

简明合同格式的主要目的是编制一个简单适用的文件，包括一般小型工程和（或）建筑合同所必需的全部基本的商务规定。简明合同格式主要由协议书、通用条件、专用条件、裁决规则和通用条件应用指南五部分组成。使用该合同时，所有必要的信息应在协议书的附录中提供，而协议书本身则是一个简单的文件，包括投标人的报价和业主对报价的接受。这样，通用条件和包含着全部基本资料的协议书及其附录就覆盖了绝大部分合同的内容。

FIDIC1999 年出版的其他三个合同条件中均为 20 个条款，而该合同格式只有 15 条，包含 52 款，一些内容被删除，还有一些被改写编入了其他条款。变动的内容涉及工程师、指定分包商、职员和劳务、永久工程设备、材料和工艺、竣工检验、竣工后检验，业主提出终止、不可抗力等。在简明合同格式中没有列出“工程师”的内容，这也是为了简单实用的目的。因为对于管理机构简单、投资金额较小的工程，委任工程师可能是不实用的做法。当然，如果业主希望委任工程师，则可以在专用条件中作出相应的规定。

3. 1999 版 FIDIC 合同条件的特点

FIDIC 合同条件经过多年的使用和修改，逐渐形成了一个科学、严密的体系。FIDIC 合同条件的条款齐全，内容完整，工作程序严谨，易于操作，科学地反映了国际工程中的一些普遍做法，具有普遍的适用性。与以前的 FIDIC 合同条件相比，1999 版 FIDIC 合同条件在许多方面有较大的创新和改革，提高了合同条件的公正性和实用性，主要体现在以下方面。

（1）结构统一，术语一致

在 1999 版 FIDIC 合同条件中，除简明合同格式外，其他三个合同文本均采用了 1995 年 FIDIC 出版的“设计—建造与交钥匙工程合同条件”的基本结构：通用条件部分均分为 20 条，条款的标题以及部分条款的内容能一致的都尽可能一致；定义均分六类编排，条理清晰，能一致的定义内容也尽量一致（由下表 3-1 即可看出）。这就使得合同条件作为一个整体更为标准化、系统化，也更加便于使用者学习、理解、记忆和运用。

在语言上，1999 版 FIDIC 合同条件比以前版本更简明，尽量不使用艰涩拗口的古英语词汇，句子结构也相对简单，因此更易于阅读和理解。

1999 版 FIDIC 合同条件主题条款比较表　　**表 3-1**

条款号	施工合同条件	DB 合同条件	EPC 合同条件	简明合同格式
1	一般规定	一般规定	一般规定	1 一般规定
2	业主	业主	业主	2 业主
3	工程师	工程师	业主的管理	3 业主代表
4	承包商	承包商	承包商	4 承包商
5	指定分包商	设计	设计	5 由承包商设计
6	职员和劳工	职员和劳工	职员和劳工	6 业主的责任
7	生产设备、材料和工艺	生产设备、材料和工艺	生产设备、材料和工艺	
8	开工、延误和暂停	开工、延误和暂停	开工、延误和暂停	
9	竣工试验	竣工试验	竣工试验	7 竣工时间
10	业主的接收	业主的接收	业主的接收	8 接收

续表

条款号	施工合同条件	DB合同条件	EPC合同条件	简明合同格式
11	缺陷责任	缺陷责任	缺陷责任	9 修补缺陷
12	测量和估价	竣工后试验	竣工后试验	
13	变更和调整	变更和调整	变更和调整	10 变更和索赔
14	合同价格和付款	合同价格和付款	合同价格和付款	11 合同价格和付款
15	由业主终止	由业主终止	由业主终止	12 违约
16	由承包商暂停和终止	由承包商暂停和终止	由承包商暂停和终止	
17	风险与职责	风险与职责	风险与职责	13 风险与职责
18	保险	保险	保险	14 保险
19	不可抗力	不可抗力	不可抗力	
20	索赔、争端和仲裁	索赔、争端和仲裁	索赔、争端和仲裁	15 争端的解决

（2）通用条件与专用条件有机结合

1999版FIDIC合同条件仍分为两部分，第一部分为“通用条件”，第二部分为“专用条件”。通用条件适用于同类工程，在具体应用时一般不进行改动；专用条件则是针对具体的工程项目，考虑工程所在国家和地区的法律法规，根据项目特点和业主的要求，对通用条件的具体化修改和补充。专用条件中有许多建议性的措辞，业主与其聘用的工程师可以采用这些措辞或另行编制合理的措辞对通用条件进行修改和补充。

（3）更加公正合理

FIDIC在编制1999版合同条件时倡导合同双方以一种坦诚合作的精神共同完成工程，因此合同中对于合同各方的职责有明确的规定和要求，体现了业主和承包商之间合理分担风险的精神。随着市场经济法律体制的不断完善，风险分配体制向更加合理化的方向发展，1999版FIDIC合同条件在这方面作了较大的改进和完善，在确定合同双方的经济权责关系时更加公正合理。

（4）编制思想更加灵活

1999年以前的FIDIC标准合同条件是在专用条件中编入特殊情况的条款，而1999版合同条件则是尽可能地在通用条件中作出全面而细致的规定，如FIDIC1999版施工合同条件中，关于开工日期的确定、进度计划的提交时间、调价公式、预付款以及有关劳务的某些具体规定等均被纳入了通用条件，使其适用于大多数合同。FIDIC的编写者认为，如果这些规定不适用，用户可将其从通用条件中删除，这样做要比用户在需要时在专用条件中另行编写更为方便。

4.1999版FIDIC EPC/交钥匙合同条件关于风险分担原则的变化

FIDIC土木工程施工合同条件、电气与机械工程合同条件已经广泛推行应用了几十年，其提倡的业主和承包商之间平衡分配风险的原则得到了普遍的认可。此风险分配原则可使业主与承包商双方受益，业主可以按较低的价格签订合同，仅在项目实施过程中发生特殊风险的情况下，才增加进一步的费用；而对承包商来说，也避免了对此类难以估计的风险进行估价。在FIDIC1999版施工合同条件与DB合同条件中仍然沿用了此风险平衡分配原则。

近年来，国际工程市场需要一种固定最终价格、经常还要求固定竣工日期的合同条件。业主对此类项目往往愿意支付更多、有时甚至相当多的费用，来确保最终价格不超过商定的价格。此类项目中有许多项目是靠私人资金融资的，贷款人要求业主的项目成本比根据FIDIC传统合同条件的风险分担原则下产生的成本具有更大的确定性。

对于此类项目，承包商要承担更大范围的风险。为了取得最终价格的更大确定性，业主在编制“业主要求”时，往往要求承包商承担诸如一般自然力的作用、通货膨胀、不利的现场条件等风险。但业主必须在签订固定合同价格之前，给承包商时间和机会获得和研究有关的资料。同时，业主还要认识到，要求承包商承担此类风险，将会增加工程建设成本，可能导致有些项目在商业上变得不可行。

FIDIC认识到了对此类与FIDIC传统风险分配原则不同的需求，认为对这一要求公开给予承认，使之合法化、规范化会更好。通过制定一个标准的合同格式，把要求承包商承担更大风险在合同条件和业主要求中写清楚，业主就不必为了采取其他风险分配方案而修改标准合同格式，而承包商也可以充分了解他必须承担的风险。

采用这种合同格式时，业主在“业主要求”中描述设计原则和工程设备基础设计的要求时应以功能作为基础，应允许并要求投标人对所有相关资料和数据进行核实，并作好任何必要的调查研究。还应说明承包商必须进行的任何必要的设计和需要其提供的专用施工机械设备和工程设备，并允许承包商提出最适合其设备和经验的解决方案。因此，招标程序应允许投标人与业主之间就技术问题和商务条件进行讨论。所有这些事项达成一致后，将成为双方签订合同的组成部分。

此类模式下，只要最终结果能够满足业主要求的功能标准，业主应给予承包商选择工作方式的自由。因而，业主对承包商的工作只应进行有限的控制，一般不应进行干预。这类合同的另一个特点是，承包商必须证明他的工程设备和装备的可靠性。因此，应对“竣工检验”给予特别注意。这些检验经常在相当长的期间内进行，而只有在这些检验成功完成后，工程才会被业主所接收。

FIDIC1999版EPC/交钥匙合同条件下EPC总承包商承担的风险很大，因此EPC总承包商向业主的索赔将很少且很困难。

第二节　1999版FIDIC合同条件的条款结构分析

FIDIC在编写1999版合同条件时对各条款的顺序重新进行了合理的调整，使得合同条款结构更加统一，各条款之间的联系更加明显和紧密。这种调整非常有利于对合同条件的理解与学习。在学习和使用时，可以将合同条款进行分组，以便更好地理解各条款之间以及与子条款之间的关系。

本节以FIDIC1999版施工合同条件为例，对其合同条款的结构特点进行分析，以帮助使用者更好地把握和理解该合同条件。

FIDIC1999版施工合同条件的通用条件共20条163款，这20条涉及的内容包括：①一般规定；②业主；③工程师；④承包商；⑤指定分包商；⑥职员和劳工；⑦生产设备、材料和工艺；⑧开工、延误和暂停；⑨竣工检验；⑩业主的接收；⑪缺陷责任；⑫测量和估价；⑬变更和调整；⑭合同价格和付款；⑮由业主终止；⑯由承包商暂停和终止；⑰风险与职责；⑱保险；⑲不可抗力；⑳索赔、争端与仲裁。在阅读合同条件时，可以将合同条款分为 8 组。

（1）对关键词语的定义

条款①一般规定中定义了 58 个关键词，数量较多，对一些常用的词语进行了详细明确的定义。在国际工程合同中，往往在合同条件前面定义很多词语或术语，签订合同的双方对词语的理解和解释必须严格遵守合同条件中给出的具体定义。

（2）工程项目参与方

将条款②业主、③工程师、④承包商、⑤指定分包商和⑥职员和劳工这几个条款放在一起，可以理解为项目实施过程中所涉及的参与方和人员。条款②、③、④条款讲的是合同实施过程中的三个主要参与方，在这三个条款中对业主、工程师和承包商的责任、权利和义务进行了详细规定；条款⑤指定分包商并不是每一个合同中都必须有的；条款⑥职员和劳工则是完成工程所需的重要资源。

（3）工程工期与进度

条款⑧开工、延误和暂停、⑨竣工检验、⑩业主的接收和⑪缺陷责任基本是按照项目实施的时间顺序进行排列的，从项目开工、竣工、接收直到缺陷通知期结束，可以更多地从项目生命周期的角度考虑和理解这四个条款。

（4）工程价格与支付

条款⑫测量和估价和⑭合同价格和付款这两个条款都与支付密切相关。施工合同条件为单价合同，因此在第 12 条测量和估价中对实际工程量如何计量和估价进行规定；第 14 条合同价格和支付是合同的核心条款，对支付的程序等相关事项进行了详细规定。

（5）暂停和终止

条款⑮由业主终止和⑯由承包商暂停和终止分别对业主和承包商在何种条件下有权终止合同进行了规定。这两个条款有许多相似之处，可以对比分析。

（6）风险分担

条款⑰风险与职责、⑱保险、⑲不可抗力这三个条款围绕着风险问题展开。风险分担是合同中十分重要的内容，在第 17 条中规定了承包商和业主各自应承担的风险，第 18 条说明如何利用保险来进行风险管理和规避；第 19 条对不可抗力的含义以及发生不可抗力事件后双方各自承担的责任进行了规定。

（7）工程质量

条款⑦生产设备、材料和工艺中给出了设备材料验收与工艺的有关规定，作为业主控制工程质量的手段，因此本条可以看作是质量控制方面的内容；条款⑨竣工检验也可以看作是关于质量控制方面的内容。

（8）索赔和争端

索赔和争端解决是合同中的另一个重要内容。条款⑬变更和调整是关于如何恰当处理工程变更问题的条款，由于变更经常会引发索赔争端，因此该条款与第 20 条密切相关；条款⑳索赔、争端与仲裁对承包商如何进行索赔和出现争端时如何解决进行了系统详细的规定。

此外，也可以将这些合同条款与项目的合同生命周期结合起来进行学习和理解，如图 3-1 所示。

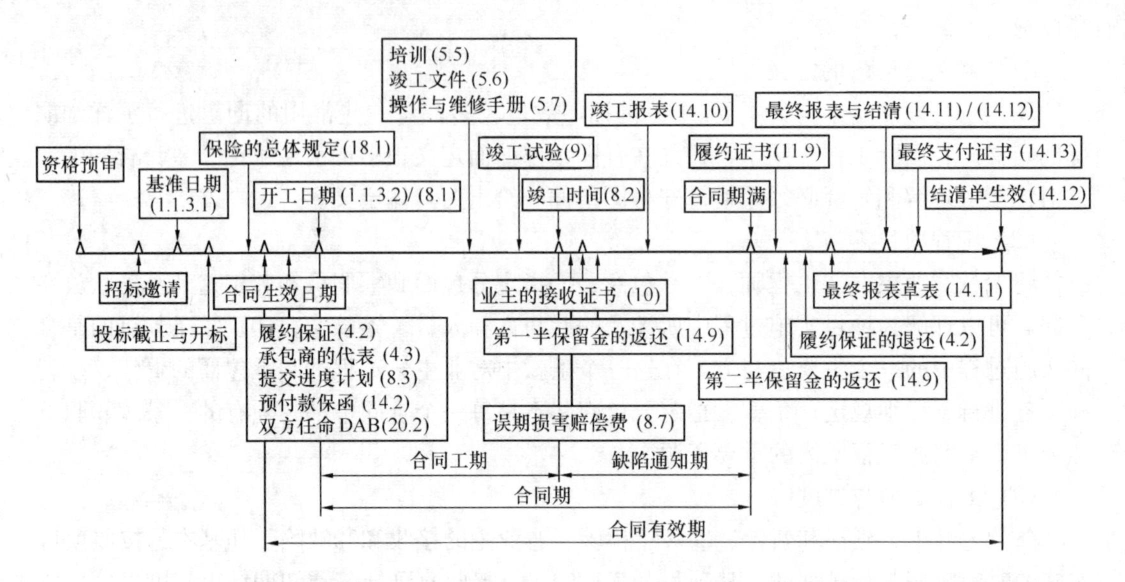

图3-1 1999版FIDIC施工合同条件中主要条款与项目合同生命周期的关系图

第三节 1999版FIDIC施工合同条件的变更与索赔条款解析

变更与索赔是合同管理最主要的内容之一，变更与索赔条款是合同条件中必不可少的。FIDIC合同条件中对处理变更与索赔问题作了系统详细的规定。本节对FIDIC1999版施工合同条件中的变更和索赔条款进行解析，并与FIDIC土木工程施工合同条件第四版中的相关条款进行对比分析。

一、FIDIC1999版施工合同条件变更条款解析

1. 变更

FIDIC1999版施工合同条件第1.1.6.9款对变更的定义是：根据第13条［变更和调整］的规定，经指示或批准作为变更的、对工程的任何修改。

变更对合同条件约定的合同双方的权利、义务并没有实质性的改动，只是对原合同规定的工作范围、施工方法与顺序、内容等进行的局部性改动，属于合同管理的一部分。

2. 变更权

FIDIC1999版施工合同条件中第13条［变更和调整］中对于变更的权利、变更程序、变更的估价和支付等进行了详细的说明。第13.1款［变更权］规定：在签发接收证书之前，工程师可以通过发布指示或要求承包商提交建议书的方式，提出变更；承包商应该按照变更指令实施变更，但是如果承包商在收到变更指令后立即通知工程师，说明无法取得变更所需的货物，并附上证明资料，则可以暂时不执行该变更指令；工程师收到承包商通知后，应考虑撤销、确认或改变原来的变更指令。

由此款的规定可以看出，工程师有权变更，业主通过工程师可以在工程实施期间对工程进行变更；如果没有得到工程师的变更指令，承包商不得自行变更，对工程作任何改变和（或）修改。变更指令必须由工程师以书面形式发出；如果是口头指令，承包商应当尽快取得工程师的书面确认。

3. 变更范围

在 FIDIC1999 版施工合同条件第 13.1 款［变更权］中还规定了变更所涉及的范围，主要包括以下内容：

1）合同中包括的任何工作内容的数量的改变，但此类改变不一定构成变更；

2）任何工作内容的质量或其他特性的改变；

3）任何部分工程的标高、位置和（或）尺寸的改变；

4）任何工作的删减，但此类删减的工作也不得由他人实施；

5）永久工程所需的任何附加工作、生产设备、材料或服务，包括任何有关的竣工试验、钻孔和其他试验和勘探工作；

6）实施工程的顺序或时间安排的改变。

与 FIDIC1999 版施工合同条件中对变更的规定相比，土木工程施工合同条件第四版中对变更的规定并无实质性差别。根据土木工程施工合同条件第四版第 51.1 款的规定，变更是指以下情况：

1）增加或减少合同中所包括的任何工作；

2）省略任何类似工作（但被省略的工作由业主或其他承包商实施者除外）；

3）改变任何这类工作的性质、质量或数量；

4）改变工程任何部分的标高、基线、位置和尺寸；

5）实施工程竣工所必需的任何种类的附加工作；

6）改变工程任何部分的任何规定的施工顺序或时间安排。

工程师认为必要时，可以对工程或其任何部分的形式、质量或数量作出任何变更，有权指令承包商执行。

一般情况下，工程变更将不可避免地使承包商调整已经作出的安排和计划，从而有可能造成费用增加和（或）工期的延长。

4. 变更程序

根据 FIDIC1999 版施工合同条件第 13.1 款的规定，工程师可以通过直接发布变更指令和要求承包商提交建议书两种方式提出变更。在第 13.3 款［变更程序］中对这两种情况下应该执行的变更程序进行了详细的规定。

（1）指令变更

工程师在业主授权范围内根据施工现场的实际情况，在需要时有权直接发布变更指令，说明详细的变更内容，并要求承包商根据指令实施变更。除了承包商说明自己无法实施变更的情况外，承包商都应当遵守业主的指令。

如果工程师指示承包商进行变更工作，则应该补偿承包商的费用和（或）工期。

（2）要求承包商提交建议书后再确认的变更

如果工程师需要通过承包商提交建议书的方式来实施变更，则需要遵循以下程序：

1）工程师在发出变更指示以前要求承包商提交一份建议书；

2）承包商应尽快答复，如果承包商无法提交建议书，应该说明原因，工程师根据实际情况和工程需要决定，发出取消、确认或修改变更指令的通知；如果承包商依据工程师的指令提交了实施此项变更的建议书，则应该在建议书中说明变更工作的实施方法和计划、由于变更而必须对工程总体进度计划进行的调整，以及对变更的费用估算；

3）工程师收到承包商的建议书后应尽快答复，批准、否决或提出意见，承包商在等待答复的期间应正常工作；

4）工程师向承包商发出执行变更以及作好费用记录的指示，承包商收到后应回函确认。

此款主要规定了工程师在签发变更指令前要求承包商提交建议书的处理程序。承包商的建议书作为工程师决定是否变更的依据，工程师审查建议书之后可能接受，也可能认为建议书不合理而拒绝，也可能提出自己的意见要求承包商修改建议书。承包商必须注意，在工程师给出正式的答复之前应正常进行原合同工作，不能停下来等待变更命令。

5. 变更的估价与支付

（1）变更估价的原则

除了工程师另有指示或批准的情况外，每项变更都应该按照第12条［测量和估价］来估价。变更工作的价格和费率的选择往往是一个重要的问题。计算变更工作应采用的费率和价格可以分为三种情况：

1）变更工作在工程量表中有相同类型工作的单价，应该以该单价计算变更工程费用；

2）工程量表中虽然有同类工作的单价和价格，但是对具体的变更工作已不适用，则应在原单价和价格的基础上进行调整制定合理的新单价或价格；

3）变更工作的内容在工程量表中没有同类工作的单价和价格，在满足以下三个条件时应该制定新的单价和价格：

➢ 该项工作是根据第13条［变更和调整］指示承包商实施的；

➢ 合同中没有规定此项变更工作的单价或价格；

➢ 由于该项工作的性质或者实施条件不同，合同中没有合适的单价或价格。

在土木工程施工合同条件第四版中，第52.1款对变更估价也作了相应的规定：第51条所述的所有变更以及按照第52条要求予以确定的合同价格的任何增加（本条中称为变更的工作），如工程师认为适当，应以合同中规定的费率及价格进行估价。如合同中未包括适用于该变更工作的费率或价格，则应在合理的范围内使用合同中的费率和价格作为估价的基础。如做不到这一点，在工程师与业主和承包商适当协商之后，工程师和承包商应商定一合适的费率或价格。当双方意见不一致时，工程师应确定他认为合适的此类费率或价格，并相应地通知承包商，同时将一份副本呈交业主。在费率或价格经同意或决定之前，工程师应确定暂行费率或价格，以便有可能作为暂付款包含在按第60条发出的证书中。

（2）变更的支付

变更工作的估价完成之后，应纳入期中支付款项内按照期中付款正常支付。至于支付应该使用的货币，应按照第13.4款［以适用的货币支付］进行选择：如果合同规定合同价格以一种以上的货币支付，那么因变更而调整合同价格时应确定每种适用货币支付的款额；因此应参考变更后工作费用的实际或预期的货币比例，以及规定的支付合同价格的各种货币的比例。变更款支付应适用何种货币，首先应考虑完成变更工作实际需要哪些货币，其次考虑合同规定的支付合同价格的货币比例。

此外，如果合同中有暂定金额，则通常从暂定金额中对变更进行支付。根据第13.5款［暂定金额］的规定：对于每笔暂定金额，工程师可指示用于支付根据第13.3款［变更程序］的规定进行估价的、由承包商实施的工作（包括要提供的工程设备、材料或服务）。

6. 构成变更的条款分析

FIDIC1999 版施工合同条件中对于何种情况下会引发变更进行了明确规定，在许多条款中都说明发生特定事项时应该按照变更来执行。

（1）因合作而产生的变更

根据第 4.6 款［合作］的规定，承包商应根据合同的规定或工程师的指示，为业主的人员、业主的其他承包商或公共当局的人员提供适当的工作机会，如果工程师的指令导致承包商增加了不可预见的费用，则该指示应构成一项变更。

（2）提供额外样品而产生的变更

根据第 7.2 款［样品］的规定，承包商应向工程师提交材料的样品以及有关资料，以便在工程中或为工程使用该材料，但之前应征得工程师的同意。工程师指示的样品若为额外样品，则该指示构成一项变更。

（3）进度计划的调整

根据第 8.3 款［进度计划］的规定，承包商应及时将未来可能对工作造成不利影响、增加合同价格、延误工程施工的事件或情况，向工程师发出通知。工程师可以要求承包商提交一份未来时间预期影响的估算，以及按照第 13.3［变更程序］提交建议书。如果工程师根据承包商提出的建议对进度计划作出调整，则该调整构成一项变更。

（4）修补非承包商原因造成的缺陷

根据第 11.2 款［修补缺陷的费用］中的规定，如果承包商被指示履行缺陷的修复工作，而该缺陷不是由于承包商的过错所导致时，则该缺陷修复工作应以变更的方式处理。

（5）删减构成变更

该合同模式下的单价一般属于综合单价，现场管理费和总部管理费不会随着某些工作的删减而减少。因此，如果删减了某项工作，原来需要分摊在该部分的管理费就无法分摊掉。因此，考虑到这个问题，施工合同条件第 12.4 款［删减］对发生删减时的情况作了规定：如果删减的任何工作构成一项变更，而且双方对删减的工作价值没有达成一致意见时，如果满足三项条件，则承包商可发出通知，附以证明材料，要求对该删减工作使承包商遭受的损失予以赔偿。这三项条件是：

1）如果不发生删减的情况，承包商的某笔费用本可以从中标合同款额中的该部分工程款中分摊掉；

2）由于删减了该工作，使承包商的该笔费用无法在合同价格中消化掉；

3）在对任何替代工作估价时，也没有包含该笔费用。

承包商在索要此类费用时，需要证明该项工作符合上述三项条件。

（6）价值工程

“价值工程”是工程经济学中的概念，研究的是如何使功能与费用之比最大，以使投入的资金产生最大的价值。由于工程项目涉及的资金额度比较大，优化设计和施工方案可能给项目带来很大的效益。在合同中引入这一条款，可以激励承包商提出合理化建议，使合同双方都获益。根据 13.2 款［价值工程］，承包商可随时向工程师提交书面建议，提出（他认为）采纳后将加快竣工，降低业主的施工、维护或运行费用，提高业主的竣工工程的效率或价值，或给业主带来其他利益的建议。承包商应自费编制建议书，建议书中应包括第 13.3 款［变更程序］所列的内容。如果工程师批准了建议书，并且此建议节省了工程费用，则承包商应得到一定的费用补偿。

（7）计日工

根据第 13.6 款［计日工］的规定，在工程实施过程中，对于一些小的或附带性的额外工作，工程师可下达变更指令，要求承包商按计日工方式实施此类工作。

（8）因法律变化引起的变更

工程所在国的法律变化对工程产生的影响应由业主承担，可通过签发变更令的形式解决。承包商应该依法行事，如果业主的任何要求或指示违反了相应的法律，承包商有权拒绝执行。如果法律的变化影响了工程费用和工期，承包商可以以索赔的形式要求增加合同金额和延长工期。FIDIC1999 版施工合同条件中第 13.7 款［法律改变引起的调整］即对法律变化情况下如何调整合同价格作了相应的规定。

二、FIDIC1999 版施工合同条件索赔条款解析

FIDIC1999 版施工合同条件中关于索赔的条款很多，对可能出现的索赔情况以及相应的处理程序和原则作了详尽的规定。这些索赔条款大致可以分为两类：承包商对业主的索赔和业主对承包商的索赔。业主和承包商的索赔人员可以引用适当的条款来论证自己的索赔权。

1. 承包商向业主索赔的条款解析

（1）承包商索赔的程序

根据施工合同条件第 20.1 款［承包商的索赔］中的规定，承包商要获得自己的索赔权应该遵循相应的程序。

1）发出索赔通知

承包商在觉察或本应该觉察该事件或情况后的 28 天内，如果承包商认为根据本条件任何条款或与合同有关的其他文件，他有权得到竣工时间的任何延长和（或）任何追加付款，承包商应尽快向工程师发出通知，说明引起索赔的事件或情况。如果承包商未能在上述 28 天内发出索赔通知，则竣工时间不得延长，承包商也无权获得追加付款，业主将免除有关该索赔的全部责任。

承包商还应提交合同要求的其他通知以及支持索赔的详细资料。承包商应在现场或工程师认可的其他地点保持用来证明索赔的必要同期记录。工程师在收到承包商的通知后，可以检查记录保持情况，并可指示承包商作进一步的记录。承包商应允许工程师察看此类记录，并在要求时提供复印件。

2）提交索赔报告

在承包商觉察（或应已觉察）引起索赔的事件或情况后的 42 天内，或承包商建议并经工程师同意的其他时间内，承包商应向工程师提供充分详细的索赔报告，包括索赔依据、索赔的工期和款额。

若事件的影响是持续性的，则该详细的索赔报告应被视为临时的，以后承包商应按月递交进一步的中间索赔报告，说明累计的索赔工期和（或）款额，以及工程师可能要求的其他资料。承包商应在事件结束后的 28 天内或工程师同意的其他时间内提交最终索赔报告。

3）索赔处理

在收到每份索赔报告后的42天内，或工程师建议并经承包商同意的其他时间内，工程师应作出回应，予以批复。若不批准，则应说明原因。工程师可以要求承包商提交进一步的证据，但他仍要在上述期限内给出原则性的答复。工程师应根据第3.5款［决定］和第8.4款［竣工时间的延长］来处理索赔。每份期中付款证书只包括已经被合理证明并到期应付的款额，当承包商提供的证据不能证明全部索赔款额时，他只能得到已经证明了的部分。

从此款的规定可以看出，承包商提交索赔报告的程序比较严格。承包商在索赔时尤其要注意时间限制，否则，就很可能失去索赔权。此外，此款还规定了工程师对索赔的处理意见答复的时间限制，这对于承包商来说较为有利，避免了工程师有意推迟或拖延处理其索赔要求。

如果合同双方任何一方对工程师的指示、确定和意见有异议，或双方发生有关合同或工程实施的争端，未能协商解决时可以将争端提交仲裁或诉讼。在本书第十章和第十一章中将对争端裁决的内容进行详细介绍和分析。

（2）承包商可引用的索赔条款

FIDIC1999版施工合同条件中的很多条款都明确或隐含规定了承包商的索赔权力，在发生索赔事项的情况下，承包商有权依据相应的条款要求相应的工期延长或者费用补偿。明确指出承包商有索赔权的条款被称为承包商可引用的明示索赔条款，而根据索赔事项的性质可根据条款的规定推论出承包商有索赔权的条款被称为承包商可引用的默示条款。

第8.4款［竣工时间的延长］即是关于承包商有权获得工期延长的明示条款。在该款中规定，如果由于以下原因使得合同所要求的竣工受到或将受到延误：

1）变更（根据第13.3款［变更程序］的规定已经调整了竣工时间的情况除外）或合同中某项工作量显著变化；

2）根据本合同的某些条款有权获得工期延长的其他原因；

3）异常不利的气候条件；

4）由于流行病或政府行为造成的可用人员或货物的不可预见的短缺；或

5）由业主、业主人员或现场的业主其他承包商所造成或引起的任何延误、妨碍或阻碍。

承包商有权根据第20.1款［承包商的索赔］提出延长竣工时间，工程师则对承包商提出的工期延长要求进行审查，决定是否给予工期延长。

此款是承包商要求获得工期延长的依据，在许多条款都明确规定承包商可以依据此款来要求工期延长。涉及该款的典型条款有：

1）第1.9款［延误的图纸或指示］：由于工程师未能在合理的时间或承包商通知中要求的时间内发出图纸或指示，使承包商遭受延误和（或）增加费用，承包商应再次通知工程师，并根据第20.1款［承包商的索赔］的规定，有权根据第8.4款［竣工时间的延长］的规定对此类延误要求相应的延长期，以及将此类费用和合理利润计入合同价格并给予支付。

2）第2.1款［现场进入权］：业主应该在投标书附录中规定的时间内给予承包商进入现场、占用现场各部分的权利。如果业主未能及时给予承包商进入和占用现场的权利，使承包商遭受延误和（或）增加费用，承包商应向工程师发出通知，并根据第20.1款［承包商的索赔］的规定，有权根据第8.4款［竣工时间的延长］的规定对此类延误要求相应的延长期，以及将此类费用和合理利润计入合同价格并给予支付。

3）第4.7款［放线］：承包商按照合同规定的或工程师通知的原始基准点、基准线和基准标高对工程放线。如果承包商在实施工程的过程中由于这几项基准的某项错误遭受延误和（或）增加费用，而此类错误是有经验的承包商不能合理发现并避免的，那么承包商有权根据第20.1款［承包商的索赔］的规定，根据第8.4款［竣工时间的延长］对此类延误要求相应的延长期，以及将此类费用和合理利润计入合同价格并给予支付。

4）第13.7款［因法律改变的调整］：如果基准日期后工程所在国的法律有所改变，或者对此类法律的司法或政府解释有所改变，由于此类改变使承包商遭受延误和（或）增加费用，承包商有权根据第20.1款［承包商的索赔］的规定，根据第8.4款［竣工时间的延长］对此类延误要求相应的延长期，以及将此类费用计入合同价格并给予支付。

在FIDIC1999版施工合同条件中有许多类似的明示条款，如表3-2中所示。表中列出了施工合同条件中承包商可以向业主索赔的条款，以及根据每一条款承包商可以得到的补偿或调整。表中的T代表可获得工期索赔，C代表可获得费用索赔，P代表可获得利润索赔。

FIDIC1999版施工合同条件中承包商向业主索赔可引用的明示条款　　表3-2

序号	条款号	条款主体内容	可索赔内容
1	1.9	延误的图纸或指示	$C+P+T$
2	2.1	现场进入权	$C+P+T$
3	3.3	工程师的指示	$C+P+T$
4	4.6	合作	$C+P+T$
5	4.7	放线	$C+P+T$
6	4.12	不可预见的物质条件	$C+T$
7	4.24	化石	$C+T$
8	7.2	样品	$C+P$
9	7.4	试验	$C+P+T$
10	8.3	进度计划	$C+P+T$
11	8.4	竣工时间的延长	T
12	8.5	当局造成的延误	T
13	8.8、8.9、8.11	暂时停工；暂停的后果；拖长的暂停	$C+T$
14	9.2	延误的试验	$C+P+T$
15	10.2	部分工程的接收	$C+P$
16	10.3	对竣工检验的干扰	$C+P+T$
17	11.2	修补缺陷的费用	$C+P$
18	11.6	进一步的试验	$C+P$
19	11.8	承包商的调查	$C+P$
20	12.4	删减	C
21	13.1	变更权	$C+P+T$
22	13.2	价值工程	C
23	13.5	暂定金额	$C+P$

续表

序号	条款号	条款主体内容	可索赔内容
24	13.7	因法律改变的调整	$C+T$
25	13.8	因成本改变的调整	C
26	15.5	业主终止的权利	$C+P$
27	16.1	承包商暂停工作的权利	$C+P+T$
28	16.2、16.4	由承包商终止；终止时的付款	$C+P$
29	17.3、17.4	业主的风险；业主风险的后果	$C+P+T$
30	17.5	知识产权和工业产权	C
31	18.1	有关保险的一般要求	C
32	19.4	不可抗力的后果	$C+T$
33	19.6	自主选择终止、付款和解除	C
34	19.7	根据法律解除履约	C

FIDIC1999 版施工合同条件中承包商可以引用的默示条款也有很多。如第 4.2 款［履约保证］规定：业主应保障和保持使承包商免受因业主根据履约保证提出的超出业主有权索赔范围的索赔而引起的所有损害赔偿费、损失和开支，包括法律费用和开支。这意味着如果业主因为上述原因而使承包商造成损失和开支，则承包商同样有权依据此款规定向业主提出索赔，获得相应的补偿。表 3-3 中列出了承包商可以引用的默示条款，以及根据每一条款承包商可以得到的补偿或调整。

FIDIC1999 版施工合同条件中承包商向业主索赔可引用的默示条款　　表 3-3

序号	条款号	条款主体内容	可索赔内容
1	1.3	通信交流	$C+P+T$
2	1.5	文件优先次序	$C+P+T$
3	1.8	文件的照管和提供	$C+P+T$
4	1.13	遵守法律	$C+P+T$
5	2.3	业主人员	$C+T$
6	2.5	业主的索赔	C
7	3.2	由工程师托付	$C+P+T$
8	4.2	履约保证	C
9	4.10	现场数据	$C+T$
10	4.20	业主设备和免费供应的材料	$C+P+T$
11	5.2	对指定的反对	$C+T$
12	7.3	检验	$C+P+T$
13	7.6	修补工作	$C+P+T$
14	8.1	工程的开工	$C+P+T$
15	8.12	复工	$C+P+T$
16	12.1	需测量的工程	$C+P$
17	12.3	估价	$C+P$

（3）FIDIC 土木工程施工合同条件中的索赔条款解析

与 FIDIC1999 版施工合同条件相比，土木工程施工合同条件第四版中对承包商向业主索赔的规定并无实质性的差别。承包商提出的索赔主要是由业主方的原因、业主风险、额外工作、暂停等几个方面的原因引起的。

1）业主原因

- 业主未能及时提供现场、道路和设施
- 业主和工程师提供了错误的测量基准数据导致施工放样误差
- 业主延期支付承包商各种应得款项
- 业主和工程师延迟提供施工图纸或延迟发布指令
- 设计错误和设计变更
- 工程师、业主的指令引起的额外工作等

2）业主风险

- 物价波动
- 后继法规变化
- 不可抗力
- 有经验的承包商所不可预见的事件
- 修复因非承包商的原因导致的工程缺陷
- 战争等特殊风险
- 施工现场挖出文物、化石、有价物品及有考古价值的其他遗迹和物品等

3）要求承包商实施合同额外工作

- 工程变更
- 隐蔽工程复查中证明已经验收复查的工程无质量问题
- 要求承包商提供合同中未规定的试样、试件等

4）工程暂停

- 非承包商原因和责任使工程暂停

5）其他原因

- 因业主违约，导致合同解除引起的索赔
- 根据工程师指示处理危急情况引起工期延长和费用的增加等

由于上述原因而对承包商造成的工期延误和（或）费用增加，承包商有权进行索赔，要求相应的补偿。表3-4是FIDIC土木工程施工合同条件（第四版）中承包商可以引用的索赔条款，以及引起索赔的事项原因和可索赔的内容。表中的T代表可获得工期索赔，C代表可获得费用索赔，P代表可获得利润索赔。

FIDIC土木工程施工合同条件（第四版）中承包商向业主索赔可引用的条款　　表3-4

序号	条款号	条款主体内容	索赔事由	可索赔内容
1	5.2	合同文件的优先次序	合同论述模糊	$C+T$
2	6.3	工程进展中断	由工程师提供图纸的延误造成的工程中断	$C+P+T$
3	6.4	图纸延误和延误的费用	由于提供图纸的延误导致费用的增加	$C+P+T$
4	12.2	不利的外部障碍或条件	无法预料的不利外界的障碍或条件	$C+T$
5	17.1	放线	工程师提供坐标和高程资料的错误后果	$C+P$
6	18.1	钻孔与勘探开挖	工程师要求合同规定外的钻孔勘探开挖	$C+P$

续表

序号	条款号	条款主体内容	索赔事由	可索赔内容
7	20.3	业主风险造成的损失或损害	因业主的风险造成的损失或破坏	C+P
8	25.4	遵守保险单的条件	业主未能遵守保险条件造成的损失	C
9	27.1	化石	开挖现场出现化石、文物导致费用的增加	C+T
10	31.2	为其他承包商提供便利	为其他承包商提供的服务	C+P
11	36.5	工程师关于未规定的检验的决定	工程师指令进行合同规定以外的检查	C+T
12	38.2	剥露与开孔	工程师要求对覆盖后的工程部位检查	C
13	40.2	暂时停工后工程师的决定	暂时停工不是承包商的原因造成	C+T
14	42.2	未能给予占有权	业主未能及时提供施工场地	C+T
15	44.1	竣工时间的延长	业主未按招标书附件中规定的一定期限内发出开工令	C+T
16	49.3	修补缺陷的费用	不是承包商的原因造成工程缺陷的修补	C+P
17	50.1	承包商的调查	在缺陷责任期内工程师要求对缺陷原因调查	C
18	52.1	变更的估价	工程师确定变更项目的价格±15%	C+P
19	52.3	变更超过15%	工程变更累计金额超出合同规定	±C
20	65.3	特殊风险对工程的损害	业主应承担特殊风险的损害	C+P
21	65.5	特殊风险引起的费用增加	由特殊风险引起的费用增加	C
22	69	业主违约	业主违约	C+T
23	70.2	后继的法规	后继法律引起费用的增加	±C
24	71.1	货币限制	政府对货币的限制造成承包商费用增加	C+P

2. 业主向承包商索赔的条款解析

(1) 业主向承包商索赔的程序

FIDIC1999版施工合同条件第2.5款规定了业主向承包商索赔应遵守的程序。

1) 发出索赔通知

如果业主认为根据合同的规定有权向承包商索赔某些款项，和（或）对缺陷通知期的任何延长，业主或工程师应向承包商发出通知，并附详细说明书。业主应在意识到引起索赔事件发生后尽快发出通知。如果要求延长缺陷通知期，则索赔通知应在缺陷通知期届满之前发出。但对承包商根据第4.19款［电、水和燃气］或第4.20款［业主设备和免费供应的材料］规定的到期应付款，或对于承包商要求的其他应付款，不需要发出通知。

2) 索赔处理

工程师应根据通知和所附的详细说明书，包括业主索赔所依据的条款或其他依据，决定承包商支付业主的赔偿额和缺陷通知期的延长时间。

对比关于对业主向承包商索赔和承包商向业主索赔的规定，可以发现对发出索赔通知的时间规定上有所差别：业主可随时发出索赔通知，而承包商必须在事件或情况发生后的28天内发出索赔通知。如果承包商逾期发出索赔通知，则失去索赔的权利，但对业主没有此项规定。

(2) 业主可以引用的索赔条款

FIDIC1999版施工合同条件中涉及到业主向承包商索赔的条款比土木工程施工合同条件第四版要多，在一些条款中明确指出业主有权根据此款的规定要求某项权利。如在第4.2款［履约保证］中规定，如果承包商未能按照合同条件的要求延长履约保证的有效期，业主可以索赔履约保证的全部金额；或者如果承包商未能在商定的时间内，将按照第2.5款［业主的索赔］或第20条［索赔、争端和仲裁］规定确定的承包商应付的金额支付给业主，业主有权对履约保证提出索赔。

表3-5中列出了业主向承包商索赔时可以引用的合同条款。

FIDIC1999版施工合同条件中业主向承包商索赔可引用的合同条款　　表3-5

序号	条款号	条款主体内容	索赔事项内容	可索赔内容
1	4.2	履约保证	业主根据第4.2款提出的履约保证下的索赔	履约保证金额或其他金额
2	4.14	避免干扰	承包商因不必要和不恰当的干扰给业主带来的任何赔偿费、损失和开支	赔偿费、损失和开支
3	4.16	货物运输	承包商因货物运输导致业主的损害赔偿费、损失和开支	赔偿费、损失和开支
4	4.19	电、水和燃气	承包商使用业主提供的水、电、气和其他服务	水、电、气和服务费
5	4.20	业主设备和免费供应的材料	承包商使用业主的设备	使用业主设备的费用
6	5.4	付款证据	承包商无理由扣押应支付给指定分包商的款项，业主可直接支付给指定分包商	业主直接支付给指定分包商的金额
7	7.5	拒收	工程师要求对有缺陷的设备、材料或工艺重新检验使业主招致额外费用	重新检验使业主增加的费用
8	7.6	修补工作	承包商未能按工程师的指示移除不合格的设备材料，以及不符合合同规定的工作	承包商未履行指示使业主支付的所有费用
9	8.6	工程进度	承包商因为自身的原因导致进度缓慢，需要加快速度而使业主支付额外费用	业主支付的额外费用
10	8.7	误期损害赔偿费	承包商未能按第8.2款规定的时间竣工	误期损害赔偿费
11	9.2	延误的试验	承包商不当延误竣工试验，且未执行第9.2款相关规定，业主可自行检验	业主自行检验发生的费用
12	9.4	未能通过竣工试验	工程未能通过竣工试验而业主同意移交的情况下，合同额应予以减少	业主工程价值的损失
13	11.3	缺陷通知期限的延长	因承包商的责任而使工程或设备发生的缺陷或损害	缺陷通知期的延长
14	11.4	未能修补缺陷	承包商未能在合理期限内修补缺陷或损坏，业主委托他人完成修复工作或者扣减合同价格	修补费用，扣减合同和其他费用
15	11.11	现场清理	承包商未能按合同规定清理现场，业主可自行完成	业主处理和恢复现场的费用
16	14.2	预付款	在颁发工程接收证书前，或者由于其他原因终止合同前，预付款尚未还清	尚未还清的预付款
17	15.4	终止后的付款	承包商严重违约、破坏或行贿，业主可以终止合同并向承包商索赔由此造成的损失	业主遭受的损失和损害赔偿费，以及完成工作所需的额外费用
18	17.1	保障	承包商提供保障的范围内，业主所发生的费用	损害赔偿费、损失和开支
19	18.1	有关保险的一般要求	承包商未能遵守相应的规定	业主由此遭受的损失
20	18.2	工程和承包商设备的保险	在基准日期一年之后，第18.2款(d)项规定的保险不再有效	业主可以向承包商索赔此类保险的保险金

第四节　1999版FIDIC其他合同条件的变更与索赔条款解析

在对1999版FIDIC施工合同条件的变更与索赔条款分析的基础上，本节对FIDIC1999版DB合同条件、EPC合同条件与简明合同格式中关于变更与索赔的条款进行分析。在分析这三个合同条件时，与施工合同条件中具有相同规定的条款就不再赘述。而且，由于FIDIC1999版DB合同条件和EPC合同条件都适用于工程总承包项目，合同类型非常类似，因此这两个合同条件中关于变更与索赔的规定也有许多相似之处。

一、变更条款解析

FIDIC1999版DB合同条件和EPC合同条件中对变更的定义与施工合同条件的定义相同。但是，在传统项目中，业主提供的设计图纸和规范是承包商据以计算标价和签订合同的基础，而在DB和EPC总承包项目中，业主在投标之前不能提供详细的图纸和规范，因此往往提出对项目的技术标准和功能要求，作为承包商准备投标书、签订合同并进行设计和施工的基础。由于业主提出的要求比设计图纸处于更早的阶段，因此不确定性更大，更容易产生变更。从另一方面来看，业主仅仅提出了概念、标准和功能要求，设计细节并没有确定，承包商可以综合考虑设计和施工的可行性，可以避免许多因不合理设计而产生的变更。

在简明合同格式中，变更的定义与前三个合同条件存在一些区别。其第1.1.18款对变更的定义是："业主根据第10.1款的规定下达指令对规范和图纸作出的变动"。该定义将变更的范围限制在规范和图纸内。在变更权的规定方面，简明合同格式中由于没有列出工程师的相关内容，因此在第10.1款［变更权］中规定业主可以下达变更指令，赋予了业主变更的权利。

除此以外，这三个合同条件在变更程序、变更的支付等的规定与施工合同条件基本相同，仅在变更范围和变更的估价方面有些差别。

1. 变更范围

在FIDIC1999版施工合同条件中第13.1款［变更权］中列举了变更可能包括的6种情况，而在FIDIC1999版DB合同条件和EPC合同条件中变更的范围更加广泛，规定相对比较笼统，并没有列出变更可能包括的范围。可能是考虑FIDIC1999版DB和EPC合同条件适用于总承包项目，承包商负责设计并进行施工，因此变更范围可以相对宽泛一些。值得注意的是，FIDIC1999版DB合同条件中没有单独的关于"删减"工作的规定，因此此款特别指明"变更不能包括拟由其他人进行的任何工作的删减"。

2. 变更估价

FIDIC1999版施工合同条件中规定，除了工程师另有指示或批准的情况外，变更项目应按照第12条［测量和估价］进行估价；由于FIDIC1999版DB合同条件和EPC合同条件是总承包商项目，为总价合同，不存在重新测量和估价的情况。因此，承包商在提交建议书时需要提交对合同价格调整的建议书，由工程师根据建议书对合同价格和付款计划表进行调整。这三个合同条件下都要求承包商在变更实施过程中记录费用，因此工程师或业主在决定变更金额时一般都基于承包商的费用记录。

简明合同格式中对于变更估价规定与前面三个合同条件有所不同：承包商应该在变更

指令后的28天内提交一份包括变更各项内容的变更估价书，然后由业主同意；如果不同意，业主可自行决定。而且，在简明合同格式第10.2款［变更估价］中规定，变更工作可以采用下列5种方式之一：

1）双方商定一个包干价；

2）按合同中规定的适当单价；

3）若无适当单价，参照合同中的单价来估价；

4）按双方商定的、或业主认为适当的新单价；

5）如果业主指示按协议书附录中所列的计日工单价，此情况下承包商应对自己的工时、施工机械设备台班和材料消耗进行记录，以备估价。

承包商根据不同的情况，选择适当的方法进行估价。

3. 与变更相关的条款

（1）技术标准和法律法规变化引起的变更

FIDIC1999版DB合同条件和EPC合同条件第5.4款［技术标准和法规］中规定，设计、承包商文件、施工过程和竣工工程都应该符合工程所在国的技术标准、建筑、施工和环境方面的法律，工程生产出的产品适用的法律，以及业主要求中规定的适用工程或法律规定的其他标准。如果基准日期后出现了新的标准和法规，而且工程师或业主认为需要执行新标准时，应该按照变更来处理。

（2）提供额外样品构成的变更

FIDIC1999版DB合同条件中关于提供额外样品的规定同施工合同条件中一样，如果工程师指示提供额外的附加样品，则该指示按照变更处理。而FIDIC1999版EPC合同条件中无此规定。

二、索赔条款解析

1. 关于索赔的相关规定

在FIDIC1999版DB合同条件和EPC合同条件中，业主的索赔和承包商的索赔程序与施工合同条件中的规定基本相同，承包商必须在规定的时间内提交索赔通知和索赔报告；业主和承包商在论证自己索赔权时可以引用的索赔条款也基本相同。

而简明合同格式中对于索赔权利和索赔范围的规定与前面所述的三个合同条件存在一定的差别。简明合同格式中第10.4款［索赔权］规定，如果由于业主的责任招致承包商额外开支，承包商有权索赔此类费用；若由于业主的责任必须变更工程，则应该按照变更进行处理。此款中明确赋予了承包商索赔费用的权利，但没有说明承包商有权索赔利润的情况，而施工合同条件中明确规定了承包商可以索赔利润的情况。

根据简明合同格式的规定，在索赔事件发生后的28天内，承包商应向业主提交列明各项索赔费用的索赔报告。业主审查后决定是否同意承包商的索赔要求；如果不同意，则业主决定索赔的费用金额。简明合同格式中只规定了承包商提交索赔的时间限制，但没有规定业主答复的时间限制。

2. 可引用的索赔条款

（1）业主要求中的错误

FIDIC1999版DB合同条件与EPC合同条件中都增加了“业主要求”。“业主要求”是总承包项目中十分重要的文件，主要说明工程的技术要求和工程范围，是承包商投标的基础，因此必须注意业主要求与其他各部分合同文件内容之间保持一致。FIDIC1999版DB合同条件第1.9款［业主要求中的错误］规定了“业主要求”中出现错误时如何处理的情况：如果承包商在工程进行过程中发现业主要求中出现错误，而这些错误又影响了承包商的工作，导致工期和费用受到影响，则承包商可以提出索赔工期、费用和合理利润的要求。

（2）一般设计义务

FIDIC1999版DB合同条件在第5.1款［一般设计义务］中规定，承包商在开工通知书颁发后应该仔细审核业主要求中的设计标准、计算书以及任何放线参照数据，并在投标函附录规定的时间内将发现的错误通知工程师；工程师收到通知应决定是否变更，并通知承包商。如果一个有经验的承包商在提交投标书前，对现场和业主要求进行应有的细心检查时本应发现此类错误、失误或其他缺陷，则竣工时间应不予延长，合同价格应不予调整。

这些规定为承包商提供了索赔的机会，但是承包商要想索赔成功，必须证明在投标期间他仔细审阅了招标文件的各项规定，“业主要求”中的错误非常隐蔽，是一个有经验的承包商经过认真核查也无法发现的。否则，即使由于错误导致了变更，承包商也无权获得工期和费用的补偿。

而FIDIC1999版EPC合同条件第5.1款［一般的设计义务］中规定，业主只需要对提供给承包商的以下信息承担责任：

1）合同中规定的由业主负责的、或不能改变的部分、数据和资料；

2）对工程或其任何部分的预期目的的说明；

3）竣工工程的实验和性能标准；

4）除合同另有说明外，承包商不能核实的部分、数据和资料。

除此以外，承包商要对设计以及“业主要求”的正确性负责，业主对“业主要求”中的错误、不准确以及疏漏不负责任。由此可以看出，FIDIC1999版EPC合同条件中承包商承担的责任比FIDIC1999版DB合同条件中的责任大。因为承包商不仅要对自己的设计负责，对“业主要求”中的某些错误也应负有一定的责任。

（3）不可预见的物质条件

在施工合同条件和FIDIC1999版DB合同条件中，承包商遇到的不可预见的外部条件被称为“不可预见的物质条件”。发生此类情况时，承包商可以向业主索赔，要求延长工期和补偿由此发生的费用。

在FIDIC1999版EPC合同条件中，不可预见的外部条件被称为“不可预见的困难”，承包商被认为已经了解到可能影响工程的一切风险因素，在签订合同时就已经预见到了为完成工程所碰到的一切困难，因此合同价格不因任何没有预见到的困难或费用进行调整。这也反映了FIDIC1999版EPC合同条件中的承包商承担了更大的风险，此类索赔的机会就更少。

（4）竣工时间的延长

在施工合同条件中第8.4款规定了承包商有权提出延长竣工时间的五种情况，FIDIC1999版DB合同条件中的规定同施工合同条件基本相同。

而在FIDIC1999版EPC合同条件中，承包商只有在三种情况下才可以提出竣工时间延长的要求：

1）发生变更或某些工作量有大量的变化；

2）本合同条件中赋予承包商索赔权的情况；

3）业主人员或其在现场的其他承包商的原因造成的延误、妨碍或阻止。

FIDIC1999版EPC合同条件对承包商可索赔情况进行的限制大大增加了承包商的风险。

（5）公共当局的延误

FIDIC1999版施工合同条件、DB合同条件和EPC合同条件第8.5款［当局造成的延误］的规定基本相同，但是EPC合同条件中对延误需要满足的条件进行了限制，此类延误必须是“一个有经验的承包商在递交投标书时无法合理预见的”；相对于施工合同条件和DB合同条件规定“此类延误和中断是不可预见的”，EPC承包商的索赔难度加大。

（6）业主的风险

施工合同条件、FIDIC1999版DB合同条件中规定业主承担的风险有以下8项：

1）战争、敌对行为、入侵和外敌行动；

2）工程所在国的叛乱、恐怖、革命、政变、内战等；

3）工程所在国非承包商人员造成的骚乱、混乱等；

4）工程所在国非承包商的战争军火、爆炸物资、电离辐射等导致的污染；

5）音速或超音速飞行的飞机或飞行装置产生的压力波；

6）业主占用部分工程导致的风险；

7）业主负责的设计；

8）一个有经验的承包商无法预见或无法充分合理防范的自然力的作用。

FIDIC1999版EPC合同条件中规定，只有前5项内容属于业主的风险，后三项风险由承包商来负责。之所以如此规定，是因为FIDIC1999版EPC合同条件下一般不允许业主使用部分工程，如果业主使用部分工程，则由此产生的风险应该由其承担；而且该合同条件下的承包商负责设计，即便是业主前期所做的部分设计工作，承包商也有责任审核和改正，因此与设计相关的责任由承包商负责。

（7）竣工后检验

FIDIC1999版DB和EPC合同条件下总承包商需要按照“业主要求”中的规定来设计和施工。此类合同尤其是机电工程，常要求工程完成后达到某一性能标准，因此在工程竣工投产后需要进行检验来证明是否达到了合同规定的性能和标准。在FIDIC1999版DB合同条件和EPC合同条件中都有关于竣工后检验的规定。

第12.2款［延误的检验］中规定，如果业主无正当理由导致竣工后检验延误，则承包商有权索赔费用和利润。

第12.3款［重复检验］中规定，如果第一次竣工后检验没有通过，则承包商应按照规定修复缺陷，完成修复后双方再按照原来的条件重复进行检验。如果此类重复检验是由于承包商的原因引起的，并导致业主支付了额外的费用，则业主可以按程序向承包商提出索赔。

（8）简明合同格式中可引用的索赔条款

简明合同格式中的条款内容都十分简练，许多条款并没有像其他三个合同条件一样明确列出承包商可以根据本条款内容要求延长工期或获得费用补偿，但是并不意味着承包商就没有获得工期和费用补偿的权利。

1）业主的指令

第 2.3 款［业主的指令］规定：承包商应遵守业主发出的指令，包括暂停工程。此款规定了承包商有义务遵守业主的指令，但并不意味着被动和无偿接受此类指令。如果该指令超过了合同的规定，那么承包商有权依据变更和索赔条款要求补偿。

2）业主的责任

简明合同格式第 6.1 款［业主的责任］列出了 16 种需要由业主负责的情况，除了 FIDIC1999 版施工合同条件中列出的 8 种情况外，不可抗力、非承包商的原因引起的工程暂停、业主任何不履行合同的情况、一个有经验的承包商无法合理预见的在现场碰到的外部障碍、变更导致的延误和中断、承包商报价日期后发生的法律变更、由业主享有工程用地权力所导致的损失以及承包商实施工程或修复工程缺陷造成的不可避免的损害都需要由业主承担。由此款的规定来看，简明合同格式中风险分担对承包商相对有利，只要出现上述的情况，承包商都有权根据此款向业主索赔，要求工期延长和费用补偿。

复习思考题

1. 1999 年 FIDIC 出版的标准合同范本有哪些？

2. 请以 FIDIC1999 版施工合同条件为例，谈谈你对合同条款之间关系的认识。

3. 请阅读 FIDIC1999 版施工合同条件，找出其中承包商向业主索赔时可以引用的索赔条款，并分析在什么情况下承包商可以向业主索赔利润。

4. FIDIC1999 版 DB 和 EPC 总承包项目下的变更有什么特点？DB 合同条件中对变更估价的规定与施工合同条件相比有什么区别？

5. FIDIC1999 版 EPC 合同条件中总承包商向业主的索赔与其他合同条件有何不同？

第四章　国际工程索赔组织管理与程序

国际工程索赔的组织管理与索赔处理应遵循的程序是国际工程索赔管理的另外两个重要内容。本章以一个大型国际EPC总承包项目为例，分析了国际工程项目组织结构、合同管理组织结构及其与索赔组织管理的关系，进而提出了全员、全过程处理索赔问题的理念，介绍了国际工程索赔的一般处理程序。最后，本章结合作者的实践经验给出了一个国际工程索赔处理的新思路。

第一节　国际工程项目管理组织结构

组织的含义可以从不同角度去理解，古今中外的管理学家也对此作出了各种不同的解释。被称之为现代管理理论“鼻祖”的巴纳德（C. I. Barnard）将组织定义为“有意识地加以协调的两个或两个以上的人的活动或力量的协作系统”。著名管理学家布朗（A. Brown）认为，组织是为了推进组织内部各成员的活动，确定最好、最有效的经营目的，最后规定各种成员所承担的任务及各成员间的相互关系。他认为组织是达成有效管理的手段，是管理的一部分，管理是为了实现经营的目的，而组织是为了实现管理的目的。也就是说，组织是为了实现更有效地管理而规定各个成员的职责及职责之间的相互关系。

要使管理工作有效，建立一个健全的组织结构是至关重要的。因为，组织结构形成一种决定所有各级管理人员职责关系的模式。组织职能的目的是设计和维持一种职务结构，以便人们能为实现组织的目标而有效地工作。组织设计是对组织体系的结构安排进行的创新性安排，对管理效率高低有极大的影响。组织结构的设计要职责分明，使每一个单位和个人都知道应该做什么，谁对什么结果负责；应能排除由于工作分配混乱和多变所造成的故障，并能提供反映和支持其目标的决策沟通网络。

国际工程项目的组织结构对于国际工程索赔的处理有着决定性的重要意义。国际工程常见的组织结构类型有：职能式、项目式、矩阵式等，而矩阵式组织结构最为常用。

一、矩阵式组织结构

矩阵式组织结构否定了许多传统的管理原则。比如，它否定了一个人只能有一个上司的原则，该组织中的每一个成员实际上有两个或两个以上的正式上司，既有功能单位的上司（各职能部门经理），又有目标导向单位的上司（各子项目经理或管理小组组长）。矩阵式组织在功能部门主管与目标导向部门主管之间容易产生冲突，因此，应尽量让两个方面的权力保持平衡。

矩阵式组织结构由纵横两套管理系统组成，一套是纵向的职能领导系统，另一套是为完成某一任务而组成的横向项目系统。也就是既有按职能划分的垂直领导系统，又有按项目划分的横向领导系统。

当同时有几个子项目需要完成时，每个项目要求配备不同专长的技术人员或其他资源。为了加强对项目的管理，每个项目在项目经理领导下由专人负责。因此，在直线职能结构的纵向领导系统的基础上，又出现了一种横向项目系统，形成纵横交错的矩阵结构。其中，工作小组或项目小组一般是由不同背景、不同技能、不同知识、来自不同部门的人员组成的。组成工作小组后，大家为某个特定的项目而共同工作。

矩阵式组织适合在需要对环境变化做出迅速而一致反应时使用。在复杂而多变的环境中，由于采取了人员组成灵活的项目小组形式，大大增强了对外部环境变化的适应能力。

矩阵式组织结构的主要优点是：

1）将组织的纵向联系和横向联系很好地结合起来，有利于加强各职能部门之间的协作和配合，及时沟通情况，解决问题；

2）具有较强的机动性，能根据特定需要和环境活动的变化，保持高度的适应性；

3）把不同部门、具有不同专长的专业人员组织在一起，有利于互相启发，集思广益，有利于处理各种复杂的技术和管理难题，更加圆满地完成工作任务。它在发挥人的才能方面具有很大的灵活性。

矩阵式组织结构存在的问题主要是：

1）资源管理比较复杂；

2）稳定性差，由于小组成员是由各职能部门临时抽调的，任务完成以后还要回到原职能部门工作，容易使小组人员产生临时观点，不安心工作，从而对工作产生一定影响；

3）权责不清，由于每个成员都要接受两个或两个以上上级的领导，潜伏着职权关系的混乱和冲突，造成管理秩序混乱，从而使组织工作过程容易丧失效率。

二、国际工程项目管理组织结构案例分析

【案例 4-1】 某大型国际EPC总承包项目管理组织结构

关键词： EPC总承包；组织结构；矩阵式组织结构

背景和综述：

1995年底，我国某国际公司承建了中东某国油田扩建工程，包括两个集油站和一条256km的长输管线三个子项目。该项目采用国际公开招标的方式，合同模式为基于总价的EPC/交钥匙合同，合同总价约为4亿美元（其中E、P、C大致比例为E：1.57%、P：64%、C：34%）。项目预付款为合同额的15%，履约保函为合同额的10%，从进度款扣除5%的保留金，误期损害赔偿费为每一部分（工程分为三个子项目）约为每天7000美元，工期最长的为37个月，工程机械完工后另有四个月的试运期，保修期两年。

业主在合同中要求项目所需16种主要设备和材料必须从业主指定的供应厂商清单中购买。业主聘请美国一家国际知名咨询公司作为项目的PMC（Project Management Contractor，项目管理承包商）全面监督项目的运作。由于当时业主认为总承包商缺乏国际大型项目管理经验，总承包商在合同谈判时承诺雇佣一部分“西方专家”加入总承包商的项目团队。

按合同规定，项目总承包商必须采用业主和PMC要求的项目管理程序和方式管理项目。为执行本项目，总承包商共编制项目管理、设计、采购、质量保证、质量控制、安保、项目控制和合同、施工等9大类共78种程序文件，这些程序文件均要经业主和PMC审核批准后方可使用。在项目实施过程中，必须依据这些程序和文件进行项目管理、控制和运行。业主和PMC依据合同和这些程序文件对总承包商的项目管理进行全面的监督和

控制。

项目管理组织结构：

下面是该项目EPC总承包商的项目管理组织结构。该项目总承包商一方的项目部由如下职能部门组成：设计部、合同部、项目控制部、采购部、质量控制与质量保证部、施工部、文档控制中心、安全保卫部、财务部、生产准备部和行政管理部（如下图4-1所示）。

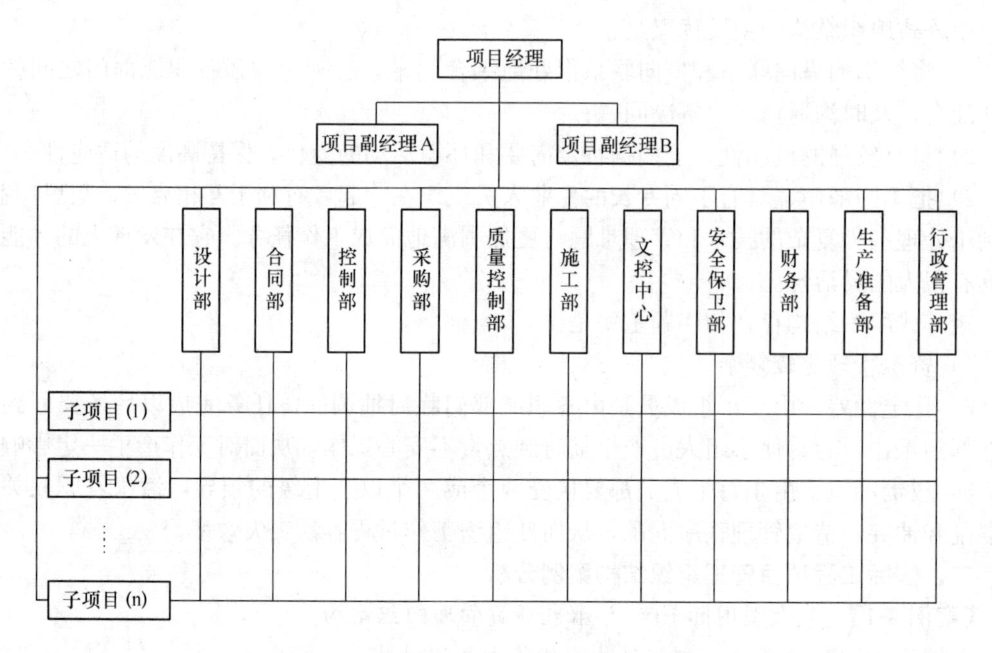

图4-1　大型国际工程项目组织结构示例

该项目设项目经理一名，项目经理对公司法人负责。设项目副经理若干名，每个项目副经理可分管不同的工作，如项目副经理A重点负责项目技术方面的工作，项目副经理B重点负责项目商务方面的工作。需要时还可另设项目副经理负责项目外部协调与行政管理方面的工作。

上述项目管理组织结构中各职能部门的主要职责是：

1）设计部：主要负责项目设计工作以及施工安装期间现场的设计支持与服务。因该项目为EPC总承包项目，故设计工作要由承包商负责。

2）合同部：主要负责和业主签订的EPC总承包合同的管理、分包合同的管理以及项目索赔与变更工作的统一协调管理。

3）控制部：主要负责总承包商项目费用的预算、费用控制与核算；同时负责项目进度计划的安排和优化。该项目业主要求总承包商和主要分包商使用P3软件进行项目进度控制和工期管理。

4）采购部：EPC总承包项目的很多材料和设备是由总承包商直接采购的。该部门主要负责应由总承包商负责采购的项目材料和设备的采购、监造、催交、催运、货物清关和运输，以及材料和设备的库存和领用管理等。

5）质量保证与控制部：主要负责编制项目的质量保证与质量控制体系文件与程序，并监督执行，负责项目现场的质量管理等。

6）施工部：主要负责项目设计阶段设计方案的可施工性和优化分析。项目施工安装阶段的资源总协调，施工方案的编制和审查等。

7）文档控制中心：主要负责项目合同实施全过程各类文档资料的统一管理、项目信息管理，项目局域网及计算机使用的统一配置和管理。

8）安全保卫部：主要负责项目人员的安全保障、现场施工安全和项目治安、HSE 等的管理。

9）财务部：主要负责项目融资、支付审核、税务审计等方面的管理。

10）生产准备部：EPC 总承包商负责项目试运行和投产准备以及对业主操作人员的培训的工作。这些工作由生产准备部负责。

11）行政管理部：负责项目所有后勤保障方面的管理，项目人力资源管理也由该部门负责。

本项目的各子项目分别设立了独立的子项目部，但子项目部的组成人员以现场管理人员为主。每个子项目部设子项目经理直接对项目经理负责。子项目部经理的级别与各职能部门经理相同。

案例评述：

该组织结构是一个典型的 EPC 总承包商项目经理部的组织结构，采用直线职能式和矩阵式相结合、以矩阵式为主的结构。通过此例也可以看出该项目经理部组织结构设计时充分考虑了如本书第一章图 1-1 所示的国际工程项目管理应该包括的各个方面的内容。作者曾在该项目 EPC 总承包商方合同部工作了近三年的时间。本章后续关于合同管理与索赔管理组织结构的相关内容也在本案例的基础上展开分析。

第二节　国际工程合同管理组织结构

国际工程索赔管理是国际工程合同管理的重要组成部分。国际工程索赔的组织管理工作和合同的组织管理工作密切相关，不可分割。

一、国际工程合同管理工作

为使合同管理工作有组织上的保证，对于主合同的管理、重大的索赔事件的管理和主要分包合同的管理在实际处理的过程中往往采用矩阵式组织方式，由合同部牵头，项目部有关的职能部门共同协调解决。实践证明，这也是最有效的处理方式之一。选择适宜的合同管理组织结构和准确、灵活的运用所选择的组织方式，扬长避短，才能真正提高合同管理的水平。但是，同时也还必须有以下几方面工作的配合：

1）与合同组织结构相适应的完善、合理、具有可操作性的规章制度和相应的程序；

2）标准化、规范化且完备的文档管理工作；

3）高素质的合同管理人员，尤其是合同部经理；

4）项目经理对合同管理工作的高度重视。

业主和承包商都应十分重视合同的管理工作。尤其对于承包商来说，其合同管理直接关系到项目实施是否顺利及自身的利益是否能得到保护，而高效率的合同管理又在很大程度上依赖于合理、恰当的合同管理组织方式。因此当承包商与业主签订合同之后，应立即着手组建负责项目实施阶段管理的项目经理部，而项目经理部的一个核心部门就是合同部。上一节［案例 4-1］中图 4-1 的组织结构中即设有合同部。

合同部作为一个合同管理职能部门，其组织结构设计可以根据项目的大小和复杂程度而采用不同的方式。在上述 EPC 总承包项目实施过程中，承包商一方合同部的主要任务有以下几个方面：

1）主合同管理；

2）分包合同招标与分包合同管理；

3）主合同和分包合同的变更与索赔管理；

4）与合同管理有关的行政管理（其中很重要的一项工作是合同基础文档资料的管理）。

二、合同管理组织结构的对比分析

下面仍以［案例 4-1］为背景，根据作者参与项目合同管理工作的体会和研究，从 EPC 总承包商的角度给出常见的两种合同管理组织结构，并对这两种结构各自的优缺点进行了比较和分析。

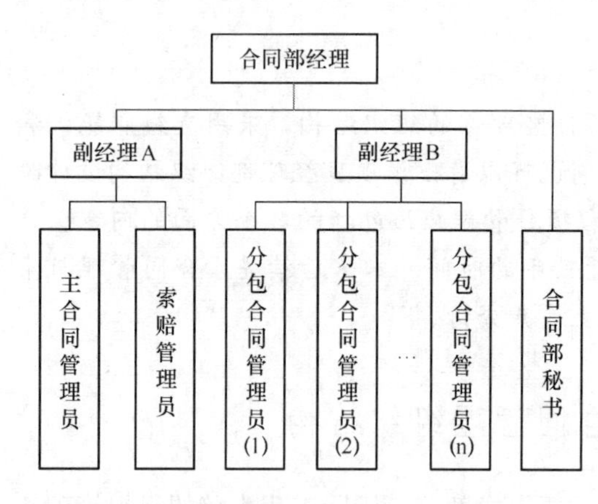

图 4-2　项目合同部直线式组织结构图示例

1. 合同管理员制

直线式组织结构是最早使用也是最为简单的一种结构，是一种集权式的组织结构形式。如图 4-2 所示为项目合同部直线式组织结构的一个示例，也可以称之为合同管理员制。

此种组织结构设合同部经理一名，全面负责合同部的工作以及和项目其他职能部门的协调工作；设副经理两名，一位负责主合同和索赔管理，并专门配备主合同管理员和专门的索赔管理员；另一位负责分包合同的管理工作，因为签订承包合同尤其是总承包合同以后，会有大量的工作需要分包出去，分包合同管理的工作量也非常大，因此需有一位专门负责分包合同管理的副经理。在有很多分包合同需要管理的时候，一个分包合同管理员可以同时负责多个分包合同的管理，但每一个分包合同都要对应某一个分包合同管理员；合同部另配负责行政管理的秘书，负责合同部的所有行政管理工作，尤其是合同文档的登记、分类和存档等管理工作。

图 4-2 所示的仅仅是直线式合同组织方式的一种，在实际中可以根据项目具体情况对其进行改造，如合同部经理可以直接主管主合同，可专门设立索赔管理中心，并任命一个分管索赔工作的副经理。在项目的实施过程中组织结构也不是一成不变的，可以根据项目的进展对其进行调整。对于大型 EPC 项目，当项目施工高峰期分包合同数量很多时，可以采取增加管理层次减小管理幅度的办法，即可以按专业或其他标准将众多分包合同划分成若干个小组，每个小组设小组长一名；可以仍设分管分包合同的副经理；也可以由合同部经理直接管各个分包合同小组长。对于索赔管理，在项目实施前期可以由某一合同副经理兼管，到项目中后期索赔工作量比较大时，对于重大索赔事件，也可以将其分成若干索赔小组来进行管理。

合同管理员制组织结构的优点是组织结构设置简单、权责分明、信息沟通方便，便于统一指挥和集中管理。主要的缺点是缺乏横向的协调关系，灵活性较差，当项目规模很大时会使管理工作复杂化，合同部经理可能会因为经验、精力不及而顾此失彼，难以进行有效的管理，当分包合同数量较多或索赔事件很多时，由于管理跨度过大容易产生失控。

另外，这种组织方式对每一位合同管理员本身素质的要求很高。以分包合同管理员为例，分包合同的管理几乎包括了合同管理的各个阶段和多个专业的内容，分包合同管理员要负责从投标者的资格审查、招标文件的编制、招标、评标、合同谈判，到合同签订之后实施过程中的合同条款的解释、工程量的核实、合同进度款的支付、合同变更、法律和保险等工作，还要与技术人员和现场施工管理人员进行协调等，因此他需要具备较宽的知识面和丰富的经验，并有很强的组织协调能力。

2. 专业划分制

合同管理的另外一种组织结构就是矩阵式，也可以称之为专业划分制，如图 4-3 所示。矩阵式组织结构是一种混合组织结构，此种结构从各有关功能性单位集合了各方面的专家，形成对具体项目负责、协调的目标导向的专门部门或小组，以保证按质、按量、按期经济地完成项目任务。任务一旦完成，该小组即行解散。

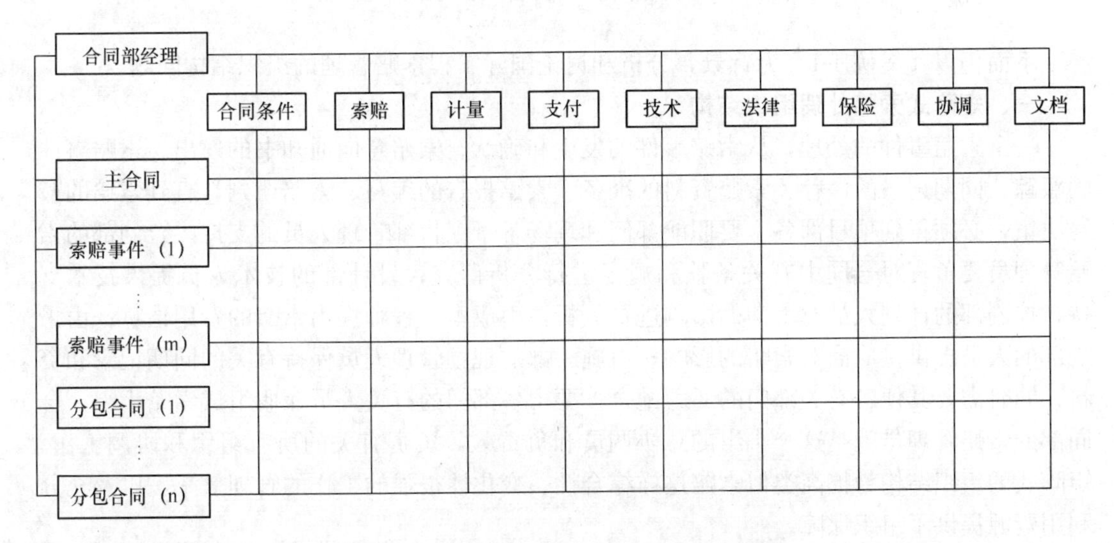

图 4-3 矩阵式合同管理组织结构图示例

在这种组织结构下，合同管理工作被分成若干专业，可包括合同条件、索赔、计量、支付、技术、法律、保险、协调和文档等。专业划分的粗细程度视项目的复杂程度来确定。采用这种管理方式时将一个主合同、重大索赔事件或分包合同划分为若干专业管理区域，由相应的专业人员来管理。这种管理方式的优点是能充分发挥每一个专业人员的专业特长，能针对合同中出现的问题进行深入地分析和研究，尤其是对于主合同、重大索赔事件和主要分包合同的处理和研究，同时信息反馈的速度较快。其缺点是各个专业之间的协调工作量较大，可能会出现职责不分明的状态。

在选择组织结构时要考虑的因素主要是项目的规模和复杂程度，如果是中小型项目一般可采用第一种方式，使管理工作简单化，因为在很大程度上简单就意味着高效；只有很大的综合性项目才考虑采用第二种方式。

在现实中还会出现上述两种方式交叉使用的情况，如图 4-2 所示的直线式组织结构中的索赔管理，对于重大的索赔事件可由一个索赔管理员牵头，由其他合同管理员和项目部的其他部门的相关人员兼职共同处理。而在图 4-3 所示的矩阵式组织结构中，也可采用将相近的几个专业归到一个小组中，小组内部的管理又可以采用直线式，这样可以减少各专业之间的协调工作量等。

合同管理是整个项目管理的核心。作为一个合同部经理，主要考虑的可能是如何搞好合同部内部的工作，选择一种合适的组织结构，使合同部的工作高效进行。而作为一个项目的项目经理，要想真正做好项目合同管理工作就必须从更高的层次来看待这个问题，必须为合同部创造一个良好的外部环境。同时，因为合同部本身也是项目部的一个职能部门，因此还必须考虑合同部与其他职能管理部门的关系和协调问题。

本节主要是从总承包商的角度对项目合同管理组织结构进行分析和探讨的，相信这些分析也有助于业主和工程师对承包商一方合同组织管理方式的深入了解，对其自身合同管理部门的建立也有一定的借鉴意义。

第三节 国际工程索赔组织管理

下面仍以［案例 4-1］为背景，分析和讨论国际工程索赔管理的组织结构问题。

一、矩阵式索赔处理组织结构

一个索赔事件的处理，从索赔事件的发生和确认、索赔意向通知书的发出、索赔事件的跟踪、同期记录的保存、索赔资料的准备、索赔报告的编写、索赔谈判，直到索赔的最终决策，必须得到项目部各主要职能部门和现场各子项目部管理人员的支持。合同部的索赔管理员要负责对合同中有关条款和规定进行分析研究；设计部的技术人员提供技术支持；控制部的计划人员对工期的影响进行分析，由成本工程师提出索赔的费用估算；由采购部的人员提供供应商对索赔的影响；由施工部的现场管理人员保持有关的同期记录和资料；同时需要其他各有关部门的通力配合。要由各部门的有关人员兼职组成索赔小组，合同部的索赔管理员就是这个小组的总协调员和负责人，负责有关的所有组织和协调工作。矩阵式的组织结构为提高类似索赔这样综合性、变化性很强的工作的管理效率，以及充分利用资源提供了组织保障。

索赔事件的处理有两个主要特点，一是对于某个索赔事件均属于一次性管理，索赔事件千差万别，不可预见性很大，无需派专人去等待处理某种索赔事件，而是在索赔事件得到确认后采用类似“专案组”的方式对其进行跟踪处理；二是参与索赔处理的人员涉及范围广，一个索赔小组可能需要合同、进度计划、费用、技术、物资、法律等各方面的人员组成，而这些人员又无须全部都是专职人员。

采用矩阵式组织结构可以很好地适应索赔管理的这两个特点，如图 4-4 所示。

矩阵式索赔管理组织结构的说明：

1）该结构将索赔管理与项目其它各职能管理部门有机地联系起来，充分发挥他们在索赔事件处理中的作用；

2）提出在合同部设专门的索赔管理职能，由专职索赔管理人员负责组织管理整个项目的索赔工作；

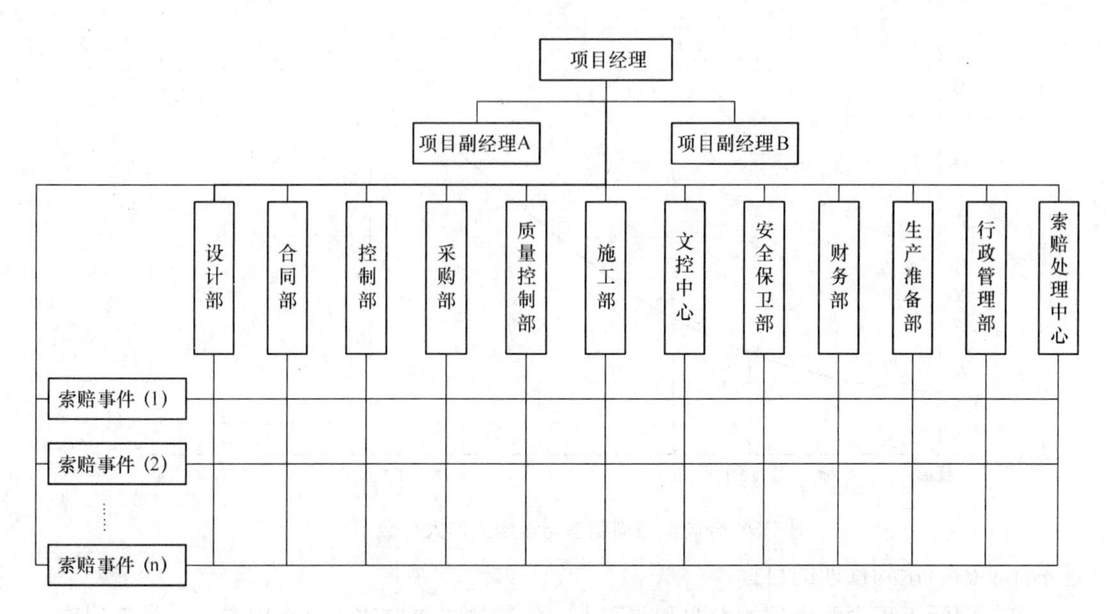

图 4-4　矩阵式索赔管理组织结构示例

3）强化索赔管理的领导，对重大索赔事件的处理可由合同部经理兼任索赔小组组长，特大索赔事件或综合索赔问题可由项目经理任索赔小组组长，专职索赔管理人员任常务副组长；

4）各分项项目均设兼职索赔信息员，负责及时提供工程实施过程中的索赔线索；

5）图中索赔事件均指较为重大的索赔事件（如索赔金额超过 100，000 美元），其他日常的单项索赔则由专职索赔人员汇同有关人员处理。

二、设立索赔处理中心

当一个大型国际工程项目的索赔工作量非常大时，常常在项目实施的中后期设立索赔处理中心，作为一个独立的职能部门。索赔处理中心在项目实施过程并不一定一直独立存在，在项目的前期可将索赔处理中心设在合同部，由合同部代管，到了项目中后期，索赔事件增多，重大索赔事件出现时可以将索赔处理中心独立出来。如图 4-4 所示，其中增加了索赔处理中心。如果有必要，甚至可以由一名项目副经理任索赔处理中心负责人。这样做的目的是便于在处理索赔问题时调动和协调管理项目其他职能部门的资源。有必要时，可以聘请资深国际工程索赔专家或法律顾问，甚至可与有信誉的国际咨询公司签订专题索赔咨询服务合同协助进行重大索赔事件的处理。

三、全员处理索赔问题

如前所述，索赔管理涉及项目各方面的经验和知识，所以索赔管理人员在处理索赔事件时必须与项目其他职能管理部门紧密配合。成功的索赔不仅在于索赔管理人员的努力，而且依赖于项目管理各职能部门人员的配合和他们自身卓有成效的管理工作。

目前我国许多国际工程公司未将索赔的组织管理工作放到应有的重要地位。索赔管理工作多由合同管理人员代替，无专职负责索赔的管理人员。索赔工作处于人人都管、但谁也不认真去管的状况，往往是到索赔谈判阶段才临时拼凑人马仓促上阵，或者是工程快结束时才临时组成所谓的索赔小组，试图一揽子解决全部索赔问题。这样的组织管理方式远

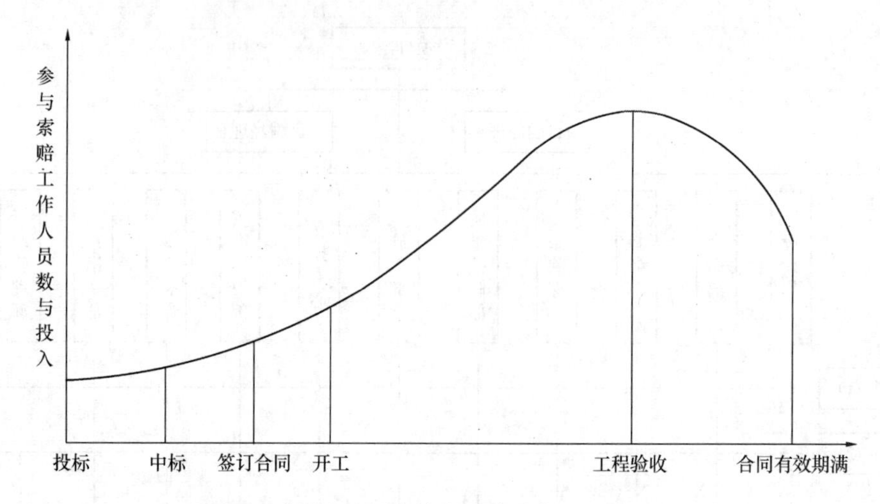

图 4-5　合同生命周期参与索赔工作人员数示意图

远不能使索赔达到预期的目标。

参与国际工程索赔管理的专职和兼职人员的数量主要取决于三个因素，一是工程项目的规模及复杂程度，二是工程进展的阶段，三是索赔工作量的大小。图 4-5 反映随工程合同周期参与索赔管理人员数量变化大致趋势。图 4-5 中强调承包商从取得招标文件起就应开始注意和分析索赔问题，并说明了随工程的进行参与索赔的人员会越来越多，到工程的中后期达到高峰。

索赔管理的专职索赔人员应具有如下素质：

1）思维敏捷，索赔意识强，善于抓住索赔的机会；

2）熟悉合同，有相当的索赔理论知识和索赔实践经验；

3）具备一定的工程技术背景；

4）具备相当的国际工程项目管理经验和理论知识及计算机应用能力；

5）具备较强的语言能力，包括文字表达能力和外语水平；

6）善于与人打交道，有较强的协调能力；

7）掌握一定的谈判技巧；

8）有事业心，肯于深入工程实际。

当然，这样的综合性高级管理人才很难得到，作为项目经理，尤其是企业高层应注意培养自己的索赔专家。

对一个工程项目来说，索赔是一件自始至终（往往延续到工程竣工之后）都不可中断的工作。索赔管理小组的专职人员要精干而稳定，不能经常调动，以便了解索赔处理的历史和全过程，系统地进行该项工作并积累经验。

四、全过程处理索赔问题

在每一个国际工程项目中，都可能会有很多索赔事件不定时地发生，而每个具体的索赔事件，都有一个发现、申报、论证和讨论解决的过程，需要一个相当长的时间，因此索赔工作应贯穿于工程项目全过程，并且应随着整个工程进展，在宏观上做统一的安排。

图 4-6 是索赔与项目进展时段的关系示意图，意在给读者一个理念，那就是：索赔工作是一个全过程的工作，要从招标投标阶段抓起。如果等到发现索赔事件后再开始处理，

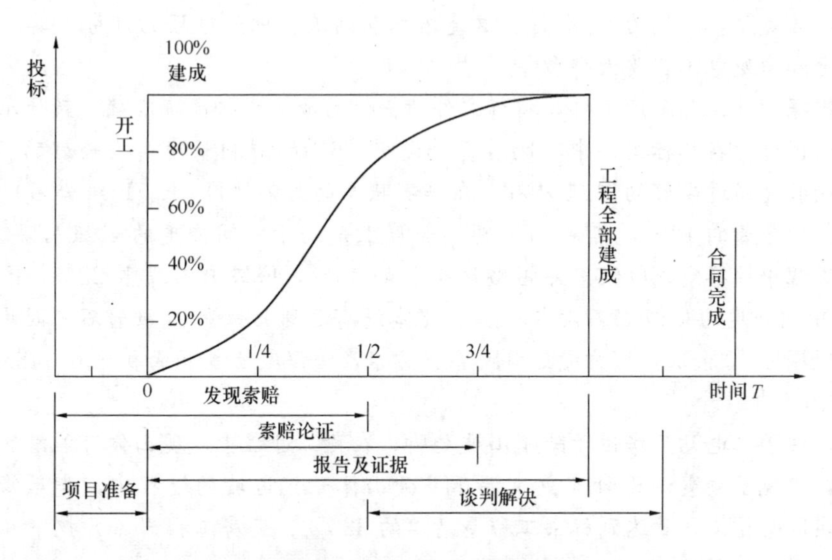

图 4-6　索赔与项目进展时段的关系示意图

提出索赔的一方会处于被动的地位，索赔的成功率也会大大降低。

一般来说，发现索赔可能性的阶段从投标时就开始了，可以延续至工程建成一半时。晚于这个时限提出的索赔要求，往往容易拖延到工程建成以后仍得不到解决。工程建成 1/4～3/4 的这一时段一般是解决索赔问题的有利时期，大量索赔事件应力争在这一时段内得到解决。整个工程的索赔谈判和解决应该集中于工程全部建成完工以前，不宜再拖。最理想的安排是在竣工日的前夕解决一切索赔争端。有经验的承包商会在工程中后期，竣工验收之前投入大量的人力处理索赔事件。即使索赔要求不能全部得到彻底的解决，也要争取在工程移交之前确定索赔处理的基本原则和方向，为后续索赔细节的处理打下良好的基础。否则，业主一旦接收并开始运营项目，业主方在索赔的谈判时便将处于有利的地位。

下面是两个因组织管理不当，没有及时索赔致使索赔失败的实际案例。

【案例 4-2】　因做法不当而使索赔失利的案例

（选自梁鉴《国际工程施工索赔》（第二版））

关键词：索赔方法；索赔失利

背景和综述：

南亚某国的水电站工程是世界银行贷款项目。该工程利用 13km 河段上的 95m 水头，修建拦河堰和引水隧洞发电站。水电站装机 3 台，总装机容量 6.9 万 kW，年平均发电量 4.625 亿度。首部混凝土拦河堰长 102m，高 23.5m，蓄水量为 625 万 m^3。堰顶安装弧形闸门 5 扇，控制发电站进水口的水位。当 5 扇闸门全部开启时，可宣泄洪水 9,100m^3/s。电站引水洞经过岩石复杂的山区，洞长 7,119m，直径 6.4m，全部用钢筋混凝土衬砌。

水电站工程采取国际性竞争招标，采用 FIDIC 土木工程施工合同条件第四版，并辅以详尽的施工技术规范和工程量清单。设计和施工监理的咨询工程师由欧洲的一个咨询公司担任。

通过激烈的投标竞争，最终由中国和一个发达国家的公司共同组成的国际性的“承包联营体”(Contractor's Joint Venture) 以最低报价中标，承建引水隧洞和水电站厂房，合同价7,384万美元，工期为42个月。这是该水电站工程中最艰巨的部分，其工程量比混凝土拦河堰和输变电工程要大得多。

由于勘探设计工作深度不够，招标文件所提供的地质资料很不准确，致使承包联营体陷入严重的困境。在招标文件中，地质资料说明：6%的隧洞长度通过较好的A级岩石，55%的隧洞长度通过尚好的B级岩石，在恶劣状态的岩石（D、E、F级岩石）中的隧洞长度仅占隧洞全长的12%，其余27%隧洞长度上是处于中间强度的C级岩石。事实上，通过开挖过程中的鉴定，D级岩石占隧洞全长的46%，E级岩石段占22%，F级岩石段占15%，中间强度的C级岩石段占17%，根本没有遇到B级和A级岩石。因此，在施工过程中出现塌方40余次，塌方量达340余立方米，喷混凝土支护面积达62,486m²，共用钢锚杆25,689根。

此外，由于水电站厂房位于陡峭山坡之脚，在施工过程中发现山体可能滑坡的重大威胁。因此，出现了频繁的设计变更。调压井旁山体开挖边坡的过程中，先后修改坡度6次，使其实际明挖工程量达到标书工程量清单的322%。厂房工程岩石开挖中，修改边坡设计3次，增加工程量23,000m³。

为了进行引水隧洞和水电站厂房的施工，承包联营体配备了先进的施工设备和精干的项目组领导班子，下设工程师、财务部、供应部、合同部和总务部等施工管理部门，并由中国派出了在隧洞施工方面具有丰富经验的施工技术人员。在承包联营体的周密组织管理下，采取了先进的施工技术，最终整个水电站工程按期优质建成，3台发电机组按计划满负荷地投入运行，获得了业主和世界银行专家团的高度赞扬。

索赔过程及结果：

在工程实施的过程中，面临工期拖延和成本超支的局面，承包联营体向业主和咨询工程师提出了工期索赔和经济索赔要求。

在索赔方式上，承包联营体最初采用了结合工程进度款支付的逐月清理索赔款的方式。即每月初在申报上个月工程进度款的同时，报送索赔款申报表，使咨询工程师和业主已核准的索赔款逐月支付，陆续清理。这样，可使项目繁多的索赔争议逐个解决，并使索赔款额分散地支付，以免索赔款积累成巨额数字，增加索赔工作的难度和业主与“承包联营体”之间的矛盾。这种索赔方式符合合同文件的规定，也符合国际工程索赔的惯例做法。但是，承包联营体的牵头公司（Sponsor）听取了个别索赔顾问的建议，坚持改变这种按月单项索赔的方式，停止逐月申报索赔款改而采用总成本法的综合索赔方式，企图一次性获得巨额索赔款，并不顾中方代表的反对，采取了一系列不恰当的索赔做法。由于联营体牵头公司固执己见，使历次报出的索赔款额变化甚大，数额惊人，以致索赔款总额接近于原合同价的款额。

对于承包联营体所提出的巨额索赔款，咨询工程师和业主采取了能拖就拖的方针。在两年多的索赔过程中，对承包联营体报出的4次索赔报告，咨询工程师均不研究答复，只是一味地要求联营体提供补充论证资料，或驳回联营体的索赔要求。这样，合同双方的索赔争议日益升级，无丝毫协商解决的可能性。因此，承包联营体遂向巴黎国际商会（ICC）提出国际仲裁的要求。国际商会经过征询业主的意见后，接受了仲裁要求。合同双方高价聘请了索赔专家，对峙于国际商会的仲裁庭上，开始了马拉松式的索赔论证会或听证会。在将近一年的时间内，索赔争议双方花了不少的人力财力，听证会间断地举行过几次，但仲裁结果仍渺无信息。

这时，争论双方意识到有必要寻求较快、较经济地解决索赔争端的必要性。在第三者的说合下，承包联营体和水电站业主又重新回到了谈判桌旁开始谈判。鉴于该水电站工程优质按期建成，及时并网发电，并取得了显著的经济效益，因此业主和咨询工程师也开始表现出谈判解决的诚意。在解决索赔争端的方式上，双方同意采取一揽子解决的办法，即议定一个总索赔款额，而不再进行逐项的详细算账。经过几个回合的谈判，双方议定由业主向承包联营体一次性地支付总索赔款额350万美元，然后宣告索赔争端结束。

这350万美元的索赔款额，相当于该合同项目合同额7,384万美元的4.74%。此外，承包联营体还在逐月结算过程中获得了隧洞施工中新增工程量的工程进度款，使联营体的工程款实际总收入达10,560万美元，为该项目合同额7,384万美元的1.43倍，即：

(1) 水电站引水隧洞和发电厂房项目合同额	7,384万美元
(2) 承包联营体施工结算款总额	10,560万美元
(3) 索赔一揽子付款总额	350万美元
(4) 承包联营体实际收入总款额	10,910万美元
(5) 联营体实际收入为项目合同额的	147.8%

由于该水电站工程施工过程中发生的工程变更较多，加上索赔款，使承包联营体的实际总收入款额为该项目合同额的1.478倍。但由于多方面的原因，联营体实际上承受了亏损，没有把应得的索赔款要回来，反而为仲裁工作付出了相当的代价，应该说是不成功的。

案例评述：

这个水电站工程的索赔工作经历了一个不正常的反复。

值得指出的是，承包联营体在实施水电站的施工合同方面是无可指责的，他们严格遵守协议，采取了一切措施赶回延误的工期，克服极为困难的隧洞地质条件，按期优质建成水电站工程，并为此工程承担了相当数额的经济亏损。承包联营体作为一个从事国际工程的跨国联营企业，在实施合同的信誉方面，受到了较高的评价。

该项目索赔失利的原因，主要在于：

(1) 承包联营体采取了高额索赔的策略

工程项目组根据索赔顾问的建议，采用了高额索赔策略，期望在业主"狠砍一刀"的情况下，仍能得到足够的经济补偿。在这种指导思想下，索赔报告的篇幅和款额都大得惊人，索赔总款额接近工程项目的原合同价，而且在前后数次的索赔报告中索赔款额相差悬殊。这样造成索赔文件被咨询工程师长期压置，不予理睬。

(2) 采取了综合索赔的方式

在索赔初期，项目组采取按月申报索赔的方式，进行单项索赔，逐月要求付款，并专门聘请了一家欧洲设计咨询公司指导联营体进行索赔工作。遗憾的是，联营体牵头公司采纳了索赔顾问的建议，终止了按月申报索赔的做法，改用综合索赔方式，结果使索赔事件累积成堆，索赔款额巨大，遭到咨询工程师的拒绝，以致到工程建成竣工时，索赔仍处于争议阶段。

(3) 咨询公司采取了对抗索赔的策略

这项工程的索赔主要是由于"不利的自然条件"引起的，因涉及设计咨询公司的工作深度和信誉，从一开始便遭到咨询工程师的抵制。咨询工程师对承包商的索赔提出了一系列的责难和质询，长期拖延不决。承包联营体亦采取了强硬的态度，经常以“仲裁”解决来威胁，使合同争议激化。虽然诉诸国际仲裁，但长期不能裁决，最后还是通过合同双方协商使索赔争端得到解决。

【案例 4-3】 因采用综合索赔方法未能及时有效解决索赔问题的案例

（选自梁鑑《国际工程施工索赔》（第二版））

关键词：多索赔事件；综合索赔

背景和综述：

我国某国际工程公司承包修建非洲某国的一座水坝。该工程的大坝由混凝土重力坝及两岸的土石坝组成，总长 715.2m，坝高 34m，并有坝后式水电站，中标合同价为 25,222,731 美元，工期 27.5 个月。

在施工过程中，承包商面临业主方面拖付预付款和工程进度款的严重问题：开工已经半年，还没有收到业主的预付款和工程进度款。后经催付款程序解决了拖期支付的问题，工程得以继续进行。

此外，在整个工程实施过程中，承包商协助咨询工程师解决了许多技术难题；并根据业主的要求，采取了加速施工措施，使水坝工程于 1991 年 5 月按期竣工，并获得了业主颁发的对工程满意的证书。

对于业主拖期付款，由于该工程的合同条款明确规定：开工预付款为合同价的 15%，在合同签字后 5 个月内支付，最迟不晚于 1989 年 6 月 1 日，工程进度款的中期结算周期为 30 天。因此，承包商利用此合同条款的规定向业主催付款，并利用在协商施工协议书过程中合同双方达成的“补充协议”，要求业主遵照执行，该“补充协议”的主要内容是：

1）在 1989 年 4 月 1 日以后支付预付款及工程进度款时，承包商有权获得在伦敦拆放利率（LIBOR 利率）基础上加 1%的延期利息；

2）至 1989 年 5 月 1 日不能付款时，业主将向承包商提供一份声誉良好的银行所开的付款担保；

3）到 1989 年 6 月 1 日不能付款时，承包商有权根据合同条件第 56 款规定的方式解除合同。

此外，由于加速施工、增加临时导流底孔以及石料开采非正常消耗等，都引起了承包商的额外费用支出。因此，在竣工前夕，承包商提出 9 份索赔报告。

索赔处理过程及结果：

对于承包商的催付款，业主方面在上文合同条款及“补充协议”的约束下，并在承包商方面通知将暂停施工的压力下，于 1989 年 6 月 10 日正式允诺并支付 343 万美元，解决了拖期付款的问题。

对于承包商的 9 份索赔报告，由于水坝工程优质按期建成，以及与业主和咨询工程师的良好工作关系，承包商的综合索赔要求得到咨询工程师的理解，并经业主同意，对 9 项索赔要求按照综合索赔的处理原则逐项审核，取得了一致的意见。承包商的索赔要求以及索赔处理结果见下表 4-1。

综合索赔分项表　　单位：西非法郎　**表 4-1**

索赔序号	索赔内容	要求的索赔额	业主批准补偿
0	工期延长 5 个月	1,011,641,445	266,828,535
1	建筑大坝上游过河桥	15,415,021	14,281,804
2	增加临时导流底孔	37,613,574	29,734,050
3	石料开采非正常消耗	359,465,457	263,905,805
4	增加施工人员	599,428,000	—
5	增加施工机械	632,050,799	—
6	上坝砂料开采和运输	751,292,850	25,986,312
7	灌浆用膨润土积压	10,329,408	4,413,804
8	泵浇混凝土费用增加	41,450,508	24,849,688
合计		3,458,687,062	629,999,998

案例评述：

1. 通过上表中的数据分析可以看出，表中 1、2 项内容基本属于变更问题，而非索赔问题；表中 4、5 项内容被业主删除，估计是因为与 1、2、3 项内容有重复计算。承包商最终获得的索赔款与其申报的款额差距甚大，仅使承包商得到了一定比例的经济补偿。

2. 本案例是一个综合索赔的实例。在国际工程索赔实践中，除非不得以，一般不轻易使用综合索赔的处理方式，在工程实施过程中通常采用"一事一索赔"的方式，及时解决每一个索赔问题。本案例中，虽然承包商很出色地完成了工程，但因为到了工程竣工前期才开始准备索赔报告，不得已而采用综合索赔的方式，使得效果比预计的要差很多。

第四节　国际工程索赔程序

一、国际工程索赔的一般处理程序

国际工程索赔处理的程序，一般按以下 5 个步骤进行：

1）提出索赔要求；

2）报送索赔资料；

3）谈判解决索赔争端；

4）调解解决索赔争端；

5）提交仲裁或诉讼。

上述 5 个工作程序，可归纳为两个阶段，即：友好协商解决和诉诸仲裁或诉讼。友好协商解决阶段，包括从提出索赔要求到调解解决索赔争端的整个过程。对于每一项索赔工作，承包商和业主都应力争通过友好协商的方式来解决，不要轻易地诉诸仲裁或诉讼。

下图 4-7 为参照 FIDIC 系列合同条件的规定，以承包商向业主索赔为例绘制的国际工程索赔处理的一般程序图。

二、国际工程索赔的处理过程

1. 提出索赔要求

按照一般合同条件的规定，凡是由于非己方原因引起工程拖期或成本增加时，任何一方均有权提出索赔。当出现可索赔事件时，应该用书面信件正式发出索赔意向通知书，申

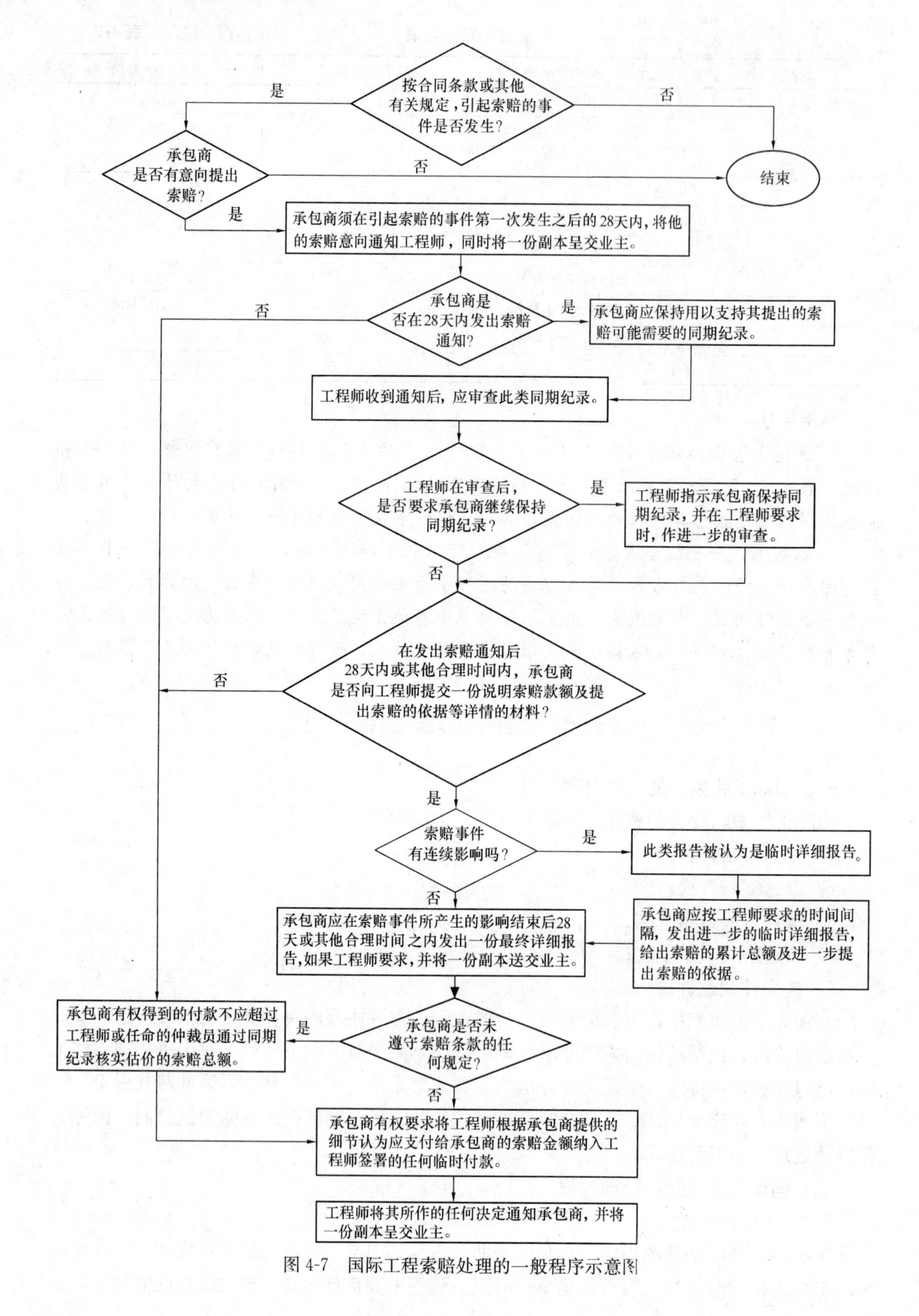

图 4-7　国际工程索赔处理的一般程序示意图

明他的索赔权利；另一方面，应继续进行工作，不影响工程的正常进展。如果该索赔意向通知书未在合同规定的时间内发出，索赔要求将遭到对方的拒绝。

索赔意向通知书的内容很简单，只需说明索赔事件的名称、引证相应的合同条款并提出自己的索赔要求即可。至于要求的索赔款额或应得的工期延长天数，以及有关的证据资料，可以以后在规定的时间内陆续提交。

2. 报送索赔资料

因为业主对承包商索赔的报告相对简单，下面仅对承包商的索赔报告的准备进行论述。在正式提出索赔要求以后，承包商应抓紧准备索赔资料，计算索赔款额，或计算所需的工期延长天数，编写索赔报告，并在规定的时间内正式报出。如果索赔事件的影响继续存在，事态还在发展，则每隔一定时间向工程师报送一次补充资料，说明事态发展情况。最后，在索赔事件影响结束后的规定时间内报送此项索赔的最终报告，提出全部具体的索赔款额和/或工期延长天数，附上最终账目和全部证据资料，要求工程师和业主审定。

一般来讲较重大的索赔事件，承包商的索赔报告应将工期索赔和费用索赔分别编写报送。因为每一种索赔都需要进行大量的合同论证、定量计算和证据资料，需要工程师分别审核并提出处理意见。至于比较小或简单的索赔事件，在征得工程师同意后，可将工期索赔和费用索赔合在同一个索赔报告中。

一个完整的索赔报告书，一般包括四个部分：①总论部分：概括地叙述索赔事件；②合同论证部分：叙述索赔的根据；③索赔工期延长和/或费用补偿的计算论证和分析；④证据部分。关于索赔报告的编写详见本书第九章。

3. 通过谈判和调解解决索赔争端

通过谈判和调解友好地协商解决索赔争端，是合同双方的共同利益所在。尤其是工程项目的业主，应将此作为自己的重要职责之一。所谓友好协商解决，是指索赔问题通过业主、工程师和承包商的共同努力得到解决；即由合同双方根据工程项目的合同文件规定及有关的法律条例，通过友好协商达成一致的解决办法。实践证明，绝大多数的索赔争端是可以通过这种方法圆满解决的。

当争端双方直接谈判无法取得一致的解决意见时，为了争取通过友好协商的方式解决索赔争端，可由争端双方协商邀请中间人进行调停，亦能够比较满意地解决索赔争端。通过谈判和调解解决索赔争端，都是非对抗性处理争端的良好方式，这样可以避免破坏承包商和业主之间的商业关系。

4. 提交仲裁或诉讼

索赔争端最终的解决途径是通过国际仲裁或法院诉讼的方式解决。仲裁或诉讼虽然不是理想的解决办法，但当上述协商或调停都不能奏效时，仍不失为有效的解决途径。

但在国际工程索赔实践中，即使对采取仲裁或诉讼解决争端有胜诉的把握，合同双方大多数情况下仍不愿意贸然提交仲裁或诉讼。尤其是聪明的承包商懂得，要想在一个地区或国家长久立足，不能采取过于强硬的方式，否则可能使自己无法在这个地区或国家生存。能够通过谈判协商或借助调解人的中间调停使争端获得解决，不仅可以节省大量用于某些法律程序的费用和时间，还不致伤害双方的感情，甚至还能营造双方愿意今后继续合作的良好气氛。

关于国际工程索赔仲裁的问题将在本书第十一章进行专门的讨论。

第五节 国际工程索赔管理的一种思路

国际工程索赔是合同各方，尤其是承包商维护其经济利益的最基本管理行为。国际工程索赔涉及工程项目招投标与合同管理、设计管理、施工管理、成本管理、进度管理、相关法律、保险、项目融资等各方面的知识和经验。索赔管理的难度也越来越大，尤其是重大索赔牵涉金额巨大，有时拖延时间较长，一般只有具有丰富实践经验、并掌握索赔问题专门知识的索赔专家才能做好。

国际工程索赔在我国正处于发展阶段，我国对外承包公司和国内大型国际工程项目业主单位面临的一个最主要的问题是缺乏具有丰富实践经验和专业知识的索赔管理人才。另外，高级索赔专家的培养和雇佣费用又十分昂贵。为了解决这一问题，作者通过在实践工作中的切身体会和理论上的研究，提出了建立初步索赔专家系统模型——索赔矩阵。该模型旨在共享索赔专家丰富的知识和经验，提高索赔工作效率，进而提高索赔成功率，同时也力求降低索赔管理本身的成本。

一、索赔矩阵的结构和建立

索赔矩阵的构想是将索赔的分类（矩阵的行）和可索赔的费用、利润和工期等（矩阵的列）以矩阵的形式有机地结合在一起。表4-2就是一个以FIDIC土木工程施工合同条件第四版为基础的承包商对业主索赔的索赔矩阵示例。

表4-2中索赔矩阵的“行”是由索赔的分类构成的，该分类是按照索赔的合同依据进行的，并参照了《The FIDIC Digest: Contractual relationships, responsibilities and claims under the fourth edition of the FIDIC Conditions》第77页列举的承包商可引用的索赔条款。因为该书的两位作者都具有丰富国际工程合同管理和索赔经验，并对FIDIC合同条件有很深的研究，因此也可以将这些分类看作是索赔专家的意见。总之，索赔矩阵的行是由索赔专家针对项目使用的合同条件进行深入、细致的分析和研究之后提出方案确定的。

另外，矩阵的“列”是由可索赔的费用、利润和工期组成的。可索赔的费用一般包括人工费、材料费、施工机械费和间接费（包括总部管理费和现场管理费）。其中，这些费用项目还可以进一步细分，如施工机械费用的索赔又可以细分为施工机械闲置、施工机械使用费的增加和施工机械作业效率降低等，其他项目分类详见矩阵中各列。索赔矩阵的列一般并不随合同条件的变化而变化，可以保持相对稳定。

表4-2中索赔矩阵的各行各列及其分类均给予了特定的、唯一的编号，矩阵的行用R系列表示，矩阵的列用C系列表示。矩阵的各个元素：E表示存在此索赔项目；P表示可能存在此索赔项目；空格表示此索赔项目存在的可能性没有或可能性极小。

例如，R12×C11=E，表示R12—“业主未能提供现场”时，存在C11—“人员闲置”的索赔；R12×C14=P，表示可能存在C14—“劳动生产率降低”的索赔；R12×C12=空格，表示得到C12—“加班工作”索赔的可能性没有或极小。

表4-2中E、P或空格的界定是作者结合亲身参与的某一由世界银行贷款的高速公路项目初步确定的，在此仅为一个示例说明，并不一定完全准确。索赔矩阵中的元素E、P或空格应是由索赔专家针对项目所使用的合同条件，并综合考虑项目各方面的因素而确定

索赔矩阵示例　　　　表 4-2

索赔的类型		索赔依据的合同条款		索赔的确定 \ 可索赔的费用项目	C10 人工费				C20 材料费			C30 施工机械费			C40 间接费						C50 其他费用		C60 利润				C70 工期	
					C11	C12	C13	C14	C21	C22	C23	C31	C32	C33	C41	C42	C43	C44	C45	C46	C51	C52	C61	C62	C63	C64	C71	C72
					人员闲置	加班工作	额外劳动力的雇佣	劳动效率降低	额外材料使用	材料运杂费的增加	材料采购及保管费增加	机械闲置	机械使用费的增加	机械作业效率降低	合同期间上级管理费的增加	工期延长期间的上级管理费	合同期间现场管理费的增加	工期延长期间的现场管理费	合同期间其他间接费的增加	工期延长期间的其他间接费	保险、担保费的增加	其他补偿费用	合同变更利润	合同延期机会利润	合同解除利润	其他利润补偿	处于关键线路上的项目	处于非关键线路上项目
R10	业主违约	R11	6.3/4	施工图纸拖期交付	E			P			P	P		P		P		P		P	P			P			E	P
		R12	42.2	业主未能提供现场	E			P			P	P		P		P		P		P	P			P			E	P
		R13	65.8	终止合同																		E			P			
		R14	69	业主违约	E			P			P	E		P	P	P	P	P		P	P	E		P			E	P
R20	工程变更	R21	51.1	工程变更	P	P	P	P	P	P	P	P	P	P	P	P	P	P	P	P	P	P	E	P		P	E	P
		R22	52.1/2	变更指令付款	P	P	P	P	P	P	P	P	P	P	P	P	P	P	P	P	P	P	E	P		P	E	P
		R23	52.3	合同额增减超过 15%			P		P				P		P		P		P				P					
R30	工程师指令	R31	18.1	工程师指令钻孔勘探		P	P	P			P		P	P			P				P					P		
		R32	31.2	为其他承包商提供服务			P						P									P				P		
		R33	36.5	进行试验			E	P			P		P	P		P	P	P		P	P			P			E	P
		R34	38.2	指示剥露或开凿			E	P			P		P	P			P				P							
		R35	49.3	要求进行修理			E		E				P													P		
		R36	50.1	要求检查缺陷			E						P									P						
R40	暂停施工	R41	40.2	中途暂停施工	E			P			P	P		P		P	P	P		P	P			P			E	P
R50	业主风险	R51	20.3	业主的风险及修复	E		P	P	P	P	P	P	P	P	P		P		P		P				P			
		R52	65.3	特殊风险引起的工程破坏	E		P	P	P	P	P	P	P	P	P		P		P		P				P			
		R53	65.5	特殊风险引起的其他开支	E		P	P	P	P	P	P	P	P	P		P		P		P				P			
R60	不利的自然条件和客观障碍	R61	12.2	不利的自然条件	E	P	E	E	P		P	P	P	P		P	P	P		P	P			P			E	P
		R62	27.1	发现化石、古迹等	E	P	E	E	P		P	P	P	P		P	P	P		P	P			P			E	P
R70	合同缺陷	R71	5.2	合同论述含糊												P		P		P		E		P			E	P
		R72	17.1	因数据差错、放线错误			E	P	P		P		P	P			P				P					P		
R80	其　他	R81	70.1	成本的增加																		E						
		R82	70.2	法规变化						P												E						
		R83	71.1	货币及汇率变化																		E				P		

的。这些元素的确定是索赔矩阵的关键，其准确程度也决定着该矩阵模型质量高低和其是否真正具有实用价值。元素E、P或空格的确定也是向索赔专家获取知识，建立系统知识库的主要工作之一。

二、索赔矩阵与相关数据库

索赔矩阵模型可以作为一种索赔管理思路，给实际索赔管理人员处理索赔问题一个方向性的指导。必须将索赔矩阵和其他相关的数据库结合起来使用，才能够真正发挥其作用。为此，要建立专门的或与项目其他数据库共享的数据库，如：工程项目基础信息数据库(DB1)、工程量及定额数据库（DB2)、索赔案例数据库（DB3）和索赔定量计算模型数据库(DB4）等。图4-8是索赔矩阵与各数据库之间的关系示意图。

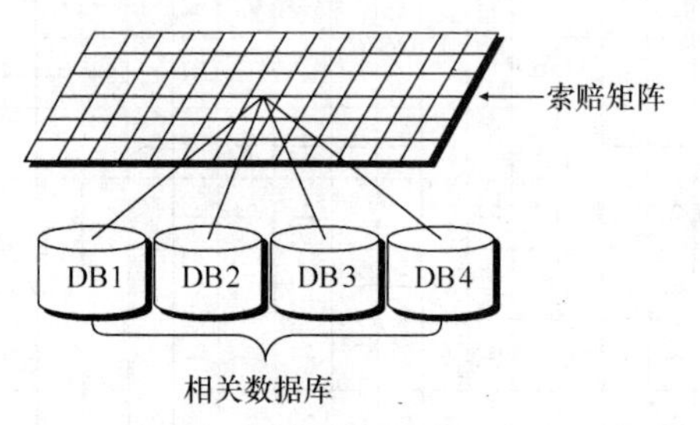

图4-8 索赔矩阵与项目各数据库之间的关系示意图

索赔矩阵中的每一个标有E或P的元素，均可在相应的数据库里找到对应的内容，作为索赔处理的证据资料、参考数据、成功的参考案例、计算模型等。

工程项目基础信息数据库DB1中的数据主要来源于总的工程项目管理信息系统，是索赔管理与项目管理信息系统的一个主要接口。实践经验告诉我们，如果等到发现索赔线索之后再去收集、整理有关的数据就为时已晚。因此必须建立起项目专用的班报、日报管理系统，随时存储、更新最新的工程施工进展情况以及遇到的问题，这些都是日后索赔的必不可少的数据。因此数据库DB1的日常更新维护工作量非常大，它是一个项目综合信息管理水平的体现。同时也需要其他管理软件所提供数据的配合，如当进行工期索赔时可以使用Primavera的进度计划管理软件P3（Primavera Project Planner）中的数据和网络图对实际进度计划与原进度计划进行计算和比较，分析造成工期延误的原因；当需要调用有关项目合同文档和来往信函等资料时可以调用合同管理软件Expedition的数据等。

工程量及定额数据库DB2做起来相对简单，对于单价合同的项目，可将工程量清单做成数据库，同时应将工程的有关定额数据建到数据库中。索赔案例数据库DB3需要收集大量国内外同行业相关的成功索赔案例，并对其进行标准化和规范化处理，这需要由索赔专家和合同管理人员来实施；同时，索赔专家还应该把他们对每一个索赔案例的评价意见写入数据库。索赔定量计算模型数据库DB4是用来将比较成熟，能在实际中使用的索赔定量计算模型等进行分类存储，如用于总部管理费索赔计算的“Eichleay”模型、用于计算劳动生产率的“学习曲线”模型等。这些模型可以作为处理索赔事件定量计算时的参考，也要由专业索赔人员进行。关于国际工程索赔计算模型和方法可参见本书第五章和第六章的相关内容。

当然，这些数据库并不是一朝一夕能够建立和完善起来的，每个数据库的内容都需要在实践中不断的充实和改进。这是一项很有意义但也非常艰巨的工作。

三、索赔矩阵模型的使用程序和应用设想

国际工程项目开始实施之前或之初可由索赔专家和项目有关人员一起，建立起本项目专用的索赔矩阵模型，并逐步建立起相关的数据库。在项目实施过程中，首先要在DB1

中保持所有有关的同期记录和相关的数据及文件。在索赔事件发生以后，可以参考索赔矩阵给出的索赔分类，尽快找到索赔事件的主要合同依据，并分析相关的合同条款。然后索赔人员就可以在已经建好的索赔矩阵模型上确定在哪一行上，进而可以看该行上是否有E和P元素，再看对应的列就可以找出此索赔事件可以得到哪些方面的费用索赔，是否有利润或工期索赔。根据索赔矩阵与各相关数据库的关系，可以不断从DB1中提取相关的同期记录和数据，并可参照DB2中的价格和定额确定可参考的单项费率，同时在DB3中找出类似成功的索赔案例作为参考和样板，甚至可作为论证索赔和索赔谈判的依据。如有可能在DB4中找出可使用的索赔定量计算模型，准确估算出索赔的金额或要求索赔的工期。

按上述步骤，即使对索赔管理并不是很熟悉的人员也能像一个索赔专家一样很快做出初步有根据的索赔报告，大大提高了索赔工作的效率。进一步的索赔报告以及最终的索赔报告的编制仍然重复上述步骤。这样，一般参与索赔管理的人员在处理索赔事件时就有了很强的针对性，他就可以像一个一般水平的中医医生给病人看病时，参照中医专家系统中提供的若干经验丰富的老中医对类似病历的处理方案，结合病人的最新具体数据以及他本人的判断，确定一个具体的实施方案。这个过程本身也是一般索赔管理人员学习和迅速提高的过程。

鉴于该模型的用户：承包商、业主和工程师单位的项目管理水平和索赔管理水平不同，索赔矩阵模型的使用可以分为下面所述的三个步骤或层次。

第一，对于项目管理水平和信息管理水平相对较低的用户，可在项目实施的初期聘请几位高水平的索赔专家按照本文的思路帮助建立起针对项目的索赔矩阵模型，并且由计算机方面的人员配合建立起模型专用的数据库，尽可能多的收集和整理与索赔有关的信息，以构成对未来索赔事件的支持。在这个阶段，索赔矩阵模型只能起到对索赔管理提供基本思路，进行初步的支持作用，并指出索赔管理的方向。

第二，对于自己已经拥有一定数量较高水平的索赔管理人员，并且能够建立起较为完备的项目管理信息系统的用户，可以让自有的索赔管理人员配合外聘高水平的索赔专家共同建立起索赔矩阵模型，并在使用过程中对模型进行不断的完善和升级。同时，充分利用项目管理信息系统的资源，建立起共享的数据库，这样对索赔的处理就能真正起到支持和辅助索赔决策的作用。

第三，在第二步的基础之上，运用专家系统的理论和成熟的信息技术逐步建立起索赔专家系统，汇集各种来源的索赔知识和经验，由知识工程师建立知识库，使索赔专家的知识形式化，进而建立推理机制，使系统真正具有推理能力，并能使索赔管理人员和系统进行启发式的人—机对话，帮助索赔管理人员和决策者快速计算出各种可能的索赔解决方案，并把专家系统作为交互式智能问题解决和咨询系统，从而大大增强使用者的索赔谈判和决策能力。

随着现代信息技术的不断发展，信息技术在国际工程项目管理以及索赔管理中的应用不断深入，项目管理信息系统的建立和不断完善为索赔专家建立索赔矩阵模型及其相关的数据库提供了方便，计算机已经为索赔专家系统的建立和应用提供了坚实的技术基础。专家系统的很多能力来源于所存储的大量专门知识，以计算机为基础的专家系统，要力求去收集足够的专家知识。计算机能彻底地实验各种各样的、把事实组合起来以产生专家推理结果的方法。这样，专家系统就能成为一种实验知识表达和应用方法的实验工具。索赔专家系统在某种程度上可以被作为一种汇集该领域各种来源的索赔专门知识的工具。因此，专家系统建立和开发本身就可以对国际工程索赔管理实际知识的发展做出不可估量的贡献。

上面介绍了一个适用于承包商向业主索赔的索赔矩阵的思路。索赔矩阵的思路同样可以适用其他合同条件，如FIDIC1999版DB合同条件、EPC合同条件、简明合同格式等。同样，将这种思路也可以用于业主对承包商的索赔，所要做的是修改索赔矩阵模型，尤其是矩阵模型中行的确定和各E、P元素的确定。同时还要更新相应的数据库的内容。索赔矩阵模型和相关数据库的结构在使用过程中都应保持相对稳定。

目前国内很少有对索赔专家系统的研究，而国外已经开始了这方面的研究和开发工作，并且认为这是一个非常有开发前景的领域，但也尚未发现已经真正投入实际工程项目使用的成熟索赔专家系统。其主要原因仍然是索赔系统本身的综合性太强，而且专家系统理论如何与索赔理论和实践相结合也是一个不太容易解决的问题。

作者所提出的初步索赔专家系统模型：索赔矩阵的思路，主要是想探讨如何使国内外索赔专家的知识和经验能够为一般参与索赔管理的人员所共享，并能加速培养国际工程索赔专业人才，从而尽快弥补目前我国对外承包公司和大型工程的业主单位索赔专家数量不足的缺陷，并且降低工程中大量存在的索赔问题处理过程的成本。同时也希望通过对索赔矩阵模型的分析、研究和使用，使索赔工作程序化、标准化和规范化，以达到提高索赔工作的效率，进而提高索赔成功率的目的。

复习思考题

1. 矩阵式组织结构有什么优缺点？
2. 你对在项目组织结构中设立索赔处理中心有什么看法？
3. 对于全员、全过程的索赔管理理念，你是如何理解的？
4. 请给出国际工程索赔处理工作的一般程序。
5. 如何理解作者提出的索赔矩阵的思路？
6. 你认为如何成为一名优秀的国际工程索赔专家？

第五章　国际工程工期索赔

工期索赔是国际工程索赔的重要组成部分，与费用索赔密切相关。选用与项目实际及索赔具体情况相适应的工期索赔方法，对于业主和承包商都具有重要意义。本章在分析国际工程工期索赔分类、特点和处理原则的基础上，对国际工程常用的工期索赔方法及其选择进行了详细的介绍和分析。最后，本章结合案例对P3项目管理软件在国际工程工期索赔中的应用进行了讨论。

第一节　国际工程工期索赔概述

工期延误是国际工程项目普遍存在的问题。工期延误原因很多、内容复杂、责任界定困难、后果严重。工程不能如期完工，业主不能按时接收并获得收益；不能移交工程，承包商也要为此付出很多，还要承担合同中通常规定的误期损害赔偿费。所以，国际工程工期索赔问题对业主和承包商都很重要。

一、国际工程工期延误的分类

国际工程工期延误有多种分类方法。可参见下图5-1。

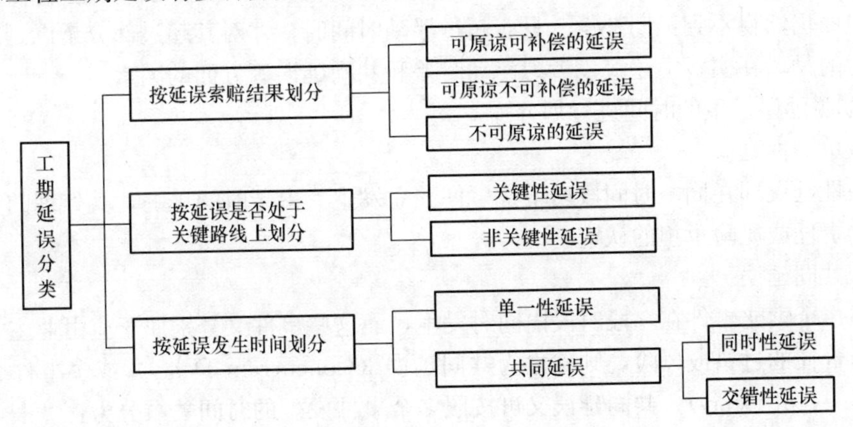

图5-1　国际工程工期延误分类图

1. 按延误索赔结果划分

从工期延误原因分析及其合同依据论述中可以将延误按索赔结果划分为可原谅可补偿的延误、可原谅不可补偿的延误以及不可原谅的延误。

(1) 可原谅可补偿的延误

可原谅可补偿的延误（Excusable and Compensable Delay）是指由于业主或工程师的错误或失误而造成的工期延误。在这种情况下，承包商不仅可以得到工期延长，还可以得到经济补偿。

(2) 可原谅不可补偿的延误

可原谅不可补偿的延误（Excusable and Non-compensable Delay）是指既不是承包商也不是业主的原因，而是由客观原因引起的工期延误。这种情况下，承包商可获得一定的工期延长作为补偿，但一般得不到经济补偿。

(3) 不可原谅的延误

不可原谅的延误（Non-excusable Delay）是指由于承包商的原因引起的工期延误，也就是说在承包商的控制下本该做到的，但由于承包商的管理失误、操作不当等原因而最终致使的工期延误。在这种情况下，承包商不但不能得到工期延长和经济补偿，而且由这种延误造成的损失全部都要由承包商来负责。

一般来讲由于业主或其工程师自身的原因造成的延误都属于可原谅可补偿的延误，有时可以给予承包商利润损失的补偿；但对于客观原因造成的可原谅不可补偿的延误，承包商能否在工期延长的基础上得到费用补偿还要看合同中是否有相关规定，一般业主不会给予承包商利润损失的补偿。

2. 按延误是否处于关键路线上对延误进行划分

(1) 关键性延误

关键性延误是位于网络进度计划的关键路线上的延误。关键性延误肯定会导致总工期的延长，如果是可原谅的延误应该给予承包商工期补偿。

(2) 非关键性延误

非关键性延误是位于非关键路线上的延误。一般而言，当其延误时间没有超过浮动时间时，便不会造成总工期的延长，即使是可原谅的延误，只要其延误不造成总工期的延长，承包商仍然得不到工期补偿。只有超过浮动时间时，才对其超过部分予以延期。但是应该注意的是，在实践中还应该考虑浮动时差和共同延误等方面的因素。

3. 按照延误发生的时间进行划分

(1) 单一性延误

单一性延误即在同一时间段内干扰事件独立发生。由于时间单一，其处理的关键在于时间原始责任或风险承担的认定。

(2) 共同延误

如果多个索赔事件在一段时段内同时发生，而这些事件又分别属于应由业主、承包商分别承担责任的过错或风险，则称之为共同延误（Concurrent Delay）或多事件交叉延误（Multiple-event Delay）。共同延误又可按照多个事件发生的时间关系分为：

1）同时性延误。当两个或两个以上的延误事件从发生到终止的时间完全相同时，这类延误被称为同时性延误；

2）交错性延误。当两个或两个以上的延误事件从发生到终止的时间只有部分重合时，这类延误被称为交错性延误。

二、国际工程工期索赔的特点

国际工程工期索赔除了具有索赔的一般性特点外，还具有以下特点。

1. 工期索赔的不可逆性

工期索赔的不可逆性是指对于前期已经获得的工期的延长，业主不可以扣回。FIDIC 1999 版施工合同条件第 8.4 款［竣工时间的延长］，对于承包商工期索赔有明确规定：

"……如果承包商认为他有权提出延长竣工时间，应按照第 20.1 款［承包商的索赔］的规定，向工程师发出通知。工程师每次按照第 20.1 款确定延长时间时，应对以前做出的确定进行审查，可以增加，但不得减少总的延长时间。"也就是说，承包商提出工期索赔后，工程师在决定是否给予延期时，应考虑以前已经给予的延期，但只能增加工期，不能减少已经给予的总的延期时间。这点与费用索赔不同，对于费用索赔而言，如果工程师在工程监控过程中，发现前期工程款的支付以及费用索赔的支付中存在计算错误，导致多付给承包商款项，可以按照合同规定的程序进行扣回。这样规定的原因在于，工期的延长一旦确定，承包商即会按照批准的延长天数重新安排进度计划以及施工组织，然后依照更新的计划以及施工组织实施工程。此时，如果工程师扣回延长的天数，仍要求承包商按期完工显然是不合理的。

2. 工期索赔的偏向性

工期是开工日期算起至工程或某分项工程按照合同规定要求竣工的全部时间。一般来讲索赔是双向的，既可以有承包商向业主的索赔，也可以是业主向承包商的索赔。业主也可以向承包商提出延长缺陷通知期的索赔，但是在其他阶段一般不存在业主向承包商索赔工期的问题。因为一般合同中都规定有误期损害赔偿条款，对于承包商的原因造成工期延误，业主可直接对承包商提出误期损害赔偿费用索赔，通过扣除工程进度款或没收履约保函的方法获得补偿，所以工期索赔主要是指承包商向业主的索赔，是具有偏向性的。

3. 工期索赔与费用索赔相关性

承包商向业主提出工期索赔的根本目的在于获得经济补偿或减少经济损失。一般来说，如果延误工期，根据合同承包商可能要对业主支付误期损害赔偿费，在某些情况下，该笔数额可能非常大。这时，承包商进行工期索赔，就是维护自身合法利益的一种必然手段。如果承包商成功获得工期延长，就可以免除其误期损害赔偿的责任；如果还存在提前或按期完工，承包商还可以提出由于加速施工引起的费用索赔。因此，工期索赔和费用索赔是相辅相成不可分割的，应予整体考虑。

三、国际工程工期索赔的处理原则

对于可原谅延误和不可原谅延误的索赔处理原则是不同的。

在可原谅的延误情况下，如果延误的责任者是业主，则承包商不仅可以得到工期延长，还可以得到经济补偿。这种延误是"可原谅并可补偿的"。但是由于客观原因造成的可原谅的延误，承包商虽然可以得到工期延长，但可能得不到经济补偿，这种延误被称为"可原谅但不可补偿的"。

在不可原谅的延误情况下，由于责任者是承包商，因此承包商既得不到工期延长，也得不到经济补偿。这种延误造成的损失完全由承包商负担。在这种情况下，承包商有两种选择：一个是采取赶工措施，或增加施工力量，或延长作业时间，把延误的工期抢回来，以自己的代价保证工程项目按合同规定的日期建成。这是一个有信誉的承包商的正确选择。如果承包商任其拖延，不仅要承担误期损害赔偿费，还可能被业主终止合同，限期撤出现场，并承担有关的经济损失。

工期延误很少是由一种原因引起的，当发生共同延误时，其处理原则比较复杂，在本章第三节对其处理原则进行了详细的论述。

关于工期延误索赔的分类及其处理原则，可归纳见表5-1。

工期延误索赔的分类及其处理原则 **表5-1**

索赔原因	是否可原谅	延误原因	责任者	处理原则	索赔情况
工期延误	可原谅的延误	1）修改设计 2）施工条件变化 3）业主原因 4）工程师原因	业主	可给予工期延长并补偿费用损失	可获工期索赔及费用索赔（一般包含利润）
		1）特殊反常的天气 2）工人罢工 3）天灾	客观原因	可给予工期延长但是否给予费用补偿依合同具体规定	可获工期索赔和部分费用索赔
	不可原谅的延误	1）工效不高 2）施工组织不好 3）设备材料不足	承包商	不延长工期也不补偿损失；承包商承担误期损害赔偿费	无权索赔

四、国际工程工期索赔分析步骤

在对工期延误进行分析时，常用的一种分析思路是对比原网络计划与可能状态的网络计划，重点分析两种状态的关键路线。分析的基本思路为：假设工程施工一直按原网络计划确定的施工顺序和工期进行。现发生了一个或一些干扰事件，使网络中的某个或某些活动受到干扰，如持续时间延长，或活动之间逻辑关系变化，或增加新的活动。将这些活动受干扰后的持续时间带入网络中，重新进行网络分析，就得到一个新的工期。这种考虑干扰后的网络计划又作为新的实施计划，如果有新的干扰事件发生，则在此基础上可进行新一轮分析，提出新的工期索赔。这样在工程实施过程中进度计划是动态的，不断被调整，而干扰事件引起的工期索赔也可以随之同步进行。

处理国际工程工期索赔，主要有以下三个步骤。

1. 确定分析的依据

工期索赔的依据主要有：

1）合同规定的总工期计划；

2）合同签订后由承包商提交的并经过工程师同意的详细进度计划；

3）合同双方共同认可的对工期的修改文件，如会谈纪要、来往信函；

4）业主、工程师和承包商共同商定的月进度计划及其调整计划；

5）受干扰后实际工程进度，如施工日志、工程进度表、进度报告等。

承包商在每个月的月底以及在干扰事件发生时都应分析对比上述材料，以发现工期拖延及拖延原因，提出有说服力的索赔要求。

2. 确定干扰事件对工程活动的影响

即确定由于干扰事件发生，与之相关的工程活动所产生的变化。

（1）工程延误影响的分析

在工程中，业主推迟提供设计图纸、施工场地、进场道路等，会直接造成工程推迟或中断，影响整个工期。通常，这些活动的实际推迟天数即可直接作为工期延长天数，即工期索赔天数。这可以现场实际的记录作为证据。

(2) 工程变更的影响分析

1) 工程量增加超过合同规定的承包商应承担的工作范围，可以进行工期索赔，通常可以按工程量增加的比例同步延长所涉及的网络活动的持续时间。

2) 对业主责任造成工程停工、返工、窝工、等待变更指令等事件，可按工程师签字认可的实际工程记录，延长相应网络活动的持续时间。

3) 业主指令变更施工顺序会引起网络活动之间逻辑关系的变更，对此必须调整网络结构，由此产生的影响可由新旧两个网络的对比分析得到。

(3) 工程中断的影响分析

对由于罢工、恶劣气候条件和其他不可抗力因素造成的工程暂时中断，或业主指令停止工程施工，一般其工期索赔值按工程实际停滞时间，即从工程停工到重新开工这段时间计算。

3. 确定工程活动变化对总工期产生影响及责任分析

可以通过下一节所介绍的各种工期索赔方法分析，得到总工期所受到的影响，并按照延误产生的原因进行责任分析，得到非承包商原因造成的总工期的延误天数，即为承包商可以获得的工期索赔天数。

【案例 5-1】 可原谅不可补偿工期延误的索赔

(选自梁鑑《国际工程施工索赔》(第二版))

关键词：工期延误；关键路径法第二类不利的现场条件

背景和综述：

我国某水电站工程的施工支洞，全长 303m，地质条件比较复杂，承包商在开挖中遇到了断层软弱带和一些溶洞。断层带宽约 60m，给施工造成极为困难的条件。承包商因此改变投标报价文件中的施工方法，并经工程师同意，采用了边开挖边衬砌的“新奥法”工艺施工。因此，实际施工进度比原计划拖后了 4.5 个月。

承包商决定调整钢管斜井的施工进度，利用原计划中的浮动工期，可挽回 1.5 个月的延误工期；同时，请求工程师批准 3 个月的工期延长。

索赔处理过程及结果：

工程师经过核实后，评价认为：1) 施工支洞开挖过程中出现的不良地质条件，超出了招标时所预期的断层软弱带的宽度，属于承包商不能够合理预见和控制的不利施工条件，并非承包商的失误或疏忽所致，故确认属于可原谅的延误；2) 这一不利的施工条件，以及它所导致的工期延误，也不是业主及工程师所能预见和控制的，不是业主方面的错误。因此，此种工期延误是属于可原谅不可补偿的延误；3) 根据以上分析，业主批准给承包商延长工期 90 天，但不进行经济补偿，即按投标文件中的施工单价和实际的开挖工程量向承包商支付进度款。

案例评述：

1. 本案例中造成工期延误的原因是客观的不利条件（第二类不利的现场条件），不属于合同任何一方的责任，因此该延误是可原谅不可补偿的延误，业主一般只会补偿相应的工期，能否获得部分费用补偿还要看合同的具体规定。

2. 利用关键路线法可以分析和调整工程的进度，本案例中由于利用浮动工期使得工期延期缩短1.5个月。

第二节　国际工程工期索赔计算方法

国际工程工期索赔的计算方法有很多种，常见的有：1）整体影响法；2）计划与实际进度对比法；3）"But-for"法；4）影响计划法；5）进度焦点跟踪分析法；6）时间影响分析法；7）比例分析法等。本节将对以上方法进行对比介绍和分析评价，并结合案例说明如何使用这些方法。

一、工期索赔常用计算方法

1. 整体影响法

整体影响法（Global Impact Method）是一种简单并且快速的工期索赔计算方法，仅仅通过将各个活动的延误时间简单相加，即可得到承包商应索赔的工期，例如，有活动A、B、C、D，其中A、B、C是由于业主原因引起的延误，分别为2天、4天、2天；D为承包商引起的延误，为5天，则承包商的索赔计算天数为13天（2+4+2+5）。

这种方法快速而且简单，在工期索赔分析中应用广泛，但是存在的问题也显而易见。首先它忽视了共同延误的情况，导致计算结果偏大；其次，没有考虑工期延误的类型，将承包商自身原因引起的延误计算到其中，因此无法准确地划分责任；同时，该方法忽视了关键路线上的延误，认为各种延误对关键路线有同等的效果。

2. 计划与实际进度对比法

计划与实际进度对比法（As-planned vs As-built Method）也称为净影响法（Net Impact Method）。该方法也是一种比较简单的方法，直接采用实际进度的完工日期减去计划进度的完工日期，所获结果作为承包商应索赔的工期。该方法减去了上述计算结果中重复计算的部分。在一定程度上考虑了共同延误的部分影响，但是仅仅是将延误中重合的部分减去，对于多项延误依然很难解决延误的责任归属问题。但采用该方法对比较简单的延误事件进行简要分析时，如果假定浮动时间采用"谁先动用谁拥有"的归属原则，也可以仅通过分析关键路径延误来判定由谁来承担责任。

3. "But-for"法

"But-for"方法（But-for Method）是国际工程工期索赔中常用的一种方法，通过计算实际工期与去除了（But-for）承包商引起工期延误的工期之差来判定索赔工期的一种方法。一般认为，该方法包括两种：1）计划进度"But for"方法（As-Planned But-for Method），该方法在有些地方也被称为"计划进度法"（As-Planned Method）；2）实际进度"But for"方法（As-built But-for Method），也被称为分解实际进度法（Collapsing As-built Method），该"But-for"方法更为常用一些。

计划进度"But-for"方法的分析思路为：

1）将计划进度作为计算的基准进度计划；

2）分析发生的工期延误类型：可原谅可补偿、可原谅不可补偿、不可原谅；

3）分别将所有由于承包商和非承包商原因引起的工期延误的活动按照从前到后的时间顺序加载到基准计划中，得到新的进度计划的完工日期；

4）计算承包商应索赔的工期和应承担的工期损失：

①承包商应索赔的工期（可原谅的延误）＝实际进度计划的完工日期－加载了由于承包商原因引起延误的进度计划的完工日期；

②承包商应承担的工期损失（不可原谅的延误）＝实际进度计划的完工日期－加载了由于非承包商原因引起延误的进度计划的完工日期。

实际进度“But-for”方法的分析思路为：

1）将实际进度作为计算的基准进度计划；

2）分析发生的工期延误类型：可原谅可补偿、可原谅不可补偿、不可原谅；

3）分别将所有由于承包商和非承包商原因引起的工期延误的活动按照从后到前的时间顺序从基准计划中去除；

4）见计划进度“But-for”方法第 4 步的计算公式。

“But-for”方法很容易被项目各参与方所理解，因此这种分析方法在索赔中很常用。但是它同样存在局限性：

1）计算结果的不唯一性，采用上述两种方法的计算结果不一致，如何选取公式受到人为主观因素的影响；

2）计算结果的准确性取决于所获得信息的准确性和完整性，包括进度计划的变化、延误事件的准确记录；

3）在采用计划进度“But-for”法进行计算时，没有考虑关键路线在实际中可能发生改变，因此，实际进度的“But-for”方法应用更为广泛更易被人接受；

4）即使是实际进度计算，仍不能完全反映实际工作的进程以及活动之间逻辑关系和关键路线的变化，在评价工序逻辑顺序、时间滞后等过程中具有主观性，因此这种方法容易引起争议。关于“But-for”方法的案例可以参考本书第十二章［案例 12-12］。

4. 影响计划法

影响计划法（Impact As-planned Method）类似于计划进度“But-for”方法，也是将实际活动加载到进度计划中，不同的是该方法按延误发生的时间顺序将各个延误依次加载到进度计划中，然后对加载的每种延误进行分析，而不是将所有事件全部加到进度计划中。该方法步骤如下：

1）按照时间先后顺序加载一延误事件，计算未加载该延误时的完工日期和加载该延误后的完工日期之差，如果引起了延误则进行下一步，否则不考虑该延误事件；

2）分析该延误事件的类型，分析是由承包商、业主还是外部因素造成的；

3）按照上述步骤，依次将所有延误事件加载到进度计划中，得到各方对于工期延误承担的总责任。

该方法避免分析实际进度，依靠计划进度作为基准进行分析，但该方法存在如下问题：

1）计算结果的不确定性，如果各个延误加载顺序并不唯一，使得计算结果也会不同，如优先加载的可能会消耗一部分总时差而使后面加载的延误事件更容易导致工期延长；

2）在工程执行过程中，各种活动的逻辑关系会发生改变，导致该方法并不能反映实际延误的最终原因。

由于存在以上的问题，所以该方法在工期索赔中并不很常用。

5. 进度焦点跟踪分析法

进度焦点跟踪分析法（Snapshot/Window Method)）是一种常用的工期索赔分析方法，该方法首先将整个项目工期划分为多个时间区间，这些区间的划分通常与项目的里程碑、重大变更的发生以及重要延误事件的发生有关。该方法较前面所介绍的方法具有较高可信度。其分析思路如下：

1）根据项目里程碑等因素将实际计划划分为若干区间或窗口（window)；

2）将该区间之内的工序的实际完成时间以及工序间实际关系加载到计划中，而此区间之后的工序仍保持计划进度中的关系和持续时间，得到更新的进度计划的完工时间；

3）该区间中活动引起的工期延误＝更新进度计划的完工时间－计划完工时间。同时对引起工期延误的原因进行分析评价，确定各方应承担的工期延误损失；

4）将上述更新的进度计划作为分析第二区间的基础，重复第2）步对每个区间进行分析；

5）将各个区间计算出来的工期延误累计相加，得到最后的工期延误。

该方法基于工程进度的实际安排进行计算，能较为准确地反映工程实际活动的变化，同时该方法也考虑到了一些共同延误的影响。但是这个方法并没有在分析之前考虑延误的类型，需要在计算之后再按比例在业主与承包商之间进行责任分配；在发生多个因素造成的延误时，难以分配各方的责任，往往需要结合其他方法进行。同时，该方法的准确性依赖于时间区间的划分，如果区间划分过长，则准确性降低，如果区间划分过短则过于繁琐。

6. 时间影响分析法

时间影响分析法（Time Impact Analysis）和进度焦点跟踪分析法的主要区别在于它将单个延误事件加载到最初进度计划，并同时进行进度计划的更新，而不是将进度计划划分为若干区间。与影响计划法（Impact As-planned Method）的主要区别是该方法考虑了实际的变化，不仅仅是基于原始的进度计划。其分析思路如下：

1）依据延误发生的时间次序加载延误事件，在加载第一个延误事件前，采用实际数据对计划进度进行更新，包括逻辑关系及工序持续时间等方面的变化；

2）在初始进度计划中加载第一个延误事件，得到更新进度计划，加载该延误前后的更新进度计划的完工日期的变化作为该活动的工期延误时间；

3）分析得到该延误承包商和业主应该承担的责任；

4）将下一个延误活动加载到进度计划中，按照上述方法进行；

5）得到各方承担的延误总天数。

时间影响分析法是以上介绍的方法中可信度最高的，但是这种方法需要对每个延误的工序都进行分析，相对比较繁琐；而且，在进行分析时，没有考虑延误类型，因此需要进一步对延误类型进行分析；同时，由于是单个延误活动逐步分析，没有全面考虑共同延误的影响，需要进一步分析来判定共同延误的责任划分。

7. 比例分析法

在实际工程中，干扰事件常常仅影响某些单项工程、单位工程或分部分项工程的工期，要分析它们对总工期的影响，可以采用更为简单的比例分析方法。下面将介绍两种常见的比例分析法，并结合案例予以说明。

(1) 以合同价所占比例计算

以合同价为计算基础的比例分析法是按照延期或新增工作价值占原合同价的比例，等比例计算索赔的工期。

【案例 5-2】 以合同价为基础的比例分析法应用案例

(选自成虎《建筑工程合同管理与索赔》(第三版))

关键词：比例分析法

在某工程施工中，业主推迟办公楼工程基础设计图纸的批准，使该单项工程延期 10 周。该单项工程合同价为 80 万美元，而整个工程合同总价为 400 万美元。则承包商提出工期索赔为：

总工期索赔＝受干扰部分工程的工期拖延量×该部分合同价/整个工程合同总价＝10 周×80 万/400 万＝2 周。

(2) 按单项工程工期延误的平均值计算

当有多个单项工程同时受到干扰事件影响时，可以首先求出各单项工程的平均延长天数，然后考虑各单位工程影响的不均匀性，对总工期的影响可考虑增加一个调整量，该调整量可以采用下面案例中的计算方法。

【案例 5-3】 单项工程工期延误的平均值计算

(选自成虎《建筑工程合同管理与索赔》(第三版))

关键词：比例分析法

某工程有 A、B、C、D、E 五个单项工程。合同规定由业主提供水泥。在实际施工中，业主没能按照合同规定的日期供应水泥，造成工程停工待料。根据现场工程资料和合同双方的通信等证明，由于业主水泥供应不及时对工程施工造成如下影响：

1) 单项工程 $500m^3$ 混凝土基础推迟 21 天；

2) 单项工程 $850m^3$ 混凝土基础推迟 7 天；

3) 单项工程 $850m^3$ 混凝土基础推迟 10 天；

4) 单项工程 $850m^3$ 混凝土基础推迟 10 天；

5) 单项工程 $850m^3$ 混凝土基础推迟 27 天。

承包商在一揽子索赔中，对业主材料供应不及时造成工期延长提出的索赔如下：

总延长天数＝21＋7＋10＋10＋27＝75 天

平均延长天数 $\overline{D}$＝75/5＝15 天

$$调整量\ \Delta d = \frac{\sum_{i=1}^{m} \left| d_i - \overline{D} \right|}{m} = 7\ 天$$

其中 d_i 为每个单项工程的延误天数；m 为延误的单项工程的个数。

工期索赔值＝15＋7＝22 天。

比例分析方法计算简单、方便，不需作复杂的网络分析，但是此种方法经常不符合实际情况，因而不太合理。

在国际工程工期索赔实践中，工期补偿天数的确定也是多种多样的，例如在干扰事件发生前由双方商讨；在变更协议或其它附加协议中直接确定补偿天数；或按实际工期延长记录确定补偿天数等。工期索赔还有很多其他分析方法，如下一节介绍的考虑浮动时间归属问题的计算方法和考虑共同延误责任归属的计算方法。

二、选择工期索赔计算方法时应注意的问题

在国际工程工期索赔工作中，选用哪种方法应该根据项目具体情况而定。在索赔时间比较紧迫的情况下，应该采用简单的方法，时间充裕的情况下应采用更可靠的方法，并常常多种计算方法结合使用。工期索赔分析需要考虑以下几方面的问题。

(1) 实时分析

由于在工程实施过程中关键路线、工序的逻辑关系等都会发生变化，因此，应实时分析各事件对工期的影响，这是工期索赔计算需要注意的重要方面。

(2) 延误时的加速施工

在工程实施过程中，有些工序延迟，有些工序则提前完成，在各种工期分析方法中，很难兼顾延误时加速施工的责任划分问题，完备的工期延误分析方法是不能缺少这部分的。

(3) 共同延误

共同延误可能同时出现在一项工作中，也可能同时出现在不同工作中。上述介绍的工期索赔方法大都能够对出现在一项工作的共同延误进行处理（详细内容参考下一节共同延误的归属原则部分），而对于出现在不同工作的共同延误责任的划分还未能很好地解决。

(4) 步调不一致性延误

步调不一致性延误（Pacing Delay）是指当一方造成工程延误时，另一方故意放慢进度，以便能按照修订的总进度计划进行工作。在合同条件中有时规定承包商有权利减慢速度以降低成本。但是当延误还没有解决时，这种权利往往会界定不清，例如，如果业主造成了关键路线上的延误，承包商降低施工速度消耗总时差会产生两方面的收益，一是索赔延误造成的损失；二是通过延长一些非关键工序的持续时间降低成本。这种延误不容易识别，需要同时考虑共同延误和浮动时间。

(5) 浮动时间所有权

在工期索赔的计算中，加载延误事件次序不同而产生不同结果的主要原因是浮动时间的所有权问题，在下一节中将对此做详细的介绍和分析。

需注意的是有些方法可以改进，如在采用进度焦点跟踪分析法时，可在划分的时间区域中运用“But-for”方法，称之为“Window But-for”方法。另外，还可采用不同的浮动时间所有权分配原则对时间影响分析法和影响计划进度法进行改进。

在以上分析的基础上，对工期索赔的常用计算方法按照依据的进度计划、结果可信度、难易程度、计算手段以及方法的完备性五方面可以进行如下的对比，参见表5-2。

三、工期索赔计算案例分析

下面通过一个案例介绍和分析如何运用上述工期索赔计算方法解决实际国际工程工期索赔问题。

国际工程工期索赔常用计算方法对比表　　　　**表 5-2**

分析方法	依据进度计划的类型				计算手段	方法难易度
	原始进度计划	调整进度计划	实际数据更新进度计划	实际进度计划		
整体影响法	✓	×	×	×	观察	易
计划与实际进度对比法	✓	×	×	✓	观察	易
实际进度“But-for”法	✓	✓	×	✓	扣除	中等
计划进度“But-for”法	✓	✓	×	×	加载	中等
影响计划法	✓	✓	×	×	加载	中等
进度焦点跟踪分析法	✓	✓	✓	✓	加载	难
时间影响分析法	✓	✓	✓	✓	加载	难

分析方法	可信度	方法完备性				
		实时分析	延误时的加速施工	步调不一致性延误	浮动时间所有权	共同延误
整体影响法	低	×	×	×	×	×
计划与实际进度对比法	低	×	×	×	×	✓
实际进度“But-for”法	较高	✓✓	×	×	×	✓
计划进度“But-for”法	较低	✓	×	×	×	✓
影响计划法	中等	×	×	×	×	✓
进度焦点跟踪分析法	较高	✓✓	✓	×	×	✓
时间影响分析法	高	✓✓	✓✓	×	×	✓

说明：

1）其中“✓”表示需要该项的资料或具有该项的特点；“×”表示不需要该项资料或不具备该项特点；

2）“观察”表示仅仅对延误事件进行分析计算；“加载”表示将延误事件加载到进度计划中；“扣除”表示从实际进度计划中将延误事件扣除；

3）排序顺序为：易→中等→难；低→较低→中等→较高→高。

【案例 5-4】　工期索赔计算方法与计算过程案例

（选自 Sabah Alkass（1996），“Construction Management and Economics”，*Construction delay analysis techniques*）

关键词：工期索赔；计算方法

1. 案例背景：

本案例为一个有十个工序的小型项目。此案例中工序的逻辑关系比较简单。从图 5-2 中可以看出，按照关键路线法项目计划可以分解成如下三个部分：

工序 1，3，6，9——第一条关键路径；

工序 2，5，8，10——第二条关键路径；

工序 2，4，7——非关键路径。

项目计划工期为 23 天，计划进度参见图 5-2，合同文件规定不可抗力造成的延误承包商只能索赔工期。实际进度计划图发生了一些变化，工序 7 成为工序 8 的紧前工序，并且出现了延误，各工序的延误的时间以及原因见表 5-3。本案例中的网络图计算采用的是 P3 软件。

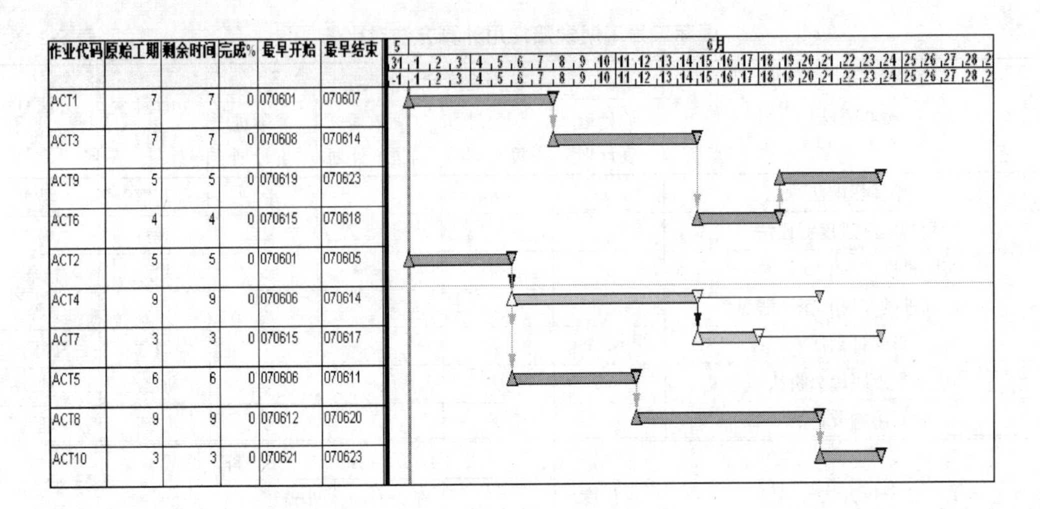

图 5-2　计划进度

各工序延误时间以及原因　　单位：天　**表 5-3**

工序代号	持续时间延长原因			持续时间延长总值
	业　主	不可抗力	承包商	
ACT1	0	1	3	4
ACT2	1	3	1	5
ACT3	2	0	3	5
ACT4	0	0	0	0
ACT5	3	5	1	9
ACT6	2	0	0	2
ACT7	1	0	1	2
ACT8	1	1	0	2
ACT9	2	2	3	7
ACT10	0	2	0	2
合　计	12	14	12	38

为了简化下面的分析，假定实际进度全部按照最早开始时间进行，每个工序的延误发生在该工序的最后阶段，具体可以参见图 5-3。在图中用箭头标明了发生延误的时段。可

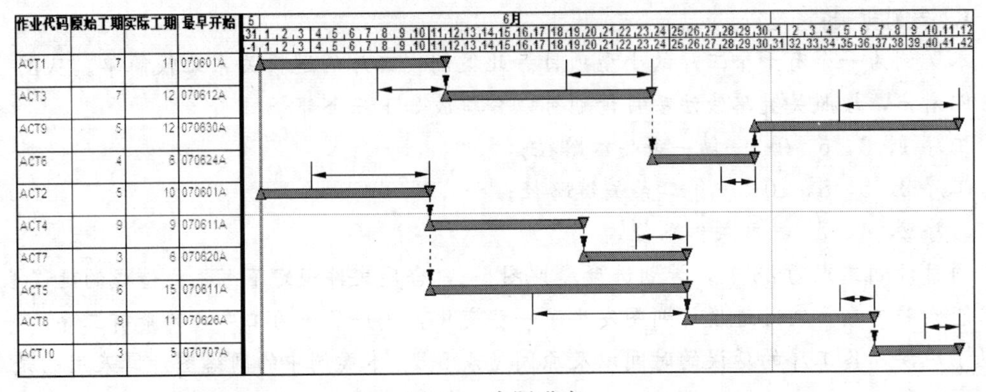

图 5-3　实际进度

以得到实际工期为 41 天。

2. 工期索赔计算过程分析

下面将采用前面介绍的各种工期索赔计算方法对本案例进行分析计算。

(1) 整体影响法

在该案例中，将所有延误的时间相加，计算结果如表 5-3 所示，为 38 天。

(2) 计划与实际进度对比法

在该案例中，计划工期为 23 天，实际工期为 41 天，按照此方法计算出工期索赔结果为 18 天（41—23）。由于延误事件比较多，该方法未能对各种延误的原因进行分析。

(3)“But-for”法

在案例中，仅对采用实际进度“But-for”法进行工期索赔的过程进行简要分析，不再区分可原谅可补偿延误与可原谅不可补偿延误。如图 5-4，图中的进度图不包含由业主以及不可抗力造成的延误，而包括承包商延误事件的实际进度。在这种情况下，项目应在第 31 天完成，但是由于发生了非承包商原因的延误，项目于第 41 天完成。根据“But-for”方法的计算公式，可以确定承包商获得的工期索赔为 10 天。由于总共延误 18 天，可以得到承包商不可原谅的延误为 8（18—10）天。

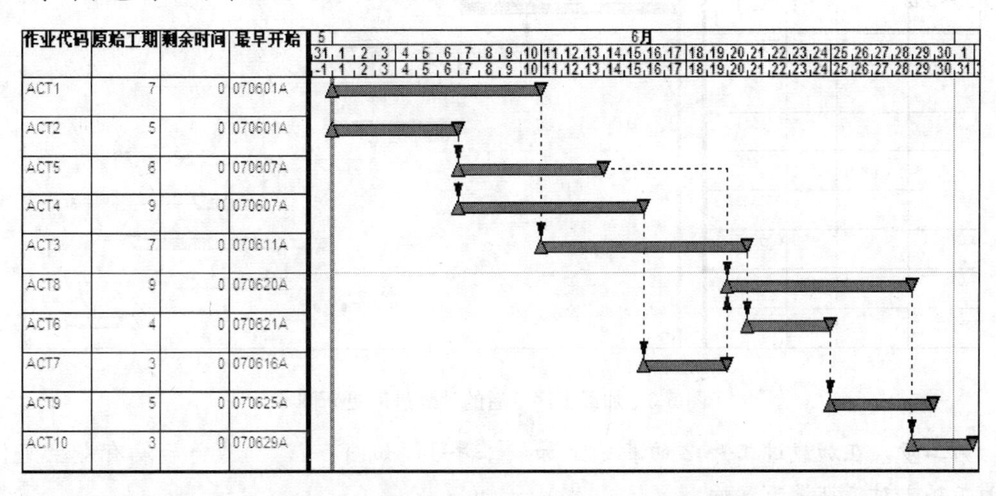

图 5-4　加载承包商延误的实际进度“But-for”法索赔分析示意图

图 5-5 表示的是依据实际进度“But-for”法下，包括业主和不可抗力造成的延误事件而不含承包商责任引起的工期延误的实际进度，通过计算得到项目在第 39 天完成，所以不可原谅的延误为 2（41—39）天，可原谅的工期为 16（18—2）天。可以看出，采用实际进度“But-for”法时依据不同的加载方法得到的结果不同。

(4) 影响计划法

在案例中，按照时间顺序对各个延误事件进行加载。通过案例背景的介绍，不妨设延误事件发生的顺序为：工序 2→工序 1→工序 5→工序 3→工序 7→工序 6→工序 8→工序 9→工序 10。

第一步，对工序 2 进行加载得到图 5-6。可以看出，加载工序 2 后的工期为 28 天，工期延误 5 天，通过按表 5-3 的比例进行分析，承包商不可原谅的延误为 1 天，可原谅的是 4 天，其中有权获得费用索赔的是 1 天。

作业代码 原始工期 剩余时间 最早开始
5
6月
ACT1 7 0 070601A
ACT2 5 0 070601A
ACT4 9 0 070610A
ACT5 6 0 070610A
ACT3 7 0 070609A
ACT7 3 0 070619A
ACT8 9 0 070624A
ACT6 4 0 070618A
ACT9 5 0 070624A
ACT10 3 0 070705A

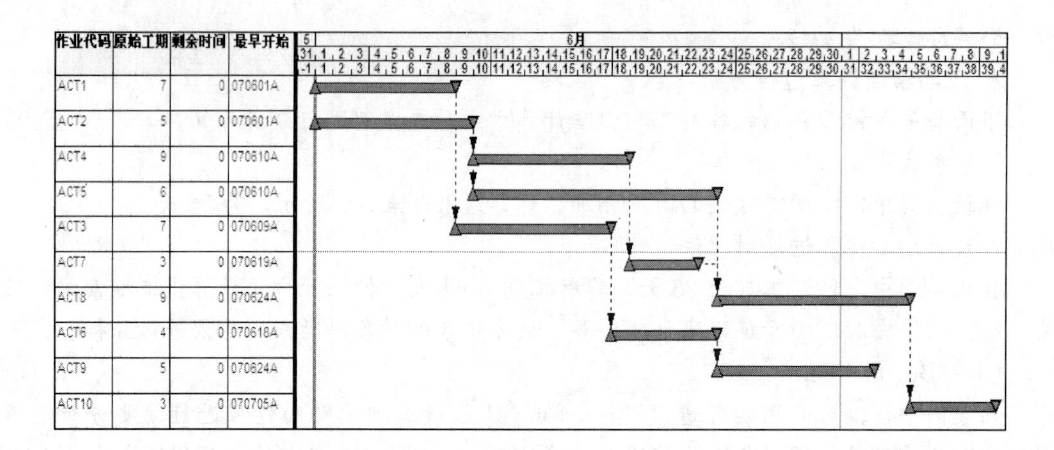

图 5-5 加载非承包商延误的实际进度“But-for”法索赔分析示意图

作业代码 原始工期 完成% 最早开始
5
6月
ACT1 7 0 070601
ACT2 5 100 070601A
ACT3 7 0 070608
ACT4 9 0 070611
ACT5 6 0 070611
ACT6 4 0 070615
ACT7 3 0 070620
ACT8 9 0 070617
ACT9 5 0 070619
ACT10 3 0 070626

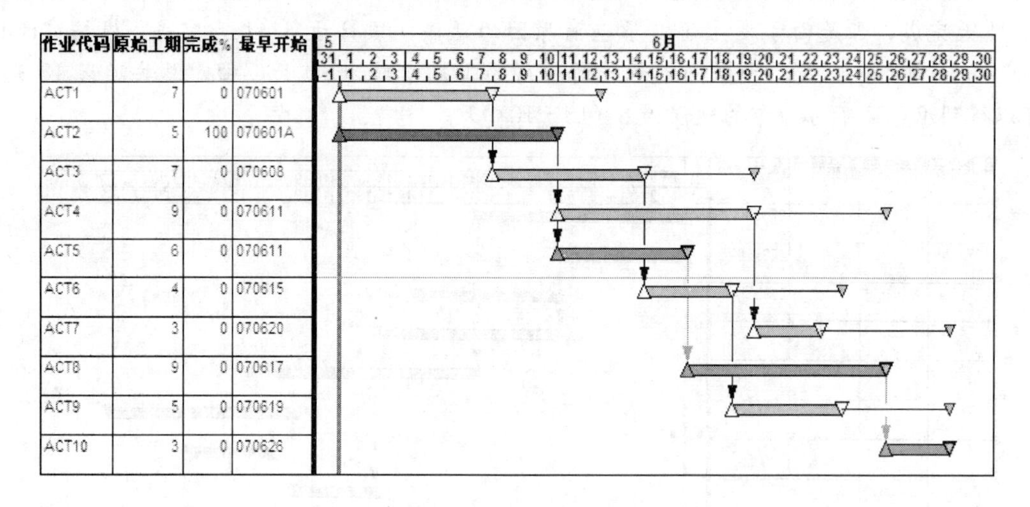

图 5-6 加载工序 2 后的计划进度更新图

第二步，在加载过工序 2 的基础上加载工序 1，如图 5-7，加载前后没有发生变化，认为工序 1 对工期没有影响。

第三步，在上述基础上再加载工序 5，如图 5-8，时间为 37 天，该事件引起的延误为

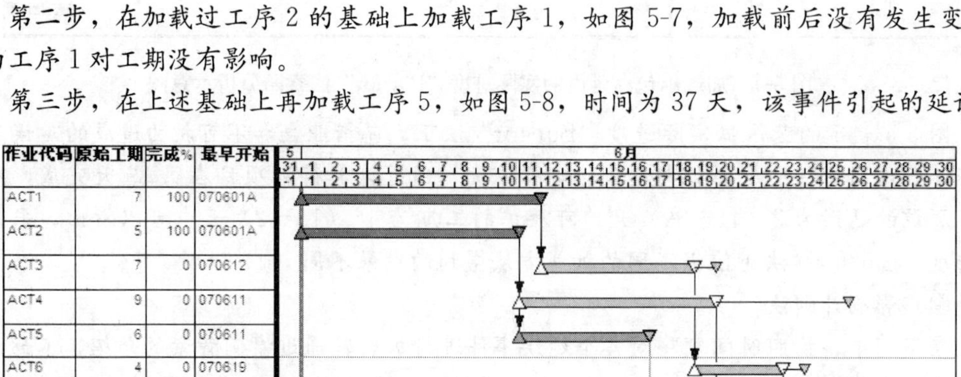

作业代码 原始工期 完成% 最早开始
5
6月
ACT1 7 100 070601A
ACT2 5 100 070601A
ACT3 7 0 070612
ACT4 9 0 070611
ACT5 6 0 070611
ACT6 4 0 070619
ACT7 3 0 070620
ACT8 9 0 070617
ACT9 5 0 070623
ACT10 3 0 070626

图 5-7 加载工序 1 后的计划进度更新图

9 天，承包商不可原谅延误为 1 天，可原谅的延误为 8 天，其中有权获得费用索赔的是 3 天。

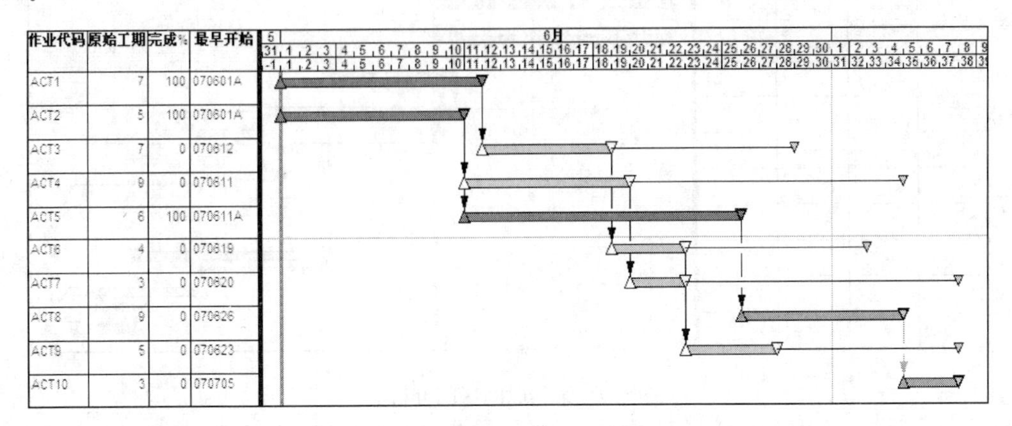

图 5-8 加载工序 5 后的计划进度更新图

同理，按照上述的方法，对其他工序进行分析，最后汇总得到下表 5-4。

影响计划法的延误事件工期索赔结果表 单位：天 **表 5-4**

工序	事项引起的延误	可原谅的延误	不可原谅的延误	承包商有权索赔费用的延误
2	5	4	1	1
1	0	0	0	0
5	9	8	1	3
3	0	0	0	0
7	0	0	0	0
6	0	0	0	0
8	2	2	0	1
9	2	1	1	0.5
10	0	0	0	0
总计		15	3	5.5

(5) 进度焦点跟踪分析法

在此案例中，划分三个时间区间：1）从开工日期到第 11 天；2）从第 12 天到第 25 天；3）从第 26 天到第 41 天。

从初始的进度计划开始，将第一时间区间内的工序逻辑关系以及实际工期带入计划进度中，第一时间区间外的工序仍按照计划进度带入，经过计算得出项目的进度延长。这个与初始进度计划的差值即为由于在时间区内的延误事件的发生造成对总工期的影响。

图 5-9 为在第一时间区间的进度分析，在此区间项目的计划完工日期从 23 天延长到 28 天。通过案例背景介绍，由于假定延误发生在工序最后时段，所以工序 1 和 2 对 5 天的延误负责，详细的分析可以对此区间采用 "But-for" 方法，对此方法不再详细说明。此处仅通过对关键路径进行分析，得到 5 天的延长是由于工序 2 造成的，根据表 5-3 所示工序 2 延误责任分配，可得承包商可获得工期补偿为 4 天，其中 1 天可以获得费用补偿。

图 5-10 为第二区间的进度图，对第二区间中的工序 7 和 8 的逻辑关系进行更新，然

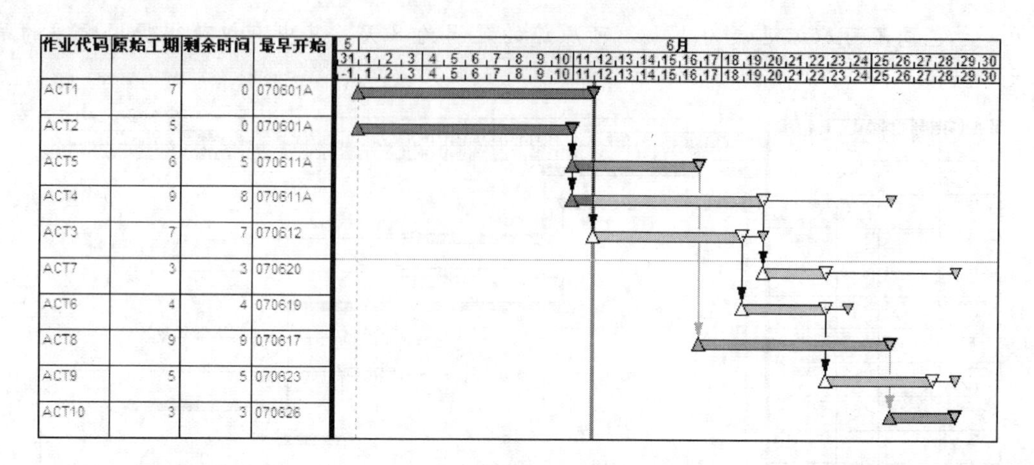

图 5-9 第一时间区间分析图

后进行工期更新后得到项目的计划完工时间从 28 天延长到了 37 天，造成 9 天的延误。

该区间延误的责任划分比较困难，需要结合其他工期延误的计算方法再进行分析，在这里不做详细的分析。如果仅按关键路径简单考虑，由于延长 9 天，则项目本应该在第 17 天完成，结合前面分析，可以知道工序 5 在关键路径导致延误，则可简单认为 9 天的延长是由于工序 5 导致的，而不考虑该区间其他工序影响。根据表 5-3 所示工序 5 延误责任分配，可得承包商可获得工期补偿为 8 天，其中 3 天可获得费用补偿。

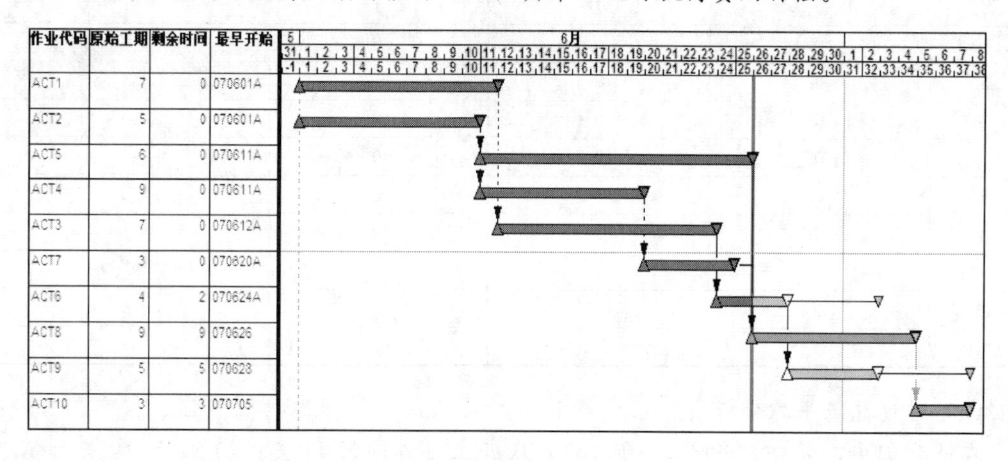

图 5-10 第二时间区间分析图

图 5-11 所示为第三个时间区间进度图，项目实际进度为 41 天，较图 5-10 所表示的进度延长了 4 天。同理，采用简化的方法，可认为这 4 天延误是由于工序 9 造成的，根据表 5-2 所示的延误责任分配，可以计算出承包商获得工期补偿为 2 天，其中 1 天可以获得费用补偿。

将三个时间区间延误相加，可得承包商获得的工期补偿为 14（4+8+2）天，其中可以获得费用索赔为 5 天。

通过上述例子看出，当延误事件比较多时，采用进度焦点跟踪分析法不容易划分各方的责任，在一个时间区间内，往往需要结合其他的方法进行分析，比较常用的是对区间内进度结合实际进度“But-for”分析法。

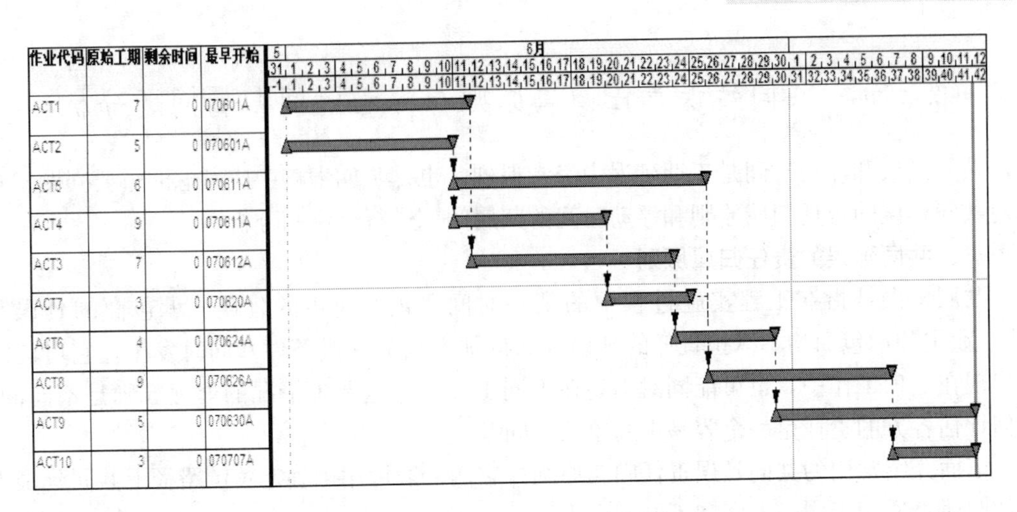

图 5-11　第三时间区间分析图

(6) 时间影响分析法

在案例中，由于实际进度和计划进度项目的变化主要是体现在工序 7 和 8 的逻辑关系中，所以采用时间影响分析法的分析过程与影响计划法类似，该部分不再详细介绍。同样，假定延误事件发生的顺序同影响计划法相同，通过对各个工序进行分析和对计划进度进行更新，得到下表 5-5。

时间影响分析法责任分配表　　单位：天　**表 5-5**

工序	事项引起的延误	可原谅的延误	不可原谅的延误	承包商有权索赔费用的延误
2	5	4	1	1
1	0	0	0	0
5	9	8	1	3
3	0	0	0	0
7	0	0	0	0
6	0	0	0	0
8	2	2	0	1
9	2	1	1	0.5
10	0	0	0	0
总计		15	3	5.5

从表中分析可以看出，可原谅可补偿的延误是 5.5 天，可原谅不可补偿的延误是 9.5 天，不可原谅的延误是 3 天。

前六种方法都是通过网络进度计划计算工期索赔天数，汇总得到表 5-6。

工期索赔结果汇总表　　单位：天　**表 5-6**

分析方法	延误分析		
	可原谅可补偿	可原谅不可补偿	不可原谅
整体影响法	38		
计划与实际进度对比法	18		
实际进度“But-for”法	10		8
	16		2
影响计划法	5.5	9.5	3
进度焦点跟踪分析法	5	9	4
时间影响分析法	5.5	9.5	3

第三节　共同延误责任归属原则与浮动时间归属问题分析

共同延误和浮动时间是工期延误中经常遇到，也是工期索赔中应考虑的重要问题。本节对共同延误的责任归属原则和浮动时间的归属问题进行介绍和分析。

一、共同延误的责任归属原则

共同延误是指在工程实施过程中的某一时间段内，业主的延误、承包商的延误和（或）业主和承包商均不承担责任的延误（如特别不利的气候条件）同时发生。它可能同时出现在一项工作中，也可能同时出现在不同工作中，这两种情况的处理准则是不同的。如何评估各方的责任是一个容易引起争议的问题。

下面介绍常用的共同延误责任归属原则，它们一般可用来确定关键路径上共同延误责任的归属，适用于同一工序和不同工序中。

1. 初始事件原则

初始事件原则是指在多事件交叉时段中应判断哪一种原因是最先发生的，即找出“初始延误者”，它首先要对延误负责。在初始延误发生作用的期间，其它并发的延误者不承担延误责任。例如，如果初始延误者是业主，则在业主造成的延误期内，承包商既可得到工期延长，又可得到费用补偿；如果初始延误者是客观因素，则在客观因素发生影响的有效期内，承包商可以得到工期延长，但很难得到费用补偿。

图 5-12 为初始事件原则的具体表述。这种划分方法简单明了，但是忽略了不同责任方的相互影响程度，而且以此方法进行责任分摊对初始延误者不公平。因为引起共同延误的各个责任方对工期延误造成的影响相互交叉，不应单纯地以初始延误原因作为责任分摊的依据。但是，以初始延误者来确定延误责任人的方法对于平行承发包模式下发生的连带工作程序共同延误索赔事件非常有效，因为连带工序引起的共同延误索赔发生因素复杂，只能由初始延误方来承担责任后果。

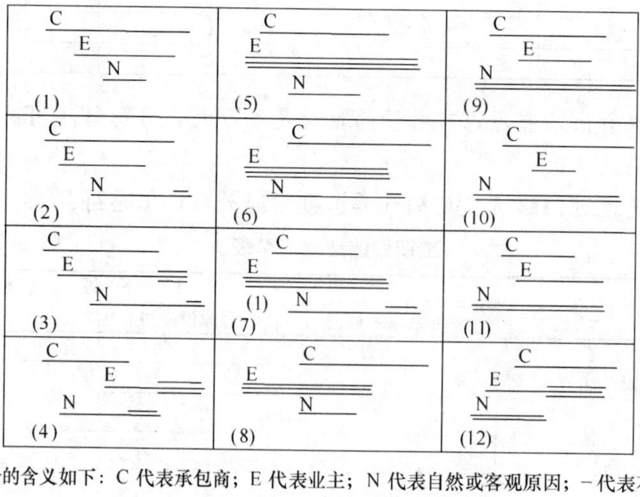

（图中各符号的含义如下：C 代表承包商；E 代表业主；N 代表自然或客观原因；－代表不可补偿；＝代表可补偿工期；≡ 既可工期延长又可费用补偿）

图 5-12　共同延误的情况及责任划分

2. 不利于承包商原则

不利于承包商原则的含义是：在交叉时段内，只要出现了承包商的责任或风险，不管其出现次序，亦不论干扰事件的性质，该时段的责任全部由承包商承担。当不同性质的工序延误同时发生时，根据各工序延误的性质进行责任分摊。

1）可补偿延误与不可原谅延误同时发生：对于这种情形下的共同延误，延误责任由承包商承担，因为即使在没有可补偿延误发生的情况下，不可原谅延误也已经造成了工程延误。

2）不可补偿延误与不可原谅延误同时发生：对于这种情况下的共同延误，延误责任由承包商承担，因为在没有不可补偿延误时，不可原谅延误也已经导致了工程延期。

3）不可补偿延误与可补偿延误同时发生：与前两种情况下的共同延误相比，延误责任由客观原因造成，只能进行工期索赔，而不可以进行费用索赔，因为即使没有可补偿延误，不可补偿延误也已经造成了工程延误。

4）两项可补偿延误同时发生：两项可补偿延误同时存在时，延误责任由业主承担，但是只能进行一项可补偿延误索赔。

这种划分方法的优点是能迅速确定共同延误的责任，但是违背公平原则，排斥了承包商的合理索赔要求。

3. 责任分摊原则

责任分摊原则是指，当交叉时段内的事件由业主、承包商共同承担责任时，按各干扰事件对干扰结果的影响分摊责任，并由双方共同承担。

这种折衷的处理原则与前两种原则正相反，基本符合公平的原则。问题的关键在于没有指明在实际工期索赔中使用该原则时，责任比例如何确定；并且该原则在理论上忽视了引起初始事件的原因在整个工程，以及初始原因在延误责任划分归属问题中的重要性。

4. 工期从宽、费用从严原则

该原则是工期索赔业主责任优先，费用索赔承包商责任优先。即在多事件交叉时段内，对于工期索赔，只要存在业主责任或风险，即给予承包商工期补偿；只要在交叉时段存在承包商责任或风险，则承包商费用索赔均不成立；同时，存在承包商责任时，业主索赔成立。

对于同一工序的共同延误处理比较简单，即通过上述归属原则转化为单一事件的延误，而对于比较简单的多工序共同延误，也可以按照上述原则转化为单一延误事件进行简单处理。在上一节所介绍的案例中，在不同工序之间出现了共同延误，虽然大多数方法考虑了一些责任归属问题，但是很多共同延误的责任归属不清，致使该问题没有能够很好解决。很多学者也提出了多种方法来解决该问题，如通过计算机对网络图进行程序化计算。

【案例 5-5】 按不同原则处理多事件交叉干扰的工期索赔

（选自杨德钦（2003），“多事件干扰下工期延误索赔原则研究”，土木工程学报）

关键词：共同延误；工期索赔

背景和综述：

某工程在实施中，其中一个关键工序从某月1日至7日出现了多事件交叉干扰，如图

5-13。已知其中1日工地发生不可抗力并持续影响至4日；3日至5日出现了承包商的施工机械故障引起的关键作业中断；4日至6日出现了业主供料迟到；5日至7日检验判定施工质量缺陷并予返工。这里共有2个单一事件时段和4个多事件交叉时段。其中，3日不可抗力与承包商风险交叉；4日不可抗力与承包商风险、业主责任交叉；5日承包商风险、业主责任、承包商责任交叉；6日业主责任、承包商责任交叉。合同文件规定对于不可抗力造成的延误承包商只能索赔工期。计算3日到7日交叉时段内承包商可获得的工期索赔。

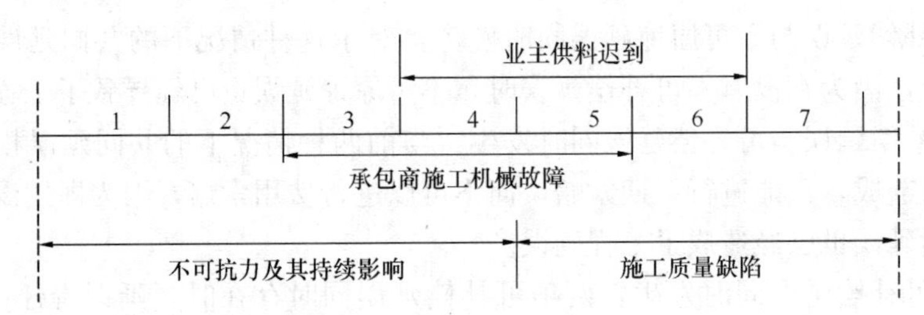

图 5-13 多事件工期延误示意图

索赔处理过程及结果：

1. 初始事件原则的处理

3日、4日交叉时段内不可抗力发生在先，均按不可抗力处理，补偿工期2天；同理，5日按承包商风险处理；而6日按业主违约。这样，4天的交叉时段内，承包商可索赔工期3天，其中1天（6日）承包商可索赔费用。

2. 不利于承包商原则的处理

3日、4日时段内虽然存在不可抗力和业主责任，仍需按承包商风险处理；5日、6日时段内，虽然业主违约在内，仍按承包商责任处理。这样，承包商在全部交叉时段内无权提出索赔。

3. 责任分摊原则的处理

现假定交叉时段内各干扰事件的贡献相等，均摊责任。3日不可抗力与承包商风险交叉，补偿0.5天；4日不可抗力、承包商风险、业主责任交叉，补偿0.67天；5日承包商风险、业主责任、承包商责任交叉，补偿0.33天；6日双方责任各半，补偿0.5天，合计延期2天。而仅与时间有关的费用索赔若按照同样的比例承担，则在交叉时段内，4日～6日承包商可向业主提出费用索赔。

4. 工期从宽、费用从严原则的处理

根据这一原则，交叉时段内始终存在业主责任或风险，故共可以延期4天。但同时始终存在承包商风险或责任，故承包商不能提出费用方面的索赔。相反，5日、6日存在承包商责任，如果因此造成最终竣工时间推迟，则应向业主支付误期损害赔偿金。

案例评述：

1. 本案例是分析共同延误处理原则的典型案例。

2. 本案例中对各个索赔事件的责任划分比较明确，因此便于使用共同延误处理原则。但在实践中，当工程出现共同延误时的责任划分往往比较困难，需要首先对造成共同延误的事件进行分析，然后再按照一般的处理原则进行计算。

【案例5-6】　不同工序共同延误下的工期索赔

(选自李建设《土木工程索赔方法与实例》)

关键词： 共同延误；工期索赔

背景和综述：

某工程永久船闸山体排水洞北坡二期工程共4条排水洞，合同总金额1，398万元，总工期18个月，其中洞挖目标工期N4洞为12个月，N3洞为15个月，工程每提前或延误一天，奖励或罚款2万元人民币，奖罚最高金额100万元。工程于1995年10月10日开工，按合同18个月总工期要求，应于1997年4月10日完工，工程实际完工时间为1997年3月18日，比合同要求提前23天。

由于工期与奖罚紧密挂钩，承包商对施工过程中业主原因造成的停水、停电、供图滞后等影响的工期提出索赔167天。

索赔处理过程及结果：

工程师在收到索赔文件后，对每项影响进行了认真细致地审核，提出了索赔处理意见，并组织业主、承包商协商谈判，确定补偿工期的原则。

1）由于设计变更，N3洞洞长由原来1,303.88m缩短为830.38m，因此，该项目关键线路由原来的N3洞调整为N4洞，N4洞洞长为1,219.12m，在工程师的协调下，双方同意将总工期由18个月调整为17个月，并按此工期考虑奖罚。

2）停水、停电影响：严格按合同划分的责任范围审查，属于业主责任的水厂或变电站、水电主干线的停水、停电，可以索赔，支线以下由承包商负责，停工时间按工程师签认的时间为准，并对两种影响出现交叉重复的，只计一种。

3）设计变更：原设计N4排水洞（桩号0＋077.00～0＋832.00和0＋929.00～0＋986.56）为素混凝土衬砌，根据开挖揭露的地质情况，改变为钢筋混凝土衬砌，为此承包商提出索赔工期27天。经分析，改为钢筋混凝土衬砌只增加了钢筋制作安装工序，工程师根据增加的钢筋数量，只同意补偿7天。

4）业主供图延误：根据投标施工组织设计文件，排水孔施工详图提供的时间应在1995年12月底，但直至1996年9月3日才提交图纸，承包商据此提出索赔，索赔时间为1996年1月至1996年9月期间安排排水孔的施工时间72天。工程师依据合同文件，确认索赔理由成立，同意索赔，并根据承包商实际安排施工的时间，确认索赔从8月6日起算，审查同意顺延工期29天。

5）外界干扰：北坡二期排水洞与地下输水系统施工分支洞贯通后，输水系统的炮烟及施工机械尾气涌入排水洞工作面，影响了排水洞施工，承包商提出工期索赔。工程师在事件发生后，及时登记备案，并进行跟踪，最终认为排水洞与施工支洞贯通在招标时未标明，这是一个有经验承包商所无法预见的，因此同意索赔，但对于与停水、停电、供图影响重复的予以剔除。根据分析结果，影响底板找平混凝土施工，同意索赔工期3天。

在以上分析基础上，工程师同意顺延工期59天，即由1997年4月10日顺延至1997年6月8日。实际工程完工时间为1997年3月18日，因此，核准排水洞二期北坡工程提前于合同执行工期51天完成，同意奖励100万元人民币。对此工期索赔的处理结果，由于工程师坚持实事求是、公平公正的原则，并有详细的施工记录，受理索赔过程中还充分听取了合同双方的意见，对影响工期的各种原因分析有理有据，因此，合同双方均理解并接受。

案例评述：

1. 索赔方在确定工期索赔的计算方法时首先需要确定造成工期延误的责任归属。

2. 本案例中的索赔事件较多，因此工程师在处理共同延误时还需要考虑是否存在不同工序的共同延误问题，然后才能做出合理的决定。

二、浮动时间归属问题分析

1. 浮动时间所有权的归属原则

浮动时间对于承包商和业主来都说是比较重要的。浮动时间为承包商的进度和预算管理提供了弹性。另一方面，业主也需要浮动时间来调整工程变更等对项目产生的影响。不同的浮动时间所有权处理方法会影响到延误分析的结果。对于寻找公平解决浮动时间所有权的问题有很多种提议。目前在国际工程界有以下三种观点。

(1) 谁先动用谁先拥有原则，也称项目拥有浮动时间原则。如果业主引起的延误首先发生并动用了所有的总浮动时间，则此后承包商要为自己引起的延误导致项目竣工日期推迟负责，在业主没有耗尽所有浮动时间的情况下承包商的部分责任可以转移。同样，如果承包商在项目开始时用光了所有的浮动时间，业主则对此后所有由于业主的责任产生的延误负责，在承包商没有耗尽所有浮动时间的情况下，业主部分责任可以得到转移。

(2) 承包商拥有浮动时间原则。这种观点认为初始进度计划是经过业主和工程师审批的，这就等于肯定了他对非关键工序存在合理性的认可。而且，承包商在施工过程中面临的风险很多，为了按期完工，免于支付误期赔偿金，他必须利用浮动时间来调整进度。因此，承包商对浮动时间具有占有权。

(3) 比例分享原则。这种观点认为需采取一种折衷的方法来分享浮动时间，即按照每个活动的工期将浮动时间按百分比分配给每个活动。如果一个活动的延误超过它分得的浮动时间，则工期的延长不能占用已批准的进度表中其他活动的浮动时间。

2. 比例分享原则下的工期索赔计算方法

上节所讲的各种工期索赔计算方法实质是以“谁先动用谁拥有”的原则为基础的。该原则具有适用范围广、简单易行的特点，但也存在较多不合理之处。比例分享原则是一种兼顾了多种情况的分析方法，适用于单一延误事件分析和进行逐日分析的工期索赔计算方法（如影响计划法和时间影响法）。在介绍该方法之前，首先介绍两个基本概念。

(1) 初始浮动时间

一个设计合理经过资源均衡优化的初始（基线）计划网络，非关键线路各工序上存在的浮动时间，称之为初始浮动时间，记作 $T.\ F_{\mathrm{p}}$。它是由于网络计划中各工序之间的资源、逻辑关系等限制而产生的，是潜在的有价值的资源。

(2) 过程浮动时间

它是在工程实施过程中由于延误导致关键线路变化（包括关键线路延长和非关键线路变成关键线路两种情况）、总工期增加而在某工序上增加的额外的浮动时间。

在使用比例分享原则前，需要采用上节所讲方法（如影响计划法和时间影响法）计算出单个延误事件造成的工期延误，然后利用下述方法进行计算，并假定论述的前提是计划工期等于计算工期。

(1) 如果是关键线路（CP 类型）延误，依据延误事件中的责任分摊总工期延误，称之为“比例法”。

业主应承担的总工期延期 $T.D_o$：

$$T.D_o = T.D_i \times \frac{D_o}{D_o + D_c} \tag{5-1}$$

承包商应自行承担的总工期延期 $T.D_c$：

$$T.D_c = T.D_i \times \frac{D_c}{D_o + D_c} \tag{5-2}$$

式中　$T.D_i$——由双方责任的延误引起的总工期增加值

D_o——非承包商的原因在该工序上引起的延误影响时间

D_c——承包商原因在该工序上面引起的延误影响时间

（2）如果是非关键线路（NCP 类型）延误，则存在下述两种情况：

1）如果该工序上存在初始浮动时间，应用“比例法”分摊总工期延长。

$$\text{业主应承担的延期部分：} T.D_o = T.D_i \times \frac{D_o}{D_o + D_c}$$

$$= (D_o + D_c - T.F_p - T.F_o) \times \frac{D_o - T.F_o}{(D_o - T.F_o) + (D_c - T.F_c)} \tag{5-3}$$

$$\text{承包商应承担的延期部分：} T.D_c = T.D_i \times \frac{D_c}{D_o + D_c}$$

$$= (D_o + D_c - T.F_p - T.F_o) \times \frac{D_c - T.F_c}{(D_o - T.F_o) + (D_c - T.F_c)} \tag{5-4}$$

式中　$T.D_i$——由双方责任的延误引起的总工期增加值；

D_o——非承包商的原因在该工序引起的延误影响时间；

D_c——承包商在该工序引起的延误影响时间；

$T.F_p$——初始浮动时间；

$T.F_o$——业主拥有的过程浮动时间；

$T.F_c$——承包商拥有的过程浮动时间；

$T.D_c$——承包商应承担的总工期延期；

$T.D_o$——业主应承担的总工期延期。

2）如果该工序不存在初始浮动时间，应用“优选法”分摊总工期延期。下面的方法称之为“优选法”。

假设在某个工序上不存在初始浮动时间，即 $T.\ F_p=0$，则：

①若 $D_o \leqslant T.F_o$，业主对该工序上的延误引起的总工期不负责任，而总工期延期完全由承包商承担。即有下式：

业主应承担的延期部分：$T.D_o=0$；承包商应承担的部分：$T.D_c= T.D_i$

②若 $D_c \leqslant T.F_c$，承包商对该工序上的延误引起的总工期不负责任，业主完全承担延期责任。

业主应承担的延期部分：$T.D_o= T.D_i$，承包商应承担的部分：$T.D_c=0$。

③当 $D_o > T.F_o$ 且 $D_c > T.F_c$ 时：

业主应承担的延期部分：$T.D_o=D_o-T.F_o$

承包商应承担的延期部分：$T.D_c=D_c-T.F_c$

④若 $T.D_i=0$，则表明业主和承包商在该工序上的延误对总工期没有影响，则不存在分担责任问题。

⑤对初始浮动时间和过程浮动时间进行调整：

(a) 原非关键线路变为关键线路（NCP→CP），其上各工序初始浮动时间和过程浮动时间均赋零；原关键线路仍为关键线路（CP→ CP），其上各工序初始浮动时间和过程浮动时间保持为零。

(b) 原关键线路变为非关键线路（CP→NCP），其上各工序初始浮动时间等于零，它具有了过程浮动时间，业主、承包商拥有的过程浮动时间 $T.F_o$、$T.F_c$ 等于总工期延期 $T.D_i$ 按业主责任 Ro、承包方责任 Rc 在双方之间分配的结果；其他原非关键线路上（NCP→CP）的初始浮动时间不变；该延误作用的工序的过程浮动时间依据以下公式记录该延误改变的过程浮动时间（D_i 为延误影响时间）。

$$T.F_o \Leftarrow T.F_o - D_i \times \frac{R_o}{R_o+R_c} \qquad T.F_c \Leftarrow T.F_c - D_i \times \frac{R_c}{R_o+R_c}$$

(c) 其他非关键工序上的过程浮动时间依据网络逻辑关系调整。

对于延误工序所在的线路有 $T.F=T.F_p+T.F_o+T.F_c$（即可用的总浮动时间等于初始浮动时间、业主和承包商各自拥有的过程浮动时间之和）。当 $T.F=0$ 时，表示该工序所在的线路是关键线路；当 $T.F>0$ 时，表示有总工期延期。

采用优选法进行计算时，分配总工期延期的责任后将 $T.F_p$、$T.F_o$、$T.F_c$ 均赋 0，这样始终保证可用总浮动时间 $T.F\geqslant 0$；

在计算完事件的浮动时间分配值后，得到承包商对该延误可索赔天数和应承担的损失，通过对每个延误事件进行分析，最后得到累计值。

3. 浮动时间所有权归属问题案例分析

对于浮动时间所有权的归属原则在前文已经进行了详细的论述，下面将以一个案例分别运用各浮动时间所有权的归属原则进行分析。

【案例 5-7】 浮动时间所有权归属原则在工期索赔中的应用

（选自 David Arditi 等（2006），“Selecting a delay analysis method in resolving construction claims”，*International Journal of Project Management*）

关键词：浮动时间；工期索赔；浮动时间所有权归属

1. 案例背景：

某设计—建造项目由三个活动组成，其中两个活动由承包商提供设计并进行施工，而另一个由业主提供设计，如图 5-14 所示。设计需要在施工开始之前被业主批准。合同工期是 12 天，其中承包商计划用于项目的工期为 10 天，因而产生 2 天浮动时间。

实际进度的两种可能如图 5-14 所示。在第一种情况中，由于承包商原因产生的 2 天的延误，由于业主原因也发生了 2 天的延误。在第二种情况中，在业主原因引起了 2 天延误后，又发生了由承包商原因导致的 2 天的延误。

2. 计算分析及结果：

当采用上述四种浮动时间归属处理方法可得到表 5-7 对延误分析的处理结果。其中，当采用比例分享原则时，由于仅仅是关键路径的延误，可以采用比例法直接计算。

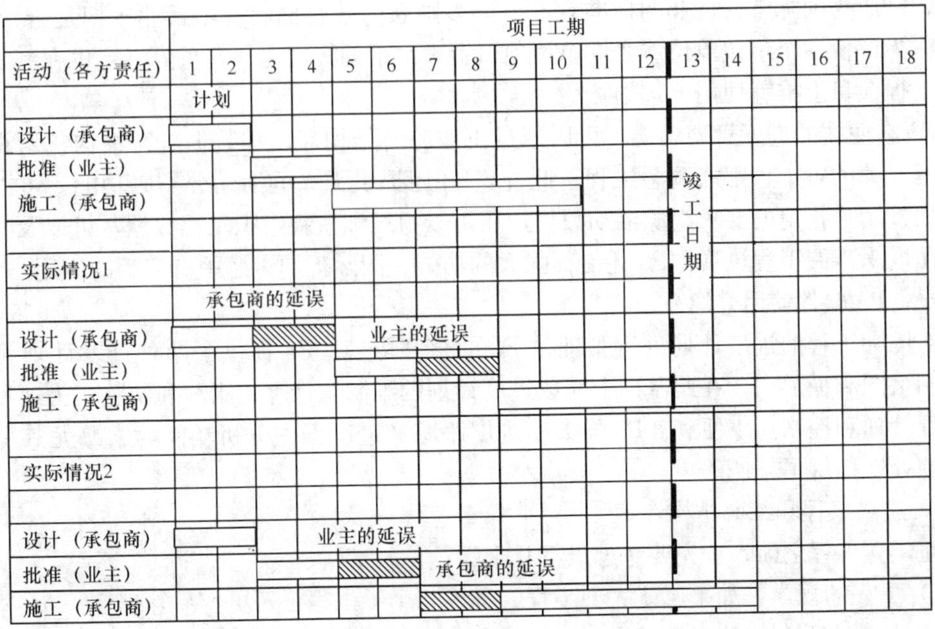

项目工期

活动（各方责任） 1 2 3 4 5 6 7 8 9 10 11 12 13 14 15 16 17 18

计划

设计（承包商）

批准（业主）

施工（承包商）

竣工日期

实际情况1

承包商的延误

设计（承包商）

业主的延误

批准（业主）

施工（承包商）

实际情况2

设计（承包商）

业主的延误

批准（业主）

承包商的延误

施工（承包商）

图 5-14　浮动时间所有权的影响

延误分析处理结果　　单位：天　**表 5-7**

浮动时间所有权	情况 1		情况 2	
	应补偿给承包商的工期	承包商应承担的工期损失	应补偿给承包商的工期	承包商应承担的工期损失
项目拥有浮动时间	2	0	0	2
承包商拥有浮动时间	2	0	2	0
双方按比例分配浮动时间	1.6	0.4	1.6	0.4
忽略浮动时间	2	2	2	2

案例评述：

本案例说明了在合同中应该明确浮动时间的所有权归属问题，以避免在索赔中出现争议。而且，在合同中规定了浮动时间的所有权归属后，业主和承包商就可以预见潜在活动的结果，并据此相应调整其活动。

第四节　P3 软件在国际工程工期索赔中的应用

在国际工程项目管理中，常用的进度管理软件主要有 MS Project 和 Primavera Project Planner（简称 P3）。MS Project 是美国微软公司开发的项目管理软件，它以关键路径法和项目评审技术为理论基础，用计算机构建模型来模拟项目的建立和实施，该软件简单易学。目前，MS Project 已广泛应用于很多领域。由于它符合工程进度安排与调整的要求，在国际工程中可用于简单的工期索赔计算。

P3 是由美国 Primavera 公司开发的，于 1987 年推出首版，目前已推出了 P3v5.1 版本。上海普华应用软件公司已授权推出了 P3 v5.1 汉化版。P3 软件在国际上有很高的知名度，已成为国际工程行业的标准软件。许多国家的政府部门或项目业主把是否使用P3软件作为评价一个承包单位或咨询单位项目管理水平的标准之一，世界银行也在其贷款的大型工程项目上推荐使用P3软件。

P3有便捷的进度管理功能，可以通过工作分解结构对工程数据进行结构化组织，使与工程有关的每个人都能洞悉工程。此外，P3还提供强大的活动分类码功能，可以非常方便地按用户指定的要求组织活动数据，还可以组织和重新组织工程数据，可以及时地从某一角度来审阅工程进展。P3凭借其强大的功能在国际工期索赔中有广泛的应用。

一、P3软件使用介绍

对国际工程的进度计划进行管理是P3的核心内容。P3提供了两种进度计划管理工具：网络图和横道图。在此基础上完成进度计划的编制、计算、跟踪和调整，为项目的进度计划管理和控制提供便利。P3强大的进度跟踪和进度偏差分析功能为索赔尤其是工期索赔的处理提供了方便。

1. 建立工程和编码结构

在建立工程之前，首先要考虑以下几个问题：

1）工程的规模，如果属于大型工程，分成几个子工程是否更容易管理；

2）是否需要制定跨工程的报表；

3）是否是不同的项目经理负责不同的子项目；

4）是否需要分析共享资源对工程的影响。

项目管理者需要从不同的角度对工程进行强有力的控制，P3中采用作业分类码来有效地实现这一目的。作业分类码可以组织视图数据，将作业按类别分组，按分类码对作业进行排序，选取和汇总作业，按码值来定义横道的颜色和图形，制作报表和图形。

2. 建立进度计划

在进度计划中，作业是在工程进度中被跟踪的最小的工作单元，并包括与该工作有关的所有详细数据，也称为任务或工序。在P3环境下建立进度，首先需要加载作业。P3提供了九种不同的作业类型，每种类型都是为了反映工程中遇到的实际情况。P3用网络图表示作业间的逻辑关系，P3支持四种类型作业关系，即完工—开工、开工—开工、完工—完工、开工—完工。通过加载作业、工期以及定义作业关系，即可得到进度计划。

3. 进度计划的细化

P3提供日历以及限制条件功能，使计划更加符合实际工作情况。每个工程可定义31种工作日历，总体日历体现了工程总的工作时间，各作业可采用不同的日历进行安排。限制条件包括最早限制、最晚限制、开始于、期望完成、最晚完成的限制。

4. 进度计算

在P3环境下，有两种方法计算进度日期。

（1）前进法计算

前进法用来计算作业的最早日期，最早日期是一道工序的所有紧前工作完成后，这道作业最早可以开始和完成的时间。

$$\text{最早开始}(ES)+\text{工期}-1=\text{最早完成}(EF)$$

（2）逆推法计算

逆推法用来计算作业的最晚日期，最晚日期是在不拖延工程完工日期的情况下，作业最迟可以开始和完成的时间。

$$最晚完成（LF）-工期+1=最晚开始（LS）$$

在计算进度日期时，同时要考虑到总浮动时间和自由浮动时间对工期的影响，在建立逻辑关系的前提下对工程进度进行计算，并生成进度状态报告和进度报表。

进度状态报告描述了目前项目达到的位置，其中并说明了作业代码的限制条件，进度计算模式，浮动时间计算模式，工作组的有关信息（作业总数、最长路线上的作业数、已开工作业数、已完工作业数、逻辑关系数、完成百分比、串集作业数、数据日期、开工日期、强制完工日期、最新计算出来的最早完工时间等）。

进度报表描述了项目已经完成了哪些工作，并在其中说明了各项作业的作业代码、原定工期、剩余工期、最早开工日期、最早完工日期、最晚开工日期、最晚完工日期以及总浮动时间。

进度状态报告和进度报表综合起来考虑，对项目变化进行分析，将实际项目结果和计划的或预期的结果进行比较，并随时间趋势对其进行分析，及时掌握项目进展情况，发现索赔机会，并为将来可能出现的索赔做好准备工作。

5. 建立目标计划

通过对进度计划的细化以及优化，将优化的进度计划作为目标管理的依据，将目标计划作为现行工程比较的参照物。项目实施过程中通过对目标计划的比较可以直观地看出实际进度的偏差，从而采取相应的纠偏措施。目标计划是可以更新的，这样保证了计划比较的实效性。另外，一个项目中可以建立多个目标计划以满足不同层次的需求。

6. 进度计划的跟踪与调整

在项目实施过程中，在进度跟踪阶段，动态选择进展中的作业，输入实际工期和进展，跟踪周期内开工/完工的作业（包括实际开工或完工日期、工期完成百分比），必要时利用停工和复工功能。计算进度后，将项目实际进度与目标计划进行对比，分析项目实施进展情况，及时发现问题，确定解决方案，并根据实际情况对原有计划进行调整。通过这样的方法，项目管理人员可以及时了解整个项目的执行情况，对于项目延误、活动冲突等情况做出正确判断，从而更有效地控制项目进度，方便进行索赔管理。

二、P3软件在工期索赔中的应用案例分析

上文对P3基本功能进行了介绍，下面通过一个案例说明如何使用P3处理工期索赔问题。

【案例5-8】 P3软件在工期索赔中的应用

关键词：P3；工期索赔

1. 案例背景：

某厂房扩建工程于2005年10月3日开工，承包商应用P3软件进行项目管理，项目划分为26个作业。图5-15和图5-16为定义了日历和限制条件，加载了作业分类码和资源费用并进行进度优化后的项目计划进度，分别用时标网络图形式和PERT图形式表示。从图中可看出项目的关键路径上有12个作业：D100—D101—D102—C100—C104—C105—C107—C110—I211—I212—I213—S214。图5-17为开工日的项目状态报告。从状态报告中可以看到项目计划完工日期为2006年5月17日，项目的作业数为26个。

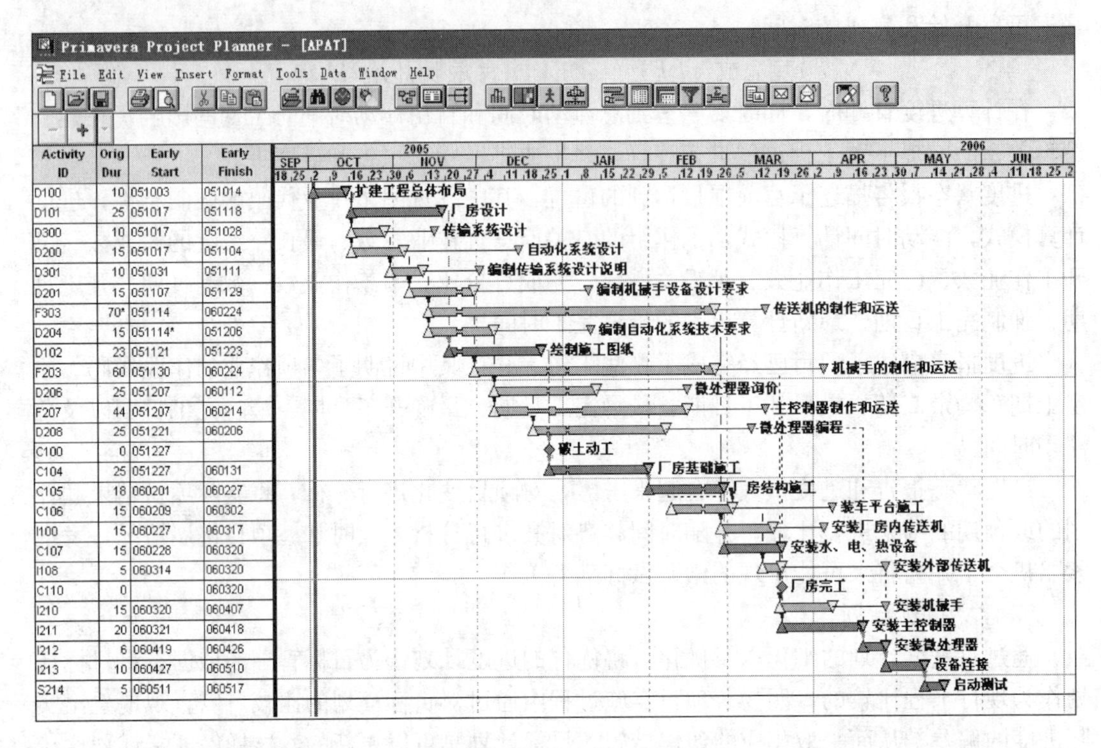

图 5-15　案例 5-8 的时标网络图

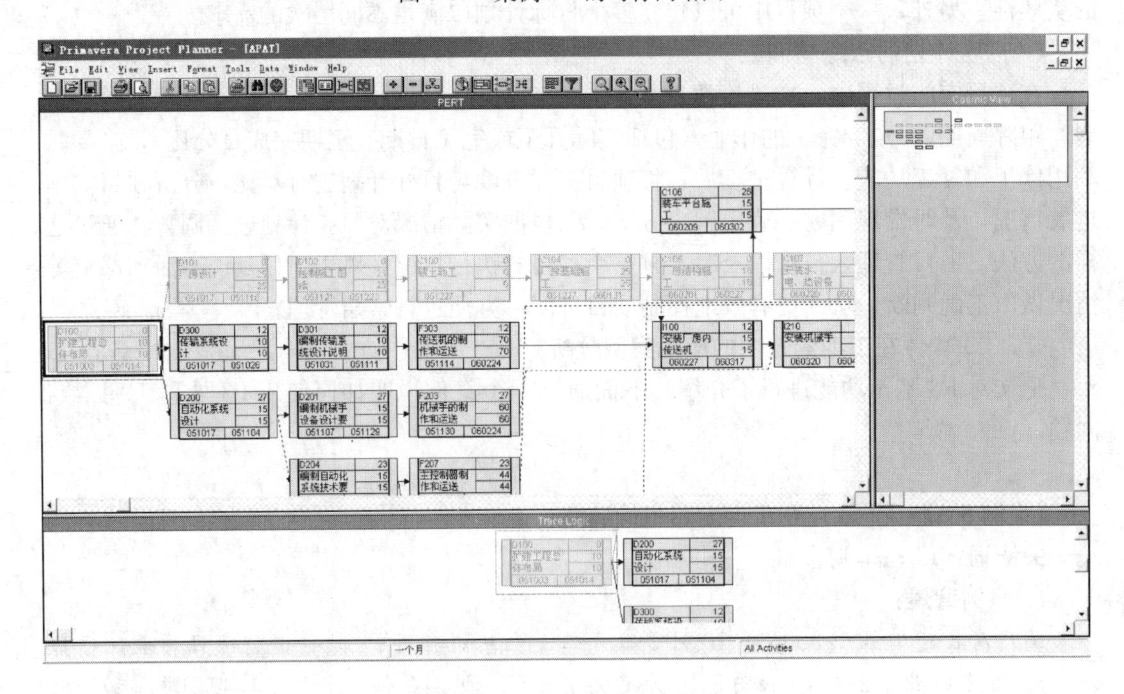

图 5-16　案例 5-8 的 PERT 图

2005 年 10 月 3 日项目正式开工，10 月 3 日到 11 月 2 日期间，发生两起工期延误事件，且假设浮动时间的所有权归承包商所有。

1）由于业主方面提供的设计基础资料有误，造成项目于 10 月 4 日到 10 月 6 日暂

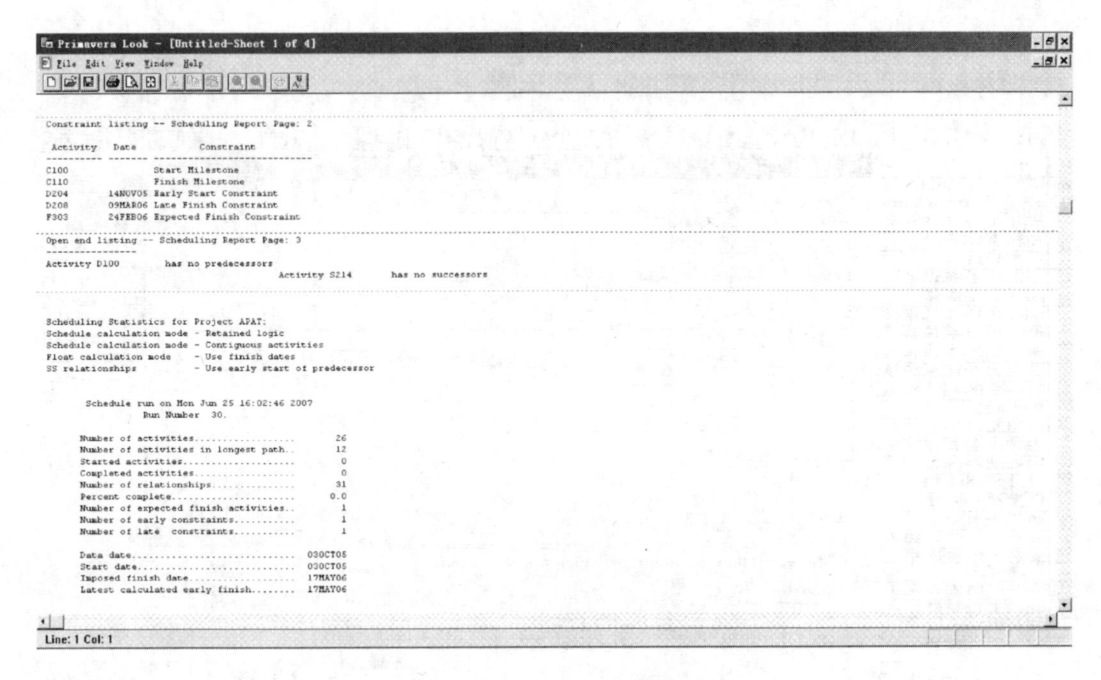

图5-17　案例5-8开工日的状态报告

停3天。

2）承包商由于自身人员调配方面的原因在D300传输系统设计这个作业上造成4天的延误。

2. 承包商工期索赔分析

承包商用P3软件按月进行项目进度分析以及索赔分析。首先，收集第一个月内工程的进展数据，得到作业完成情况，如表5-8所示。然后用P3软件进行进度分析。

承包商第一个月的实际进展　　　　表5-8

作业代码	剩余工期	实际开工	实际完工	停工日期	复工日期
D100	0	2005—10—03	2005—10—19	2005—10—04	2005—10—07
D101	15	2005—10—20			
D200	9	2005—10—20			
D200	4	2005—10—20			

如图5-18所示，应用过滤器功能，设计动态过滤器选出一个月之内需要安排的作业。

如图5-19所示，将实际进展数据表输入到P3中，进行进度更新。

重新进行进度计算，得到如图5-20所示更新后的状态报告。从状态报告中可以看出项目的工期延长至2006年5月22日，延长的工期天数为5天。

进行索赔分析，本案例采用进度计划分析法中的计划工期与实际工期对比法。如图5-21和图5-22所示，通过差值报告以及作业横道与目标横道的比较，可以看出，项目的关键路径没有发生变化，总工期的延长即为业主的拖延造成的。更新进度之后的完工日期的差值5天中包括2天的非工作日，所以承包商可以索赔的工期为3天。

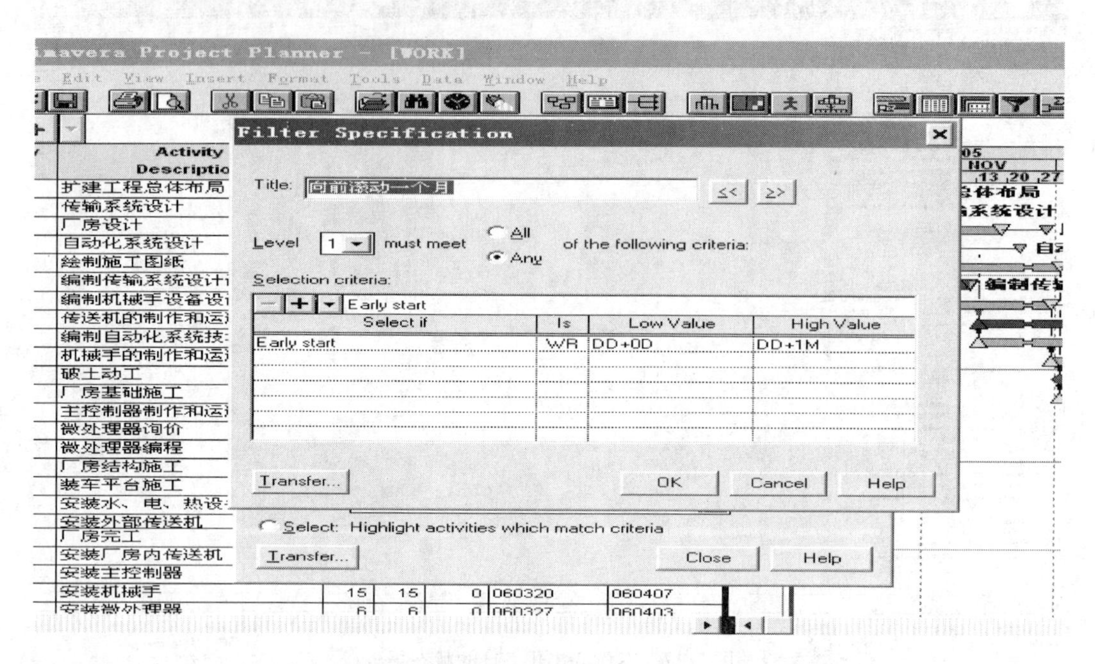

图 5-18 应用动态过滤器过滤基准日期后一个月之内的作业

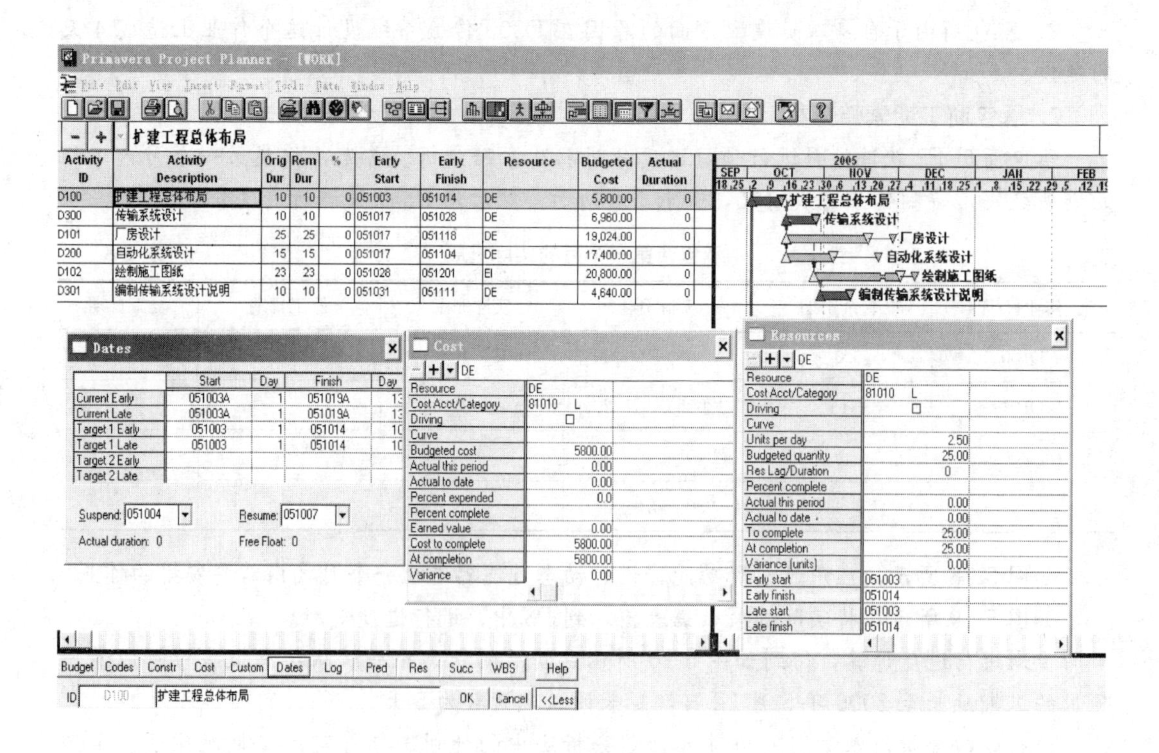

图 5-19 更新进度计划示意图

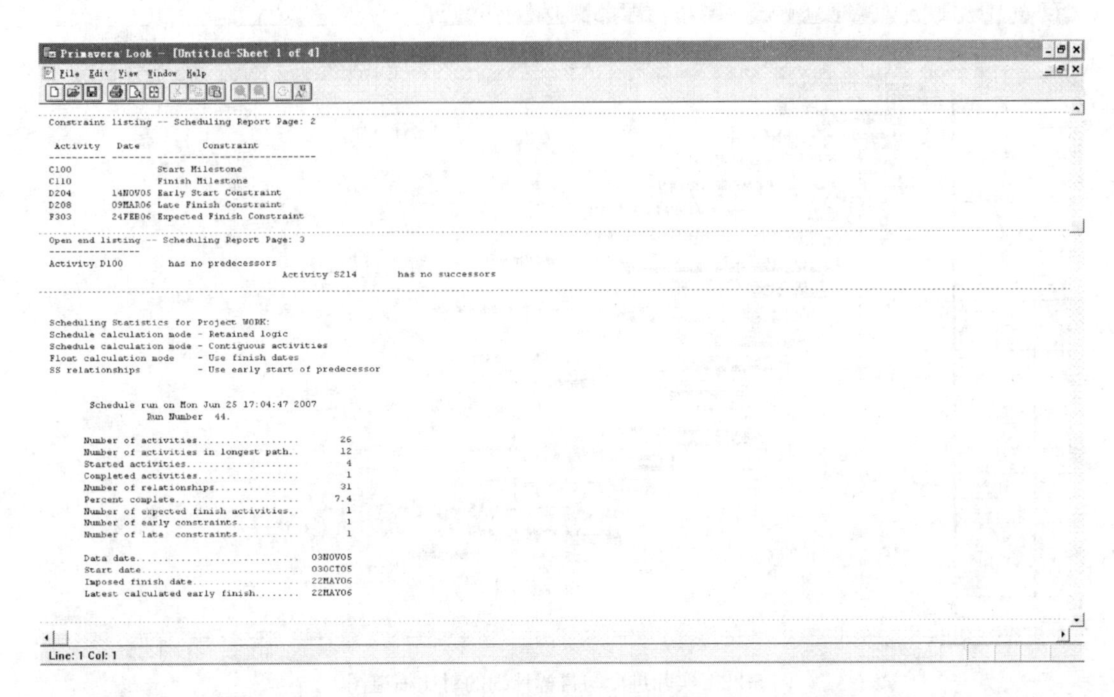

```
Primavera Look - [Untitled-Sheet 1 of 4]
File  Edit  View  Window  Help

Constraint listing -- Scheduling Report Page: 2

 Activity   Date          Constraint
---------- ------- ----------------------------
C100               Start Milestone
C110               Finish Milestone
D204       14NOV05 Early Start Constraint
D208       09MAR06 Late Finish Constraint
F303       24FEB06 Expected Finish Constraint

Open end listing -- Scheduling Report Page: 3
----------------
Activity D100        has no predecessors
                                    Activity S214       has no successors

Scheduling Statistics for Project WORK:
Schedule calculation mode - Retained logic
Schedule calculation mode - Contiguous activities
Float calculation mode    - Use finish dates
SS relationships          - Use early start of predecessor

      Schedule run on Mon Jun 25 17:04:47 2007
               Run Number  44.

     Number of activities..................        26
     Number of activities in longest path..        12
     Started activities....................         4
     Completed activities..................         1
     Number of relationships...............        31
     Percent complete......................       7.4
     Number of expected finish activities..         1
     Number of early constraints...........         1
     Number of late  constraints...........         1

     Data date.............................   03NOV05
     Start date............................   03OCT05
     Imposed finish date...................   22MAY06
     Latest calculated early finish........   22MAY06

Line: 1 Col: 1
```

图 5-20　更新后的进度报告

Primavera Project Planner — [WORK]

File　Edit　View　Insert　Format　Tools　Data　Window　Help

050919 Mon

Activity ID	Actual Duration	Target 1 Orig Dur	Activity Description	%	Early Start	Early Finish	Target 1 Early Start	Target 1 Early Finish	Variance 1 Early Finish
D100	11	10	扩建工程总体布局	100	051003A	051019A	051003A	051024A	3
D101	10	25	厂房设计	40	051020A	051123	051025A	051130	3
D300	10	10	传输系统设计	60	051020A	051108	051025A	051107	-1
D200	10	15	自动化系统设计	67	051020A	051109	051025A	051114	3
D301	0	10	编制传输系统设计说明	0	051109	051122	051108	051121	-1
D201	0	15	编制机械手设备设计要求	0	051110	051202	051115	051207	3
D204	0	15	编制自动化系统技术要求	0	051114*	051206	051115*	051207	1
F303	0	64*	传送机的制作和运送	0	051123	060224	051122	060224	0
D102	0	23	绘制施工图纸	0	051128	051229	051201	060104	3
F203	0	60	机械手的制作和运送	0	051205	060301	051208	060306	3
D206	0	25	微处理器询价	0	051207	060112	051208	060113	1
F207	0	44	主控制器制作和运送	0	051207	060214	051208	060215	1
D208	0	25	微处理器编程	0	051221	060206	051222	060207	1
C100	0	0	破土动工	0	051230		060105		3
C104	0	25	厂房基础施工	0	051230	060203	060105	060208	3
C105	0	18	厂房结构施工	0	060206	060302	060209	060307	3
C106	0	15	装车平台施工	0	060214	060307	060217	060310	3
I100	0	15	安装厂房内传送机	0	060227	060317	060227	060317	0
C107	0	15	安装水、电、热设备	0	060303	060323	060308	060328	3
I108	0	5	安装外部传送机	0	060317	060323	060322	060328	3
I210	0	15	安装机械手	0	060320	060407	060320	060407	0
C110	0	0	厂房完工	0		060323		060328	3
I211	0	20	安装主控制器	0	060324	060421	060329	060426	3
I212	0	6	安装微处理器	0	060424	060501	060427	060504	3
I213	0	10	设备连接	0	060502	060515	060505	060518	3
S214	0	5	启动测试	0	060516	060522	060519	060525	3

Classic Schedule Layout　　All Activities

图 5-21　实际进度与目标计划的差值报告

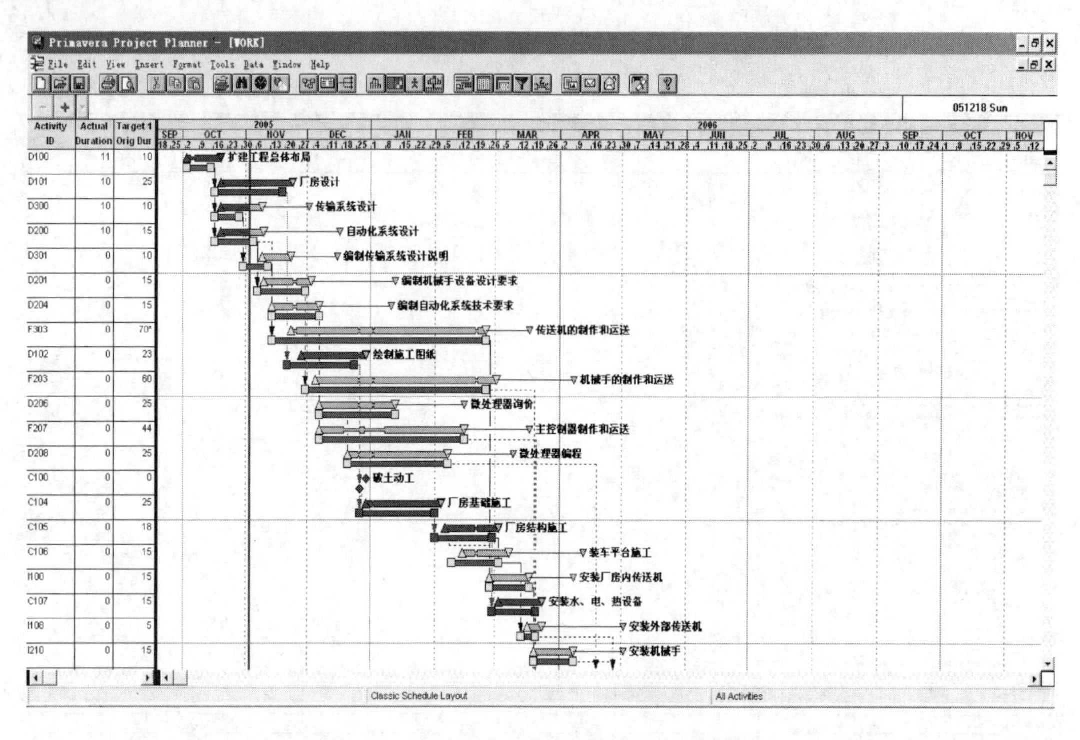

图 5-22 实际进度与目标计划的对比横道图

最后，更新目标计划，如图 5-23 所示。根据项目的进度要求，以及索赔结果论证，承包商修订目标计划，进行目标计划的更新，作为下一个周期工期跟踪的基准。

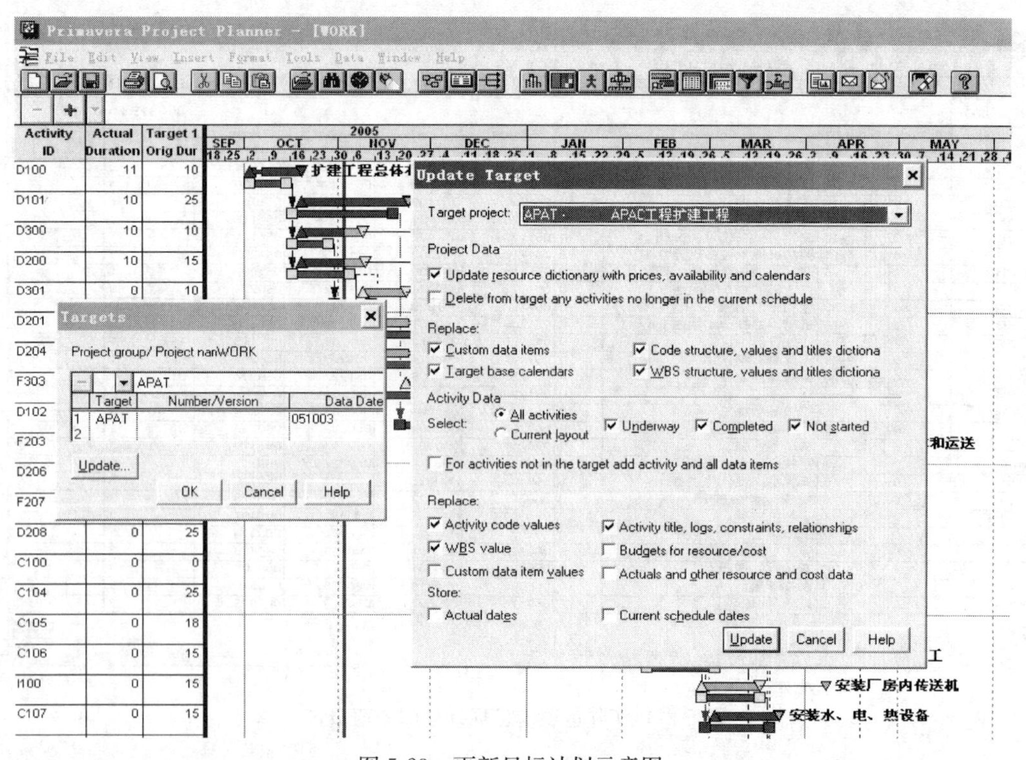

图 5-23 更新目标计划示意图

复 习 思 考 题

1. 国际工程工期索赔有什么特点？其一般处理原则是什么？

2. 试用流程图表示出影响计划法、“But-for”法、时间影响分析法的计算步骤。

3. 试比较时间影响分析法和影响计划法的异同。

4. 共同延误责任归属的原则有哪些？

5. 对于［案例 5-7］，如果浮动时间所有权的归属分别按照“谁先动用谁拥有”和“承包商拥有”原则，计算结果会有何不同？

第六章　国际工程费用索赔

费用索赔是国际工程索赔的核心。本章介绍了国际工程索赔费用的一般构成，对各类索赔费用，尤其是现场管理费和总部管理费的计算方法和原则、计算模型及其选择等进行了详细的分析，进而比较了一些常用的费用索赔计价方法的适用范围和特点。最后，本章对国际工程中常见的工效降低费用索赔进行了专门分析。

第一节　国际工程报价与费用索赔

投标报价是国际工程索赔的依据之一。合同双方在计算或协商确定索赔款额时，需参照项目中标时合同价的组成，对原合同价进行分析和测算。

一、国际工程报价的一般计算方式

在国际工程报价中，对于不同的合同类型，计算报价方式也不同。单价合同模式下，工程量清单为合同双方进行工程变更和索赔提供了参考。例如，当工程变更超出了合同范围，需要重新商定单价时，可以参考工程量清单中的单价分解或者类似项目的单价。在索赔直接费时，人工费、材料费、施工机械设备使用费的费率以及工程量等都需要参考工程量清单中的规定。在投标报价时，采用不同的报价策略，如不平衡报价法、前重后轻法等，也会影响索赔结果。

在报价估算阶段，投标者根据自己的经验和习惯，选择一套测算方法和程序，选取适当的定额，计算人工、材料、机械的基本单价，汇总计算分项工程直接费，再计算间接费和利润，并确定比率系数，然后通过单价分析，确定分项工程中各个分项的单价，填写工程量清单，合计工程总报价。

投标者在投标报价时，应在报价书首页列出投标报价的汇总表（Summary of Tender），根据业主的要求不同，该表所列内容也有所不同，除了标明总报价外，有些需要列明各分部或单项工程的报价总额，有些需要标明费用组成部分及其款额，以便业主评审投标文件。下表 6-1 给出了一个报价汇总表的例子，包括国际工程报价中的基本组成部分。在该表中，应该注意以下问题：

1）合同中的暂定金额是一项专门备用款。根据业主的指令，它可以用于支付计划外项目，如变更与索赔款，提供专项物资、材料和设备或支付专项技术服务的费用等；

2）除了表中的报价组成，有些工程还包括一些其他种类的间接费；

3）分包费计算方法主要有两种：一种是将分包商的报价直接列入直接费中，考虑间接费时包含对分包的管理费；另一种是将分包费和直接费、间接费并行，单列一项，这样投标者估算的直接费和间接费就仅仅是自己承担部分的工程成本，在估算分包费时还需要另外适当地加入对分包商的管理费。表 6-1 中采用的是后者。

投标者报价经审核无误，被业主所接受，即成为中标的合同价被写入合同。

投标报价汇总表 单位：美元 **表 6-1**

报价项目	金额	价格比例分析（%）	
1. 人工费	2,318,052	占直接费 34.48	占总报价 21.09
2. 设备费	1,425,738	21.21	12.98
3. 材料费	2,978,347	44.31	27.11
（直接费）	6,722,137	100.00	61.18
4. 现场管理费（直接费的 12.5%）	840,267		7.65
	7,562,404		
5. 总部管理费（1～4 项费的 7.5%）	567,180		5.16
	8,129,584		
6. 分包费	1,337,512		12.17
（营业额）	9,467,096		
7. 利润（1～6 项费的 5.5%）	520,690		4.74
	9,987,786		
8. 暂定金额	1,000,000		9.10
总报价	10,987,786		100.00

二、国际工程报价费用构成项目之间的关系

由于国际工程索赔的费用构成与工程报价的费用项目基本一致，所以索赔人员需要了解工程报价各费用项目之间关系才能准确的计算索赔的费用。

当合同符合以下条件时：

1）间接费划分为现场管理费和总部管理费两项；

2）规定了现场管理费率、总部管理费率和利润率。

3）分包商的报价直接列入直接费中，考虑间接费时包含对分包的管理费。

存在以下关系：

$$C_{总价}=C_{直接}+C_{现场}+C_{总部}+P \tag{6-1}$$

$$C_{现场}=B_1\times C_{直接} \tag{6-2}$$

$$C_{总部}=B_2\times(C_{现场}+C_{直接}) \tag{6-3}$$

$$P=B_3\times(C_{直接}+C_{现场}+C_{总部}) \tag{6-4}$$

式中 $C_{现场}$——工程报价的现场管理费

$C_{直接}$——工程报价的直接费

P——合同中规定的承包商的利润

$C_{总价}$——中标合同价格扣除暂定金额与分包费（如果有）后的合同价格

B_1、B_2和B_3——分别为现场管理费率、总部管理费率和利润率

结合上述公式，利用各费率和中标合同价逆推管理费，见如下公式。

$$C_{直接}=\frac{C_{总价}}{(1+B_1)\times(1+B_2)\times(1+B_3)} \tag{6-5}$$

$$C_{现场}=\frac{C_{总价}\times B_1}{(1+B_1)\times(1+B_2)\times(1+B_3)} \tag{6-6}$$

$$C_{总部}=\frac{C_{总价}\times B_2}{(1+B_2)\times(1+B_3)} \tag{6-7}$$

使用上述公式时，应注意以下两个方面：

1）在很多工程合同中仅给出了现场管理费和总部管理费费率，所以在索赔费用时，当符合上述所讲的应用条件时，公式（6-6）和公式（6-7）常用于计算现场管理费和总部管理费；

2）在进行索赔时，为简单起见，即使间接费包含现场管理费和总部管理费，当其所占比例不大或者已经从总价中扣除时，也可以近似的按照上述公式计算现场管理费和总部管理费。因为报价项目繁杂，难以准确计算。另一方面，在投标报价的基础上，将有些项目忽略掉，可以获得整体效益。所以，上述公式仍不失为一种比较简便常用的计算方法。在本书的一些案例中，也采用了上述公式逆推算现场管理费、总部管理费等。

第二节　国际工程索赔费用的构成及分析

在计算索赔款额时，首先应分析索赔款的组成部分，分辨哪些费用可以索赔。本节主要介绍和分析了索赔费用的主要构成以及直接费、间接费和利润索赔的计算方法。

一、国际工程索赔费用的主要构成

在国际工程索赔时，可索赔费用的组成部分与合同价所包含的费用项目基本一致。一般而言，主要包括直接费、间接费和利润等，如图 6-1 所示。

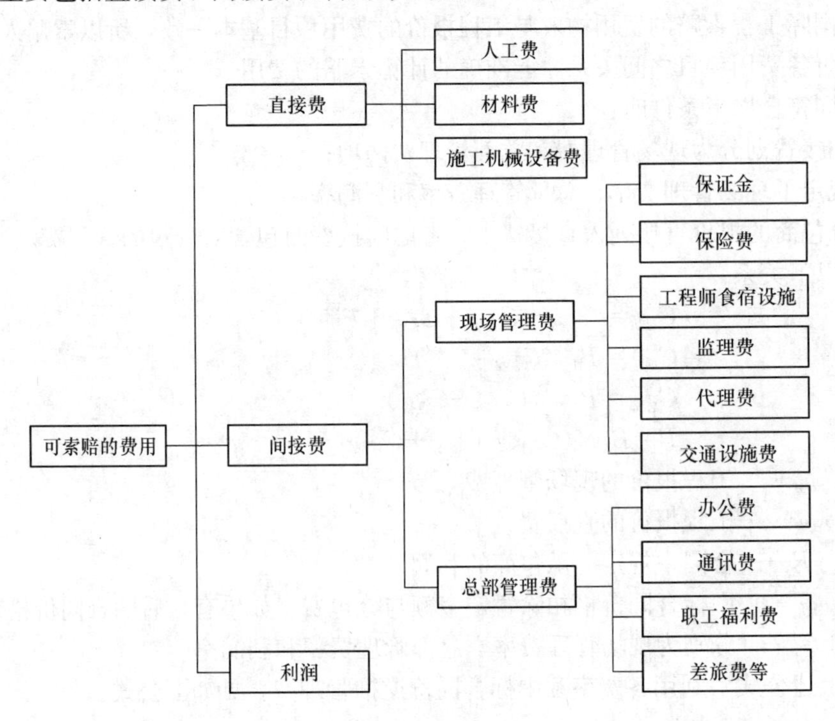

图 6-1　国际工程可索赔费用的组成

凡是承包商有索赔权的工程成本增加，都可以构成索赔的费用。这些费用都是承包商为了完成额外的任务而增加的开支。但是对于不同原因引起的索赔，可索赔费用的具体内容会有所不同。同一种新增的成本开支，在不同原因、不同性质的索赔中，有的可以肯定地列入索赔款额中，有的则不能列入，还有的在能否列入的问题上需要具体问题具体分析。

《Construction Claims-A Quantitative Approach》(J. J. Adrian，1988) 一书对索赔款的组成部分进行了划分，指明在最常见的 4 种不同种类的索赔中，哪些费用可以得到补偿，哪些费用需要通过分析而决定能否得到补偿，哪些费用一般不能得到补偿，见表 6-2。

国际工程索赔费用的组成部分及可索赔性 **表 6-2**

索赔费用的组成部分	不同原因引起的最常见的 4 种索赔			
	工期延误索赔	工程范围变更索赔	加速施工索赔	现场条件变化索赔
1. 工程量增加引起的人工工时增加费	○	√	○	√
2. 工效降低引起人工工时增加费	√	*	√	*
3. 人工单价上涨费	√	*	√	*
4. 材料用量增加费	○	√	*	*
5. 材料单价上涨费	√	√	*	*
6. 新增的分包工程量	○	√	○	*
7. 新增的分包工程成本费	√	*	*	√
8. 设备租赁费	*	√	√	√
9. 自有设备使用费	√	√	*	√
10. 承包商新增设备使用费	*	○	*	*
11. 现场管理费（可变部分）	*	√	*	√
12. 现场管理费（固定部分）	√	○	○	*
13. 总部管理费（可变部分）	*	*	*	*
14. 总部管理费（固定部分）	√	*	○	*
15. 利息（融资成本）	√	*	*	*
16. 利润	*	√	*	√
17. 机会利润损失	*	*	*	*

上表中对各项费用的可索赔性（是否应列入索赔款额中）的分析意见用三种符号标识："√"表示应该列入；"*"表示有时可以列入，即应通过合同双方具体分析决定；"○"表示一般不应列入索赔款。这些分析意见是针对一般索赔情况而论的。在索赔计价中，要考虑的因素很多，索赔费用的组成如何划分、哪些应该列入，均应经过合同双方的分析论证，并审核各项费用的开支证明，才能最后商定。在具体分析费用的可索赔性时，应对各项费用的特点和条件进行审核论证。下面将对索赔费用主要组成部分的计算方法和特点进行详细介绍和分析。

二、直接费索赔的计算

直接费包括人工费、材料费、施工机械设备费。在有些报价中，虽然将分包费也列入直接费，但是分包费索赔时，也可分解为人工费、材料费、施工机械设备费三部分。下面主要论述这三部分的索赔计算方法。

1. 人工费

人工费是工程成本直接费的主要项目之一，它包括各类人员（技术人员及工人）的工资、补助费、奖金、加班费以及法定的安全福利等费用。各对外承包工程的公司在计算人工费的时候，出国人员的工资、旅费、奖金等支出占相当大的比例。

在进行人工费的计算中，可以采用下面公式进行计算：

$$C(L) = CL_1 + CL_2 + CL_3 + CL_4 \tag{6-8}$$

其中，$C(L)$为索赔的人工费；CL_1为人员闲置造成的损失，所采用费率需考虑折扣后的合同中人工单价；CL_2为人员加班的费用损失，所采用费率需考虑实际加班补贴；CL_3为额外劳动力增加的人工费，所采用费率需考虑人工单价或计日工单价；CL_4为劳动生产率降低引起的人工损失费用（非承包商原因）。劳动生产率降低引起的人工费损失的计算有多种方法，在第4节中会详细介绍，较为常用的一种如下所示：

CL_4＝(该项工作的实际使用工时－该项工作计划工时－其他用工系数－承包商责任或风险引起的劳动力损失)×人工单价

对于上述人工费构成的四个方面，在实际计算时需要考虑确定人工单价和人工时，这两方面可能受上述介绍的四个方面原因影响。在实际计算索赔的人工费时也可以简单采用下面公式进行计算：

$$C'(L) = CL'_1 - CL'_2 \tag{6-9}$$

其中$C'(L)$为索赔的人工费；CL'_1为索赔事件产生的人工费，计算公式为：CL'_1＝实际人工单价×实际工时；CL'_2为合同中对该索赔事件所规定的计划人工费，计算公式为：CL'_2＝合同中人工单价或议定的人工单价×计划工时。当对额外工程进行索赔时，$CL'_2=0$，$C'(L)=CL'_1$。

【案例6-1】 人工费索赔款额的计算

（选自梁鑑《国际工程施工索赔》（第二版））

关键词：人工费索赔；费用索赔

背景和综述：

某承包商对一项350m^{2}的混凝土模板支撑工作，即工程量清单中的“模板”工作项目进行施工。在承包商的报价书中规定，计划用工210小时，即工效为210小时/350m^2＝0.6小时/m^2，每小时工资按6.0元计，共计报价为1,260元人民币。

在施工过程中，由于业主供应木料不及时，影响了承包商的支模工作效率，完成350m^{2}的支模工作实际用工265个小时；而且，由于加班施工，实际支付工资时按7.5元/小时计，共实际支付265小时×7.5元/小时＝1,987.5元人民币。

索赔处理过程及结果：

在这项简单的工作中，承包商遇到了不属于自己责任而造成的工时延长和工资提高的损失，他对自己的损失提出索赔，分析过程如图6-2所示。

这两项增加开支给承包商带来的附加成本，即承包亏损款，是理应得到补偿的。或者说，承包商的计划成本较其实际成本超支为：1,987.5－1,260＝727.5元

这项超支是由于业主方面的原因造成的，故业主同意予以补偿。

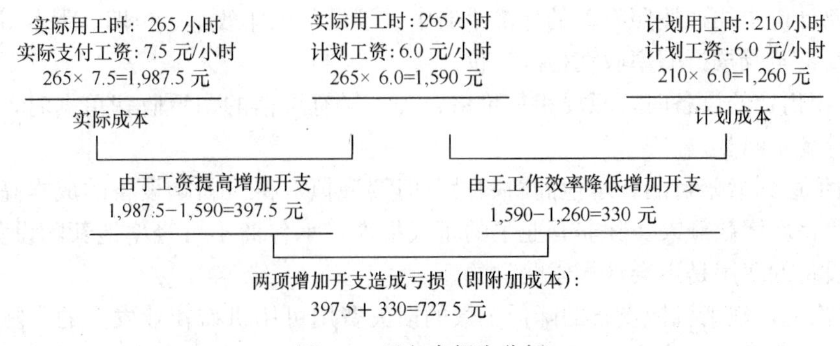

图 6-2 承包商损失分析

案例评述：

本案例通过分别计算人工单价上涨和工时增加造成的人工费增加值来计算成本超支，但本质上仍是采用上述公式：$C'(L) = CL'_1 - CL'_2$ 进行计算的。

2. 材料费

材料费的索赔一般包括两个方面：材料实际用量由于索赔事件的原因而大量超过计划用量；材料价格由于客观原因而大幅度上涨。

材料用量大于计划用量的主要原因有：额外工程、工程变更或施工方法的改变增加了材料用量。材料价格上涨的主要原因有：库存时间过长、物价上涨、材料采购滞后等。

在进行材料费的索赔计算时，可以采用以下公式：

$$C(M) = CM_1 + CM_2 \tag{6-10}$$

其中：$C(M)$为可索赔的材料费；CM_1为材料用量增加费；CM_2为材料单价上涨导致的材料费增加。

上述的材料费 CM_1 中应包括运输费、仓储费以及合理破损比例的费用。如果由于承包商管理不善造成材料损坏失效，则不能列入索赔计价。

承包商应建立健全的物资管理制度，记录材料的进货日期和价格，建立领料耗用制度，以便索赔时能准确地分离出索赔事件所引起的材料额外耗用量。

为了证明材料单价的上涨，承包商应提供可靠的订货单、采购单或官方公布的材料价格调整指数等。

3. 施工机械设备费

施工机械设备费索赔包括承包商在施工过程中使用自有施工机械设备所发生的机械使用费、使用外单位施工机械设备的租赁费以及按规定支付的施工机械设备进出场费用等。索赔施工机械设备费的计算方法为：

$$C(E) = CE_1 + CE_2 + CE_3 + CE_4 \tag{6-11}$$

其中，$C(E)$为可索赔的机械费；CE_1为承包商自有施工机械设备工作时间额外增加的费用；CE_2为自有机械台班费率上涨费；CE_3为外来机械租赁费（包括必要的机械进出场费）；CE_4为机械设备闲置损失费用。

施工机械设备费的索赔计价比较繁杂，应根据具体商定，在计算索赔时应注意以下问题：

1）使用承包商自有的设备时，要提供详细的设备运行时间和台数，燃料消耗记录，随行工作人员工作记录等。这些证据往往难以准备齐全，因而有时使双方争执不下。因此，在索赔计价中往往按照有关的标准手册中关于设备工作效率、折旧、保养等定额标准进行，有时甚至仅按折旧率收费标准计价。

2）使用租赁的设备时，只要租赁价格合理，又有可信的租赁收费单据时，就可以按租赁价格计算索赔款。

3）为了达到索赔目的，承包商新购设备时要谨慎对待。新购设备的成本高，加上运转费之后使得新增款额大。除非有业主的正式批准，承包商不可轻率地新购设备；否则，这项新增设备的费用是不会计入索赔款的。

4）理论上，施工机械设备的降低工效的损失费用可用机械作业发生的实际费用与投标报价的计划费用之差计算，闲置损失费用可用机械的折旧费与闲置时间的乘积计算。但是在实际中，这两项费用难以准确论定，因此，这项费用一般按其标准定额费用的某一百分比进行计算，比如50%或75%。

5）施工机械设备费用中一般也包括小型工具和低值易耗品的费用，这部分费用的数量也难以准确论定，往往需要合同双方协商确定。

三、间接费索赔的计算

索赔的间接费主要包括现场管理费（Site Overhead，或 Site Oncosts，或 Job Overhead）、总部管理费（General Office Overhead，或 Head Office Overhead）、利息等。下面介绍间接费的索赔计算方法和索赔特点。

1. 现场管理费

现场管理费和总部管理费属于工程成本的间接费，是工程成本的重要组成部分。现场管理费不同行业差别较大，一般占工程直接费的10%～20%，在国外施工时，现场管理费还要高些。

索赔款中的现场管理费，是指承包商完成额外工程、索赔事件工作以及工期延长期间的现场管理，包括管理人员、临时设施、办公、通讯、交通等多项费用。一般来讲，发生直接费索赔就会发生现场管理费索赔。

在现场管理费索赔中，常用的计算方法有以下几种。

（1）以直接费索赔额为基础计算

在大多数索赔中，现场管理费可以按百分比乘以索赔的直接费用进行计算，得出应索赔的现场管理费数额。

$$C_{现场} = C_{直接} \times B_1 \tag{6-12}$$

式中 $C_{现场}$——承包商可以索赔的现场管理费

$C_{直接}$——承包商索赔的直接费

B_1——合同中规定的现场管理费率

该公式形式简便，只须能够准确的计算出索赔的直接费，可以应用在各种情况的现场管理费计算中。这要求承包商做好人工、材料、施工机械设备各方面的使用记录和证据收集。

（2）通过单位时间的现场管理费进行计算

由于现场管理费是为整个合同工期服务的，而不是仅仅针对某项工作，因此首先可以依据合同报价求出总的现场管理费，然后依据下式计算。

$$C_0 = C_{现场} / T_{合同} \tag{6-13}$$

式中 C_0——现场管理费按天或月平均值，即单位时间现场管理费

$C_{现场}$——总现场管理费，其计算方法可以参见公式（6-6）

$T_{合同}$——合同工期（以天或月为单位）

当发生工期延误，责任属于业主时，则承包商可索赔的现场管理费：

$$C_{索赔}=C_0\times T_{延}=(C_{现场}/T_{合同})\times T_{延} \quad (6\text{-}14)$$

式中 $T_{延}$——延长的工期（以天或月为单位）

这种通过中标合同金额倒推的方法是国际工程界进行现场管理费索赔量化的一种常用方法，但是该方法仅用来计算工期延误中现场管理费的索赔问题，同时也仅仅考虑工期延误时间因素；当遇到加速施工引起的现场管理费增加时，一般采用第一种方法。

（3）分项计算

由于很多时候并不是现场管理费的所有项目都发生变化，所以分析确定索赔款时，有时把现场管理费划分成可变部分和固定部分。前者一般指在工期延长中可以调到其他工程部分（或其他项目）上去的那一部分管理设施或人员的费用。固定部分是指在施工期间不易调动的那一部分设施或人员，如办公、食宿设施等费用。分别计算出这两部分，汇总后即得到可索赔的现场管理费。

2. 总部管理费

总部管理费或称上级管理费是工程项目部向其公司总部上缴的一笔管理费，作为总部对该工程项目进行指导和管理工作的费用。它包括总部职工工资、办公大楼、办公用品、财务管理、通讯设施等费用的分摊以及总部领导人员赴工地检查指导工作等项开支。索赔款中的总部管理费，主要表现为工程延误期间所增加的管理费。

这项索赔款（管理费）的计价比较困难，没有统一的方法可供参照，在国际工程索赔时，可以参考以下计算方法。

（1）工期延误时总部管理费的主要计算方法

表 6-3 中列出了常用的 9 种工期延误时总部管理费的索赔方法。这些方法具有以下特点：

1）除了 Ernstrom 方法是基于人工费和总部管理费的比例关系外，其他 8 种方法分别是基于在实际合同期内合同的完成额和总部管理费之间存在一定的比例关系；

2）这些方法使用的条件是：公司所有的合同实施产生了总部管理费，所有的总部管理费由各个项目进行分摊，当一个项目不能分摊总部管理费时，承包商有权进行索赔获得总部管理费；

3）这些方法都是事后计算，一般在工程竣工后才能使用这些方法计算。

下面重点介绍两种工期延误时总部管理费的计算方法。

1）恩克勒公式

“恩克勒公式（Eichleay Formula）”是目前国际工程界使用的最广泛的总部管理费的计算方法。该模型由恩克勒公司首先提出，并在 1960 年美国“军工合同纠纷仲裁团”（ASBCA-The Armed Services Board Of Contract Appeal）仲裁的一起索赔案中首次采用。

Eichleay 公式要索赔成功需要满足以下两点前提假设：

①存在不确定性的延误或停滞，在这个时期内，项目没有收入或者收入大幅度降低；

②在延误期内，承包商不可能也不允许从事其他附加工作，也就是说总部管理费不可能从承包商从事的其他附加工作中得到补偿。

总部管理费各种计算方法对比　　表 6-3

变量名称	变量含义	单位	总部管理费计算方法及起源								
			Eichleay 美国，1960	Eichleay 修正[1] 美国，1984	Eichleay 修正[2] 美国，1986	Hudson 英国，1989	Ernstrom 美国，1989	Mabshul (Dct Cost) 美国，1982	Carteret 美国，1981	Allegheny 美国，1954	Emden 加拿大，1995
E	被延期合同的完成额(实际合同期)	$	E	E	E	—	—	—	—	—	E
A	公司总收入额(原合同期)	$	—	A	A	—	—	—	—	—	—
B	公司总收入额(实际合同期)	$	B	—	—	—	—	—	—	—	—
H	被延期合同的完成额(延误期)	$	—	—	H	—	—	H	H	—	—
J	公司总的总部管理费(原合同期)	$	—	J	J	—	—	—	—	—	—
K	公司总的总部管理费(实际合同期)	$	K	—	—	—	K	—	—	—	—
D	被延期合同的原合同额(原合同期)	$	—	—	—	D	—	—	—	D	D
C	所有合同人工费总额(实际合同期)	$	—	—	—	—	C	—	—	—	—
I	被延误合同的人工费(延误期)	$	—	—	—	—	I		—	—	—
L	总部管理费与利润之和(实际合同期)	$	—	—	—	—	—	—	—	—	L
U	公司总的总部管理费在被延期合同的分摊额	$	E/B*K	E/A*J	E/(A+H)*J	—	—	—	—	—	—

续表

变量名称	变量含义	单位	总部管理费计算方法及起源								
			Eichleay 美国，1960	Eichleay 修正[1] 美国，1984	Eichleay 修正[2] 美国，1986	Hudson 英国，1989	Ernstrom 美国，1989	Mabshul (Dct Cost) 美国，1982	Carteret 美国，1981	Allegheny 美国，1954	Emden 加拿大，1995
N	实际合同期	天	N						—	—	—
M	原合同期	天		M	M	M		—	—	—	M
Q	投标时总部管理费率与利润率之和	%	—	—	—	Q	—	Q	—	—	—
R	正常总部管理费比率(投标时)	%	—	—	—	—	—	R	R	—	—
S	实际总部管理费比率(实际合同期)	%	—	—	—	—	—	—	—	S	—
T	实际总部管理费比率(延误期)	%	—	—	—	—	—	—	T	T	—
V	公司总的总部管理费在被延期合同的每天分摊额	$/天	U/N	U/M	U/M	D/M*Q	—	—	—	—	—
P	业主引起的延误天数	天	P	P	P	P	—	—	—	—	P
W	承包商应索赔的总部管理费	$	V*P	V*P	V*P	V*P	K/C*I	H/(1+Q)*R	(T−R)*H	(T−S)*D	(L/100E)*(D/M)*P

变量说明：

1)实际合同期是从工程开工到工程实际竣工的时间，原合同期是合同中计划的完工时间，延误期为按关键路径方法计算出来超过计划工期的天数；

2)三个合同期存在如下关系：实际合同期(N)＝ 原合同期(M)＋延误期，注意延误期不仅包括业主引起延误的天数(P)，也包括承包商原因引起的工期延误；

3)完成额是指到指定日期时所完成工程按照合同条件计算出来的价值，包括各种实施的变更和索赔事件等。所以，被延期合同的原合同额(原合同期)和被延期合同的完成额(原合同期)(D)一般不相等，一方面是两者虽然实施工期相同，但是合同完成百分比不同；另一方面，由于在合同的实施过程中，发生了各种索赔和变更事件，导致了被延期合同在原合同期内的完成额度发生变化；

4)被延期合同的完成额存在如下关系：被延期合同的完成额(实际合同期)(E)＝ 被延期合同的完成额(原合同期)＋被延期合同的完成额(延误期)(H)

如果承包商在延误结束后，采取加速施工策略，增加了资源，以致最后合同提前完成。在这种情况下，由于承包商进行了额外工作，总部管理费索赔存在争议。此时承包商需要提供证据证明：增加资源进行赶工是承包商早已计划的，并有能力提前竣工，而且并非是业主方干预的结果。实际上，在加速施工的总部管理费索赔中，常常采用下文"(3)其他计算方法"中所列的方法。

在该公式的使用和发展过程中，还产生了很多其他修订的恩克勒公式，表6-3介绍的两种修正的"恩克勒公式"是比较典型的。它们将影响时间限定在原合同期内，提高了总部管理费的索赔额。

2）胡德森公式

"胡德森公式（Hudson Formula）"也用于计算工期延误下的总部管理费。它起源于英国，在1970年出版的《胡德森论建筑和土建工程合同》（Hudson on Building and Civil Engineering Contract）第十版中首次得到解释并被广泛应用。具体计算方法见表6-3。该模型应用的主要问题是如何确定总部管理费的百分比。

（2）工程范围变更时总部管理费的计算方法

总部管理费的分摊额（A_2）为：

$$A_2=(\text{与合同变更有关的原直接费/合同期内全部工程直接费})\times \text{合同期总部管理费总额} \tag{6-15}$$

与变更合同有关的原直接费单位货币中所含总部管理费（B_2）为：

$$B_2=A_2/\text{与合同变更有关的原直接费} \tag{6-16}$$

应索赔的总部管理费用（C_2）为：

$$C_2=B_2\times \text{变更增加的直接费} \tag{6-17}$$

该模型适用于在此期间承包商承担的各工程项目的主要费用比例变化不大的情况，否则会明显不合理，如变更工程的直接费占比例较大的工程，总部管理费补偿的较多，反之较少。

（3）其他计算方法

除了上面所讲的方法外，还有一些其他常用方法计算总部管理费。

1）按照投标报价书中总部管理费的比例（如3%～8%）和索赔款项，计算索赔款中的总部管理费：

$$\text{总部管理费索赔额}=\text{索赔款总数}\times\text{合同中总部管理费比率}(\%) \tag{6-18}$$

2）按照公司总部统一规定的总部管理费比率和有关索赔款额，来计算索赔款中的总部管理费：

$$\text{总部管理费索赔额}=\text{公司总部管理费比率}(\%)\times(\text{直接费索赔款额}+\text{现场管理费索赔款额}) \tag{6-19}$$

该公式实质和Mabshul公式类似，Mabshul公式中的$H/(1+Q)$表示的含义就是直接费索赔款额和现场管理费索赔款额之和。

式中公司管理费比率是由公司总部根据该公司某一时期内的合同总额具体确定的，作为该公司向各个工程项目征收总部管理费的统一标准。但在具体计算某个工程项目的索赔款项时，业主一方可能认为承包公司总部规定的管理费比率太高，而拒绝接受。这时，就只好采取前面所述的其他公式。

【案例 6-2】 现场管理费和总部管理费计算案例

（选自梁鑑《国际工程施工索赔》（第二版））

关键词：工期延长；现场管理费；总部管理费

背景和综述：

某水泵站工程的承包施工，虽然土方和管道工程量不大，但种类繁多，而且可能有变动，因此确定采用固定总价合同，按ICE合同条件实施。合同文件有ICE通用条款、施工规范、工程量清单、施工详图，工程量的量测按英国皇家注册估价师学会制定的CESMM（土木工程标准量测法）进行。中标的合同额（固定总价）为259，850美元，工期为15个月（65周）。

签订合同以后，承包商遭受了一系列的麻烦。首先，业主迟迟不能提供施工场地；接着是气候恶劣，阴雨连绵；施工场地煤气管道要改线；施工详图不能按期提供；业主供应的钢筋不能如期进场；施工中出现多次工程变更，虽然变更量不大，但工序繁琐，影响工效和工期。

索赔过程及结果：

在上述情况下，承包商既提出延长工期，又提出经济补偿索赔。

1. 关于工期延长

经过合同双方反复磋商，达成以下协议：

（1）业主方面同意给承包商延长工期24周，其中10周是由于额外工程，3周是由于煤气管道改线，8周是由于业主方迟交图纸、钢筋拖期进场以及特殊恶劣的天气。这21周的工期延长，由于是业主方面的责任，所以同意给承包商合理的经济补偿。其余的3周，是一般性的天气影响，属于承包商的风险，故只给承包商延长工期，不给经济补偿。

（2）中标通知书发出后，业主方面迟迟不能提供施工现场，拖延达3个月之久。因此，承包商要求延长工期3个月（上述24周以外），并给予经济补偿。工程师认为，中标通知书的日期不是提供施工现场的日期，也不是开工的日期；提供现场才是有效的开工日期。因此，晚提供现场不属于工期延长的问题。承包商方面最后同意了这个观点。

（3）业主批准的24周工期延长，恰好吻合水泵站工程的实际完工日期，从而使承包商免去承担误期损害赔偿费的经济责任。

2. 关于经济补偿

（1）推迟开工3个月，承包商为此最初提出，除给予3个月的工期延长以外，要求经济补偿7,875美元，即每月补偿增加的成本开支和管理费2,625美元。

工程师认为，推迟3个月开工，不属于工期延长的问题，不能考虑管理费及利润的问题。

承包商提出，即使如此，在正式开工之前已派1个职员和1个工长等待在工地上，形成了附加开支。经工程师同意，这16个人周按最低工资计算，即：

职员1人，每周223美元，8周合计	1,784美元
工长1人，每周171美元，8周合计	1,368美元
以上合计	3,152美元

这样，承包商原提的这项经济补偿款额由7,875美元，减为3,152美元。

（2）煤气主管道迁移，除引起3周的工期延长以外，亦给承包商造成了计划外的开支。在此期间，承包商派出8名职员、17名工人在管道工程上工作，按最低工资计算，应为：

8名职员，每人每周工资169美元，3周合计	4,056美元
17名工人，每人每周工资144美元，3周合计	7,344美元
以上合计	11,400美元

至于此项补偿的现场管理费索赔款额，承包商亦有权获得，其计算方法如下：

工程总价合同额	259,850美元
5%的利润	259,850×（0.05/1.05）＝12,374美元
减去5%利润后的合同额	247,476美元
8.5%的总部管理费	247,476×（0.085/1.085）＝19,388美元
减去8.5%总部管理费后的合同额	228,088美元
15%的现场管理费	228,088×（0.15/1.15）＝29,751美元
减去15%现场管理费后的工程直接费为	198,337美元

上述现场管理费29,751美元，是指在整个工程施工期间（65周）的费用，故每周的现场管理费为：　　29,751/65＝458美元/周

故3周的现场管理费为：　458美元×3＝1,374美元

根据上述，煤气主管道迁移引起的经济补偿为：

11,400（人工费）＋1,374（现场管理费）＝12,774美元

(3) 迟交图纸和钢筋拖期进场等引起的经济补偿，由人工费额外开支及钢筋加价等费用组成，分述如下：

在此项工期延长的8周内，形成了水泵站专业技工的窝工，合计3名木工，2名钢筋工，5名普工。按照他们的最低工资：

3名木工，每人每周工资175美元	8周合计4,200美元
2名钢筋工，每人每周工资158美元	8周合计2,528美元
5名普工，每人每周工资149美元	8周合计5,960美元
以上工资合计	12,688美元

此项工期延长过程中，由于其他的施工照常进行，故不再计取现场管理费。

其次，由于业主负责供应的钢筋拖期进场，承包商获准以较高价格购进现货，因此形成了钢筋购货款方面的计划外开支，具体内容如下：

ϕ12mm钢筋15t	95×15＝1,425美元
ϕ16mm钢筋20t	85×20＝1,700美元
ϕ25mm钢筋25t	84×25＝2,100美元
以上合计	5,225美元

根据前述，由于迟交图纸造成的人工费开支以及另购钢筋造成的计划外开支为：

12,688＋5,225＝17,913美元

(4) 额外工程是指合同范围以外的新增工程，其工程款额为21,800美元，为此需给承包商延长工期10周。

原总价合同额为	259,850美元
每周应完成营业额	259,850/65＝3,998美元

每周应完成直接费	198,337/65=3,051 美元

就整个工程而言，每周营业额为 3,998 美元。额外工程的款额 21,800 美元，相当于 21,800/3,998=5.45 周的营业款额。

因此，承包商有权获得 10 周－5.45 周= 4.55 周的现场管理费、总部管理费以及此项现场管理费的利润，分别如下：

4.55 周的现场管理费	458×4.55=2,084 美元
增加 8.5%的总部管理费	177 美元
	2,261 美元
增加 5%的利润	113 美元
	2,374 美元

故由于完成了额外工程，除给承包商支付实测工程款 21,800 美元以外，还应付给管理费和利润 2,374 美元。

(5) 综合上述，承包商应得的经济补偿合计为：

推迟开工的人工费	3,152 美元
煤气主管迁移的人工费及管理费	12,774 美元
迟交图纸和另购钢筋	17,913 美元
额外工程管理费和利润	2,374 美元
经济补偿总计	36,213 美元

这个水泵站工程的经济索赔款额 36,213 美元，是其原固定总价合同额 259,850 美元的 13.9%，索赔款与合同额的比率较高。这是因为该工程项目在开工过程和施工过程中遇到较多的困难和变化，使索赔款额增加。

案例评述：

1. 本案例中关于有效开工日期的规定不够明确，因此承包商在工期索赔时无法援引合同条件的规定作为证据；虽然最终承包商获得了工期延长和费用补偿，但可以看出，合同规定中的漏洞对承包商显然很不利。

2. 煤气主管道迁移属于为完成工程需要进行的附加工程，一般来说，应该计算总部管理费和利润。

3. 本案例中对于现场管理费的计算采用倒推算方法，即从工程总合同额开始，逐步推算利润款额、总部管理费，最后计算现场管理费。这种方法比较常见，应熟练掌握。

【案例 6-3】　工程量增加及弃土运距增加引起的索赔

(选自梁铿《国际工程施工索赔》(第二版))

关键词： 工程量增加；费用索赔

背景和综述：

一段公路改建工程，包括土方挖填和弃土处理工作，承包公司 C 以低价中标，合同额 4,979,068 美元，工期 2 年。具体工程量包括：

表土层剥除	挖深 0.3m
堆于路旁待用	共约 20,500m^3
开挖路基土方，用作填料	约 509,600m^3

路基开挖，将弃土运至弃土场　　约 202,500m³

路基填压　　509,600m³

弃土场距路基开挖地段的距离为 2km，系一废弃的采石场，容积约 274,000m³。

在施工过程中，发现开挖路基的弃土量超出原标书工程量清单所列的上述数量；而且，由于弃土量增加，原定的弃土场已不够用，因而必须在更远的地方另找新的弃土场。经承包商勘察，并经工程师及业主同意，选定的新弃土场运距为 9.5km。

索赔要求：

由于发生以上事件，承包商向业主提出索赔。索赔报告中对工程量变更的计算见表 6-4。

工程量变更的计算表　　**表 6-4**

工作项目	土方开挖，并将其用于路基填压	土方开挖，其作为弃土运走
工程量清单原列数量	509,600m³	202,500 m³
开挖后，土地膨松增加体积 20%	509,600×0.20=101,920	202,500×0.20=40,500
	＋）509,600	＋）202,500
松土运输总量	611,520	243,000
松土填压后，压缩体积 10%，实填量	611,520×0.90=550,368	
工程量清单中的填方量	－）509,600	
超出计划的填方量	40,768	
超填量运走时的膨松体积		40,768×10/9=45,298
		＋）243,000
运至弃土场的总体积		288,298
在弃土场压缩 5%后的体积		288,298×95%=273,883 （将填满 274,000 m³的弃土场）

从上表可知，工程量清单中的开挖弃土量（243,000m³）以及填方余料（45,298m³）已将原定的弃土场填满。但是，实际开挖的弃土量超过工程量清单上的土方量（202,500m³），实际的挖方弃土量为 212,468m³，即多挖 9,968m³，超过原定挖方弃土量的 4.9%。而且，这些弃土必须运至较远距离（9.5km）的新弃土场，从而增加了承包商的施工费用开支。

承包商在处理这项索赔过程中，提出了两个具体要求：(1) 挖方弃土量较标书文件增加了 4.9%。因此，要求提高这部分土方的开挖单价，即从投标报价表中的每立方米 2.5 美元增至 6.5 美元。(2) 对土方开挖量增加及弃土运距增加，要求工程师发放工程变更指令。

索赔处理过程及结果：

工程师认为：(1) 挖方弃土量较工程量清单中增加仅 4.9%，故不能改变开挖单价，亦不必签发工程变更指令；(2) 至于弃土运距增加，由 2km 增至 9.5km，可以予以公平调整，要求承包商提出新的运输单价分析。

承包商的运输费用单价分析要点如下：

汽车每次装土 4.0m³，每 10km 运费	28.00 美元
每立米弃土运价	0.75×28.00/4.00=5.25 美元
每立米弃土现场管理费 8%	5.25×0.08=0.42 美元
	+）5.25 美元
	5.67 美元
加上每立方米弃土总部管理费 4%	5.67×1.04=5.897 美元
总费用	5.897×9,968=58,781 美元

以上新增运输费 58,781 美元，为业主和工程师所接受，同意列入下一月的工程款结算单中，此项索赔顺利解决。

案例评述：

1. 挖土膨胀的问题是承包商在投标过程中就可以预见的，因此当弃土场的容量足够大且实际挖土量没有发生变化时，承包商无权对因土体体积膨胀导致的费用增加进行索赔。因此，在本案例中承包商无权对路基填压的弃土量（45,298m³）导致多增的运输费用进行索赔。

2. 如果弃土场的容量不足，并且承包商在报价时无法合理预料到该问题，则承包商可以索赔运到新弃土场增加的运输费用。

3. 此外，本案例中对于新增挖土量（9,968m³），承包商获得的补偿还应该包括利润。

3. 利息

在索赔款额的计算中，通常要包括利息，但在索赔实践中，索赔利息同索赔利润一样，都是比较困难的。利息索赔通常发生于以下 4 种情况：

1）拖期付款（或欠款）的利息；

2）增加投资的利息；

3）索赔款的利息；

4）错误扣款的利息。

拖期付款利息是由于业主拖延支付工程进度款或索赔款，而给承包商带来的额外利息支出，它会给承包商造成比较严重的经济损失，因而承包商可以提出拖付款的利息索赔。

增加投资的利息是由于工程变更和工期延误时引起的投资增加，承包商有权索取所增加的投资部分的利息，即所谓的融资成本。

索赔款利息的补偿比索赔额外贷款利息更困难。因为在索赔事件处理过程中，即从发现索赔、申报索赔直至最后由合同双方协商确定索赔款额的期间，一般不对索赔款支付利息，除非有证据证明工程师恶意地拖延了对索赔的处理；如果在索赔款确定以后，业主仍有意拖期支付，则承包商有权提出拖付索赔利息，其处理方法可与工程进度款的拖付同样对待。

在合同实施过程中，错误扣款的情况也时有发生。有时，业主未通知承包商一方，或在协商未达成一致的情况下，自行决定扣除承包商的工程进度款，作为工程误期损害赔偿费、补偿保险失效或补偿业主方面的人员和财产损失等。总之，凡是业主一方错误地扣除任何款项，由承包商一方提出反驳并取得合法支持的条件下，错误地扣款应予归还，并支付扣款期间的利息。

在进行利息索赔时，承包商应说明：

1）额外贷款（或额外资金投入）是因业主的违约责任直接引起的；

2）索赔的利息是该额外贷款直接产生的；

3）计算利息的利率是合理的。

对于利息的具体利率应是多少，在实践中常常采用不同的标准，可以根据工程所在国的有关规定或工程项目的合同条件来具体确定。在国际工程实践中，索赔利率主要采用以下规定。

1）按当时的银行贷款利率。FIDIC 99 版施工合同条件中规定，对于延误付款的，除非专用合同条件另有规定，应以高出支付货币所在国中央银行贴现率三个百分点进行计算。有的完全按银行利率计算；有的在银行利率的基础上加1%；英国 ICE 合同条件第五版中规定为在银行利率上再加 3/4，即按 1.75 倍银行利率计算；有的采用银行最低贷款利率 MLR（Minimum Lending Rate）另加 2%的办法，有的在银行间拆借利率（LIBOR）的基础上另加 1%的做法等。无论按照哪种方式，都需要在合同文件中说明。

2）按当时的银行透支利率。透支利率较一般银行利息率高，主要适用于工程量和投资额的大规模增加。有时，当承包商长期承受业主的大量拖付，因而承担大量经济亏损的情况下，在索赔报告中要求按透支利率得到利息补偿。

3）按合同双方协议的利率。合同双方可议定拖期支付的时限和利率。例如，付款期不得晚于承包商提出"月结算单"后的 2 个月；如在 2 个月以后支付工程款，则应按拖付的时间和议定的利率（如 3%，甚至更高）向承包商支付利息，经过双方协商一致，即将协议的拖付时限和利率写入合同文件的专用条款中去。

【案例 6-4】 业主拖付工程进度款引起的利息索赔

（选自梁鉴《国际工程施工索赔》（第二版））

关键词：利息索赔；费用索赔

背景和综述：

某体育馆工程，建筑面积 5,800m²，工期 1 年，承包合同价 485 万美元，按 FIDIC 土木工程施工合同条件第四版实施。

在施工过程中，由于设计多次变更，施工图纸长期拖后交给承包商，引起工期拖延。在工程进度款支付方面，业主拨款经常拖期，给承包商带来严重的经济损失。

体育馆工程于 10 月 15 日开始施工，原定于第二年 10 月 15 日竣工。但在开挖基坑时，因遇到了流砂型地基，业主被迫暂停施工，并修改设计，由此引起一系列的工程变更及工期延误。在第二年 2 月 5 日，承包商报出了第一次工程进度款月结算单，款额为 750,835 美元。按合同规定，承包商可以在 4 月 5 日以前得到第一批工程进度款。但迟至 5 月 5 日，才得到业主第一批工程进度拨款 500,000 美元。不仅款额短缺 250,835 美元，而且拖期 1 个月。以后各次的付款，均出现了类似的情况。

索赔要求：

承包商提出了工期索赔和费用索赔。在费用索赔中包括了拖延付款的利息，在第二年年末，承包商在费用索赔文件中包括了下列拖期付款利息表（见表 6-5），要求业主支付补偿。

拖期付款利息表　　表 6-5

计算日期（每月 6 日）	月进度款（支出）（按工程师核定）	收到款（收入）（业主拨款）	亏欠款（支出－收入）	年平均透支利率（%）	利息（美元）
1994 年					
5 月 6 日	750,835	500,000	250,835	11.5	2,404
6 月 6 日	823,718	600,000	223,718	11.5	2,144
7 月 6 日	875,285	750,000	125,285	12.0	1,253
8 月 6 日	783,620	750,000	33,620	12.0	336
9 月 6 日	728,355	700,000	28,355	12.0	284
10 月 6 日	613,750	600,000	13,750	12.5	143
11 月 6 日	507,832	450,000	57,832	12.5	602
12 月 6 日	305,125	0	305,125	12.5	3,178
合　计	5,388,520	4,350,000	1,038,520		10,344

上表中的透支利率，系以年利率为单位。在逐月计算透支利息时，应换算为月利率（即年利率除以 12），再与逐月的亏欠款相乘。

索赔处理过程及结果：

上述利息索赔，因符合合同的规定，被工程师接受，并转报业主予以付款。这样，承包商不仅收回了业主累计拖欠的工程进度款 1,038,520 美元，还得到了拖付款利息 10,344 美元。

这项体育馆工程，原合同价为 4,850,000 美元，月结算单累计为 5,388,520 美元，超过原合同额 538,520 美元，即超过原合同额 11.1%。此外，承包商的工期延长索赔得到批准，延长工期 2.5 月，承包商免于承担误期损害赔偿费。承包商的工程变更增加开支亏损索赔（即费用索赔）共 6 项，总计 987,825 美元，亦得到了工程师及业主的批准。这样，承包商建成并经验收移交体育馆工程项目以后，从业主方面取得的工程进度款和索赔款共计为 6,376,345 美元，较其原合同额 4,850,000 美元多得 31.47%。

案例评述：

1. 业主未能按时支付工程款项，承包商对此有权索赔相应的利息。因为拖延支付工程进度款会给承包商造成极大的不便，甚至影响整个工程的进度安排。因此，本案例中承包商提出的利息赔偿及工期延长的要求是合理的，业主应予以补偿。

2. 值得注意的是，合同双方最好在合同中对索赔利率进行约定，这样便于利息索赔的处理，以免就索赔时的利率选择问题产生争端。

四、利润索赔的计算

利润是承包商全部收入扣除全部支出后的余额，是承包商经营活动的目的，也是对承包商完成合同任务和承担风险的回报。在国际工程的实际中，因为索赔是以实际成本补偿为主要原则的，利润索赔的获得一般比较困难。FIDIC 1999 版施工合同条件相比 FIDIC 土木工程施工合同条件第四版在明示索赔条款中增加了“利润”一项，指明由于业主方（包括工程师）工作的失误造成承包商的损失时，如业主方未能及时提供现场延误了承包商的施工，承包商有权索赔利润。但对于不属于业主原因的一些不可预见的情况，如在工程实施过程中发现地下的文物或化石，则只能给承包商补偿工期和费用，不给予利润补偿。

一般来说，引起利润索赔的常见情况有四种：

1）工程范围的变更（如计划外的工程，或大规模的工程变更）；

2）由于业主方面原因引起工程延期（或工程暂停施工）；

3）由于业主责任导致解除合同；

4）业主原因引起的施工条件的变化。

对于不同性质的索赔，利润索赔的成功率是不同的。进行利润索赔时，索赔方必须提供以下三方面的证据。

（1）索赔方的利润损失根据合同能够合理地预测

在进行利润损失索赔时，必须证明其索赔是能够根据合同合理预测的。当然，索赔方也不必对每一项特定的损失都进行专门的分析，只需要说明所索赔的利润损失额是根据合同和签订合同时的客观环境进行的合理预测。

（2）合同另一方行为是利润损失最有可能的原因

索赔方必须证明利润损失和被索赔方的行为存在因果关系。即索赔方必须证明是由于被索赔方的违约行为造成了索赔方的利润损失。

（3）利润损失可以通过适当的方法进行较为准确的预测

在索赔时，索赔方一定要说明利润损失是一定发生的，这也要求索赔方提供反映另一方违约引起索赔方利润损失的证据。但是法律并不要求所证明的损失是绝对发生的，因此索赔方应有足够相关数据支持利润损失一定发生，而不是仅仅推测或想象。索赔方在证明另一方的行为造成预期的利润损失以后，还必须选择合理的方法确定利润损失的数额。

常见的确定利润损失的方法有：

1）通过比较同地区类似规模企业的利润水平，确定利润损失；

2）通过与索赔方以前的利润水平进行比较，确定利润损失；

3）通过与索赔方拥有的类似项目的利润水平比较，确定利润损失；

4）使用财经数据和专家证词，确定利润损失。

索赔利润率通常与原报价中的利润率保持一致。在编制报价时，承包商一般列入一定的比例作为该工程的利润。当发生索赔时，承包商可在索赔款的直接费部分上增加原报价单的利润率，作为该项索赔款的利润。下面介绍常见索赔利润的情况。

1. 延期利润索赔

承包商索赔利润时，有时列入一项“机会利润损失”（Loss of Opportunity Profit），作为另一种利润损失，要求业主方面进行补偿。这种“机会利润损失”是指因合同延期使承包商丧失了在其他工程盈利的机会，即由于延期的原因，承包商不得不在本工程保留相当数量的人员、设备和流动资金，继续在拖期内进行施工，而原本这些生产因素可以在其他工程上赚取利润。依照这一理论，可以推论出，延期利润索赔与被延期合同的盈利程度无关，只与下一个可能工程的利润程度有关，而这一机会又是受延期时间的长短、市场的情况以及承包商自身因素影响。

在确定“机会利润损失”的索赔款额时，经常遇到的问题是在索赔款额上双方争论不休。这是因为要提出有说服力的论据甚为困难。承包商一般难于提出他在另外一个工程项目上确有把握能获得利润；即使他提出了一个机会利润损失索赔款额，也难以得到确切的证明，这也是机会利润损失索赔难以成功的原因。

2. 终止合同的利润索赔

如果终止合同是由于承包商无能力履约所造成，那么承包商就不能得到利润索赔，但如果终止合同原因在于业主，那么承包商就有权要求利润补偿。在合同终止条件下，承包商的利润索赔的理论依据与延期利润索赔不同，在FIDIC 99版施工合同条件第16条［由承包商暂停和终止］中规定，在出现由于业主原因导致的承包商有权终止合同的情况时，承包商有权获得就终止合同而蒙受的任何利润损失。这种索赔显然只与该工程的合同盈利性有关，而与将来的盈利机会无关，此种情况下的计算公式一般为：

$$P_0 = C_1 - C_2 - C_3 \tag{6-20}$$

式中　P_0——合同终止条件下可索赔的利润数

C_1——原合同价

C_2——业主已付款总额

C_3——剩余工程的成本

在FIDIC 99版施工合同条件中所列的多种终止合同的情况中，承包商尤应注意业主自便终止合同这一种情况。所谓业主自便终止合同，就是业主主动提出终止合同，而这其中并无承包商的责任。这种情况显然对承包商不利，但业主在与承包商签订合同时，往往要求将这种责任解释条款写入协议书中，以求适时转移自身风险。因此，承包商在投标签约的过程中，应注意这一不利于自己的条款，当发生业主自便终止合同时，承包商应要求利润索赔。

3. 工程范围变更利润索赔

工程范围变更发生，当双方未能就变更达成一致时，则超出合同范围以外的工程属于索赔的范畴，其利润索赔计算较为简单，一般可以在计算出来的直接费和管理费基础上，再计算利润索赔额。

可索赔的费用除了前面几节所述的人工费、材料费、设备费、分包费、现场管理费、总部管理费、利息和利润等以外，有时承包商还会提出要求补偿额外担保费用，尤其是当该项担保费的款额相当大时。对于大型工程，履约担保的额度可能很高，由于延长履约担保所付的代价很大，承包商提出这一索赔要求是符合合同规定的。如果履约担保额度较小，或经过履约过程中对履约担保款额的逐步扣减，此项费用已无足轻重时，承包商也会主动取消额外担保费的索赔，只提出主要的索赔款项，以利于整个索赔的顺利解决。

以下给出了两个比较综合的国际工程费用索赔案例。

【案例6-5】　工程延误属业主责任所引起的费用索赔

（选自梁鑑《国际工程施工索赔》（第二版））

关键词： 工期延误；加速施工；费用索赔

背景和综述：

某房地产开发公司招标修建写字楼工程，并在基层建设商场。工程内容包括拆迁和新建，工期18个月，合同价6,026,800美元。

合同规定，如果承包商不能按期在18个月内建成全部工程项目时，将承担误期损害赔偿费，每延误1天向业主补偿10,000美元，累计赔偿费限额为合同价的10%，即

602,680 美元。

开工以后，拆迁工作进展缓慢，业主不能按合同规定的时间向承包商提供写字楼施工场地。在楼基开挖时，又发现地基土层中有淤泥夹层，可能引起不均匀沉陷。因此迫使设计方修改基础结构设计，尤其是地梁的配筋图纸，使基础施工暂停 2 个月。由于上述原因，使整个写字楼工程的竣工日期拖后 3 个月，其中基层商场的竣工移交日期拖后 4 个月。

由于业主已经和写字楼承租人签订了租房协议书。如果拖期交付使用，则业主单位必须承担巨额补偿金。因此，房地产开发公司坚持要求承包商按照合同规定的日期建成写字楼工程，并委托建筑师同承包商协商，探讨解决的方法，并向承包商发布了书面的加速施工指令。

索赔要求：

根据业主和建筑师的以上要求，承包商报送了加速施工计划及加速施工费用的索赔报告。

承包商提出的加速施工费用汇总表如下：

费用名称		金额（美元）
直接费：		
1）三班作业人工费增加		85,680
2）附加施工机械设备租赁费		48,350
3）原有施工机械加班台班费		86,425
4）施工用油料增加费		27,520
5）夜班及假日施工津贴		10,750
6）劳保费增加		8,370
直接费合计		267,095
间接费：		
7）总部管理费（5%直接费）	＋13,355	280,450
8）现场管理费（8.5%）	＋23,838	304,288
9）利润（5.5%）	＋16,736	321,024
合计		321,024

对于上列各项费用，承包商附有各项费用的计算书及详细内容，供建筑师审定。

索赔处理过程及结果：

建筑师在逐项审核了承包商的加速施工费用后，经过同写字楼设计工程师协商，并报告业主审查，最后向承包商提出以下评审结论，征求承包商的意见：

1）根据业主的要求，承包商应采取一切措施，保证写字楼工程按照合同原定的日期竣工建成；

2）原则同意三班作业人工费的费率，将来按出勤人数记录及工资单支付人工费；

3）同意夜班和假日施工津贴率，以及劳保增加费；

4）租赁的附加施工机械设备费，可按照该设备的出勤记录及租赁费率单证据结算；

5）承包商原有的施工机械设备，其费率计算不能采用计日工费率，应按报价书中的台班、小时费率计算；

6）由于采取加速施工措施，不再延长工期，承包商的现场管理费和总部管理费所覆盖的施工天数与原合同工期的天数一致，故应扣除管理费的重复计算部分；

7）同意按照原合同规定的利润率（5.5%）向承包商支付加速施工利润，即5.5%的加速施工直接费款额。

承包商最后同意了建筑师的上述评审意见。经过认真地加速施工，保证了写字楼工程按原定的竣工日期建成。

案例评述：

1. 本例中的加速施工主要由业主的责任引起，因此业主应承担赔偿的义务，给予承包商经济补偿和工期延长。同时也可以看出，在事件发生之前，业主主动要求承包商提出加速施工的报价计划，这对事件的后续处理非常有利，甚至可以避免争端的产生。

2. 本案例中，承包商对间接费的计算不正确，应先计算现场管理费再计算总部管理费。

【案例6-6】　设计错误引起工程延误的费用索赔

（选自梁鑑《国际工程施工索赔》（第二版））

关键词：工期延误；设计错误；费用索赔

背景和综述：

一条城郊道路工程，包括跨河桥梁和跨路人行桥，进行承包施工。其合同文件包括JCT合同条件、工程量清单和施工详图。中标合同价为4,493,600美元，工期2年。

中标的承包商在投标书中把工期缩短为1.5年，并以此编造了报价。但建筑师仍认为合同工期2年有效。

开工以后，建筑师发现人行桥的设计有误，遂仓促指令承包商停止对人行桥的施工，并允诺在3周内提出修改后的施工图。但事实上，修改的图纸在施工暂停6周后才交给承包商。

索赔要求：

由于上述设计修改的延迟提供，承包商向建筑师提出了延长工期的要求，并以工期延长为依据提出经济索赔。考虑到延期6周提供图纸，并遇上特别恶劣的天气，以及建筑师数度提出工程变更，故承包商提出延长工期14周，并附以经济补偿的索赔要求，要点如下：

1. 修改人行桥设计，停工6周，造成设备窝工的损失

项目	金额
$9m^3$空压机，每周383美元，6周计	2,298美元
3t履带吊，每周455美元，6周计	2,730美元
0.25 m^3混凝土拌合机，每周118美元，6周计	708美元
	5,736美元
加12.5%管理费	717美元
	6,453美元
加5%利润	323美元
	6,776美元

2. 额外工程，需时6周，应得此期间的现场管理费

投标书中现场管理费为12.5%，即　　4,493,600×12.5%=561,700美元

相当每周 561,700/78=7,201 美元，6 周合计　　7,201×6=43,206 美元

3. 公路干线上地下电缆迁移拖期，造成停工 6 周

增收 6 周的现场管理费　　7,201×6=43,206 美元

加 5%利润　　2,160 美元

45,366 美元

以上 3 项合计　　6,776+43,206+45,366=95,348 美元

索赔处理过程及结果：

对于承包商的上述索赔要求，建筑师开始时持反对态度，他认为：(1) 不必要给承包商延长工期，即使延期 14 周，也不超出原定的 2 年工期；(2) 人行桥虽然重新设计，但工程量和钢筋量没有变化，仅在钢筋布置上做了修改，故不拟考虑经济补偿；(3) 额外工程将按工程量清单上的单价付款，故不存在另付现场管理费的问题；(4) 公路干线上的电缆迁移，虽然影响工期，但要求补偿管理费的理由并不充足，因为承包商的管理费本来是为 2 年工期使用的。虽然持上述反对工期索赔和费用索赔的意见，但建筑师仍将承包商的上述索赔要求转给业主的工料测量师，请他提出具体意见。

工料测量师在研究各项索赔的详细情况后，根据合同文件的规定，并在审核承包商索赔报告的基础上，提出自己对索赔款额的意见，报送给建筑师，主要内容如下：

1) 由于修改设计，使施工设备闲置 3 周。承包商按计日工的费率计算，应该不高于设备折旧率。至于租赁的履吊，则可按租赁的费率计算。

2) 至于额外工程，其产值为 185,000 美元。按照对合同额的分析：

中标合同额　　4,493,600 美元

减去 5%的利润　　4,493,600×0.05/ (1+0.05) =213,981 美元

4,279,619 美元

减去 7.5%的总部管理费　　4,279,619×0.075/ (1+0.075) =298,578 美元

3,981,041 美元

减去 12.5%的现场管理费　　3,981,041×0.125/ (1+0.125) =442,338 美元

每周的现场管理费　　442,338/78 周 (1.5 年) =5,671 美元

工程的直接费为　　3,981,041−442,338=3,538,703 美元

额外工程款 185,000 美元，按总合同额 4,493,600 美元在 78 周后内完成的营业额计算，其每周的营业额为：4,493,600/78=57,610 美元/周，则额外工程款的款额相当于：185,000/57,610=3.21 周的工程营业额。就是说，承包商要求的额外工程的现场管理费不应超过 3.21 周。承包商在自己的索赔报告中要求按 6 周支付，显然过多。工料测量师认为按 3 周支付较为合理。

这样，承包商完成额外工程应得的现场管理费应为：　　5,671×3=17,013 美元

另加 7.5%的总部管理费　　1,276 美元

18,289 美元

再加 5%利润　　914 美元

19,203 美元

3) 地下电缆迁移引起的工程拖期，亦引起承包商现场管理费的增加。由于承包商的报价书确实是按 1.5 年 (78 周) 计算的，所以电缆迁移引起的工期延误按合同规定应予

以补偿，即：5,671×6=34,026美元

至于总部管理费和利润，承包商未能提出有力的证据，故不予考虑。

工料测量师的上述建议，最终被建筑师和承包商接受，索赔争端遂获解决。

案例评述：

1. 工程师之所以认为修改设计使施工设备闲置3周而不是6周，是因为其中有3周是工程师已经允诺承包商停工的时间，这期间承包商应该采取措施减小损失。

2. 建筑师提出的额外工程，增加了工程量，因而工期应当延长；而且承包商除了得到管理费补偿外，还可以索赔相应的利润。但是修改设计和迁移电缆所引起的拖期，没有充足的证据证明是由于业主方面的责任而导致的，所以承包商的利润索赔被拒绝。

3. 在承包商的索赔计算中未计入总部管理费，但工料测量师的计算中考虑了此项费用。

在国际工程索赔中，以下几方面的费用一般是不允许索赔的。

（1）承包商对索赔事件的发生原因负有责任的有关费用。这是索赔的基本原则，即承包商仅有权索取责任在业主一方的、符合合同的附加开支或亏损。凡是涉及承包商责任的索赔事件，其费用业主不予考虑。

（2）承包商对索赔事件未采取减轻措施因而扩大的损失费用。在国际工程的承包施工合同中，承包商都有减轻工程风险损失的责任。就是在任何工程风险发生时（或发生以后），承包商有责任采取一切相应的措施，以免风险扩大，造成更大的损失；而采取这些减轻风险扩大措施的费用，承包商有权从业主方面得到补偿。如果在索赔事件发生时，以及风险发生后继续扩大的过程中，承包商未采取防护等措施，而任其损失扩大，则承包商无权取得扩大了损失的索赔费。这些减轻措施一般包括：保护工程尽量少受破坏；转移材料和设备；重新调配施工力量；改变材料供应计划等。

（3）承包商进行索赔工作的准备费用。每一项索赔工作，从申报索赔到决定索赔款额，是一个相当长的过程。在此过程中，承包商为了进行索赔要花费相当大的人力和财力，有时甚至要聘请专家或律师进行索赔咨询，这些索赔工作准备的费用一般是不能索赔的。

第三节 国际工程费用索赔计算原则与计价方法

国际工程索赔款额的计价方法很多，合同各方常采用自己习惯的计价方法，而且每个工程项目的索赔款计算也往往因索赔事件的不同而有所不同。但是，国际工程界对索赔款的计算通常都遵循以下基本原则。

一、费用索赔计算的基本原则

为了成功索赔费用，在索赔计算时必须明确费用的主客观性，并遵守费用索赔计算的基本原则。在国际工程费用索赔中，通常会遇到的三种难度不同的新增费用。

（1）第一类费用——客观性较强的费用

所谓客观性较强的新增工程费用（More Objective Added Costs），一般是指人工费、材料费、施工机械设备费等直接费用。这些费用一般都发生在工程现场。

（2）第二类费用——客观性较弱的费用

这一类费用包括新增的现场及总部管理费、在冬季和雨季施工时的工效降低费、发生

工程变更时的新增成本的利息等。这些费用一般都是存在的，但其客观性不如第一类费用那么明显，故称为客观性较弱的新增费用（Less Objective Added Costs）。

（3）第三类费用——主观性判断的费用

这一类费用一般没有精确的计算方法，在相当大的程度上依赖主观判断。如工人劳动情绪因受干扰而降低所发生的新增费用、机会利润损失等，往往带有相当大的主观判断成分，故被称为主观性判断的费用（More or Less Subjective Added Costs）。

在明确索赔费用主客观性的基础上，费用索赔时还需要遵守以下几项原则。

1. 实际损失原则

费用索赔以赔（补）偿实际损失为原则，主要体现在如下几方面：

1）按照索赔原则，承包商不能因为索赔事件而受到额外的收益或损失，索赔对业主不具有任何惩罚性。因此，承包商可以将实际损失，即干扰事件对承包商工程费用的实际影响，作为费用索赔值；

2）所有干扰事件引起的实际损失，以及这些损失的计算，都应有详细具体的说明，在索赔报告中必须出具相应证据，否则索赔要求是不能成立的；

3）当干扰事件属于对方的违约行为造成时，如果合同中有违约金，按照一般的合同规定，先用违约金抵充实际损失，不足的部分再赔偿。

2. 合同原则

在工程实践中，许多承包商常常以自己的实际生产值、实际生产率、工资水平和费用开支计算索赔值，认为这即为赔偿实际损失原则，这其实也是一种误解。这样常常会过高地计算索赔值，而使整个索赔报告被对方否定。在索赔值的计算中还必须考虑：

1）扣除承包商自己责任造成的损失，即由于承包商自己管理不善、组织失误等原因造成的损失由他自己负责；

2）符合合同规定的赔（补）偿条件，扣除承包商应承担的风险；

3）合同规定的计算基础，合同是索赔的依据，也是索赔值计算的依据。合同中的人工费单价、材料费单价等都是索赔计算的基础；

4）有些合同对索赔值的计算规定了计算方法、计算公式和计算过程等，这些是必须执行的。

3. 合理性原则

合理性即在费用计算时必须采用符合规定的，或通用的会计核算原则。实际成本的核算和报价成本的核算有一致性，而且符合通用的会计核算原则。

此外，也需符合工程惯例，即采用能为业主、调解人、仲裁人所认可的，在工程中常用的计算方法。在国际工程费用索赔中应尽可能采用业界比较认可的典型案例所采用的计算方法，这样索赔成功的几率相对会增大一些。

4. 有利原则

如果选用的计算方法不当，会使索赔款计算过低，使自己的实际损失得不到应有的补偿，或失去可能获得的利益。通常索赔款中应包括承包商所受的实际损失，它是索赔的实际期望值，也是最低目标。如果承包商通过索赔从业主处获得的实际补偿低于这个值，则导致亏损。有时承包商还希望通过索赔弥补自己其他方面的损失，如报价低、报价失误、合同规定风险范围内的损失、施工中管理失误造成的损失等。

在承包商提出索赔后，业主常常采取各种措施反索赔，以抵消或降低承包商的索赔值，向承包商提出扣款或其他索赔。

对重大的索赔，特别对重大的一揽子索赔，在最后解决时承包商常常必须作出让步，即在索赔款额上打折扣，以争取对方对索赔的认可，争取索赔的早日解决。

二、费用索赔计价方法

国际工程常用的费用索赔计算方法，大致可归纳为以下 5 种。

1. 实际费用法

实际费用法（Actual Cost Method）也称为实际成本法，是国际工程费用索赔计价最常用的计价方法，它实质上就是额外费用法（或称额外成本法，Extract Cost Method）。

实际费用法计算的原则是，以为索赔工作所支付的实际开支为根据，要求经济补偿。每一项索赔的费用，仅限于由于索赔事件引起的、超过原计划的费用，即额外费用，也就是在该项工程实施过程中所发生的额外人工费、材料费和施工机械设备费以及相应的管理费等。

关于可索赔的这项“额外费用”，在工程承包界人员的口头或书面论述中，经常采用一些不确切的称呼，如“新增的费用”，“附加的费用”等。索赔工作人员应该使用严密的合同语言，把这部分费用称作“额外的费用”。在索赔工作中，应该明确地区分“附加工程”和“额外工程”，因为它们的计价原则是不同的。

用实际费用法计价时，在直接费（人工费、材料费、施工机械设备费等）的额外费用部分的基础上，再加上应得的间接费和利润等，即是承包商应得的索赔额。因此，实际费用法客观地反映了承包商的额外开支或损失。

采用实际费用法计算索赔款时，其额外费用的组成部分可以参照上一节中所讲的费用索赔的组成进行计算。

在应用实际费用法进行计价时，应注意以下问题：

1）做好实际发生的成本记录或单据收集、保存工作，因为这是索赔计价中计算额外费用的基础；

2）正确分析索赔项目的存在性，即哪些费用可以索赔，哪些不能索赔，哪些有可能索赔，应尽量做到该索赔的不漏掉，可能索赔的尽量争取，并且不能没有根据地扩大索赔额。

2. 总费用法

总费用法（Total Cost Method）即总成本法，就是当发生多次索赔事件以后，重新计算出该工程项目的实际总费用，再从这个实际总费用中减去投标报价时的估算总费用，即为要求补偿的索赔总款额，计算公式为：

$$\text{索赔款额}=\text{实际总费用}-\text{投标报价估算费用} \tag{6-21}$$

在计算索赔款时，只有当实际费用法难以采用时，才使用总费用法。在采用总费用法时，一般要有以下条件：

1）由于该项索赔的特殊性质，难于或不可能精确地计算出承包商损失的款额，即额外费用；

2）承包商对工程项目的报价（即投标时的估算总费用）是比较合理的；

3）已开支的实际总费用经过逐项审核，认为是比较合理的；

4）承包商对已发生的费用增加没有责任；

5）承包商有较强的工程施工和管理能力。

在索赔工作中，不少人对总费用法持批评态度。因为实际发生的总费用中，可能包括了由于承包商的原因（如组织不善、工效降低、浪费材料）而增加的费用；同时，投标报价时的估算费用往往因为承包商企望竞争中标而过低。因此，按照总费用法计算索赔款，往往遇到较多的困难。

虽然如此，总费用法仍然在一定条件下被采用。这是因为，对于某些索赔事件，要精确的计算出索赔款额是很困难的，有时候甚至是不可能的。在这种情况下，审核已开支的实际总费用，取消其不合理的部分，然后减去报价时的报价估算费用，仍可比较合理地进行索赔款的计算。

3. 修正的总费用法

修正的总费用法（Modified Total Cost Method）是对总费用法的改进，即在总费用计算的原则上，对总费用法进行相应的修改和调整，去掉一些不确切的可能因素，使其更合理。

用修正的总费用法进行修正和调整的内容主要如下：

1）将计算索赔款的时段仅局限于受到外界影响的时间（如雨季），而不是整个施工期；

2）只计算索赔时段中的受影响工作的损失，而不是计算该时段内所有工作所受的损失；

3）在受影响时段内受影响的某项工程施工中，使用的人工、材料、施工机械设备等资源均有可靠的记录资料，如施工日志、现场施工记录等；

4）与该项工作无关的费用不列入总费用；

5）对投标报价的估算费用重新核算，将受影响时段内该项工作的实际单价乘以实际完成的该项工作的工程量，得出调整后的报价费用。

经过上述各项调整和修正后的总费用，可以比较准确地反映出实际增加的费用，作为给承包商补偿的款额。

据此，按修正后的总费用法支付索赔款的计算公式为：

索赔款额＝某项工作调整后的实际总费用－该项工作的报价费用　　(6-22)

修正的总费用法同未经修正的总费用法相比有了实质性地改进，它仅考虑实际上已受到索赔事件影响的那一部分工作的实际费用，再从这一实际费用中减去投标报价书的相应部分的估算费用。如果投标报价的费用是准确而合理的，则采用此修正的总费用法计算出来的索赔款额，很可能与实际费用法计算出来的索赔款额十分贴近，容易被业主和工程师所接受。

4. 合理价值法

合理价值法（Quantum Meruit，或 Reasonable Value Method）是一种运用公正调整理论（Equitable Adjustment Theory）进行补偿的做法，也称为按价补偿法。

在英美法系下，该索赔是建立在返还法（Law of Restitution）的基础上的，本质上是基于不正当得利的原则。采用该种方法索赔时，应符合三个原则：业主方获得了收益(Benefit)；承包商为这种收益付出了代价（at the contractor's expense)；如果业主保留这种收益会造成不公正性（Unjust）。法律中对收益、不公正、承包商付出的代价有明确的规定。

一般认为，合理价值法可应用于合同中没有明确规定索赔额的计算的情形，如果合同条件中规定了如何计算索赔款额，则不必采用此方法。

具体而言，这种方法常用于以下几种情况：

1）合同对某项工作做出了规定，但是未对该工作的费用作出规定。例如，承包商依据合同的明示或默示条款完成了某项工作，但是在合同中没有关于此项工作的计价方法。

2）准合同（Quasi-contract）。例如，当承包商和业主在对合同的主要条款进行谈判时，承包商已经在现场开始了工作，如果谈判失败，业主有责任给承包商一定补偿；但是这要视情况而定，需要依据合同关于谈判的规定以及是否符合不正当得利的原则等。在实际中，常常在中标意向函中对承包商发生此类费用的补偿额作出规定。

3）合同范围以外的工作。当合同中对某项工作出了规定，但是承包商进行此工作时超出了合同范围，可以获得一定数量的合理补偿。

4）合同被认为无效的、被业主拒绝或者被终止时所做的合同中的工作。在这种情况下，承包商可以根据合理价值法的原则有权要求对自己已经完成的工作取得公正合理的补偿。这种情况在实际中也是最常见的。

在国际工程费用索赔实践中，按照合理价值法获得索赔比较困难。这是因为项目的合同条件中没有经济补偿的具体规定，而且工程已经完成，业主和工程师一般不会轻易地再予以支付。在这种情况下，一般是通过调解机构或通过法律途径，按照合理价值法原则判定索赔款额，解决索赔争端。

5. 审判裁定法

审判裁定法（Jury Verdict Approach）是解决索赔争端、确定索赔款额的一个法律途径。它通过法庭审判、研究承包商的索赔资料和证据，并听取业主一方的申辩，最后确定一个索赔款额，以法庭判决的方式使承包商得到相应的经济补偿。

审判裁定法所依据的资料，包括工程项目的合同文件、承包商的索赔报告以及一系列必要的证据和单据。

美国的索赔法庭（The United States Court of Claims）负责专门审理各级政府部门的工程项目的索赔案件，即业主为政府部门的索赔争端。索赔法庭允许采用审判裁定法确定索赔款额，但必须符合以下条件：

1）利用其他的索赔计价法，如实际费用法、总费用法、修正的总费用法以及合理价值法等，均未能计算数额并解决索赔争端，并且未找到其他的索赔计价法；

2）承包商要求索赔的证据充足，可以据此做出公正、合理的裁决。

从实质上讲，审判裁定法所依据的证据资料同其他的索赔计价法一样，都是根据承包商的实际开支证明来做裁决。唯一不同的地方是，前四种索赔计价法是由合同双方协商一致而确定的，审判裁定法则是依靠法院审判而裁定的。

以上介绍的是国际工程费用索赔中最常用的一些计价方法，还有已支费用和预期费用法（Post Cost Plus-Cost Method），主观费用和客观费用法（Subjective Cost Plus Objective Cost Method）等。已支费用和预期费用法实质上属于总费用法：它将总费用分成两部分，在计算索赔款的某日以前的费用为已支费用；在该日以后的预期支出为预期费用。

主观费用和客观费用法是相对于索赔款组成的两个部分（直接费和间接费）而言的，客观费用（成本）一般指劳动力、材料、施工机械设备及现场管理费；主观费用（成本）一般指总部管理费、资金利息、利润等。

6. 费用索赔计价方法对比

根据国际工程费用索赔的实践，对索赔常用的索赔款计价法对比分析如下：

1）计算索赔最常用、合理的计价方法是实际费用法。它客观地反映出由于索赔事件引起的工程成本的增加值，即承包商有权索取的额外费用。而且，这些费用有确凿的支付单据等证据资料。

2）总费用法包含了诸多的争议因素，一般不容易被业主和工程师所接受；但是修正的总费用法已逐项核实了各项费用，使索赔款额比较合理，所以仍是可采用的计价法。

3）合理价值法和审判裁定法均不失为可采用的、有效确定索赔款额的方法，但它们的基础都必须是承包商提供的、经过审核而认为可靠的证据资料。

4）已支费用和预期费用法实质上仍属于总费用法的范畴，它的预期费用部分仍然包含着一些争议的因素。

5）主观费用和客观费用法应用较少，它的主观费用理论（Subject Cost Theory）和客观费用理论（Objective Cost Theory）还没有得到国际工程界的广泛理解和认可。

【案例 6-7】 索赔款计价方法比较

（选自梁鉴《国际工程施工索赔》（第二版））

关键词： 工程变更；总费用法；修正的总费用法

背景和综述：

某承包商通过竞争性投标中标承建一个宾馆工程。该工程由 3 个部分组成：两座结构形式相同的大楼，坐落在宾馆花园的东西两侧；中部是庭院工程，包括花园、亭阁和游泳池。东、西大楼的中标价各为 1,580,000 美元，庭院工程的中标价为 524,000 美元，共计合同价 3,684,000 美元。

在工程实施过程中，出现了不少的工程变更与施工难题，主要是：

1）西大楼最先动工，在施工中因地基出现问题而被迫修改设计，从而导致了多项工程变更，因此使工程实际成本超过计划（即标价）甚多。可幸的是，东大楼的施工没有遭受干扰；

2）在庭院工程施工中，由于遇到了连绵阴雨，被迫停工多日。又因为游泳池施工和安装时，专用设备交货期延误，处于停工等待状态，因而使工程费增多，给承包商带来亏损。

索赔过程及结果：

以上三部分工程的费用开支情况见表 6-6。

承包商费用开支情况表 单位：美元 **表 6-6**

工程部分	中标合同价	实际费用	盈亏状况
1）西大楼	1,580,000	1,835,000	−255,000
2）东大楼	1,580,000	1,450,000	+130,000
3）庭院工程	524,000	755,000	−231,000

续表

工程部分	中标合同价	实际费用	盈亏状况
合计	3,684,000	4,040,000	-356,000
4）西大楼工程变更	155,000	155,000	
全部工程合计	3,839,000	4,195,000	-356,000

从上表中可以看出：1）承包商在西大楼工程和庭院工程中均遭亏损，唯在东大楼施工中有盈利，盈亏相抵后，总亏损为356,000美元；2）在西大楼施工中，由于发生工程变更，承包商取得额外开支补偿款155,000美元。

在这一合同项目施工费用实际盈亏状况下，如果采取不同的索赔款计价方法，其结果如下。

（1）如果按总费用法结算，就要考虑该工程项目所有的三个部分工程的总费用，则其合同总价为3,684,000美元，但实际开支的总费用为4,040,000美元。按照总费用法的理论承包商有权得到的经济补偿为356,000美元。

但是，当采用总费用法时，业主肯定要提出许多的质疑，认为承包商亦应对其亏损承担责任，不能把全部的费用超支356,000美元都要求业主补偿；况且，为了弥补承包商在西大楼施工中遇到的干扰所造成的损失，业主和工程师已经以工程变更的方式向承包商补偿了155,000美元。

因此，承包商还要提出许多的证据来证明他要求的款额是合理的。

（2）如果按照修正的总费用法来计算索赔款，则不考虑三个部分工程的总费用，而仅考虑东、西两大楼工程的综合盈亏状况来索赔。因为这二座楼的结构形式相同，工程量相同，西大楼发生工程变更，东大楼没有受到干扰影响，因而是可比的。这样，其索赔款额应是：

3,285,000－3,160,000＝125,000美元

这样的计价，由于可比性强且款额较小，容易为业主所接受。

案例评述：

在工程索赔实践中，采用总费用法计算索赔款时需要承包商提供有力的证据进行论证。修正的总费用法与总费用法相比，有了实质性改进，易于被业主和工程师接受。在本案例中，对于各楼的费用索赔仍然采用了总费用法进行计算。所以，承包商论证各楼的总费用时应当提供充分的证明资料来支持自己的索赔要求。

第四节　国际工程工效降低的费用索赔计算方法

在国际工程索赔中，工效降低（Loss of Efficiency）有时也被称为生产效率降低(Loss of Productivity)。各种干扰都可能引起工效降低，造成工程进度、施工方案的改变，引起工程成本增加，进而引起索赔。工效降低引起的施工成本增加有时在索赔额中占相当大的比重。

在计算工效降低引起的工程成本增加时，需要参照承包商在投标报价书中列入的工效计算基础资料。根据这些工效基数来确定工效降低的具体数值，由此计算出工程成本增加

的数值，作为索赔的依据。如果上述费用增加不属于承包商的责任，均可作为索赔的依据。

一、工效降低计价的难点

工效降低索赔计价时有以下两个难点。

（1）难以准确地计算工效降低所引起的成本增加款额数。例如，由于延长工作时间（如每班连续作业10小时）所引起的工效降低，一般很难准确地量化。如承包商提出的工效降低系数（Loss Efficiency Factor，计算方法为：（工效降低期的工时数－正常效率下的工时数）/正常效率下的工时数，为0.55，而工程师认为可能为0.75，哪一种说法更接近实际，往往难以达成共识。因此，承包商应准备充分的现场工效记录资料，提出有说服力的证据。

（2）难以符合实际地划分责任。即在发生工效降低的现象时，到底是谁的责任往往难以准确地划分。例如，由于多种作业集中在一个部位操作，形成互相干扰而工效降低，承包商会说是由于业主的加速施工指令引起的，业主则可能指出是由于承包商的组织不善、物资供应不及时等引起的。因此，应该从合同责任或现场实况记录证据等方面建立自己的证据。由此可见，承包商在处理涉及工效降低的索赔计价时，应拿出足够的证据；而这些证据资料，如果没有一个完善的现场记录和报告制度，并将其持之以恒地执行，是不可能得到的。

二、工效降低的计价方法

工效降低索赔时应明确以下两点。

（1）工效降低索赔的前提是引起工效降低的原因不是承包商自己的责任或风险，而是业主方的原因或应由业主承担的风险。如果是属于承包商方面的责任，则承包商既无权得到工期延长，也无权得到经济补偿。如果是属于客观原因，即承包商和业主都无能为力的原因时（如战争、内乱、天灾、地震等），则承包商可以得到工期延长，而难以得到经济补偿。

（2）工效降低索赔的范畴一般是对人工费的超支而言，不包括施工机械设备费、材料费等其他费用。由于工效降低，承包商完成一定量的工作时，使用了较投标报价估算更多的工时，形成额外开支。这项人工费的额外开支以及相应的管理费和利润，就是承包商应得到的工效降低索赔款额。至于设备的窝工费，则应作为独立的索赔款组成部分，计入相应的索赔款额中去。

工效降低索赔款的计价方法很多，可以采用费用索赔的一般计价方法，如总费用法、修正的总费用法等。

1. 总费用法

该方法是费用索赔的一般计价方法“总费用法”在工效降低索赔上的具体应用。它是以整个工程为基础的计价法（Cost Method on a Job Basis）。计算公式如下：

工效降低索赔款额 ＝ 整个工程实际开支的人工费－报价估算的人工费　　(6-23)

这种计价方法有费用索赔一般计价方法“总费用法”同样的弱点，如计算的人工费可能包括承包商自己责任造成的，承包商可能在报价时故意压低人工费。

要克服这些缺点并不容易，当然承包商可以拿出整个工程的人工成本账和大量的单据来证明，作为索赔的论据，但这可能使索赔议价长期拖而不决。

2. 修正的总费用法

这种方法也是“修正的总费用法”在工效降低索赔中的具体应用，它是以部分工程或某项工作为基础的计价法（Cost Method on a Work Item Basis），计算公式如下：

工效降低索赔款额＝某项工作实际开支的人工费－该项工作报价估算的人工费 (6-24)

这种计价法同“总费用法”相比，争议的因素减少了许多。它仅局限于某一项工作，对报价中的人工费进行了重新估算，该项工作在实施中由于非承包商原因受到了干扰，使工效大为降低，这一事实为业主认同，对索赔要求自然容易接受。

当然，为了确定这部分工作中人工费支出额的合理性，业主还会要求承包商提出确凿的证据资料，如工资单、工人出勤记录、施工进度记录等。

3. 审判裁定法

和费用索赔计价方法的一样，审判裁定法往往是在没有更好的办法计算损失的数额时才会使用，法院根据现有的证据计算出一个公正合理接近实际情况的损失数额，详细内容可以参见费用索赔计算方法一节的介绍。

4. 专家证词法

采用此种方法，承包商在聘请专家证明生产效率损失时，必须保证所聘请的专家符合专业资格要求。有时候，即使专家符合专业资格要求，但是如果专家对承包商的实际施工过程不了解，并且没有相关类似工程的经验，业主就不会同意专家对承包商生产效率损失方面提供的数据。专家在提供工效降低方面的证词时，必须和工地的施工报告、进度计划和成本记录相联系。如果专家的证词没有和特定的证据存在必然的因果联系，业主也会否决承包商的索赔要求。

专家提供效率损失的计算方法时，必须证明其计算方法是根据承包商的实际成本数据得出的。专家必须证明承包商的实际费用是合理的，并且其未受到干扰时的费用也是根据预期计算得出的。如果专家仅仅提出意见，而没有实在的证据支持，法庭也不会采纳专家的证词作为索赔的证据。

5. 基准生产率法

这种方法是计算工效降低索赔额的最有效，且应用广泛的一种方法。它是通过比较在受影响的期间承包商的活动和未受影响下承包商相同的或相似的活动来计算损失，是一种以时段工效比较的计价法（Cost Method using Comparison Period），计算公式如下：

工效降低索赔款额＝工效降低期间的人工费－正常状态下的人工费 (6-25)

当然，在计算工效降低索赔款时，应在人工费的基础上加上合理的管理费和利润。应该注意上述人工费的计算受人工时的影响，而不是受人工单价的影响。

该方法的关键是确定一个生产效率损失的比较基准。承包商在作比较时必须注意所选择工作的可比性。如果两种工作存在较大差别，承包商比较的可信度就要受到影响。具体计算时，有以下两种简单且常用的方法。

(1) 通过人工时累计完成百分比进行计算

下面通过一个具体例子说明这种方法的大概步骤。

某项活动的持续时间为48天，每天记录工作量和工作时间。首先根据项目数据，绘制索赔工序的累计完成百分比表（可借助计算机等工具）。

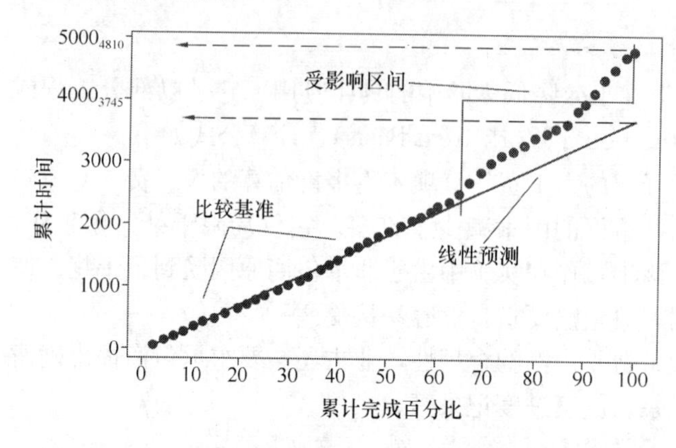

图 6-3　某项工序完成进度百分比和累计花费时间示意图

图 6-3 为某项工序完成进度的百分比和累计花费时间，图中的点的数量为 48 个。选取合适数目的点，确定不受影响区间，建立回归模型，预测活动完成的时间。在本例中，采用简单线性回归分析，其中观察得到的前 30 个点认为是不受影响的区间（Unimpacted Period），后面的 18 个点认为是受影响区间（Impacted Period）。该图中采用线性预测，可以预测出该活动全部完成时，累计工时应该是 3,745 小时，而实际时间为 4,810 小时，则损失时间为 1,065 小时（4,810－3,745）。

这种方法比较简单，但是存在的问题也显而易见。在上例中，如果选取前面 17 个点为基准进行预测，则可以得到不同的结果。同时，选取不同的回归模型，得到的结果也会不同。而且在此例中，假定的是前 30 个点不存在偏差，而在实际中，这些点不一定反映了实际的工效。在受影响的区间内，也没有考虑个体差别的影响以及哪一天受到影响，仅仅是计算总时间差。

（2）通过单位工时进行计算

下面介绍的方法是对计算生产率模型的一些改进，通过计算单位工时（和生产率成反比）能够比较准确的计算出基准单位工时，从而确定基准生产率。计算步骤如下：

1）按天（或多天）划分时间段，计算某项工作的单位工时（Unit Rate），采用如下公式进行计算：

$$单位工时=时间段内的人工时/时间段内的工作量 \tag{6-26}$$

通过上述公式可知，单位工时和人工生产率成反比。

2）利用控制图求出受影响的区域和基准单位工时

控制图是在质量控制中常用的方法，如图 6-4 所示，它通过计算一组数据的平均值 $\overline{D}$ 和标准方差 σ，将均值 $\overline{D}$ 作为中心线数值，$\overline{D}\pm n\sigma$ 分别作为上下限，其中 $n=1$ 或 2 或 3，当为正态分布时，n 取三个数值分别表示 68%、95%和 99%的保证率。此处可以取 $n=3$。详细介绍可以参考有关质量控制方面的书籍。

①求出所有时间段生产率的算术平均值 $\overline{D}$ 和标准方差 σ；

②绘制控制图，找到超出上下限的点，如图 6-4；

③将超出界限的点排除，再计算在界限以内的点的算术平均值和标准方差；

④重复上面两个步骤，直到所有的点都落在界限以内，最后结果见图 6-5；

⑤此时的平均值就是基准生产效率，落在界限以外的就是受影响区间。

3）依据基准单位工时计算工效降低索赔额

通过采用基准单位工时，计算受影响的各个时间段（和生产率的时间段取值相同）正常状态下的工时，根据人工单价，求出正常状态下的总的人工费。

也可以通过基准单位工时计算受影响时间段中正常状态下的工程量，此工程量与实际

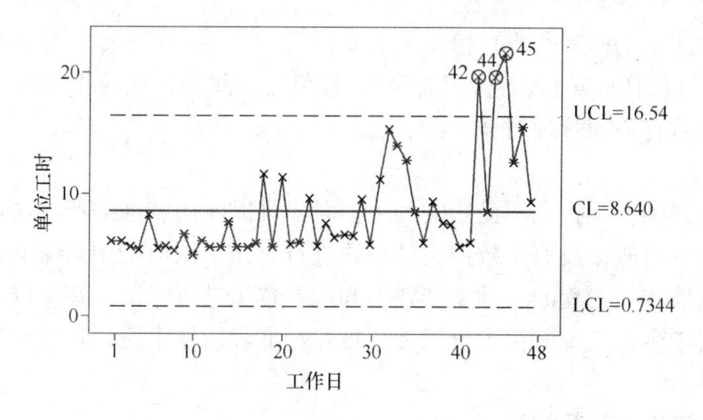

图 6-4 单位工时控制图 1

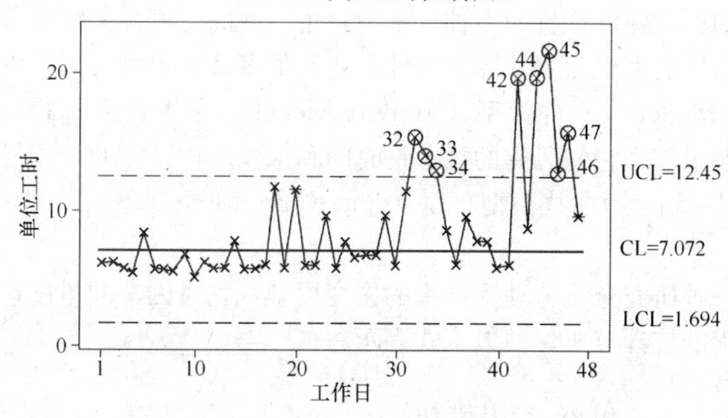

图 6-5 单位工时控制图 2

完成工作量的差值，再乘以人工单价，即为正常状态下的人工费。

4）利用公式（6-24）进行计算

这种方法有如下优点：①可以不必事先确定受影响区间和不受影响区间，在计算结果中确定哪些时间段是受影响区域，可以较为准确地划分责任；②可以用来判定生产效率是否降低，如果全部落在区间内，则没有工效损失；③计算的基准工时较为准确。

这种方法也存在不足，如由于学习曲线的影响，生产效率可能随着时间而逐渐上升，由于生产条件的不同、时间段的选择不同，也会影响结果的准确性。

(3) 利用平均生产率指数进行计算

在正常生产率下，承包商的平均生产率指数（Average Productivity Index）可由下列公式求出：

$$平均生产率指数=工程进度款总数/工资总数 \tag{6-27}$$

$$平均生产率工资=受干扰时的工程进度款/平均生产率指数 \tag{6-28}$$

$$工效降低人工费损失=实际工资-平均工资 \tag{6-29}$$

例如，在正常的、未采取加速施工的情况下，承包商为完成某一数量的工程得到工程进度款 100 万美元，而他的人工费开支为 40 万美元，则其平均生产率指数为 2.5。

如果承包商加速施工期间的工程进度款收入为 75 万美元，求得在加速施工条件下承包商可能获得的人工费（工资）款额，将加速施工期间的工程款数额除以平均生产率指数 2.5，即得承包商按照平均生产率所得的工资额：平均生产率工资=75/2.5=30 万美元。

承包商在加速施工期间所支付给工人的实际工资为50万美元，而平均生产率工资为30万美元，则承包商应得的人工费损失为20万美元。此外，他应得到为了加速施工所支付的其他与人工费有关的管理费和利润。

6. 其他方法

当在工程中遇到很难找到不受影响的工作时，难以使用基准生产率法，此时可以通过精确计算实际花费与假设没有工效损失的花费进行对比，得出费用索赔的数额。采用这种方法时，需要选取相似工程的实际生产效率和成本费用进行对比。在美国，很多法庭或合同条件中规定对于生产效率的损失可以参考行业标准和指导手册，这些标准和手册一般由著名的协会编写。

三、劳动生产率的计算模型

在上述介绍的工效降低计价的多种方法中，生产率的估算是关键环节。除了前面介绍基准生产率法时采用的生产效率计算方法外，还有很多其他模型可以计算劳动生产率，如延误模型（Delay Model）、动作模型（Activity Model）、任务模型（Task Model）等，这些模型多源于工业工程，它们研究的核心是时间和工作取样。在此介绍另外两种：因素模型（Factor Model）和学习曲线模型（Learning Curve Model）。

1. 因素模型

因素模型是一种研究全员劳动生产率的多变模型，它对因素的量度包括了对全员劳动生产率和相关因素的统计分析，并以下式表示：

$$AUR_t = IUP(q) + \sum_{i=1}^{m} \alpha_i x_i + \sum_{j=1}^{n} f(y)_j \tag{6-30}$$

式中 AUR_t——t 时期内实际（或预计）全员劳动生产率

IUP——标准状态下一般作业的理想生产率，IUP 是 q 的函数

q——作业重复的次数，IUP 随 q 增加而增加，反映了“学习”效果

m——影响劳动生产率因素的个数

α_i——影响因素 i 对劳动生产率的影响值（常数）

x_i——0～1 变量，表明因素 i 存在与否

$f(y)_j$——用整数变量或连续变量表示的因素对劳动生产率的影响子模型

n——所有用整数变量或连续变量表示的子模型的个数

影响劳动生产率的因素主要有：劳动能力、设计特点、现场状况、管理状况、建设方法、工程组织结构等。该模型还被用来研究温度、湿度、噪声、风速等对劳动生产率的影响。

该模型涉及多个变量，每个变量都需要大量的实际测量数据来支持，对这些数据进行统计分析才能确定各个子函数 $f(y)_j$ 。

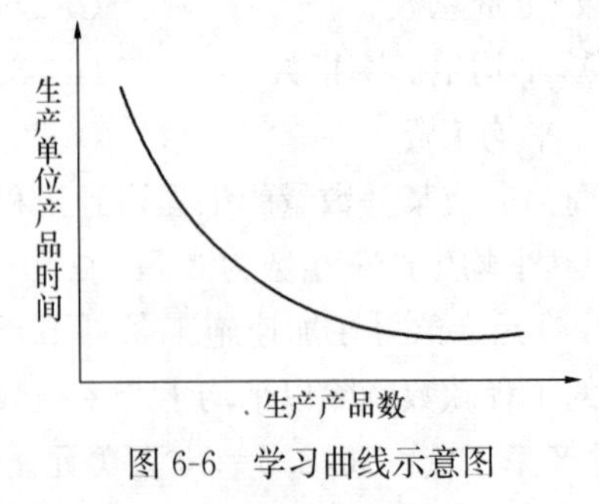

图 6-6 学习曲线示意图

2. 学习曲线模型

该模型的基本思想是随工作重复次数的增加，工人对工作掌握程度、熟练程度会得到提高，工作方法也会更科学，相应的劳动生产率也会在一定范围内增长。人工生产单位产品的平均时间和生产产品数的大致关系可以用图 6-6 表示。

在一定范围内，生产单位产品所需工时随累计产

量的增大而呈现递减趋势，由此产生了学习曲线的解析式：

$$y = ax^{b} \tag{6-31}$$

式中　y——生产单位产品累计平均时间

a——产出第一个单位产品所消耗的时间

x——累计产量

b——改进函数（表示学习进步的程度），$b=\log r/\log 2$

r——学习比率，等于累计产量加倍时每单位产品累计平均时间比值

依实际经验学习比率通常取 80%（参见《经济大辞典》会计卷 576 页，上海辞书出版社，1991），所以 $b=\log0.8/\log0.2\approx-0.32$，于是，学习曲线可被粗略描述为：

$$y = ax^{-0.32} \tag{6-32}$$

在实际应用中，某工程项目某承包商的学习比率应根据以往正常生产情况预测得出。设已知承包商过去正常情况下的任意两组数据 x_1，y_1；x_2，y_2 可得：

$$y_1 = ax_1^{b}$$

$$y_2 = ax_2^{b}$$

$$b = \log(y_1/y_2)/\log(x_1/x_2)$$

$$r = 2^{b}$$

在实际索赔工作中，学习曲线可以作为计算劳动生产率降低的一种有效的补充方法。

【案例 6-8】　工效降低引起的费用索赔

（选自梁鉴《国际工程施工索赔》（第二版））

关键词： 工效降低；分包商索赔

背景和综述：

某土建承包商向一位房建总承包商分包一段道路的土方挖填工作，挖填方总量为 1,750m³，计划用 8 个台班的推土机，65 个工日劳动力。

在施工过程中，由于总承包商施工的干扰，使这项工作在 10 天内完成，而每天出勤的设备和工人均未减少。

索赔要求：

土建分包商向房建总包商提出了附加开支的索赔要求，即超过计划的 2 天的施工费用补偿如下：

2 天的设备台班费	2×850＝1,700 元
2 天的人工费	2×8 人×35 元＝560 元
	2,260 元
管理费（9.5%）	215 元
	2,475 元
利润（5%）	124 元
工效降低索赔款	2,599 元

索赔处理过程及结果：

房建总承包商对此项索赔予以接受，并支付给土建分包商 2,600 元。

案例评述：

1. 由于总承包商干扰造成的工效降低以及使分包商遭受的损失，应由总承包商负责。

2. 本案例中计算管理费时没有区分现场管理费和总部管理费，但在实际索赔实践中，最好将这两类管理费分开计算。

复习思考题

1. 国际工程索赔费用一般由哪些部分组成？
2. 请列出你所学到的国际工程费用索赔的计算方法，并说明其适用范围？
3. 总部管理费有哪些计算方法？
4. 可以索赔利润的情况通常有哪些？
5. 国际工程索赔中不允许费用索赔的情况有哪些？
6. 比较工效降低的计价方法和一般费用索赔的计价方法的异同。

第七章　国际工程常见典型索赔问题

国际工程中常见的索赔问题有很多，本章归纳了其中比较典型的索赔问题，包括现场条件变化引起的索赔、工程变更引起的索赔、加速施工引起的索赔、物价上涨和汇率问题、工效降低引起的索赔、暂停施工或终止合同引起的索赔等，并结合实际案例对这些典型的索赔问题进行了分析。

第一节　现场条件变化引起的索赔

现场条件变化的含义是：承包商"遇到了一个有经验的承包商不可能预见到的不利的自然条件或人为障碍（Adverse Physical Conditions or Obstacles，简称 APC）"，因而导致设计变更、工期延长和工程成本大幅度增加。现场条件变化主要是指工程现场的地下条件（即地质、地基、地下水及土壤条件）同招标文件中的描述差别很大，或在招标文件中根本没有提到。至于水文气象方面原因造成的施工困难，如特大暴雨、洪水等不属于现场条件变化的范畴。

现场条件变化这一事实，在不同的标准合同范本中有不同的称呼。FIDIC 99 版施工合同条件中称其为"不可预见的外界条件"（Unforeseeable Physical Conditions），美国土木工程标准合同条件将其称为"不同的现场条件"（Differing Site Conditions）。

一、不利现场条件的类型

在国际工程中通常将不利的现场条件分成以下两类。

1. 第一类不利的现场条件

第一类不利的现场条件（APC TypeⅠ）是指在招标文件中描述失实的现场条件，即在招标文件中对施工现场存在的不利条件虽然已经提出，但严重失实。在实际工作中经常遇到的第一类不利的现场条件主要有以下情况：

1）在开挖现场挖出的岩石或砾石的位置高程与招标文件中所述的位置高程差别甚大；

2）招标文件钻孔资料注明系坚硬岩石的某一位置或高程上，出现的却是松软材料；

3）破碎岩石或地下障碍物的实际数量大大超过招标文件中给出的数量；

4）设计指定的取土场或采石场开采出来的土石料，不能满足强度或其他技术指标要求，而要更换料场；

5）实际遇到的地下水在位置、水量、水质等方面与招标文件中的数据相差悬殊；

6）地表高程与设计图纸不符，导致大量的挖填方量；

7）需要压实的土壤的含水量数值与合同资料中给出的数值差别过大，增加了碾压工作的难度或工作量等。

2. 第二类不利的现场条件

第二类不利的现场条件（APC TypeⅡ）是指在招标文件中根本没有提到，而且按该项工程的一般施工实践完全是出乎意料地出现的不利现场条件。这种意外的不利条件，是有经验的承包商难以预料的情况，如：

1）在开挖基础时发现了古代建筑遗迹、古物或化石；

2）遇到了高度腐蚀性地下水或有毒气体，给承包商的施工人员和设备造成意外的损失；

3）在隧洞开挖过程中遇到强大的地下水流等。

二、处理原则

上述两种不同类型的现场不利条件，无论是招标文件中描述失实的，还是招标文件中根本未曾提及的，都给承包商带来严重困难，引起工程费用大量增加或工期延长。从合同责任上讲，不利现场条件不属于承包商的责任，因而应给予相应的经济补偿和工期延长。

在处理因现场条件变化引起的索赔时，需要考虑以下几个方面的问题：

1）什么是本工程可以合理预料到的不利现场条件或人为障碍？

2）实际遇到的条件是怎样的？

3）实际的不利条件与承包商可合理预料的不利条件差异有多大？

4）实际遇到的不利条件是否引起了承包商的费用增加和工期延长？

5）通过适当的标前现场查勘，是否可以发现这些不利条件？

通过分析这些问题，就可以判断这种不利条件是不是“一个有经验的承包商不可预见的”，从而决定承包商是否有权力索赔。

在国际工程索赔实践中，由于不利的现场条件而提出的索赔要求一般不容易取得成功。这是因为不利的现场条件包含着广泛的内容，它既包括由于勘探工作粗浅，因而在招标文件中描述失实的现场条件，即“第一类不利的现场条件”；又包括超出工程实践经验而意外出现的现场条件，即所谓的“第二类不利的现场条件”。而且，对于如何界定是否是“有经验的承包商”也比较困难，合同双方经常有不同的理解或解释。

因此，承包商在提出由于不利的现场条件导致的索赔时，要附以充分的论证资料，并紧密联系该工程项目的合同文件。对于笼统的“不利的现场条件”要尽量具体化，详细列出不利的现场条件和由此造成的损失，提出具体的索赔要求，如由于地质条件恶劣而要求修改施工单价；由于地下水涌出流量增加而需要增加排水设备；由于工效降低而要求业主给予相应的补偿；由于工期延长而要求给予管理费补偿等。

【案例 7-1】 现场条件变化引起的索赔

（选自梁鑑《国际工程施工索赔》（第二版））

关键词：不利的现场条件；工期延长；管理费补偿

背景和综述：

某地道工程规模较大，是城市交通的一条要道。合同额 2,493,360 美元，合同工期 28 个月。工程项目的合同文件包括：英国土木工程师学会的 ICE 标准合同条件、施工技术规范、工程量清单以及施工图等。

在施工过程中，发现地道穿过的山体岩石中有大量的软弱夹层，使掘进工作十分困难，只有在钢架支护的情况下才能掘进。

由于上述原因导致承包商遭受损失，承包商遂以“不利的现场条件”为由向业主和工程师提出了索赔要求。

索赔处理过程及结果：

工程师的复函否定了承包商的要求，信中指出："地道中岩石状况是一个有经验的承包商应该预料到的，它并不比预料的更差。况且，你在报送投标书前已经看到了地质勘探报告及钻孔岩芯，而且已做过现场勘查。因此，我无法同意对此发出任何的变更指令。"

在此基础上，工程师拒绝了承包商对劳动力窝工、设备生产率降低等项索赔要求，而仅对工期延长（3.5个月）期间的管理费进行了补偿，即：

合同总额	2,493,360美元
总部及现场管理费，占14.5%	361,537美元
合同工期28个月，每月管理费	12,912美元
延长3.5个月管理费补偿	45,192美元

案例评述：

1. 本例中承包商无法证明所遇到的困难是"有经验的承包商难以预料的"，因此索赔起来比较困难；业主同意了3.5个月工期延长实际上是客观承认了承包商遇到的困难。

2. 本例责任的认定倾向于第二类不利的现场条件，这一不利的现场条件也不是业主及工程师可以预料到的。

3. 本例中工程师给予适当的工期延长及管理费补偿，索赔的解决还算是比较合理的。

【案例7-2】 现场条件变化引起的综合索赔

（选自梁鑑《国际工程施工索赔》（第二版））

关键词： 不利的现场条件；费用索赔；低价中标

背景和综述：

总承包商B以公开竞争性投标方式中标修建业主A的一幢大厦工程，中标价为2,850万美元，工期32个月，采用总价合同。在开挖地基过程中，发现原地面以下9～11m深处存在淤泥层透镜体，严重影响到大厦基础的稳固性。这一软弱地层在招标文件的资料中没有任何反映，在设计图纸及施工技术规范、工程量表中亦没有任何叙述及要求。

索赔要求：

由于现场条件的变化，导致需要增加打基桩以加固大厦基础，从而增加了工程量，并产生额外费用。因此，承包商发出了索赔通知书，并按时报送索赔报告。该索赔报告经过详细计算，要求延长工期4.5个月。同时，在费用索赔报告中，提出补偿成本超支283万美元。

索赔处理过程及结果：

业主的咨询工程师驻工地代表对承包商的索赔报告进行了详细地研究，并做了施工进度影响分析及工程成本影响分析，即根据所发生的地质变化情况，参照合同文件的规定，由咨询工程师自己进行独立的分析和计算，以确定索赔事件（地基软弱层）对工程工期及工程成本可能发生的影响，从而确定可允许的（即业主可接受的）工期延长和工程成本增加数量，作为对承包商进行补偿的依据。经过对索赔报告进行全面的分析后，咨询工程师对承包商的索赔报告，提出了以下处理意见，在征得业主同意后向承包商正式提出：

（1）根据新增加的额外工程工作量，对原定的施工进度重新进行网络分析，调整施工顺序安排，求得整个工程量需要35.5个月的工期。即在原定工期32个月的基础上，再给承包商3.5个月的工期延长。因此认为承包商要求的4.5个月的工期延长中，1个月的工期要求不能成立。

(2) 根据新增加的工程量，并考虑人工费、材料费和施工机械设备费的增加调整，计算出在完成额外工程的条件下，工程总造价为3,085万美元，较招标文件工程造价预算3,010万美元增加75万美元，即认为可以给承包商补偿成本超支75万美元。对承包商提出的283万美元的索赔要求，只能满足75万美元。承包商最后同意按此解决。

在费用索赔方面，承包商的索赔要求远远超出75万美元，经过咨询工程师的论证和说明，承包商得出了如下的经验和结论：

(1) 承包商在竞争性投标时，为了争取中标而压低了报价，以2,850万美元的报价达到了中标的目的。与大厦工程的总成本预算3,010万美元相比较，承包商少报了160万美元。这是承包商自己主动承担的风险，应由自己承担，不应作为索赔的根据。

(2) 承包商在索赔报告中，根据额外工程引起的投资增加量，计算得大厦工程的调整后的总成本为3,133万美元，较其中标价2,850万美元超出283万美元，遂要求索赔款额为283万美元。同实得索赔款75万美元比较，超出的208万美元不能得到补偿。这就是承包商“低价中标”策略给自己带来的经济损失。

(3) 根据咨询工程师进行的分析计算，包括必须完成的额外工程（增打基桩）在内的工程总造价为3,085万美元。而承包商计算出的新的总造价为3,133万美元。这二者之差48万美元反映出承包商在实施项目阶段的风险，它可能来自承包商的施工组织不善或施工效率不高，也可能来自于承包商在计算索赔款额时有意地抬高索赔款额。

(4) 承包商为了中标而压低报价160万美元，说明在投标报价过程中就承担了160万美元的经济风险。如果不发生地基软弱层引起的索赔事件，他自己不可避免地要承担这一经济损失。发生索赔事件以后，承包商得到75万美元的经济补偿；这时，他计算出的工程总造价（即总成本3,133万美元）较咨询工程师计算的总造价（3,085万美元）多48万美元，这就是在项目实施过程中承包商所承担的实际经济风险。这说明承包商在投标报价中给自己形成的160万美元的经济风险，通过实施阶段的索赔，减为实际经济风险48万美元。这二者之差112万美元（160万－48万）相对地减轻了自己的经济风险。也就是说，承包商由于索赔事件相对地得到了收益。

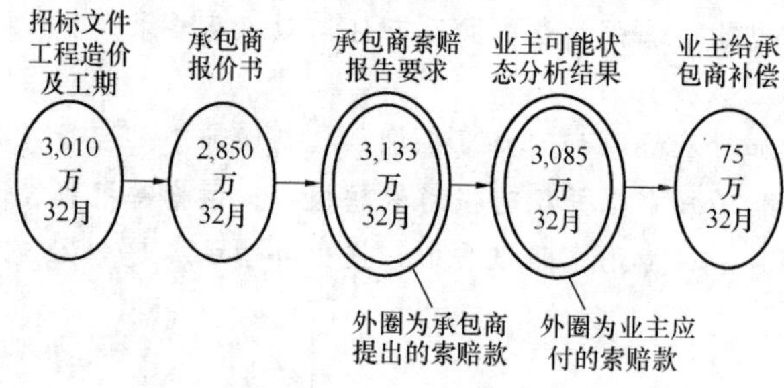

图7-1　索赔报告分析处理过程示意图

本实例的索赔报告分析处理过程，如图7-1所示。

案例评述：

1. 本案例是由于第二类不利的现场条件引起的索赔，承包商可以索赔工期以及相应的费用。

2. 本案例涉及了低价投标与索赔的关系。由案例可以看出，承包商不应过分压低报价以求中标，否则会在工程实施之前让自己承受太大的经济风险；另一方面，承包商应加强施工管理，善于抓住索赔机会，尽量减轻自己的风险。从这个意义上说，通常说的“中标靠低价，盈利靠索赔”有一定道理，但是更正确的做法应该是“盈利靠管理”。作为一个国际工程的承包商，应该把注意力放在不断提高项目管理水平上，这才是真正的盈利源泉。

3. 本案例中，承包商的经验总结第（4）条中对风险的分析是不合理的。承包商投标报价过程中承担的160万美元经济风险一直存在。实际上，承包商承担的风险包括其在投标报价过程中承担的经济风险以及工程实施过程阶段承担的经济风险两部分，即160＋48＝208万美元。

第二节 工程变更引起的索赔

工程变更（Changes/Variations）是合同实施过程中出现了与签订合同时的预计条件不一致的情况，而需要改变原定施工承包范围内的某些工作。图纸的任何改动、材料的改变、不可预料的现场条件或设计错误都可能引发工程变更。但不管是何种原因导致的工程变更，都会对工程成本和进度产生较大的影响。工程变更引发的索赔是工程实施过程中最常见的现象，一般是由承包商向业主提出的。

一、工程变更的类型

工程变更通常有指示的变更和推定的变更两种类型。

1. 指示的工程变更

指示的工程变更（Directed Changes）指的是由业主颁发变更指令而进行的变更，此类变更的处理程序通常在合同条件中有明确规定，因此比较容易识别；此类变更下承包商可得到相应的工期延长和费用补偿。

2. 推定的工程变更

推定的工程变更（Constructive Changes）指由于某些事件、条件、行为或者环境导致承包商合同义务改变引起的变更。业主没有颁发正式的变更指令，但要求承包商履行不同于原合同条件下规定的义务或实施不同于原合同条件下规定的工作，以及过度检查、不当拒绝工程、干扰施工和额外的实验要求等行为都构成推定的变更。推定的工程变更不改变工作的性质和数量，但是可能对施工方式和方法有影响，进而影响成本和进度。处理此类变更时常常会引发争议。

在解释合同条件时，美国率先使用“推定的”（Constructive）合同条件这一概念，并在合同争端的法院判决词中引用。后来，在世界其他国家的合同解释中，亦开始采用可推定学说。所谓“推定的”，就是指“实际上已经形成的”，而且是合同双方均“已知道的”。例如，在施工进行过程中，业主方人员或工程师口头指示承包商进行某种工程变更，或要求进行追加工作（附加工程或额外工程），承包商已经照办，业主方面的主要合同管理人员亦已知晓，这一工程变更即构成“推定的工程变更”，它的合法性应得到业主的认可，因而应得到经济补偿。当然，承包商为了论证这一个工程变更是可“推定的”，应该提供相关的证据，如变更是某月某日是谁指示的、如何指示的等。对于“推定的工程变更”，只要承包商能够提供足够的证据，就有权得到由此而增加的费用和工期延长。

同上述“推定的工程变更”相类似，在国际工程索赔中，还常常使用“推定的加速施工”、“推定的暂定施工”等论点。

二、新增工程

在工程变更中，新增工程的现象比较普遍。业主在工程变更指令中经常要求承包商完成某种新增工程。如果承包商认为该项工作已超出原合同的工作范围，就可以提出索赔要求，以弥补自己不应承担的损失。

1. 新增工程的类型

根据新增工程与工程项目之间的关系，一般将新增工程分为“附加工程”和“额外工程”两类。

(1) 附加工程

所谓附加工程（Additional Work），是指那些为了完成合同项目所必不可少的工程，如果缺少了这些工程，该合同项目便不能发挥合同预期的作用。或者说，附加工程就是合同工程项目必需的工程，无论这些工作是否列入该工程项目合同文件中，承包商在接到业主的工程变更指令后都必须完成这些工作。对于附加工程来说，即使工程量清单中没有列入，它也可以增列进去，但是额外工程不应列入工程量清单中去。

(2) 额外工程

所谓额外工程（Extra Work），是指工程项目合同文件的“工作范围”中未包括的工作，缺少这些工作，原定合同工程项目仍然可以运行并发挥其效益。所以，额外工程是一个“新增的工程项目”，而不是原合同项目工程量清单中的一个新的“工作项目”。它在招标文件的工程量清单及施工技术规范中都没有列入，因而承包商在采购施工机械设备和制定工程进度计划时都没有考虑。因此，对这种额外工程，承包商虽然可遵照业主的指令予以完成，但理应得到经济补偿及工期延长。

2. 处理原则

如何确定一项新增工程是属于“附加工程”还是“额外工程”，这是经常遇到的问题。通常遵循以下原则：

1）包括在招标文件中的“工程范围”所列的工作内，并在工程量清单、技术规范及图纸中所标明的工程，均属于“附加工程”；

2）在发生工程变更时，合同双方首先需要判断这些变更是否从实质上改变了原合同，是否形成了新的合同；如果是，那么此项变更就构成了“根本性的变更”。“根本性的变更”属于“额外工程”，否则应属于“附加工程”。

3）发生的工程变更的工程量或款额超过了一定的界限时，通常认为其应属于“额外工程”。在国际工程中，这种处理原则被广泛参照采用。如美国旧金山海湾区高速运输线工程，其合同条件中曾有这样的规定：“任何一项合同所含的工作项目，其合同价格相当于（或大于）投标合同总价的5%，当其合同价格的变化（增加或减少）超过25%时，应进行价格调整。”这里允许价格调整，是因为已经在数量上超出了“附加工程”的范围。

这两种不同性质的工程在是否需要重新发出工程变更指令、是否需要重新议定单价以及采取什么结算支付方式等方面，都存在较大的不同，详见表7-1。如果属于“附加工程”，则计算工程款时应按照投标文件工程量清单中所列的单价或参照近似工作的单价进行计算。如果属于“额外工程”，则应重新议定单价，按新单价支付工程款。从严格的意义上讲，附加工程的工程款的申报和获取是合同实施中的正常工作，虽然业主有时要为

“附加工程”补发变更指令，但它仍然属于合同范围以内的结算和支付问题，并不属于索赔的范畴。

新增工程处理原则　　**表 7-1**

工作性质	按合同工作范围	工程量清单中的工作项目	工程变更指令	单价	结算支付方式
新增工程	附加工程：属原合同工作范围以内的工程	列入工程量清单的工作	不必发变更指令	按投标单价	按合同规定的程序按月结算支付
		未列入工程量清单的工作	要补发变更指令	议定单价	按合同规定的程序按月结算支付
	额外工程：超出原合同工作范围的工程	不属工程量清单中的工作项目	要发变更指令	新定单价	提出索赔，按月支付
			或另订合同	新定单价或合同价	提出索赔，或按新合同程序支付

在实践中，业主常常以下达“新增工程”的变更指令方式，要求承包商完成某些“额外工程”，而在支付这些工程的进度款时，仍按工程量清单中的投标单价计算。这对于承包商来说是不合理的。因此，承包商在工程项目合同管理和索赔工作中，应该尽可能区分“附加工程”和“额外工程”这两种性质不同的工作，以维护自己的正当利益。

【案例 7-3】 新增工程引起的索赔

（选自梁鑑《国际工程施工索赔》（第二版））

关键词：额外工程；实际费用法

背景和综述：

美国某道路建设公司承包一条乡村公路的施工，合同规定公路长度为 8,015m，工期 10 个月，合同价 4,818,500 美元。

在施工期间，业主要求增建一条支路，通往距公路干线 700m 的一个农场。承包商认为，此系合同工作范围以外的额外工程，应按实际费用法计算工程款，不同意按中标文件的单价进行结算。业主和主管项目的合同官员（Contract Officer）表示同意。

在这条支线工程完工时，承包商提出了如下的索赔款汇总表，并附以大量的票据证件及计算书，报合同官员及业主审核予以支付。

经合同官员及审计师（Auditor）审核，基本同意承包商的索赔报告，并向业主提交了建议书。

公路支线施工索赔汇总表　单位：美元　　**表 7-2**

费用项目	索赔额	索赔额累计
人工费	103,950	
材料费	110,735	
设备费	87,580	
临时设施	24,840	
直接费合计	327,105	327,105
现场管理费，10.5%	34,346	361,451
总部管理费，5.5%	19,880	381,331

续表

费用项目	索赔额	索赔额累计
保险费	7,975	389,306
贷款利息	23,500	412,806
利润，5%	20,640	433,446
索赔款合计	433,446	

案例评述：

1. 本案例中业主指示增建一条支路，超出了原合同的工作范围，因此属于额外工程。

2. 在计算额外工程的费用时采用了实际费用法，这种算法是比较常见的，也比较合理。

3. 由于该项变更是业主指示的，因此承包商还可以要求业主支付合理的利润。

三、变更工程的估价

变更工程估价是变更工作的一个重要问题。在合同条件中应该对如何确定变更工程的价格进行明确规定；在没有此类规定的情况下，变更工程的价格也可以参照承包商实施工程的费用支出信息、承包商获得的历史数据或者业主同意的其他估价惯例来确定。

1. 确定变更工程价格的方法

确定变更工程价格的方法通常有以下几种：1）实际费用法；2）总费用法；3）修正的总费用法；4）合理价值法；5）审判裁定法。

在发生工程变更时，根据不同的情况选取合适的方法。在本书第六章中已对这几种方法进行了详细分析。

2. 变更工程单价的确定

在单价合同中，单价调整是合同价格调整最主要的内容。如果需要确定变更工程的单价，然后计算该部分工程的费用时，选取合适的单价也是变更估价的一个重要问题。

按照 FIDIC 99 版施工合同条件和 ICE 合同条件等目前广泛采用的变更工程单价确定办法，从原则上讲，新单价应由合同双方协商议定；但在双方不能达成一致时，则由工程师“确定一个他认为合理的单价或价格，并相应地通知承包商及抄送给业主”。这里单价是否“合理”，需要靠工程师的“公正”程度来决定了。在这种情况下，如果承包商认为业主确定的单价不合理，仍有提出索赔的权利。

一般地说，变更工程单价确定的方式，一般有以下 3 种。

(1) 按报价书中的单价计算工程款

如果工程师认为投标单价适合于此项变更工程，便可决定按投标时的单价计算，即

工程款额＝投标单价×实际完成的工程量

工程师在做出此决定时应该考虑以下因素：

1）变更工程的性质及数量；

2）变更工程对施工开办费的影响程度；

3）发布工程变更指令的时间；

4）变更工程的施工方法；

5）变更工程的位置与原合同工程的差异程度等。

(2) 参照投标单价确定新单价

如果原单价（投标书中的单价）与变更工程的性质、数量、地点、施工方法等差别甚大，而不适用原单价时，则参照原单价数额确定一个合理的新单价。这时往往用插入法或按比例分配法确定新单价。

(3) 重新确定新单价

当变更工程与合同范围内的工程性质有较大的差别，原投标单价不能参照采用时，往往由业主和承包商进行充分协商，共同确定一个合理的新单价。如果业主与承包商不能协商一致，则由业主确定一个他认为合理的单价，通知承包商。如果承包商不同意业主的决定可以进一步提出索赔。如果对确定新单价没有时间限制或没有进一步的要求时，则可由业主确定一个临时性的单价或价格，暂时按此进行期中支付。

四、由于变更引起的合同价调整

当变更工程的费用超过一定限制时，通常会对合同价格进行相应的调整，而且仅考虑对超出的部分进行合同价调整。在国际工程惯例中，通常将该限制设定为15%。在FIDIC土木工程施工合同条件第四版中规定，在颁发整个工程的接收证书时，如果发现由于全部变更工程的费用以及实测工程量全部调整费用（不包括备用金和计日工的费用，以及第70条的调整款数）的总和超过"有效合同价"±15%时，则应通过协商，在合同价上增加或减少某一"款额"。例如，由于工程变更，某项工程的实际结算款与合同价相比变化了20%，这时，仅考虑对超过15%的部分，即仅对5%进行合同价调整。

至于此项"款额"是增加到合同价上，还是从合同价中减去，需要具体分析。在上例中，如果承包商实际完成的合同额"少于"原合同价的20%时，他实际上蒙受了"损失"，此项款额应增加上去；反之，如果实际完成的合同价"超过"原合同价的20%，说明他在间接费方面有所"收益"，所以要从合同价上减去此项"款额"。

至于对调整部分的款额如何确定，在FIDIC土木工程施工合同条件第四版中没有具体地论述。通常情况下，对此项"款额"的确定仍应由业主和承包商充分协商，议定一个"款额"；如果协商不能一致，则由业主确定一个合理的"款额"，然后正式通知承包商。

业主在确定此项"款额"时，应考虑以下因素：

1) 工程项目合同条件中原列的承包商的现场管理费和总部管理费；

2) 承包商报价书中的单价分析资料及利润率规定；

3) 承包商报价书中合同价格中的开办费部分的具体数值。

有时，在遇到工程变更问题时，业主感到没有适用的单价，重新确定单价又比较费时，或者变更工作量不大，为便于结算，可指令承包商按"计日工"的方式实施变更和结算。计日工一般由列在工程量清单中的"暂定金额"来开支，按承包商在工程量清单中签报的计日工的单价或价格，以及实际完成的工程量来计算工程款。

五、工程变更的确认

任何工程变更，必须由业主授权的代表正式发布变更指令后，承包商才有权按变更指令施工；除了项目合同文件指定的授权发布变更指令的人员以外，任何人无权指示变更工程；如果承包商按非授权人的指示进行工程变更，他将失去得到此项变更的经济补偿的权利。

因此，承包商在接到业主的口头变更指示时，必须与合同规定的授权人联系，在取得正式变更指示后，再开始实施变更工程。如果业主发布了口头变更指令，而又不肯补发正式的书面变更指令时，则承包商应主动填写“变更指令确认函”，送交业主签字确认，得到确认后再实施变更。

双方应当商定确认的期限。上述的口头变更指令确认函发出后，如果在该期限内承包商未接到业主的复函否认或改变，则可认为业主已默认该变更，即形成了“推定的工程变更”，承包商为此变更投入的附加开支，理应得到补偿。

【案例 7-4】 设计变更引起的索赔

（选自梁鉴《国际工程施工索赔》（第二版））

关键词：设计变更；工期索赔；费用索赔

背景和综述：

我国某水电站引水隧洞，合同图纸上标明的引水道压力钢管的 2 号和 4 号支管的开挖尺寸为高 8m、宽 7m。承包商据此完成了开挖，并对洞壁作了喷锚支护。此后，设计工程师发现，支管断面尺寸（8m×7m）不能满足运输钢岔管的要求，于是变更设计，要求将支管开挖尺寸加宽 1m。

索赔要求：

针对上述设计变更，承包商编写了一个索赔报告，要求补偿工期和额外支出的费用，原因如下：

1）此二支管的开挖与喷锚均已完成，重新二次施工需再次投入资源，并延长了支管的施工期；

2）第二次开挖的施工条件困难，现有钻机高度不够，需用石碴将扩挖段填到洞高二分之一处，作为临时施工平台，因而增加了临时施工平台的回填与清除费用（第一次开挖时采用二层台阶分两步开挖）；

3）开挖已锚固的洞壁，岩石有锚杆相连，不同于正常的岩石开挖，使单位立方米开挖单价提高。

索赔处理过程及结果：

经工程师评审，通过与合同双方的协商，对上述设计变更采取了如下的解决方法：

1）对支管部位的施工期，给承包商延长一个月；

2）同意承包商采用石碴作施工平台的措施，对临时施工平台的回填和清除，由业主给予费用补偿；

3）按原报价单中所列的支管隧洞开挖的单价，向承包商支付扩挖工程量的全部费用。

案例评述：

1. 本案例中的情况属于因设计变更导致的索赔，故主要责任在于业主，承包商有权得到工期延长和费用补偿。

2. 按照国际工程索赔的惯例，工期索赔和费用索赔可分开编写索赔报告，以免这些索赔要求相互影响，干扰工程师做出决定。但在一些工程较小、责任明确的案件中，可以把费用索赔和工期索赔放在一份索赔报告中，同时予以处理。本例即属此类情况。

【案例 7-5】 工程量增加引起的费用索赔

（选自梁鉴《国际工程施工索赔》（第二版））

关键词： 工程量增加；费用索赔

背景和综述：

某小型水坝工程，系均质土坝，下游设滤水坝址，土方填筑量876,150m³，砂砾石滤料78,500m³，中标合同价为7,369,920美元，工期1年半。开始施工后，咨询工程师先后发出14个变更指令，其中两个指令涉及工程量的大幅度增加，而且土料和砂砾料的运输距离亦有所增加。

索赔要求：

由于这些变更导致承包商工期延长和经济损失，承包商遂提出费用索赔和工期索赔，其中要求延长工期4个月，费用补偿431,789美元，见表7-3。

承包商索赔计算表　　表7-3

索赔项目	增加工程量	单　价	款　额
（1）坝体土方	40,250m³ （原为836,150m³） 运距由750m增至1,500m	4.75美元/m³	191,188美元
（2）砂砾石滤料	12,500m³（原为78,500m³） 运距由1,700m增至2,200m	6.25美元/m³	78,125美元
（3）延期4个月的现场管理费	原合同额中现场管理费为731,143美元，工期18个月	40,619美元/月	162,476美元
以上三项索赔合计		431,789美元	

上表中第（3）项的现场管理费款数，系根据原合同总额7,369,920美元倒推算出来。根据投标报价书，工程净直接费（人工费、材料费、机械费以及施工开办费等）另加12%的现场管理费，构成工程直接费；另列8%工程间接费，即总部管理费和利润。

工程合同额　　7,369,920美元

扣除总部管理费及利润　　7,369,920×8%/(1+8%)=545,920美元

现场管理费　　(7,369,920−545,920)×12%/(1+12%)=731,143美元

每月现场管理费　　731,143/18=40,619美元

上表中的单价系承包商提出的新单价。在投标报价书中，上坝土方的单价为4.5美元/m³，砂砾石滤料的单价为5.5美元/m³。承包商认为，这两项增加工程量的数量都比较大，土料增加了原土方量的5%，砂砾石料增加了约16%；而且，运输距离相应增加了100%及29%。因此，承包商要求按新单价计算索赔款，而未按投标报价单上的单价计算。

索赔处理过程及结果：

在接到承包商的上述索赔要求后，咨询工程师逐项地分析核算，并根据承包合同条件的有关规定，对承包商的索赔要求提出以下审核意见：

（1）鉴于工程量的增加以及一些不属于承包商责任的工期延误，经具体核定，同意给承包商延长工期3个月。

（2）对新增土方40,250m³的单价，应进行具体的单价分析。

1）新增土方开挖费用

用 1m³ 正铲挖掘装车，每小时按 60m³ 计，每小时机械及人工费为 28 美元，则挖掘单价为：28/60＝0.47 美元/m³

2）新增土方运输费用

用 6t 卡车运输，每次运 4m³，每小时运送两趟，运输设备每小时 25 美元。运输单价为：25/（4×2）＝3.13 美元/m³

新增土方的挖掘、装载和运输费单价为：0.47＋3.13＝3.60 美元/ m³

3）新增土方单价：

净直接费单价	3.60 美元
增加 12％现场管理费	0.43 美元
	4.03 美元
增加 8％总部管理费及利润	0.32 美元
	4.35 美元

故新增土方单价应为 4.35 美元/m³，而不是承包商所报的 4.75 美元/m³。

4）新增土方补偿款额：

40,250×4.35＝175,088 美元

而不是承包商所报的 191,188 美元。

（3）对新增砂砾料 12,500m³ 进行单价分析

1）开挖费用

用 1m³ 正铲挖掘装车，每小时机械及人工费 28 美元，装料 45m³，则开挖单价为：

28/45＝0.62 美元/m³

2）运输费用

每小时运两趟，每次装 3.2m³，则运输单价为：

25/(3.2×2)＝3.91 美元/m³

故挖掘、装载及运输单价为 4.53 美元/m³。

3）单价分析：

净直接费单价	4.53 美元
增加 12％现场管理费	0.54 美元
	5.07 美元
增加 8％总部管理费及利润	0.41 美元
	5.48 美元

4）新增砂砾料补偿款额：

12,500×5.48＝68,500 美元

而不是承包商所报的 78,125 美元。

（4）关于工期延长的现场管理费补偿

1）现场管理费，不应依总合同额中所包含的现场管理费的每月平均款额计算，而应按新增工程量的款额计算。

土方

新增土方补偿款	175,088 美元
增加 8％总部管理费及利润	175,088×8％/(1＋8％)＝12,969 美元

增加12%现场管理费　　(175,088−12,969)×12%/(1+12%)=17,370美元

砂砾料

新增砂砾料补款　　68,500美元

增加8%总部管理费及利润　　68,500×8%/(1+8%)=5,074美元

增加12%现场管理费　　(68,500−5,074)×12%/(1+12%)=6,796美元

2）土方及砂砾料补偿款的现场管理费：

17,370+6,796=24,166美元

而不是承包商所要求的162,476美元。

(5) 同意支付给承包商的索赔款：

1）坝体土方　　175,088美元

2）砂砾石滤料　　68,500美元

3）现场管理费　　24,166美元

合计　　267,754美元

咨询工程师核算的上述索赔款额267,754美元，最终得到了承包商的同意，使新增工程的索赔问题获得解决。这样，承包商实际获得的索赔款与原本提出的索赔额相比较，其索赔的成功率为267,754/431,789=62%。

案例评述：

1. 本案例中咨询工程师计算的新增土方开挖单价低于合同中的单价，这是不合理的。如果工程量的增加不在承包商的考虑之内，而且新增工程量的工作内容（运输距离）增加许多，那么引起成本的上升应该更合理。本案例中咨询工程师计算得出的单价比原价要低可能是因为：

1）承包商原本报价过低，或者报价中采用了不平衡报价方法；

2）承包商实际工作效率相对于原报价状态得到提高；

3）咨询工程师测算劳动效率的方法和选点不合理，选取的是达到高效率的正常工作阶段。

2. 本案例中工程按照实际工作效率确定新增工作量的单价，这符合赔偿实际损失原则。承包商的报价高于原报价，则体现的是合同原则，即在工作性质没有发生改变的情况下，在合同价格基础上做出调整得到新单价。

3. 管理费已经包括在具体的单价之中，但在本案例的最后一项又重复进行计算，且前后两次采用不同的计算方法，这是不合理的。

4. 在计算新增土方单价和新增砂砾单价时，没有涉及运输中的人工费用，实际计价时应该考虑到这个方面。

第三节　加速施工引起的索赔

加速施工就是加快工程实施的进度。加速施工时，承包商往往需要延长工作时间或者增加人员数量，由此会引起人工费用、施工机械设备费用和管理费用等的增加。

一、加速施工的类型

加速施工有指示的加速施工和推定的加速施工两种。

1. 指示的加速施工

指示的加速施工是工程实施过程中最常见的情况，即业主向承包商发出加速施工的指令，要求加快工程进度。此时业主应补偿承包商由于加速施工发生的费用支出。

2. 推定的加速施工

在发生了可原谅的延误但工期并没有延长的情况下，业主要求承包商按照原定的进度计划完成项目，但是没有颁发加速施工的指令，承包商为了实现项目的进度计划不得不采取加速施工，此时即构成推定的加速施工。

推定的加速施工必须满足以下5个条件：

1）发生了可原谅的延误；

2）向业主发出可原谅延误的通知，要求延长工期；

3）业主未能在合理的时间内给予工期延长的许可；

4）业主方发出了明示的或者暗示的加速施工令；

5）承包商实际采取了加速施工措施。

二、加速施工的成本开支

采取加速措施时，承包商常要增加相当大的资源投入量，原定的工程成本增加，形成了附加成本开支。这些附加开支主要包括以下几个方面：

1）采购或租赁原施工组织设计中没有考虑的新的施工机械和有关设备；

2）增加施工的工人数量，或采取加班施工；

3）增加材料供应量和生活物资供应量；

4）采用奖励制度，提高劳动生产率；

5）现场管理费增加等。

由于加速施工必然导致工程费用大量增加，因此承包商在采取加速措施以前一定要取得业主的正式认可，否则不宜正式开始加速施工。有时业主不确认已经形成工期延误的责任属于谁，就要求承包商加速施工，因为他认为使工程项目按合同规定的日期建成是承包商的责任。

三、加速施工的处理

1. 明确工期延误的责任

如果发生工期延误需要加速施工时，合同双方首先要研究延误的原因，具体分析延误的责任。如果是业主原因或客观原因造成的工程延误，承包商加速施工增加的费用开支才能够得到补偿。如果是承包商原因引起的工期延误，则无权获得加速施工的费用补偿。如果双方对延误的责任确定不能达成一致的意见，在这种情况下，业主为了工程按期建成，也可以发出“加速施工指令”。至于加速施工的费用及责任问题，可以日后再协商解决。

2. 明确加速施工的费用计算

加速施工在合同上属于工程变更，故应该按照工程变更的估价方法进行处理。有时，如果双方协商一致，也可以采取“加速施工奖金”的办法，以业主一次性支付奖金的方式解决。

【案例7-6】 加速施工引起的索赔

（选自梁鉴《国际工程施工索赔》（第二版））

关键词：加速施工；推定的加速施工

背景和综述：

某工程承包公司中标某国道路工程。工程项目按美国工程师合同文件联合会(EJCDC)制定的合同条件实施，中标合同价15,287,500美元，工期18个月。

在工程实施过程中，不幸遇到特大暴雨，洪水淹没了一段道路，可能使该道路工程不能按合同规定的工期竣工。在洪水过后的工地会议上，工程师口头提出，希望承包商加快施工速度，把洪水造成的工期延误挽救回来，使工程仍能按期建成。当时，承包商也同意这个意见，希望在冬季到来之前完成道路工程，以免越冬施工时工效降低、施工成本提高。承包商以为这样已经达成了加速施工的谅解，故投入更多资源按期完成了道路工程。

为此，承包商要求支付加速施工的额外费用，但业主不给予支付，声称加速施工系承包商自愿，业主并没有书面的加速施工指令。

这一索赔争端报到索赔法院。法院裁定，口头要求足以表明业主希望承包商加速施工，形成了推定的加速施工，因此承包商应得到付款。

案例评述：

1. 承包商遇到的特大暴雨引起的工期延误属于可原谅的延误。

2. 工程师的口头指示表达了业主希望按期完成工程、进行加速施工的意愿，并且与承包商取得了一致的意见，这实际上已经有效地指令承包商加速施工，形成了推定的加速施工指令。

3. 承包商按期完工表明其已经加速施工，并投入了更多的资源，因此有权得到增加费用的补偿。

第四节 物价调整与汇率变化索赔

在国际工程实施过程中，经常遇到物价调整和汇率变化问题。尤其是在一些经济发展不稳定的国家，由于物价上涨引起人工费、材料费等的大幅度提高，往往使工程成本大幅度增加，汇率变化可能也会比较大。因此，一般工期超过18个月的工程项目，就应该在合同中考虑物价调整问题。

采用EPC等总承包模式的工程项目常采用固定总价合同，招标文件中可能规定要求投标者在报价中包括物价上涨的风险，因此在合同实施过程中就不会因物价变化给予调价。FIDIC 1999版EPC合同条件由于采用固定总价合同的方式，在通用条件中就没有在费用变化时如何对合同价格进行调整的规定，需要业主和总承包商在专用条件中予以规定。但FIDIC 1999版施工合同条件的通用条件第13.6款专门规定了物价调整的问题，世界银行的《工程项目采购标准招标文件》中也给出了相应的调价公式。如果合同双方按照合同中约定好的价格调整公式对合同价格进行了直接调整和支付，也就不会形成索赔问题，但如果双方就合同中相关规定的理解有差异，如对价格指数来源的理解不同则可能形成索赔争议。

一、价格调整公式

价格调整公式在大型国际工程中普遍采用。国际工程合同价格调整采用的公式很多，所包括的调整项目各不相同。但它们的共同点是，根据每个可调整项目的物价浮动程度，利用公式先求出“物价变化系数”（Price Fluctuation Factor），然后利用这个系数计算调整后的合同价。

世界银行发布的《工程项目采购标准招标文件》中提出的价格调整通用公式考虑了11项可调整的项目，并根据不同性质的工种，提出了建议的各项系数，比较合理。

世界银行推荐的价格调整公式如下：

$$p = x + a\frac{EL}{EL_0} + b\frac{LL}{LL_0} + c\frac{PL}{PL_0} + d\frac{FU}{FU_0} + e\frac{BI}{BI_0} + f\frac{CE}{CE_0} + g\frac{RS}{RS_0} + h\frac{SS}{SS_0} + i\frac{TI}{TI_0} + j\frac{MT}{MT_0} + k\frac{OI}{OI_0} \tag{7-1}$$

式中　p——价格调整系数

x——固定系数

a，b，……，k——可变系数，且 $x+a+b+\cdots\cdots+k=1$

EL——外来工人的现时工资，即进行价格调整的工资

EL_0——外来工人的基础工资，即投标报价书中的工资

LL，PL，FU，BI，CE，RS，SS，TI，MT，OI 分别代表当地工人、施工机械设备、燃料、沥青、水泥、应力钢筋、结构钢筋、木材、海运及其他调整项目的现时价格；LL_0，PL_0，……，OI_0 分别表示它们的初始价格，即投标文件中的价格。

关于 a，b，……，k 等可变系数是各个调整项目的比重，根据工作性质的不同相应有变化，在确定时应该适应该工作的性质。世界银行推荐的可变系数见表7-4。

可变系数表　　　　**表7-4**

工种	系数												合计
	x	a	b	c	d	e	f	g	h	i	j	k	
土方工程	0.10	0.13	0.10	0.38	0.15	0.00	0.02	0.02	0.00	0.00	0.05	0.05	1.00
结构工程	0.10	0.16	0.14	0.24	0.05	0.00	0.09	0.06	0.00	0.00	0.08	0.08	1.00
装修工程	0.22	0.12	0.15	0.32	0.10	0.00	0.00	0.00	0.00	0.00	0.00	0.09	1.00

在求出价格调整系数 p 以后，即可根据原合同价 P_0，计算出调整后的合同价 P，即：

调整后合同价 $P=P_0\times$价格调整系数 p

对于物价上涨的价格调整，一般每月进行一次。其现时价格系指调整时段（一月或一个季度）的最后一天的市场价格；基础价格指开标日（即公开开标日；如不公开开标，即为报送投标文件的截止日）前28天当天的价格。

二、物价上涨价格调整的起点

在许多工程的合同中，对物价上涨引起的合同价调整提出了幅度限制。例如，在合同条件中规定，如果物价上涨幅度小于投标报价书中价格的5%，不进行价格调整。这样，5%的物价上涨的风险就由承包商承担；而上涨幅度大于5%时物价上涨的风险由业主承担。对于限制调整上涨幅度的合同条件，承包商在签订合同时应慎重考虑。

【案例7-7】　物价上涨造成的价格调整

（选自梁鑑《国际工程施工索赔》（第二版））

关键词： 物价上涨；调价公式；利息补偿

背景和综述：

我国某国际工程公司，承包国外一座水电站的施工，协议合同额 12,857,000 美元，工期 18 个月。采用 FIDIC 土木工程施工合同条件第四版，并有整套施工技术规范、工程量清单，以及施工图纸。

在施工过程中，由于所在国物价上涨，但业主一直未按合同规定进行价格调整，导致承包公司面临亏损。

在工程将近建成时，承包商要求价格调整，收回物价上涨引起的成本增加，并收回拖期支付的利息。

该合同采用下列调价公式计算价格调整系数：

$$p = 0.15 + 0.17\frac{EL}{EL_0} + 0.14\frac{LL}{LL_0} + 0.25\frac{PL}{PL_0} + 0.13\frac{CE}{CE_0} + 0.10\frac{ST}{ST_0} + 0.06\frac{TI}{TI_0}$$

式中　EL——出国人员调价时的工资

EL_0——出国人员报价书中的工资

LL，LL_0——分别为调价时和报价书中的当地工人工资

PL，PL_0——分别为调价时和报价书中的施工机械设备费

CE，CE_0——分别为调价时和报价书中的水泥价格

ST，ST_0——分别为调价时和报价书中的钢材价格

TI，TI_0——分别为调价时和报价书中的木材价格

经过价格调整，上式中各项成本费的比例如下：

EL/EL_0	LL/LL_0	PL/PL_0	CE/CE_0	ST/ST_0	TI/TI_0
1.12	1.10	1.09	1.06	1.14	1.08

故价格调整系数

$$\begin{aligned} p &= 0.15 + (0.17 \times 1.12) + (0.14 \times 1.10) + (0.25 \times 1.09) + (0.13 \times 1.06) \\ &\quad + (0.10 \times 1.14) + (0.06 \times 1.08) \\ &= 0.15 + 0.1904 + 0.1540 + 0.2725 + 0.1378 + 0.1140 + 0.0648 \\ &= 1.0835 \end{aligned}$$

采用下列公式，计算调整后的合同价 P 的值

$$P = P_0 \times p$$

式中　P——调整后的合同价

P_0——原合同价

p——上式求出的价格调整系数（1.0835）

故调整后的合同价 $P = 12,857,000 \times 1.0835 = 13,930,560$ 美元

通过价格调整，合同额增加 1,073,560 美元。

上述物价上涨款计算出来后，由于业主付款拖后 4.5 月。根据合同文件中规定，拖付款按年利率 9.5%计算利息。故业主应补偿拖付利息为：

$$1,073,560 \times (0.095/12) \times 4.5 = 38,246 \text{ 美元}$$

故业主共付物价上涨调整款及其拖付利息共计为：

$$1,073,560 + 38,246 = 1,111,806 \text{ 美元}$$

上述两项索赔款额占原合同额的比例为：

1,111,806/12,857,000＝8.65％

案例评述：

合同双方在合同条件中应该有明确的物价调整规定，以便在发生争端时快速地解决问题。但使用本案例中的调价公式时，现期价格指数的来源常成为双方争议的焦点，应尽可能在合同中作出相应的规定。

三、汇率变化索赔

当一项国际工程中使用一种以上的货币支付时，就会存在汇率风险问题。国际工程项目业主向承包商的支付一般采用合同中规定的固定汇率，采用固定汇率一般不存在汇率变化索赔的问题，但采用浮动汇率对合同双方都存在较大的风险，因此可能带来关于汇率变化的索赔问题。下面就给出了一个关于汇率索赔的案例。

【案例7-8】　汇率损失索赔成功的范例

（选自梁鑑《国际工程施工索赔》（第二版））

关键词：先例；汇率风险；通货膨胀

背景和综述：

我国某对外工程公司承包北非某国一水坝工程的施工。坝型为粘土心墙堆石坝，坝高75m，控制流域面积156km^2，库容1.2亿m^3，是一个以蓄水灌溉和生活用水为目标的重要水利工程。工期4年，合同价6,400万美元。

在投标报价及签订施工合同期间，承包商基于该工程所在国多年内经济状况稳定以及该国货币与美元的兑换率较稳定的情况，进行投标报价。在签订合同时，业主提出以“浮动汇率”进行支付，即业主在支付工程进度款时，以当地币计价，其中的以美元支付部分在从当地币折算为美元时，按每次付款时的外币兑换率（即“浮动汇率”，Floating Exchange Rates）进行换算，向承包商支付；而不是按照签订施工合同时的外币兑换率（即“固定汇率”，Fixed Exchange Rates）。双方并签署了按浮动汇率进行支付的“会谈纪要”。这一会谈纪要形成合同文件的法定组成部分，它把当地币万一贬值的风险全部转嫁给了承包商一方。

在FIDIC土木工程施工合同条件第四版第72.1款中，专门有按固定汇率进行外币支付部分的规定，就是为了防止浮动汇率会给承包商带来汇率风险，如：“如果合同规定将全部或部分款额以一种或几种外币支付给承包商，则此项支付不应受上述指定的一种或几种外币与工程所在国货币之间的汇率变化的影响。”由此可见，上述“会谈纪要”的规定与合同条件第72.1款的规定恰好相反，如果工程所在国的当地币一旦贬值，承包商将面临严重风险。

在水坝工程开始施工以后，工程所在国的经济形势突然逆转，迅速恶化，当地币与美元的兑换率急剧下降，给承包商带来了极为严峻的亏损。在投标报价时，当地币（第纳尔）与美元的兑换率为4.8∶1；开工第2年下滑为8.3∶1；以后滑至16.1∶1；长达6年的施工期（合同工期4年，延长工期2年）末时，第纳尔与美元的汇率（兑换率）竟跌至23.5∶1，即在签约至工程竣工的6年期间，当地币贬值近5倍。

索赔要求：

在面临如此严重亏损的形势下，承包商别无选择，只能要求汇率损失的索赔。但这一索赔的难度极大：第一，有上述“会谈纪要”的约束，该纪要明确规定外币部分按“浮动汇率”支付；第二，该工程项目的合同文件不规范，由业主国拟稿法定，未参照 FIDIC 土木工程施工合同条件第四版或 ICE 条件，合同条文中没有提及索赔，即无法进行“合同索赔”(Contractual Claim)。要进行“非合同索赔”，却有“会谈纪要”的约束。但是，在汇率变化造成如此重大损失的事实面前，承包商若不进行索赔，则势必破产停工。

索赔处理过程及结果：

业主也意识到汇率损失的严重程度，但声称没有合同依据，无法考虑对汇率损失进行补偿。

承包商在探索论述索赔的道理过程中，引证了多种索赔的依据，如：①业主国家的货币在工程合同签约前的多年内比较稳定，这是承包商编标报价时的客观事实。工程开工后，业主国财政状况突然恶化、货币汇率急剧贬值，这种情况属于“一个有经验的承包商无法预见的特殊情况”，承包商理应得到业主方面的补偿。②按照国际惯例，如果有类似情况的先例，即外国承包商在业主国因汇率变化而遭受亏损时已获取业主经济补偿的先例，可以遵照先例办理。③从合同文件有关的条款中寻找“默示条款”，如果该默示条款可以作为汇率损失补偿的依据，亦可作为赔偿的理由等。最后，在承包商通过当地律师咨询和调研以后，确实发现了一个相似的先例：该业主国曾向一家外国承包商给予汇率损失补偿。这一发现非同小可，它成为一个突破口，使业主也不得不改口：可以对承包商的汇率损失索赔予以考虑。

接着，业主又提出一系列的索赔证据要求，如：①工程施工期间（合同工期为 4 年，又延长工期 2 年，共计 6 年）承包商国家的通货膨胀率，职工工资增长指数等；②承包商利用硬通货（美元）购买施工设备或材料的厂家证明或发票等。业主还强调，在汇率损失索赔未解决之前，承包商应继续履行施工义务，并按照延长了的工期保证建成工程项目。

经过长期的索赔谈判，以及承包商提出多种证据资料以后，业主才开始同承包商谈判具体的结算付款的汇率（兑换率）问题。这个结算汇率，即不是 23.5∶1，也不能是 4.8∶1,而是其中间的某一兑换率，讨论开始期间，双方的意见分歧仍然甚大。后经多次磋商，最终达成协议：按 6.55∶1 进行结算，以支付工程款的外币支付部分。这一重大索赔争议终于获得了双方满意的解决：业主得到了一座施工质量良好并按期建成的水坝工程；承包商通过汇率损失补偿获得了 662 万美元，占工程合同额（6,400 万美元）10%以上的索赔款。

应该说，这项索赔问题的解决确实来之不易。它不仅是一项非合同索赔的成功，实质上是改变了合同条件规定，取消会谈纪要中关于按“浮动汇率”结算，而改为按“固定汇率”结算。为这一索赔事件的成功，承包商方面做出了多方面的努力争取，取得了宝贵的经验，主要是：

1. 认真履行合同义务

由于勘探设计工作深度不够，使施工中遇到很多困难。承包商密切配合工程师，进行设计修改，克服施工困难，最终按业主要求的日期建成工程，质量优良，获得业主的好评。

2. 同工程师密切协作

帮助工程师解决设计工作中存在的问题，积极提出修改意见，尊重工程师的决定，使工程师对承包商的工作表示满意。

3. 坚持合理的索赔要求

由于当地币急骤贬值，给承包商带来巨额损失，这是合同双方深有体会的客观事实，但合同文件却没有相应的索赔条款。虽然如此，但承包商却从各方面论证索赔要求的合理性，不断提出证据资料，并通过咨询调研发现了汇率索赔的先例，突破了索赔的僵局。

4. 在投标报价及签订合同时要重视汇率风险

在当前国际工程承包市场上，大多数国家的货币均存在不同程度的贬值。因此应按照FIDIC土木工程施工合同条件第四版第72.1款的规定，在合同中写明按固定汇率结算支付外币部分。

案例评述：

在FIDIC土木工程施工合同条件第四版第72.1款中，专门论述了按固定汇率进行外币部分支付的规定，在这种情况下承包商还签订以浮动汇率计算工程款显然是不理智的。案例中承包商最后总结的经验值得借鉴。

第五节 工效降低引起的索赔

在工程实施过程中，经常会受到意外的干扰或影响，使施工效率降低。下面主要分析工效降低造成的工期索赔问题，关于工效降低造成的费用索赔问题已经在本书第6章中进行了介绍和分析。

一、工效降低的原因

国际工程实施过程中导致工效降低的原因很多，主要有：

1）气候恶劣，如飓风、暴雨、大雪、洪水或超高温等；

2）工程变更，如工程大幅度增减、工序变更、加班加速施工或工地拥挤等；

3）地基出现问题，如发现断层软弱带、淤泥层或流砂层或被迫改变施工方法；

4）施工准备不够，如征地工作进展缓慢、施工通道未及时建成或临建工程拖后等；

5）施工供应不善，如施工机械进场日期拖后、材料供应不及时或现场人员生活供应未安排好等；

6）外界社会因素，如政局动荡、罢工罢市或传染病流行等。

二、工效降低的工期计算

由于工效降低而导致施工进度缓慢，从而引起工期延误时，可在原计划工期的基础上，根据工效降低的影响程度，计算出实际所需的工期，也就是可以计算出应该给承包商延长的施工时间。如下式：

$$\text{实际所需工期} = \text{计划工期} \times [1 + (\text{原定效率} - \text{实际效率}) / \text{原定效率}] \quad (7\text{-}2)$$

式中 原定效率——投标文件中所列的施工效率；

实际效率——施工时实际达到的施工效率，可以由施工现场的记录数据计算出来。

由此可以看出，承包商在投标报价书中必须列入工效数据，在现场必须详细记录实际的工效数据，否则就无法确切算出需要延长的工期。

三、工效降低索赔应注意的问题

工效降低索赔中，由于对工效降低的程度和原因有不同的解释，因此合同双方经常出现争论。业主方会质疑工效降低的原因是承包商组织管理不善，材料未及时供应，机械出勤率低等。为了提出有说服力的证据，承包商需要做好以下工作：

1）做好现场记录，对现场的施工机械、劳动力的数量、工作时间、工作内容和完成工程量等数据，进行详细的登记，这些都可以作为索赔的证据；

2）工效降低的原因是多方面的，对于每一项引起工效降低的事由，都应做详细的具体记录，还可以利用照相机或录像机将一些事故或干扰记录下来，详细论证工效降低的原因；

3）工效降低索赔的计价方法很多，应该根据具体事由选用有说服力的方法。

在本书第六章中对工效降低的计价方法已有详细的分析。

下面是一个由于工效降低而引起工期索赔的案例。

【案例 7-9】 工效降低引起的工期索赔

（选自梁鑑《国际工程施工索赔》（第二版））

关键词：工效降低；计划工期；实际工期；理论工期；加速施工；工期索赔

背景和综述：

某高速公路施工中的一段土方开挖工作，预计开挖量 1,250,000m^3，计划在 2 个月内完成。承包商准备配备的施工机械为：

D9 推土机	4 台
MS230 履带挖掘机	4 台

投标书中指明，施工机械的工作系数（Working Coefficient，即出工率）为 79%，每月工作日为 22 天，每天工作 8 小时。这样，投标书中资源投入的工作效率（Working Efficiency）如下：

推土机：4 台×8 小时×22 日×2 月×410 马力＝577,280 马力·小时

履带式挖掘机：4 台×8 小时×22 日×2 月×135 马力＝190,080 马力·小时

投标书计划投入的资源总量为：

577,280＋190,080＝767,360 马力·小时

计划工期中资源投入的施工效率为：

1,250,000/767,360＝1.63m^3/（马力·小时）

在施工过程中发现，由于土质较招标文件中描述的远为坚硬，且杂以砾石，使开挖效率下降。而且，实际开挖量多达 1,672,500m^3。为此，业主指令承包商增加施工机械，争取在 2.5 个月内完成全部开挖工作，并批准承包商工期延长 0.5 个月。

承包商决定：为了满足业主的要求，从第 2 个月的第一天开始，再增加 D9 推土机 1 台，MS230 履带式挖掘机 1 台，并在每月工作 28 天，每天工作 10 小时。这样，承包商投入此项开挖工程的资源总量为：

（1）第 1 月投入

推土机	4 台×8 小时×22 日×410 马力＝288,640 马力·小时
履带挖掘机	4 台×8 小时×22 日×135 马力＝95,040 马力·小时
	第 1 月共投入 383,680 马力·小时

（2）后 1.5 月内投入

推土机　　5台×10小时×28天×1.5月×410马力=861,000马力·小时

履带挖掘机　　5台×10小时×28日×1.5月×135马力=283,500马力·小时

后1.5月共投入1,144,500马力·小时

(3) 整个施工期（2.5月）内投入资源总量为：

383,680+1,144,500=1,528,180马力·小时

(4) 整个施工期（2.5月）内的实际施工效率为：

1,672,500m^3/1,528,180(马力·小时)=1.09m^3/(马力·小时)

(5) 施工效率由计划工期中原定的1.63m^3/（马力·小时）减为实际效率1.09m^3/(马力·小时)，因而使得完成整个开挖工程所需要的实际施工时间（即上述的理论工期）延长。根据公式（7-2）：

实际所需工期=计划工期×[1+(原定效率－实际效率)/原定效率]

=2×[1+(1.63－1.09)/1.63]

=2.66月

(6) 业主批准工期延长0.5月后使总工期增至2.5月，但仍不能满足实际所需工期（理论工期）2.66月的要求。

但是，由于业主要求必须在2.5个月内完成全部开挖工程。承包商为此必须采取进一步的加速施工措施，例如：延长每日施工时间在10小时以上，或将每月的工作天数增至28天以上等。这就是承包商采取加速施工措施的证明，也是他获取加速施工经济补偿的依据。

本案例中所涉及的各种工期之间的关系如图7-2所示。

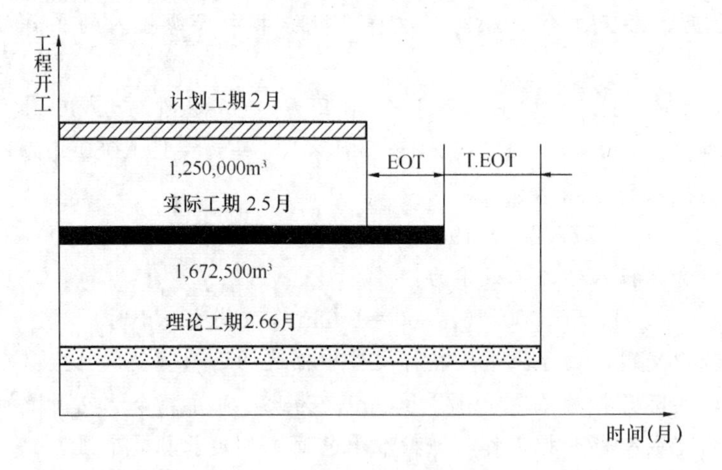

图7-2　各种工期之间的关系

上图所示，计划工期（2个月）是业主在招标文件中规定的工期，承包商据此配备了必要的施工机械设备。实际工期（2.5个月）是业主批准EOT（0.5个月）后的实际施工时间。理论工期是按实际施工效率而计算出的实际所需工期（2.66个月）。由于采取了加速施工措施，实际工期由2.66个月缩减到2.5个月。图中的“理论工期延长”（T.EOT）是采取加速施工措施挽回的工期。

案例评述：

本案例说明了如何在工效降低的情况下进行工期索赔，也充分说明了各种工期（计划

工期、理论工期、实际工期以及工期延长时间）之间的关系，了解这些工期之间的关系，便于承包商迅速确定能够索赔的工期和由此产生的费用。

第六节　暂停施工或终止合同引起的索赔

合同双方的任一方未能履行合同规定的义务，出现严重违约行为时，另一方都有权暂停施工或终止合同。

一、暂停施工

1. 暂停施工的原因

1）施工过程中出现紧急状况，如战争、内乱、强烈地震、毁灭性水灾、传染病流行等。

2）工程在规划设计上出现严重问题，需要修改设计。

3）业主在工程款支付方面出现严重困难，原定的资金计划不能实现等。

4）由于承包商的原因而使业主下令暂时停工，如工程质量严重不符合技术规范要求等。

2. 暂停施工的时限

对于暂停施工合同双方应该设置一个具体时限，否则对承包商来说是十分不利的。如果是由于承包商的原因而暂停施工，则在经过整顿改进以后，应允许承包商复工。如果是业主要求的暂停施工，则应在合同规定的时间内恢复施工；如果承包商屡次要求复工，而业主不予理睬时，如果是部分工程，则应按“工程变更”处理，将其从工作范围中删去，如果是整个工程，即可按“终止合同”条款处理。

二、两种不同的终止合同

1. 违约终止合同

所谓违约终止合同（Termination for Default），是指合同双方中的某一方严重违约，由非违约的一方按照合同给予的权利，向违约方提出终止合同。违约者既可能是承包商，也可能是业主。

如果承包商没有履行合同规定的某项义务，如无能力完成任务，或工程质量极差，或在经济上破产等，则业主有权发出终止合同的决定。对于承包商来说，如果是由于承包商的原因而使业主下令终止合同，在经济上他将承受巨大损失，甚至很可能导致该公司破产倒闭；而且承包商的名誉也将受到影响。

在业主违约的情况下，承包商也有权提出终止合同的规定。如 FIDIC 99 版施工合同条件规定，如果业主未能按规定支付工程款，则承包商可在发出警告性的付款通知后的21天以后终止合同。

2. 业主自便终止合同

所谓业主自便终止合同（Termination for Convenience），就是业主有权主动向承包商提出终止合同。如业主出现重大财务危机，继续实施会导致更大的损失；或项目在某方面不可行，继续实施会违反政策法规等，业主均有权终止合同。此类终止是由于业主的原因造成的，因此，应该支付承包商因此造成的损失。但是，业主自便终止合同的目的不能是为了自行实施工程或雇用其他承包商实施工程。

【案例 7-10】　业主自便终止合同引起的索赔

（选自梁镒《国际工程施工索赔》（第二版））

关键词： 业主自便终止合同；机会利润损失

背景和综述：

某水利工程，计划进行河道拓宽，并修建两座小型水坝。通过竞争性招标，业主于1990年11月同选中的承包公司签订了施工合同，合同额为4,000万美元，工期2年。

该河流上游有一个大湖泊，属于自然保护区，大量的动植物在这块潮湿地区繁育生长。河道拓宽后，从湖泊向下游的泄水量将大增，势必导致湖水位下降，对生态环境造成不良影响。因此，国际绿色和平组织不断向该国政府及有关人员施加压力，要求终止此项工程，取消已签订的施工合同。

业主国政府最终接受了国际绿色和平组织的请愿，于1991年1月解除此项水利工程施工合同。

承包商对此提出了索赔，要求业主补偿已发生的所有费用，以及完成全部工程所应得的利润。

由于此项合同的终止出自业主的方便，而不是承包商的过失，是属于“业主自便终止合同”的情况。因此，业主应对承包商的损失予以合理补偿。经过谈判，业主付给了承包商1,200万美元的补偿。

案例评述：

本案例属于业主自便终止合同，即业主主动向承包商提出终止合同。由于承包商的行为不存在过错，因此对于承包商遭受的损失，业主应承担相应的责任，给予承包商相应的补偿，而且应包括合理的机会利润损失。

复习思考题

1. 本章列出的国际工程常见的典型索赔问题有哪些？你认为还有哪些？
2. 如何确定变更工作的价格？在单价合同中，确定变更工作单价的方式有哪些？
3. 国际工程合同中关于物价调整的公式有哪些？
4. 对国际工程合同中关于汇率风险问题你是怎样认识的？
5. 在处理工效降低引起的索赔时应当注意哪些问题？在工效降低的情况下，如何确定实际所需工期？

第八章　国际工程索赔基础文档管理

提出国际工程索赔要求和进行索赔计算时必须附有充分的证据资料，除了合同依据之外，国际工程实施过程中的所有文档资料都可能成为索赔的证据。本章根据作者从事国际工程合同与索赔管理的实践经验，重点对有关合同文档管理的具体工作做了论述，然后分析了国际工程项目基础文档管理体系等相关问题。最后，本章对国际工程索赔英文信函写作做了示范性分析。

第一节　国际工程合同文档管理

国际工程索赔管理是国际工程合同管理的重要组成部分，国际工程合同文档管理工作和合同管理程序化工作又是国际工程索赔成功的基础。无论是承包商还是业主，在提出索赔要求时都必须进行大量的索赔取证工作，以充分的证据来证明自己拥有索赔的权利。完善有效的程序和文档管理可以为索赔及时、准确、全面、有条理地解决提供分析资料和证据，用以证明索赔事件的存在和影响，以及索赔要求的合理性和合法性。因此，在进行索赔时，承包商和业主均应善于从合同文档和项目文档中寻找索赔的依据。

一、合同文档管理体系的建立

以本书第 4 章［案例 4-1］为例，总承包商一方在签署项目 EPC 总承包合同并组建项目合同部之后，合同部经理应马上责成专人建立起本部门的文档管理系统，尽快开始合同文档的积累、整理、分类和归档工作。当然，如果这项工作能在招投标阶段就完成并照此执行，那么对于索赔管理就更为有利了，因为合同签订之前的相关文档管理也非常重要，而且容易被忽视。

下面以［案例 4-1］为背景，给出了 EPC 总承包商一方合同部文档管理系统目录的实例。

1. 合同部一般文档管理系统目录

1.0　周报

2.0　月报

3.0　会议纪要

4.0　业主来信

5.0　给业主的信

6.0　有关潜在索赔的文件

7.0　主合同变更令

8.0　承包商内部来往文件

　　8.1　其他部门的来件

　　8.2　发往其他部门的文件

9.0　有关人事问题的文件

10.0　一般行政文件

2. 分包合同文档管理系统目录

1.0　授权文件

　　1.1　分包工作申请

　　1.2　投标者名单申请

　　1.3　授标推荐

　　1.4　所有业主的其他批准文件

2.0　授标前信函及文件

　　2.1　总承包商内部有关招标文件编制的来往信函

　　2.2　全套招标文件

　　2.3　标书释疑

　　2.4　投标人发来的信函

　　2.5　标书的补遗

　　2.6　投标书

　　2.7　对标书中有关问题的澄清

　　2.8　评标文件

3.0　签订的分包合同文本

4.0　要求分包商提交的文件

　　4.1　项目实施计划、程序

　　4.2　材料批准的申请

　　4.3　总承包商、业主对材料的批准

　　4.4　所需备件明细表

　　4.5　竣工图纸

　　4.6　分包商主要工作人员简历

5.0　现场指示

6.0　现场施工要求文件

　　6.1　分包商发出的现场施工要求

　　6.2　总承包商对现场施工要求的答复

7.0　分包合同变更

　　7.1　变更申请

　　7.2　变更令

8.0　外部来信

　　8.1　信件

　　8.2　传真

　　8.3　文件传送件

　　8.4　来自总部的信函

　　8.5　项目内部信函（备忘录）

9.0　发出的信函

9.1 信件

9.2 传真

9.3 文件传送件

9.4 发往总部的信函

9.5 项目内部信函（备忘录）

9.6 要求业主批准的申请

10.0 报表和会议纪要

10.1 日报表

10.2 周报表

10.3 月报表

10.4 会议纪要

10.5 材料状况报表/材料采购定单

10.6 内部状况报表

10.7 采购计划

11.0 进度报表

12.0 保险和保函

12.1 保险单

12.2 银行保函/履约担保

13.0 支付证书

14.0 质量保证和质量控制文件

14.1 质量保证/质量控制手册

14.2 质量保证/质量控制检查报告

15.0 安全和保安文件

15.1 安全手册

15.2 安全/事故报告

15.3 保安记录

16.0 分包合同索赔

16.1 分包商索赔报告

16.2 分包商索赔报告的批复

17.0 完工

17.1 分包合同结束汇签单

17.2 最终验收报告

17.3 分包合同评估

合同文档管理系统建立之后，需要有相应的合同文档审核管理制度和一套简便高效的内部文档流转程序。另一个关键问题是，在合同执行过程中，合同部的所有人员必须严格按照文档管理系统目录和设定的编号，对经手的每一份文件进行准确地编号，由秘书或专人及时对合同文档按照文档管理系统登录、分类和存档。存档时一般同一类文档按文档的编号排列或按时间顺序倒排。

同时，还要建立严格的接收和发送合同文档的登记制度以及严格的文档借阅制度，不能随意将任何文档私自带走，也不能在查阅时打乱文档原来的存放顺序。还要注意文档存放的安全性，尤其是防盗、防火和防潮等问题。合同文档都属于机密文件，任何泄密都有可能给项目带来不可弥补的损失，所以还要特别注意合同文档的保密问题。

二、合同实施过程中来往信函的管理

在合同实施过程中，合同双方有大量的来往信函。这些信函是合同款结算和支付，以及解决双方之间争端的重要依据。来往信函又可以分为信件、传真、传送件和电子邮件等。重要文件一般不应以电子邮件的形式传送，但为了提高效率可先用电子邮件发过去，随后提交原件。

每种类型的信函都应有通用的标准格式，每份信函都应该包括一些基本要素，参见本章第3节图8-2。

还要注意的一个问题是从合同部发出去的任何一份信函，都必须由合同部经理签发。发往项目部以外的正式信函，则必须经合同部经理审核，由项目经理正式签发。

三、相关合同管理会议纪要的管理

在项目从资格预审、招投标到项目移交整个期间，项目管理会议是合同各方讨论解决各种问题最主要的交流方式。项目实施过程中许多重大问题，包括变更与索赔等，一般都是通过会议的形式，经过协商后决定的。在项目管理过程中与合同管理有关的会议主要有：

1）标前会议
2）合同签订前的谈判会议
3）项目“开工会”
4）设计、技术协调与交底会议
5）周（月、季）例会
6）施工协调会议
7）变更与索赔会议
8）项目进度审查会议
9）其他专题会议等

所有这些会议在会议结束时都要形成会议纪要，以记录双方的观点、双方就某一问题所应采取的行动、各方应负的责任和会上达成的协议等。这些会议纪要都是非常重要的文件，是协调各方行动和解决争端的主要依据。

对于会议纪要，要建立审阅制度，可由与会的一方起草会议纪要后，送交对方（以及有关各方）传阅核签。如有不同意见，可在纪要草稿上修改，再由其他方确认。还应规定一个核签完成的期限（如7天），如果在此期限内不返回修改意见，即认为同意。有时为了提高工作效率，避免不必要的推诿，可以在开会的同时即形成会议纪要，如可以携带笔记本电脑参加会议，开会的同时将会议内容输入电脑，会议结束前，各方对输入的内容进行核实确认之后马上打印成稿，各方代表签字生效，各留一份原件。尤其对于各种例会，会议内容比较固定（会议纪要的格式也可标准化），这种方法可以大大提高工作效率。

对于大量的会议纪要，也要进行分类存档。同时，如果会议纪要涉及其它相关的信函或文件，则一定要在会议纪要中注明相应的文件号。

四、合同管理报表管理

各类合同管理报表对于提高合同管理的效率和各方领导了解项目合同管理情况和状态有非常重要的作用。在项目开始前期，就应设计相关合同管理报表的格式，在合同实施过程中再根据实际需要不断修改完善。一般大型国际承包公司或业主单位都会有一套本公司专用的适用于各类项目的合同管理报表的标准格式，可根据具体项目进行修正补充。以[案例 4-1]为例，EPC 总承包商一方常用的合同管理报表有：

1）主合同支付汇总表

2）主合同变更、索赔申请汇总表

3）批准变更、索赔汇总表

4）分包费用支出预算表

5）分包合同汇总一览表

6）分包合同支付汇总表

7）分包合同变更、索赔汇总表

8）保险单汇总监控表

9）履约保函/担保汇总监控表

10）部门人员休假情况安排表等

五、合同管理工作的程序化

合同管理工作的程序化是国际工程项目管理的要求，是合同管理工作标准化的基础，也逐渐成为国际工程合同管理的一项根本性的基础管理工作。程序是人们在长期的实践中总结而形成的共同遵守的准则，可以保证人们从事某项活动的高度统一和协调，从而大大提高工作的效率并充分利用有限的资源。程序化是为了完成某项活动规定的方法，即对某项活动的目的范围、应该实施的工作、实施工作的人员、时间、地点和方法、以及如何进行控制等进行规定，从而使每一个过程，每一次活动都尽可能得到恰当而连续的控制。做到“凡事有人负责、凡事有章可循、凡事有据可查、凡事有人监督”。

在项目实施过程中，合同管理的日常事务性工作非常多，为了协调各方面的工作，使合同管理工作标准化、规范化，就需要对合同管理中经常性的工作，如合同行政管理工作、众多分包合同的管理工作、索赔管理工作等，订立相应的工作程序，使合同管理人员有章可循，同时也可以减少新上任的合同管理人员的培训工作。

下面以本书第 4 章[案例 4-1]为例，介绍了该项目 EPC 总承包商的“分包执行计划和分包合同开发程序”的基本结构。该“分包执行计划和分包合同开发程序”共分为三个部分：A. 分包合同执行程序总则；B. 分包合同开发程序；C. 分包合同管理和行政管理程序。

A. 分包合同执行程序总则

1. 总则

2. 职责

3. 分包招标文件的编写

4. 授标前的活动

5. 分包合同行政管理

6. 协调和通讯联络

7. 监督分包商的合同履行
8. 安全问题
9. 工程测量和支付
10. 动员和遣返
11. 分包合同的变更与索赔
12. 分包商不履行合同
13. 仲裁与诉讼
14. 分包合同结束
15. 项目结束

B. 分包合同开发程序
1. 分包计划
2. 分包合同的开始
3. 分包商资格预审
4. 分包方法确定
5. 投标者名单的准备
6. 分包招标文件
7. 招标答疑会议
8. 质询补遗
9. 密封标书的接收
10. 技术评标
11. 标书分析和授标建议书
12. 授标前合同谈判
13. 分包合同的批准和签署
14. 分包合同的分发
15. 授标前文件的集中
16. 附件

C. 分包合同管理和行政管理程序
1. 分包工作管理
2. 分包合同行政管理
3. 分包合同的通讯联络
4. 分包商履约行为的监督
5. 建立和保存分包合同文档
6. 项目测量和进度付款程序
7. 分包合同变更程序
8. 分包合同索赔申请与批复程序
9. 总承包商内部分包索赔管理程序
10. 分包合同的履约保证递交程序
11. 保险程序与保险单
12. 分包合同反扣程序

13. 分包项目的验收

14. 最终发票

15. 分包合同结束

16. 分包合同移交

以上主要从EPC总承包商的角度对其合同管理的基础工作的重要性、实施管理办法、程序化和注意事项等做了论述，这些对于业主和工程师的项目实施过程中的合同管理工作同样有参考价值。

第二节　国际工程基础文档管理

在国际工程实施的各个阶段，业主与总承包商、总承包商与分包商或供应商之间频繁的信函和各类文件的往来是一项十分重要的信息管理工作。因此，除了合同文档管理之外，国际工程项目基础文档管理也是国际工程索赔管理工作的重要基础。

一、项目文档管理体系的建立

1. 项目文档的分类

（1）按级别和层次划分

1）上级部门的文档

2）项目经理部的文档

3）业主或承包商的文档

4）分包商的文档

5）项目外部的其他文档

（2）按信息来源划分

1）内部文档

2）外部文档

（3）按形式划分

1）书面文件

2）传真

3）信函

4）电子文件

5）电话记录与确认

6）会议纪要

业主或承包商可根据上级公司的要求和项目的实际情况建立适宜的文档体系进行管理。

2. 项目文档控制编码

业主应根据有关项目档案管理的要求，编制应用于项目的“项目文件编码程序”，统一制定编码规范与规则，实现对项目实施全过程中形成的具有保存价值的文字、图纸、声像等各种载体的文件资料进行统一编码，科学地管理项目文件信息，实现项目文件管理的标准化、规范化和统一化。统一的编号使得项目参与方所有文件便于管理，效率得到很大的提高。一个标准的文件编号一般可包含如图8-1所示的要素：

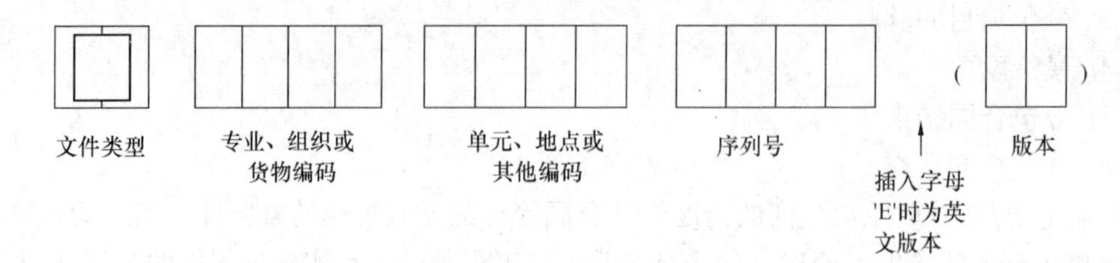

图 8-1　标准的文件编号

下表 8-1 给出了项目文件编号一般的组成内容。

项目文件编号组成内容　　表 8-1

文件类型编码	文件类型编码是两个字母或数字，代表文件的类型
专业组织或货物编码	各部门文件有所不同，采购部门代表了货物的种类，内部往来信函的编码表明了起草信函的部门，外部往来信函的编码表明了外部组织
单元编码、地点编码或其他编码	单元编码有 4 个数字，在单元编码索引中列出； 地点编码有 4 个字母，在地点编码索引中列出； 其他编码有 4 个字母或数字。只要申请人和文档管理部达成一致，就可以随时分配这种编码，包括采购文件、合同和供货商文件相关的编码。在采用其他编码时必须监督其一致性，避免不同的编码指明同一件事。只要有新的编码修改或有编码删除，相关索引就应更新
序列号	序列号由 4 个数字组成，是为了鉴别文件是英文还是中文版本，适用于所有的文件和号码，在序列号后加字母"E"只适用于英文版本。如果文件由一个或更多不同格式的附件附录组成，可以在号码后对所有的附件附录使用相同的序列号
版　本	版本号通常指明了文件不同版本的发布，一般不适用信函、会议记录、信息申请和质疑文件

注：索引包括图纸类型索引、专业编码索引、单元编码索引、文件类型索引、申请类型索引、行政管理/管理文件类型索引、地点编码索引、组织编码索引、供应商文件类型索引、货物编码索引。

项目中的所有人员必须严格按照文件的标准编号系统对每一份经手的文件进行准确的编号，由专人及时将文件在信息平台上进行系统登录，并分类存档。存档一般按同一类文件的编号或按照时间顺序倒排。

还要特别注意文件版本的控制问题。随着项目的深入，已出版并获批准的项目管理文件、设计文件等可能需要不断进行修改和升级，版本号的设立可以使资料使用者辨别出最新版本的文件，避免错误使用旧版本。例如，当已获批准的设计文件根据项目需要进行修改升级，获得业主批准后，文档控制工程师负责将旧版本设计文件原件留底。所有新版设计文件发送时一律附有"文件版本变更通知单"，文件接收方应根据"通知单"上所列内容及时停止使用和回收作废的设计文件。部门内设置的文档管理人员负责跟踪和回收作废的设计文件，交由文档控制工程师集中管理。

二、项目文档控制管理组织与职责分工

1. 项目文档控制管理组织

在项目经理部可下设文档控制中心（参见本书第四章图 4-1），作为文档管理的归口部门。文档控制中心的成员应包括文控工程师、IT 工程师。文档控制中心从总体上负责项目全部信息的汇总、控制和管理。项目经理部各职能部门再设置文档管理人员或由部门秘书兼管，负责该部门的文控管理工作。文控工程师与各部门的文档管理人员相互协调配合从而构成了项目文档控制管理网络。

2. 项目文档控制管理的职责分工

(1) 项目经理及各部门经理

项目经理负责项目经理部所有发往外部文件的签发。项目经理外出时可授权一名副经理代替签发。各部门经理负责本部门报批文件的签发。

(2) 文档控制中心

1) 编制用于指导项目所有文档管理工作的管理程序，并负责该程序的应用和推广；

2) 将计算机技术应用于信息文控管理工作中，建立项目管理信息系统，建立并维护计算机文档数据库，在项目内部建立局域网络，使信息可以及时准确获取、传递、更新、共享；

3) 对项目文档的分发、存档和作废等一系列处理过程进行有效地控制和管理，确保项目文档的质量和格式满足文档使用者的需要；

4) 负责项目实施期间文档的印刷、分发以及时存档，提供项目文档查阅及复印服务；

5) 负责项目文档的整理分类以及项目结束后项目文档的移交工作；

6) 负责竣工文件整理的协调工作。

(3) 各部门文档管理人员

1) 各部门文档管理人员按照文控中心的程序建立本部门文控管理体系，参与制定文件编码系统；

2) 根据要求及时提交各类文件状态，并负责本部门所有文档的处理和最终的归档；

3) 接受文控中心对本部门文控管理的质量审核。

三、项目文档管理流程

1. 输入输出管理

对来自项目外部的文件和资料，接收部门在处理和传递分发之前，必须审查其有效性；发现收到的文件和资料存在有效性问题，应立即与提供部门联系，取得有效的证据。所有输入的项目文件和资料必须按项目有关规定进行登记、编号和标识、处理和归档，这些文档在使用前应由有关的责任部门或人员进行评审。如发现错误或疑问，应及时与提供方联系，协商解决，以确保输入文件的质量。

2. 传送管理

在项目部内部进行文档传递，是文档控制管理的另一项主要工作。确认有效并经评审的项目文件和资料才能进入分发和传送程序。项目的某个部门生成的文件如果需要传递至其他部门，应将文件递交给项目文档管理部门，由项目文档管理部门统一进行文件的传递工作。

在文件的传递工作中，可使用标准的文件传递表。文件传递表中包含了传递方名称、接受方名称、传递文件名称、编号、版本号、WBS号、电子文件类型、页数、份数、安全级别、传递目的等信息。纸制文件的传递由文控中心送达，电子文件通过项目邮件系统送达。

发往外部的所有报批文件、信函、传真、会议纪要等应使用文控中心制订的统一文件格式和文件编码。经发件部门经理、项目经理签字批准，由文控中心登记编码后统一发送、存档。传真应以固定的标识和格式明确文件主题、发文号、收发件人等内容，要求对方回复的事项应明确回复时间和相关要求。报批文件由各部门编制（内容涉及其他部门时，由文件编制部门牵头会签），连同由部门经理签字的“文件传送单”送文控中心向外部提交。

3. 修改和回收管理

项目文件和资料按程序进行更改版次的，应注明版次，新版文件发行的同时对旧版文件进行标识、回收或销毁；由于变更引起的项目文件和资料的修改，应按变更程序执行。对项目文件和资料的任何修改均应由原审批部门审批；作废文件和文件升版后的受控文件分别加盖“作废”和“受控”印章标识。工程项目文件资料应随项目进度及时收集、整理，并按项目的统一规定进行标识；应按照有关档案管理标准和规定，将项目实施过程和项目管理过程中形成的所有文件进行归档；应确保项目档案资料的真实、有效和完整，不得对项目档案资料进行伪造、篡改。

第三节 国际工程索赔英文信函写作

信函的管理是国际工程基础文档管理的重要内容，目前国际工程项目管理使用的书面语言以英文为主。国际工程合同通常规定，合同双方发出的任何通知（notice）、同意（consent）、批准（approval）、证明（certification）或决定（determination/decision）等均应是书面的。这项规定表明书面的信函或文件往来是国际工程管理中的一项重要工作。合同双方在往来信函和文件中的承诺同样对双方具有约束力。因此，能够用英文准确地书写往来信函和起草有关文件是从事国际工程管理人员的基本要求，对于合同与索赔管理人员尤其如此。

本节专门就国际工程索赔英文信函写作问题进行论述和举例，希望能够引起从事国际工程管理人员的足够重视。

一、国际工程英文信函的基本结构

国际工程管理中的信函一般为正式信函，国际工程英文信函一般包括下图8-2所示信息。

1）信头（Heading）：指发信者的单位图标、名称、地址、电话号码、传真号码等。业主或承包商一般都使用已印有信头的信笺。信头的设计方式多种多样，但不论是何种样式，都应以实用、美观为准。

2）参照编码（Reference No. / Ltr. Ref / Letter No. / REF No. / Ref.）：由于国际工程管理信函的往来十分频繁，涉及的内容十分广泛，加之项目的时间跨度大，为了便于文件管理和查阅，应对往来信函进行编码。编码的方法很多，其中一种是将项目名称的缩写加上某年，再加上该月内发出的第几封信作为该信函的参照编码，编码一般放在右上方。

3）日期（Date）：日期一般书写在信函的右上方、参照编号的下方（有时也写在参照编码的上方），表明发出该信函的日期。日期的写法主要有两种，即英国式的习惯写法和美国式的习惯写法。英国式写法的顺序是日、月、年，年与月之间加逗号，如：12 May, 1999；美国式写法的顺序是月、日、年，年与日之间加逗号。另外，日期中的“日”，也

HEADING

Letter No.: ICD/L/1046/96

Date: Dec 18th, 1996

Reply required: □Yes □ No

To: **Mr. Sean Brady**
Contracts Manager

From: **Mr. Richard T. Rosendale** (Total 53 pages including covering letter)
Project Co-ordination Manager

Subject: Tank Fabrication and Erection Service-Sub Contract No.0335 oz 071/CPK/SBC/016.Revised Pricing

Reference: ACBI Facsimile No. 6649 dated 12th November, 1996

Gentlemen,

… … (*body of the letter*)

Yours faithfully,

(*Signature*)

Anthony Winstanley
Project Manager

RECEIVED

Cc: Mr. David Pointer

letter1008.doc ----- (*File name*)

Address: **Fax:** **E-mail:**

图 8-2　国际工程英文信函格式样例

可写为序数词的形式，如 12th May，April 8th 等。

4）是否要求回答（Reply required：Yes / No）：指该信是否要求收信人回复。

5）收信人（To whom/ Attention / Attn:）：指该信函指定的接收人，一般为合同一方的授权代表（authorized representative）。在收信人的下面应注明其职务和地址。信函文件也常由专人送达，因此，地址也可不写。

6）发信人（From whom）：指以其名义发出信函的人，一般为合同各方的授权代表。在发信人的下面应注明其职务，发信人的地址也可视情况省略不写。

7）称呼（Salutation）英文信函中称呼主要有“Dear sir”或“Gentleman”等。

8）主题（Subject/Sub/Re）：指的是信函涉及的主题内容，通常在英文“Subject：”（也常写成缩写 Sub：）或表示“关于”含义的拉丁文“Re：”的后面加上几个简明扼要的词、词组或短句，将整个信函的主要内容显现出来，这不仅便于收信人处理该信函，而且便于查阅、归档。

9）正文（Body of the letter）：正文是信函的核心部分，要做到语言严密，用词准确，含义清楚。

10）结束语（Complementary close）：英文信函中的结束语是一种客套语，如 Yours faithfully，还常用 Yours truly，Yours sincerely，Yours respectfully 等，意思是“您忠实的”，“您真诚的”等，类似于中文中的“此致敬礼”或“谨启”。英文敬语的第一个词的第一个字母应大写，敬语的后面应有逗号。

11）签名（Signature）：信函中的签名者应为各方的授权代表的签字人（authorized signatory）。位置一般应在结束语下的第二或第三行，在签字的下面还应打印出签字人的姓名。在一些特殊情况下，如果正式授权的签字人不在，他可临时授权某一高级管理人员替其签署一些不太重要的信函，但这一形式下，实际签字人与签字下方打印出的姓名不相符，英文一般在打印姓名前面书写一个 for，表示某人替正式授权签字人签字。

12）附件（Enclosure/Attachment）：信函中如有附件，可在信函的左下方注明 Enclosure（常缩写为 Encl）或 Attachment。如果附件不止一项，可写成复数形式 Enclosures（Encls）或 Attachments。如果在正文中已经对附件说明的很清楚了，则毋需再在信函的左下方注明。

二、国际工程索赔英文信函写作范例

下面从张水波等主编的《国际工程管理英文信函写作》一书中选取了 8 封与国际工程索赔有关的范例信函供读者参考学习。信函内容涉及国际工程承包商提出索赔、业主处理索赔以及争端处理等问题，包括现场移交、文件的签发、不可预见的外部障碍以及恶劣的天气条件等，并对各范例信函进行了内容方面的注解。

1. 承包商向业主的索赔

（1）现场移交的推迟

由于征地等方面的原因，业主有时无法按时将现场移交给承包商，致使承包商窝工，对工期与费用造成影响，这将构成承包商索赔的理由。

范例信函 8-1

From the Contractor to the Employer/Owner

Dear Sirs,

Sub：**Deferring the Date for Possession of Site**

We have received your notice of ______ whereby you purport to defer the date for our possession of site (for Section D) from __________ to __________ .

However, you may have already noted that, according to our construction schedule, we will have finished all the work at Section C of the Works by __________ and will then mobilize our personnel and equipment to the Site for Section D for the commencement of this section. If the date for possession is deferred, we will be held up in commencing the work at Section D. This will certainly delay the timely completion of the works, and accordingly cause additional costs to us.

We hope that the Site for Section D will be handed over to us in accordance with the construction schedule. Otherwise, we reserve the right to lodge a claim for extension of time and compensation as a result of such change.

Yours faithfully,

Contractor

内容讲解:

这是承包商致业主方的一封信，说明推迟移交现场将导致承包商提出索赔。

第一段说明，承包商收到了业主的信，信中通知承包商，业主打算将D区段的现场从原定的移交日期推迟到某一日期。

第二段说明，按照施工计划，承包商将于某日之前完成C区段的全部工作，并随后将人员和设备调遣到D区段，开始该区段的施工。如果D区段现场推迟移交，将影响承包商对该区段的开工。这肯定将导致承包商推迟竣工时间，同时还招致额外费用。

第三段说明，承包商希望业主能按施工计划将现场移交给承包商，否则，承包商将提出相应的索赔。

(2) 要求签发有关施工文件

对于施工合同，承包商需要按照业主/工程师签发的图纸等施工文件进行施工，如果业主不能按时签发，也会引起承包商的索赔。

范例信函 8-2

From the Contractor to the Employer/Owner

Dear Sirs,

Sub: **Request for Additional Information**

Further to our discussion with your representative and pursuant to Clause 6.3 of the Conditions, we now write to you to confirm that the execution of the works is likely to be delayed or disrupted unless details for _____ are issued by you within a reasonable time. Such delay or disruption will incur additional costs.

Our requirements were indicated on the Program forwarded to you on _____ and to avoid delay, the details requested should be made available to us no later than _____.

Yours faithfully,

Contractor

内容讲解:

这是承包商致业主方的一封信，要求对方签发补充资料。

第一段说明，承包商已经与业主的代表商谈过，并根据合同的规定在此提出，如果业主方不在合理的时间内向承包商签发有关详细图纸，就会影响施工进度，同时还会招致额外费用。

第二段说明，在承包商提交给业主的计划中表明了承包商的这一需求。为了避免延误工程，承包商要求业主在某日之前向承包商提供所需资料。

范例信函 8-3

From the Contractor to the Employer/Owner

Dear Sirs,

Sub: **Notice of Delay in the Issue of Information**

Further to our letter Ref: ______ dated , it has become apparent that non-receipt of the information requested is now delaying our work and we therefore give notice of delay and additional cost pursuant to Clause 6 of the Conditions.

We shall, in support of the above, keep contemporary records as may reasonably be necessary to substantiate our claims.

Yours faithfully,

Contractor

内容讲解：

这是承包商致业主方的一封信，说明业主没有按时签发有关文件。

第一段说明，承包商发出上一封信之后，仍没有收到业主方的资料，从而影响了承包商的工期和费用。

第二段说明，承包商将保持同期记录，用以支持随后提出的索赔。

（3）异常恶劣的气候条件

对于承包商在施工过程中遇到异常恶劣的气候条件，一般国际工程合同规定允许承包商延期，但为了能证明发生的情况为异常恶劣的气候条件，承包商应及时通知业主方。

范例信函 8-4

From the Contractor to the Employer/Owner

Dear Sirs,

Sub: **Exceptionally Adverse Weather Conditions**

In accordance with Clause 25 of the Contract, we hereby give you notice that progress of the Works is being and is likely to continue to be delayed by continuous snow and frost conditions which are effectively preventing work from continuing on site. As you are aware, this work currently consists of excavation and concreting for the foundations and it is impossible for us, at this stage in the Contract, to find alternative work at site.

These circumstances amount to "exceptionally adverse weather conditions" which was not foreseeable by us at the tender stage. Although we programmed to allow for normal weather conditions, it is our view that heavy snow and continuous frost are exceptional in this locality in late April.

Since these conditions are continuing and the long-range weather forecast shows them as likely to continue for some time, we are unable at this stage to give the particulars and estimate. In the meantime, we are using and will continue to use our best endeavors to prevent delay, but as we have already indicated there is very little we can do at the present time.

When we have provided the particulars and estimate required, no doubt you will grant the

appropriate extension of time within the time limit laid down in Clause 25.
Yours faithfully,
Contractor

内容讲解：

这是承包商关于恶劣天气致业主的一封索赔意向通知函。

第一段说明，承包商通知业主，承包商在施工中碰到了降雪和霜降，阻碍了正常施工，而且这一情况很有可能持续下去。承包商近来正在进行基础的开挖和混凝土浇筑工作，不可能在现场找到其他工作来做。

第二段说明，这一情况属于“异常不利的天气条件”，对此，承包商在投标阶段无法预见到。尽管承包商在编制进度计划时考虑了正常的天气情况，但4月下旬在这一地区下大雪和持续霜降确属异常情况。

第三段说明，由于这一天气条件在持续，而且远期的天气预报显示，这种情况很可能将持续一段时间，所以，承包商无法提供详细情况和遭受影响的程度。承包商强调，承包商在这一期间正用最大的努力来减少延误，但又说明在现阶段承包商基本上无能为力。

第四段说明，承包商相信，在承包商提供了详细情况和影响程度后，业主会在合同规定的时间内同意承包商延长工期。

2. 业主方对索赔的处理

业主对承包商索赔的处理（有时称为“反索赔”）是业主合同管理工作的一项重要内容。按照合同公正地处理承包商的索赔是业主方应遵守的反索赔原则，这将促进合同双方的合作精神，有助于项目的顺利实施。

(1) 关于不可预见的外部障碍的索赔

作为国际工程的一种惯例，一般合同中均规定，如果发生了承包商“不可预见的外部障碍”，则承包商有权提出索赔。但有的合同规定，如果发生此类情况下，承包商既可以索赔工期，又可以索赔费用；有的合同只允许承包商索赔工期（如：某些包括设计的交钥匙合同）；有的合同甚至两者都不允许承包商索赔。业主如何处理这方面的索赔，还应按照合同的具体规定。

范例信函 8-5

From the Employer/Engineer to the Contractor
Dear Sirs,
Sub: **Unforeseeable Physical Obstructions**
We acknowledge receipt of your letter dated ______ giving notice pursuant to Clause 12 of the Conditions of the encountering of the physical obstructions as detailed in the attachment thereto, which in your opinion were not foreseeable by an experienced contractor.
After a careful examination of the facts and evidence put forward by you, it is determined hereby that you are, under Clause 44, entitled to an extension of time, which is ______ days, based on which the Time for Completion will be adjusted accordingly. You are therefore requested to submit to us an updated construction program within 28 days.
Your request for cost reimbursement is denied, as you are not entitled to any additional

cost under the Contract.

Yours faithfully,

Engineer

内容讲解：

这是业主的工程师致承包商的一封信，答复承包商以“不可遇见的外部障碍”为由提出的索赔。

第一段说明，工程师收到承包商遇到“外部障碍”的通知以及详细说明该事件的附件。承包商认为，该“外部障碍”是一个“有经验的承包商无法预见的障碍”。

第二段说明，在认真研究了承包商提出的事实和证据之后，工程师根据合同决定，给予承包商一定的延期，但对承包商提出的费用补偿要求予以拒绝，理由是，该要求没有合同依据。

(2) 工程师对索赔的复审决定

如果承包商提出索赔，则工程师首先给出初步决定（determination）；如果合同一方对该决定不满，他可以将其异议再次提交给工程师，要求工程师给予复审决定（decision），工程师应在合同规定的时间内给予答复。

范例信函 8-6

From the Employer/Engineer to the Contractor

Dear Sirs,

Sub: **Engineer's Decision regarding the EOT & Additional Costs for Tunnel Excavation and Rock Support**

With reference to your letter (Ref. No. 30059/D3. 2. 2/T1) dated ______, the purpose of which was to request the Engineer to decide the extension of time and additional costs for tunnel excavation and rock support, the Engineer hereby responds formally as follows:

In the above-mentioned letter, the Contractor firmly believes that he is entitled to:

a) an extension of ______ days, and

b) an addition of ______ US dollars

for the tunnel excavation and rock support.

After the Engineer has made a full and complete analysis and evaluation of the following documents:

1) the claim documents submitted together with the letter Ref. No. 22278 by the Contractor on ______ (*date*),

2) the claim documents submitted together with the letter Ref. No. 30059 by the Contractor on ______ (*date*),

3) the minutes of the 8 consultations held between the Engineer and the Contractor on the EOT and additional costs for tunnel excavation,

4) the 16 memoranda of the negotiations between the Engineer and the Contractor, and

5) the various communications and construction records during the tunnel excavation

and rock support, and pursuant to Clause 67 of GCC,

the Engineer, taking into account the relevant determinations already made, decides as follows:

a) the Contractor is granted an extension of ______ days for tunnel excavation and rock support, and

b) the Engineer rejects the Contractor's claim under Sub-clause 12.2 of GCC and disagrees to the amount claimed by the Contractor. The Contractor is, instead, granted a total compensation of ______ US dollars.

c) the Engineer will include the above amount in the next interim certificate for payment to the Contractor.

This decision will be followed by a supporting document which will specifically state the basis and grounds for the Engineer's decision.

Meanwhile, the Engineer is copying this decision to the Employer for his information.

Yours faithfully,

Engineer

内容讲解：

这是一封业主的工程师致承包商的信函，对承包商的索赔要求作出了复审决定（decision）。

第一段说明，工程师收到了承包商要求工程师就隧洞开挖和岩石支护的工期和费用索赔作出复审决定的信函，并正式作出决定如下。

第二段说明，承包商在其来函中坚持认为他有权得到追加费用和延期时间。

第三段说明，工程师在全面分析和评价了双方之间的各类文件之后，根据通用合同条件第67条，并考虑到以前所作出的初步决定（determinations），在此给出正式决定：

1）给予承包商__________天的延长工期；

2）拒绝承包商根据通用条件12.2所提出的索赔，不同意承包商提出的索赔金额。承包商有权得到的索赔额为__________。

3）工程师将批准的索赔额纳入下一个支付证书中。

第四段说明，工程师随后将发送给承包商一份文件，用来支持其复审决定，并详细说明复审决定的理由。

第五段说明，工程师同时将此复审决定抄送业主。

3. 争端与仲裁

在国际工程实施过程中各方之间发生争端屡见不鲜。解决争端通常采用谈判、调解、争端审议委员会裁定、仲裁等。但如果双方分歧大，涉及的问题严重，则常常采用仲裁来解决。

(1) 争端的产生

如果承包商对业主/工程师的有关决定不满，争端就产生了。在这种情况下，彼此可以进行磋商，但如果没有结果，其中一方可能就会发出申请仲裁的意向通知。

范例信函 8-7

From the Contractor to the Employer/Engineer

Dear Sirs,

Sub: **Dissatisfaction with Engineer's Decision**

With reference to your letter of ______ notifying us of the amount of direct loss and expense purported to be ascertained by you for inclusion in the next Interim Payment Certificate, we note that this amount is substantially less than the total of the details of loss and expense actually incurred by us as set out in the annex to our letter of ______ and supported by the documents supplied therewith. In particular, the amount in respect of loss of productivity of labor has been reduced by you by 85 percent, despite the very clear evidence which we provided in support of our figure and we note that you have not given any justification or any evidence in support of this reduction or the other reductions which you have made.

We cannot accept this as being an ascertainment in accordance with the Contract and unless the position is rectified forthwith we shall be compelled to give notice to the Employer that a dispute has arisen and will be referred to arbitration at the proper time.

Yours faithfully,

Contractor

内容讲解:

这是承包商致业主的工程师的一封信，针对业主的工程师的来函，提出自己的不同意见。

第一段说明，承包商收到业主的工程师的来函，在来函中，工程师通知给予承包商费用补偿（直接开支），并准备将该笔金额纳入下个月的支付证书中。但承包商认为，工程师批准的补偿额比其实际损失的金额低得多。另外，承包商特别指出的是，尽管承包商对其索赔额提出了确切的证据，工程师仍将承包商因劳动效率降低而提出的索赔额降低了85%，却没有提供任何这方面或其他方面减扣的理由和证据。

第二段说明，承包商不接受工程师的决定。如果工程师的立场不发生改变，承包商将被迫通知业主就该事宜已经发生了争端，并在适当的时候将该争端提交仲裁。

(2) 仲裁意向通知

争端产生后，在谈判没有结果的情况下，一方就会向另一方发出仲裁通知。

范例信函 8-8

From the Contractor to the Employer

Dear Sirs,

Sub: **Intention to Settle Dispute by Arbitration**

As disputes and differences have arisen between ourselves and the Engineer acting on your behalf concerning extension of Contract time and it has proved impossible of resolution by negotiation, we hereby, under Clause 20 of the Conditions of Contract, inform you of our intention to refer the disputes to arbitration.

In the attachment are the resumes of three persons who will be acceptable to us as arbitrators and who have no subsisting connection of any kind with us. We kindly request you to concur in the appointment of an arbitrator.

Failing your agreement to the appointment of one of named gentlemen or your proposals of an arbitrator acceptable to us, we shall apply to the President of ________ for an arbitrator to be appointed by him.

The place of arbitration and the applicable rules shall be per the arbitration clause in the Contract.

Yours faithfully,

Contractor

内容讲解：

这是承包商致业主的一封信，信中将把争端提交仲裁的意向正式通知业主。

第一段说明，业主的工程师和承包商之间关于延期的问题已经产生了争端，并且业已证明，双方不可能通过谈判来解决争端。因此，承包商根据合同条件第20条特通知业主承包商将此争端提交仲裁的意图。

第二段说明，在本信函的附件中有三位人员的简历，承包商同意他们作为仲裁员候选人，并声明他们与承包商没有任何业务往来。承包商同时请求业主就仲裁员的任命问题与其达成一致意见。（由本信函看出，此争端可能是由独立的仲裁庭来仲裁。）

第三段说明，如果业主不接受承包商提议的人员或承包商不接受业主建议的人员，则可申请______机构的主席来为双方任命一位仲裁员。

第四段说明，仲裁地和仲裁规则按合同中仲裁条款执行。

复习思考题

1. 国际工程的索赔基础工作包括哪些内容？
2. 如何建立国际工程合同文档管理体系？
3. 国际工程项目文档管理的一般流程是什么？
4. 试着谈谈项目基础文档管理对国际工程索赔的意义。
5. 仔细阅读国际工程索赔英文信函写作范例，试着写出几封关于索赔的英文信函。

第九章　国际工程索赔报告与索赔谈判

索赔报告的质量对索赔的最终结果有着决定性的影响，索赔谈判也是索赔活动不可缺少的内容。本章介绍和分析了国际工程索赔报告的一般结构、编写技巧和编写索赔报告时应注意的问题等，并通过两个实例展示了索赔报告的内容提纲。此外，本章从业主的角度对索赔报告的评审、业主向承包商的反索赔等进行了分析，并讨论了索赔谈判过程和谈判成功的关键因素。

第一节　国际工程索赔报告的主要内容

索赔报告是在索赔事件发生后，由索赔方在一定期限内向被索赔方提出索赔要求的书面文件。被索赔方，或以后的索赔争端调解人、仲裁员都要通过索赔报告了解索赔事件发生、发展的全过程，在此基础上进行谈判或裁决。在国际工程索赔实践中，索赔报告的质量和水平，对索赔成败至关重要。如果索赔报告逻辑不严谨，对索赔权论证不力、索赔证据不足、索赔款计算有误等，轻则会使索赔结果大打折扣，重则会导致整个索赔失败甚至遭至对方的反索赔。因此，索赔方的人员在编写索赔报告时，应特别周密、审慎地论证与阐述，充分地提供证据资料，对索赔款计算反复校核。对于款额巨大或技术复杂的索赔事件，必要时可聘用合同专家、律师或技术权威人士担任咨询顾问，以保证索赔取得较为满意的结果。

索赔报告的具体内容，因索赔事件的性质、特点和复杂程度不同而有所不同，但索赔报告一般应包括以下内容：

（1）总论部分；

（2）合同引证部分；

（3）索赔款额计算部分；

（4）工期延长计算部分；

（5）证据部分。

一、总论部分

每份索赔报告的开始一般是索赔事件的综述。这部分应简明扼要地叙述发生索赔事件的日期和到目前为止的处理过程，简要说明索赔方为了减轻该索赔事件造成的损失而做过的努力，并提出该索赔事件对索赔方增加的额外费用总数和总的工期索赔要求。最好注明索赔报告的主要编写人以及审核人及其职称、职务等，以表示索赔报告的权威性、可信性和编写人员的连续性。

总论部分应包括下述具体内容：

1）序言；

2）索赔事件背景概述；

3）具体索赔要求，包括索赔总款额和要求工期延长总天数；

4）报告编写及审核人员。

二、合同引证部分

合同引证部分是索赔报告最关键的部分，其目的是论证索赔方拥有索赔的权力，这是索赔成立的基础。合同引证的内容主要来自工程项目的合同文件，尤其是合同条件以及其他一切可以证明己方具有索赔权力的证据资料。如果索赔方了解到有类似的索赔惯例或案例，也可以作为例证提出，以进一步证明自己索赔要求的合理性。

合同引证部分必须做到叙述清楚、层次分明、论证有力、逻辑性强，一般包括以下具体内容：

1）重申发出索赔通知书的时间；

2）简述索赔事件的处理过程；

3）引证索赔要求的合同依据（可分为工期和费用两个方面）；

4）引用并指明所附的其他证据资料（可分为工期和费用两个方面）；

5）结论。

三、索赔款额计算部分

在论证了己方具有索赔权之后，接下来一般是对索赔款额的计算，具体论证己方应得的合理的经济补偿款额。如果说合同引证部分的目的是确立索赔权，则索赔款额计算部分的任务是决定应得的索赔款。前者是定性的，后者是定量的。

在进行索赔款额计算之前首先应选用合适的计价方法。至于采用哪一种计价法，应根据索赔事件的特点及自己掌握的证据资料等因素来确定。其次，应注意每项索赔款额的合理性，并指出相应的证据资料的名称及编号。只要计价方法合适，各项开支合理，计算出的索赔总款额就有说服力。本书第六章对索赔费用的组成、索赔计价方法等已经进行了比较详细的论述。

索赔款额计算部分，最好先列出索赔总款额汇总表，然后再分项说明各组成部分的计算过程，并直接引用或指出所依据的证据资料的名称和编号，如计算窝工费用要附上相应窝工人员的考勤表。对于重大索赔事件，索赔款额计算部分的篇幅可能较大，不仅要论述各项费用计算的合理性，给出详细的计算方法，还需要引用详细具体的证据资料。

索赔款额计算部分没有固定的结构，本章第三节［案例 9-2］给出了一个范例可供读者参考。

四、工期延长计算部分

工期索赔和费用索赔可以在一份索赔报告中同时出现，但一般在一份索赔报告中只涉及其中一个方面的问题，对于重大的索赔事件尤为如此。工期索赔多数是承包商向业主提出的。承包商的工期索赔首先是为了获得工期的延长，以免承担合同中规定的误期损害赔偿费。其次，可能在此基础上获得费用补偿，尤其当承包商为了实现业主赶工目标而投入了更多资源进行加速施工时，就有权要求业主对其赶工所增加的费用进行补偿。

关于国际工程工期延长的常用计算方法，在本书第 5 章中有较为详细的介绍和分析，从事国际工程索赔的人员应熟练地掌握。在工期索赔计算过程中，应该对计划工期、实际工期、理论工期等进行详细的论述和比较分析。

国际工程工期索赔过程中，如果合同双方均使用了类似 P3（Primavera Project Planner）或 MS Project 这样的计算机软件进行项目进度管理时，处理工期索赔问题就相对容易。这就要求国际工程索赔管理人员熟练掌握工程进度计划网络图的原理、计算及其应用，同时深入了解项目的施工安排、资源调配及本公司的生产效率等。

五、证据部分

证据是索赔报告必不可少的组成部分，通常以索赔报告附件的形式出现。它包括了索赔事件所涉及的一切有关证据资料以及对这些证据的说明。没有翔实可靠的证据，索赔是不可能成功的。

索赔证据资料的范围甚广，它可能包括工程项目实施过程中所涉及的有关政治、经济、技术、财务等多方面的资料。国际工程各参与方应该在整个工程实施过程中持续不断地搜集整理这些资料，并分类储存，最好建立起完善的文档管理程序，以便随时查询、整理或补充。关于国际工程索赔基础文档管理问题可参见本书第八章的内容。

在引用证据时，要注意证据的效力或可信程度。为此，对重要的证据资料最好附以文字说明或确认函件。例如，对一项重要的电话记录，仅有自己的证据资料是不够的，最好附上包括对方签字的确认函；或附上发给对方的要求确认该电话记录的函件，即使对方当时未复函确认或予以修改，亦说明责任在对方，因为按惯例未复函确认或修改视为对方已默认。

除文字报表证据资料以外，对于重大的索赔事件，索赔方还可提供直观记录资料，如录像、摄影等证据资料。

必须说明的是索赔报告中所引用的证据资料，应根据索赔报告总体的编写要求和思路进行分类并编码，以便在索赔报告论证和计算过程中能清晰地引用。同时，因为证据部分的内容是索赔报告中最繁杂的部分，为便于阅读者理解，要层次分明，便于查阅。有时出于索赔谈判策略的考虑，在索赔初期不一定将所有证据资料一次性全部提供，甚至可以保留一部分到 DRB 审议答辩时再提交。

第二节　国际工程索赔报告的编写

一、国际工程索赔报告编写应注意的问题

一份高质量的索赔报告应做到事实准确、逻辑性强、逐项论述、层次分明、文字简练、论理透彻，并善于利用案例。对于重大的索赔事件，最好在经验丰富的国际工程索赔专家或有国际工程索赔经验的律师的指导下编写。

在索赔款额计算部分，提出索赔的一方，尤其是承包商向业主索赔时，出于谈判策略的考虑可以在索赔款额的计算上留有适当的余地。但是对于索赔事件确切、证据确凿的索赔项目的索赔款计算应该准确，对于不确定或预计争议较大的费用项目可以适当上浮。但切忌采用笼统的计价方法和不实的开支款项，或采取不严肃的态度，没有根据地扩大索赔款额，采取漫天要价的策略。这种做法只会导致双方互不信任，进而增加索赔工作的难度。

二、索赔报告的内容特点与要求

1. 事实的准确性

索赔报告应如实、准确地描述索赔事件，对索赔款的计算或对工期延误的推算都应准确无误。任何的计算错误或歪曲事实，都会降低整个索赔的可信性，给索赔造成困难，也会影响索赔方的信誉和以后的索赔工作。

2. 论述的逻辑性

索赔报告中文字论述部分的逻辑性主要表现为客观事实与费用损失之间的因果关系。合乎逻辑的因果关系，是指索赔事件与费用损失之间存在着内在的、直接的关系。对于干扰事件、责任划分、工程受到的影响和索赔要求之间要构成严密的逻辑链。

3. 理由证据的充分性

索赔理由、证据材料的充分与否是国际工程索赔能否取得成功的基础和关键。索赔方只有权得到全部索赔要求中他能有证据证明的部分。因此，提交的证据资料应当翔实、准确。在索赔报告中，应当突出强调干扰事件的不可预见性与突发性，以及在干扰事件发生后索赔方按照程序采取的措施和所尽的努力等内容，这样可以让索赔报告的索赔理由更充分。

三、索赔报告的形式特点与要求

1. 恰当的表达方式

索赔最终是索赔方为了使自己的损失获得赔偿或补偿，同时尽可能的保持双方的友谊和自身的声誉。为达到上述目的，除了内容翔实充分、逻辑清晰之外，作为书面材料，索赔报告在形式上也存在一些策略和技巧。承包商向业主提出的索赔报告尤其要注意这些问题。

(1) 文字简练

索赔报告的读者，除了工程师、业主代表或其他工程参与方以外，还可能有被索赔方的上级领导部门，他们是索赔的决策者。因此，索赔报告的文字一定要清晰简练，避免啰嗦重复，使项目的局外人也容易看懂，认为其言之有理。

(2) 用语婉转

索赔报告的文字一定要注意反复推敲，用词婉转有礼，不要使用过于强硬的或不友好的语言，避免使用令对方感到难堪的语言，如：

“你方严重违反合同规定，……，使我方受到难以忍受的损害，……”；

“你方如不在×月×日以前满足我方的合理要求，……，我方则将诉诸仲裁……”等。

而应该采用婉转的措辞：

“……请求贵方做出公平合理的调整”；

“请考虑采用××合同条款的规定，对我方所承受的额外开支予以补偿……”等。

(3) 措辞准确

索赔的立场、角度、内容的准确表达与具体的遣词关系十分密切。由于索赔事件必须清晰、准确，因而在用词的选择上，要尽可能避免猜测式的，如“可能”、“大约”等词语，否则会影响索赔报告的整体力度。在责任分担方面，措辞中应注意责任划分的清晰，不要用模棱两可的词语或自我批评的语言，否则可能丧失索赔的有利地位。

2. 分明的层次结构

如上节所述，国际工程索赔报告一般分为五部分，这五部分除三四部分可基本并列之外，总体采用“金字塔”的形式。第一部分概括地、简明扼要地说明索赔的事项、理由和要求的款额或工期延长期，让阅读者一开始就了解索赔的全部要求。

在此基础上，逐项地、较详细地论述事实和理由，展示具体的计价方法或计算公式，列出详细的费用清单，并附以必要的证据资料。这样，汇总表中的每一个数字就伸展为整段落的文字叙述、许多的表格和分项费用以及一系列的证据资料。

这种结构形式的索赔报告，层次分明，使读者一目了然。双方决策层管理人员，在阅读了第一部分之后即可了解索赔的全貌，做到决策时"心中有数"；具体工作人员，则可以逐项深入地审阅报告，审查数据，检查证据是否齐全，并能较快地对索赔报告提出自己的评审意见及决策建议，供上级领导人员决策参考。

第三节 国际工程索赔报告参考样例

本节通过两个索赔报告样例对国际工程索赔报告的组成部分及内容做进一步的说明。[案例 9-1] 侧重总论和合同引证部分，[案例 9-2] 重点介绍了索赔款额计算。这两个案例可作为国际工程索赔报告的参考样例。

【案例 9-1】 国际工程索赔报告结构参考格式

关键词： 索赔报告；总论；合同引证；证据

案例内容：

×××××公司××项目索赔报告

一、总论部分

（一）序言

我方与贵方在××项目上合作十分愉快，虽然在项目实施过程中出现了一些偏差，由于双方的共同努力和贵方的大力支持，项目总体进展顺利，在此对贵方的合作表示感谢。

此报告为在原有各单项索赔报告基础上关于该项目的综合索赔报告，索赔事件主要包括重要设备延期交货、图纸多次变动等事项。希望贵方认真考虑我方的索赔要求，对由于非我方原因而对我方造成的费用增加和工期延长进行合理的补偿，以保证项目的顺利完成。

（二）索赔事件

1. 重要设备延期交货

根据进度计划的要求，设备 R-1、R-2、R-3、R-4 需在××××年×月×日前交付我方，然而由于你方原因导致上述设备交货日期严重滞后，实际交货期如下所示：

设备计划与实际交货日期表　　　　表 9-1

设备编号	计划安装日期	实际交货日期	安装所需要的吊车设备
R-1	××××.×.××	××××.×.××	250t 吊车
R-2	××××.×.××	××××.×.××	600t 吊车
……	……	……	……

延迟交货导致了我方的安装工作无法按时进行，其他工作也受到了影响，造成了窝工。设备交货后，我方为了满足工程进度采取了赶工措施，比此部分的原计划工期提前

10天完成，对此造成的额外费用以及可能引起的工期延长我方具有获得补偿的权利。

2. 图纸多次变变更

……

3. 其他索赔事件

……

（三）索赔要求

1. 费用补偿要求

下表是我方此次索赔报告请求费用补偿的汇总

索赔报告请求费用补偿汇总表　单位：美元　**表 9-2**

序　号	索赔事件	直接费	间接费	合　计
1	重要设备延期交货	×××,×××.00	×××,××.0×	×××,×××.0×
2	图纸多次变更	×××,×××.00	××,××.×0	×××,×××.×0
……	……	……	……	……
	合　计	……	……	……

本次要求的费用补偿额为……（小写/大写）

2. 工期延长要求

上述各类索赔事件影响了我方原来的进度计划，但我方一直努力赶工，希望实现原进度计划的安排，希望得到业主的配合；同时我方保留对工期作进一步索赔的权力。

（四）索赔报告编写及审核人员

……

二、合同引证部分

（一）索赔事件的处理过程

1. 重要设备延期事项的处理过程

上述设备延期交货事件发生后，我方于××××年×月×日向贵方发出通知（信件编号 X-Y-2-DF-05），表明了我方在此事件中应该具有的权利，并说明我方将对此发生的额外费用以报表的形式报送给贵方。贵方于××××年×月×日回函（信件编号 X-O-10/17），以缺乏证据为理由拒绝了我方的索赔请求。我方遂于××××年×月×日提交编号为 X-Y-2-DF-07 的信件，说明了我方索赔的依据，并附有费用计算过程、横道图等证据资料。贵方于……

2. 图纸变动的处理过程

……

3. 其他索赔事件的处理过程

……

（二）索赔通知书的发出时间

重要设备延期交货：××××年×月×日

加热炉浇注料和保温钉延期交货：××××年×月×日

……

（三）索赔的法律及合同依据

1. 相关法律规定

根据中华人民共和国合同法第 16 章第 283、284、285 条的规定：

第 283 条　发包人未按照约定的时间和要求提供原材料、设备、场地、资金、技术资料的，承包人可以顺延工程日期，并有权要求赔偿停工、窝工等损失。

……

2. 相关合同依据

(1) 设备延期交货

我方按贵方的总工程计划进行进度安排，设备 R-1、R-2、R-3、R-4 的相关施工设备和人员在××××年×月×日已经抵达现场，但贵方提供的设备严重延迟交货。根据合同第 2.3 款规定，业主提供的货物应与承包商合理实施和完成工程一致，显然贵方在此事项上没有达到合同要求，对由此导致的额外费用我方有获得补偿的权利。

(2) 图纸多次变动

……

(3) 其他索赔事件

……

(四) 结论

……

三、索赔款额计算部分

本部分按照上述索赔事件的分类，分别对每一类的索赔款额进行了详细地计算。

四、证据资料列表

1. 重要设备延期事项的证据资料

1) 信件 X-Y-2-DF-05

2) 信件 X-Y-2-DF-07

……

2. 图纸多次变动事项的证据资料

1) 信件 X-Y-2-DF-06

2) 信件 X-Y-2-DF-09

3) 信件 X-O-10/17

4) 施工进度计划-××

5) 合同条款 2.3

……

案例评述：

本案例是一份完整的索赔报告的格式示例。总论部分在表示友好的基础上，清楚地概述了每一索赔事件的具体内容和所要求补偿的费用总额，并声明保留工期索赔的权力。合同引证部分对每一索赔事件的处理过程、涉及的法律、合同规定以及相关证据资料进行了详细的论证，与索赔款额计算和证据资料列表部分相互配合，可以达到较好的索赔效果。

【案例 9-2】 国际工程费用索赔参考格式

（选自梁鑑《国际工程施工索赔》（第二版））

关键词： 索赔报告格式；索赔款额计算

案例内容：

高空电缆安装公司作为一个分包商，向承包建设宇宙飞船建筑物的总承包商分包了高空钢构件的安装工作。为了保证宇宙飞船按计划时间发出，业主要求总承包商进行加速施工，总承包商遂向分包商提出同样要求。

高空电缆安装公司完成分包任务以后，向总承包商提出了进行加速施工的费用索赔报告，由总承包商转报给业主。

一、加速施工费用汇总

项目	金额（美元）
1. 人工费	
加班施工费	78,277
工效降低损失	115,333
小计	193,610
2. 其他的直接费	
设备租赁	14,565
质控监理	5,224
特别旅费	2,122
现场服务费	10,000
小计	31,911
3. 各项管理费（25.43%）	57,350
4. 利润（10%）	28,287
5. 上述 4 项索赔款合计	311,158

二、分项费用明细单

项目	计算	所附证据
1. 人工费		
（1）加班施工费		
加速施工工时	3,462.5 工时	工资单
加速综合工资	16.25 美元/工时	
加速总工资	3,462.5×16.25＝56,266 美元	
人工管理费费率	39.12%	见证据 A
	56,266×39.12%＝22,011 美元	
小　计	56,266＋22,011＝78,277 美元	
（2）工效降低损失		
加速施工共计工时	15,081 小时	工资单
工效降低系数	0.3408	见证据 B
工效降低损失工时	15,081×0.3408＝5,139.6 工时	
加速综合工资	16.13 美元/小时	
工效降低工时损失费	5,139.6×16.13＝82,902 美元	
人工管理费费率	39.12%	见证据 A
	82,902×39.12%＝32,431 美元	
小　计	82,902＋32,431＝115,333 美元	

(3) 人工费共计		
加班施工费	78,277 美元	
工效降低损失	115,333 美元	
小　计	193,610 美元	
2. 其他的直接费		
(1) 设备租赁费		见租赁费收据
起重机	9,145 美元	
电焊机	2,381 美元	
起重机运输费	2,105 美元	
增购吊环	934 美元	
小　计	14,565 美元	
(2) 质控监理费		
监理工资	3,262 美元	工资单
生活津贴	1,962 美元	收据
小　计	5,224 美元	
(3) 特别旅费	2,122 美元	收据
(4) 现场服务费		
咨询费	7,500 美元	收据
旅费	2,500 美元	
小　计	10,000 美元	

3. 各项管理费的核算（根据经过审核的财务报告）

(1) 直接费	金额（美元）
人工直接费及奖金	1,562,056
生活津贴	86,322
分包费	56,101
工资税	110,455
工人补偿保险	136,987
租赁设备	198,366
福利基金	362,100
雇员保险	1,560
小　计	2,513,947
(2) 间接费	金额（美元）
物资及供应	33,822
焊接设备及供应	40,011
煤气及油料	72,463
设备保险	16,602
设备维修及配件	29,821
运输费	40,320
建筑设备折旧	81,808
施工证书收费	592
建筑设计费	1,537
其他税金	3,330

职员工资	25,600
其他人员工资	52,120
广告及接待费	3,500
汽车费	4,000
折旧费	19,820
应付款及预定费	3,100
捐赠款	2,000
保险	6,543
办公费	11,300
设计费	16,200
旅费	18,609
工资税	9,822
其他税	13,800
电话及公用费	9,470
佣金及奖金	130,729
呆账	62,512
小 计	709,431

(3) 对上列间接费的修正

运输费由40,320美元核减为38,215美元（减去90t起重机运费2,105美元）

旅费由18,609美元核减为16,487美元（减去特别旅费2,122美元）

其他人员工资由52,120美元核减为48,858美元（减去野外工程师工资3,262美元）

呆帐62,512美元，不予承认补偿

以上共核减 70,001美元

间接费由709,431美元核减为639,430美元

(4) 各项管理费的费率

间接费/直接费＝639,430/2,513,947＝25.43％以上计算，确认各项管理费的费率为25.43％，款额为57,350美元。

三、证据

1. 证据A——人工管理费（根据经过审核的财务报告）

	金额（美元）
人工直接费及奖金	1 562,056
人工管理费	
福利基金	362,100
工资税	110,455
工人补偿保险	136,987
雇员保险	1,560
合计	611,102

人工管理费的费率

人工管理费/人工直接费及奖金＝611,102/1,562,056＝39.12％

2. 工效降低系数

论证说明：

高空电缆安装公司承担宇宙飞船建筑物的钢结构支架的安装工作。由于要求进行加速施工安装，极大地降低了高空作业工人们的生产效率。高空电缆公司连续施工 14 个星期，每星期工作 52 小时。接着，又连续施工 7 个星期，每星期工作 43 小时。

此项安装工作既困难，又危险。工人们在 100 英尺高的建筑物上高空作业，进行加速施工，既无脚手架，每日又逢大风。由于起重机极大，需要使用重型吊具。所有这些因素，都增加了施工的难度。

众所周知，加速施工使工效降低，尤其是在本工程项目上的长期加速施工，使劳动生产率急剧地下降。调查研究表明，在高工资加奖金的条件下，如果连续在数周内加班工作后，每 1 美元工资的劳动生产率下降比率为：5 天内每天工作 10 小时，生产值下降至 75％以下；6 天内每天工作 10 小时，生产值下降至 62％以下。

高空电缆安装公司所经历的独一无二的既困难又危险的加速施工，其生产率降低值无疑比上述平均值还要大。

高空电缆安装公司最保守的估计是，每 1 美元工资产值的下降幅度不少于 62％。鉴于此，我公司已经要求独立地支付加班奖金；除此以外，按照产值下降 38％进行计算工效降低损失，即

[加速施工总工时数/(加速施工总工时数＋0.5×加班小时数)]×产值下降比率

＝[15,081/(15,081＋0.5×3,462.5)]×38％

＝0.8970×0.38

＝0.3408

故工效降低系数为 0.3408。

案例评述：

本案例索赔款额的计算步骤详尽，管理费的费率、工效降低系数的来源都有具体论证，每项数据都附有证明材料，与证据部分一一对应，可以作为索赔报告中索赔费用计算部分格式的参考。

第四节　国际工程索赔报告的评审与反索赔

对索赔方提交的索赔报告，被索赔方要进行评审，否定其索赔要求，或尽量削减索赔款额或工期延长要求。在评审的基础上，有时会反过来对索赔方的违约之处提出反索赔，以抗衡对方的索赔要求。

一、索赔报告中的常见问题

任何一份索赔报告，即使是索赔专家做出的，都难免存在漏洞和薄弱环节。通常在索赔报告中可能存在如下问题。

1）对合同理解的错误。合同双方往往从自己的利益和观点出发解释合同，对合同常常不能客观全面地分析，导致索赔要求的片面性和主观性，这是一种常见的情况。

2）推卸责任，试图转移风险。在索赔报告中所列的索赔事件可能是，或部分是由于己方管理不善造成的问题；或索赔要求中包括属于合同规定应由索赔方承担的风险。

3）扩大事实根据，夸大索赔事件的影响，或提出一些不真实的干扰事件和没有根据

的索赔要求。

4）在索赔报告中未能提出支持其索赔的详细资料，未能够对索赔要求做出进一步解释。

5）索赔的计算不合理。按照通常的索赔策略，索赔者常常要扩大索赔额，给自己留有余地，以争取有利的解决。例如将因自己管理不善造成的损失和属于自己风险范围内的损失纳入索赔要求中；扩大索赔事件的影响范围；采用对自己有利但不合理的计算方法等。

对索赔报告必须进行全面系统地分析与评价，找出索赔报告中存在的问题，剔除不合理的部分，为索赔的合理解决提供依据，并维护己方的利益。

二、索赔报告的评审

1. 分析索赔事件的真实性

对于没有事实根据或仅处于猜测阶段的索赔事件，是不能够提出索赔的。索赔事件的真实性可以从以下两方面证实。

1）索赔事件的支持性。不论事实怎样，只要对方在索赔报告中没有详细说明索赔事件发生发展的过程，就可以要求对方补充证据，或否定索赔要求。

2）索赔事件的一致性。如果索赔报告的事项和己方所跟踪了解的不一致，可要求索赔方提出有力的证据来证明事实的真实性。

2. 审定索赔权

在国际工程索赔的实践中，索赔要求可能不符合项目合同文件的规定，被认定没有索赔权，而使该项索赔要求落空。所以在评审索赔报告时，首先要审定索赔要求有没有合同依据，即有没有该项索赔权。

经过审定索赔权的过程以后，就应该对索赔要求提出明确的意见，并及时答复，指出哪些索赔要求是可以接受的，哪几项索赔要求是不能接受的。至于具体的索赔款额，则须待进一步审核确定。当然，对已经表示拒绝的索赔要求，索赔方如不同意，仍可再次提出，并增加相应的论证资料，要求再度予以考虑。

3. 核定索赔款

在确定索赔方具有索赔权的前提下，对索赔报告进行详细的审核，对索赔款的组成和证明文件逐项审核，确定哪些不能列入索赔款额，哪些款额偏高，哪些在计算上有错误或重复等。审核的重点如下。

（1）数据的准确性

对索赔报告中所涉及的各个计算基础数据都须作审查、核对，以找出其中错误和不恰当的地方。

（2）计算方法的合理性

不同的计算方法对计算结果影响很大。在国际工程索赔实践中，各方对于索赔款的计算方法常存在较大争执，对于重大的索赔，须经过双方协商谈判才能对计算方法达成一致，特别对于总部管理费的分摊方法、工期延误的计算方法等。

【案例 9-3】 工程师对承包商的索赔计算方法的审核

（选自梁鉴《国际工程施工索赔》（第二版））

关键词：索赔计算方法；索赔计算审核

背景和综述：

某港口建设工程，计划修建砌石码头，估计需要石块10万吨以上。招标时，业主在招标文件中附有一份地质勘探报告，其中指出：施工所需的原材料（石块）可以从离港口35km的采石场A开采。但经过7个月的开采，仅开采5万吨石块后，该采石场就无石头可供开采了。因此，承包商不得不另寻采石场，而新采石场B距港口达102km，从而大大增加了运输工作量。对于材料的运输，业主为承包商指定了当地的一家国营运输公司承担。

变更采石场后，由于运输距离增加，运输公司每天只能运输施工实际需要石料的一半左右，无法满足正常施工需要，从而引起显著的工期延误。

索赔要求：

承包商就上述工期延误提出索赔要求。在承包商报送的索赔报告中，要求工期延长180天，补偿经济损失982,000美元。

索赔处理过程及结果：

工程师对承包商的索赔报告进行了逐项审核和计算，最后批准延长工期19天，补偿经济损失149,054美元，分别仅为承包商索赔要求的11%及15%，即对承包商的索赔要求进行了严格核算和削减，见表9-3。

承包商与工程师的索赔款额计算对比表　　**表9-3**

承包商的计算	工程师的核算
一、延误时间，由于采石场变更及运输能力不足： 正常施工需要500t/天，故50,000t÷500t/天=100天 实际供应200t/天，故50,000t÷200t/天=250天 故直接延误250天－100天=150天 另加间接延误30天 总延误180天	只能考虑采石场A与采石场B的日开采量差，运输能力不足是承包商与其分包商之间的事，与业主无关。 日开采量 A场为500t/天 B场为420t/天 引起工期延误 （50,000/420）－（50,000/500）＝19天 同意工期延长19天
二、运输距离增加引起额外的成本开支 1. 运距增加102－35=67km 2. 基于原投标成本估算，按增加200%计，得500,000美元	只能根据当地政府公布的运输费价格进行计算，得100,000美元
三、延误补偿 1. 施工设备利用率不足，损失为180天×700美元/天=126,000美元 2. 管理费，180天×800美元/天=144,000美元 3. 价格浮动（外币部分），合同中外币部分是按月通货膨胀率0.8%计算的固定值。由于现金流入时间拖后，造成损失112,000美元 4. 进口货物的额外关税（以6个月为时间单位），货物价值20%的12.5% 即1,000,000×0.2×0.125=25,000美元 5. 以上共计407,000美元	1. 施工设备利用率不足， 19天×600美元/天=11,400美元 2. 管理费，按Eichleay公式计算，得 19天×666美元/天=12,654美元 3. 实际通货膨胀率比原预计的低，可以抵消付款拖后引起的损失 4. 以海关的收据为证，给予补偿25,000美元 5. 以上共计49,054美元
四、利息损失 以15%的年利率计算，得75,000美元	按惯例，这种利息是不予补偿的
五、要求索赔金额总计：982,000美元	批准补偿金额：149,054美元

案例评述：

索赔中对补偿的工期和费用的计算存在多种方法，承包商往往会选择有利于自己的方法进行计算，而工程师的审核工作通常使承包商的索赔款额大幅度地减少。对于承包商来说，应尽可能选择合理的计算方法，以便合同双方较快地达成协议，也有助于双方建立友好的合作关系。

4. 形成最终的索赔评审报告

对索赔报告进行了合同依据分析、索赔计价审核以及成本的可能状态分析工作以后，最终形成对索赔报告的结论性意见。但是，索赔的最终决定需要在合同双方协商一致的条件下才是有效的。

对索赔要求的决定有两种可能：

1）拒绝不合理的索赔要求，说明拒绝受理的原因；

2）接受合理的索赔要求，明确答复给予工期延长的时间和/或费用补偿款额。

【案例 9-4】 加速施工索赔案例及评述

（选自梁鑑《国际工程施工索赔》（第二版））

关键词： 工期索赔；加速施工；费用计算

背景和综述：

某大型商业中心大楼的建设工程，按照 FIDIC 土木工程施工合同条件模式进行招标和施工管理。中标合同价为 18,329,500 元人民币，工期 18 个月。工程内容包括场地平整、大楼土建施工、停车场和餐饮厅等。

业主下达开工令以后，承包商按期开始施工。但在施工过程中，由于地基条件较预计的要差，施工条件受交通的干扰甚大，以及设计多次洽商修改，导致工期延误，施工费用增多。

索赔要求：

为此，承包商先后提出 6 次工期索赔（即工期延长），累计要求延期 395 天；此外，还提出了费用索赔，申明将报送详细索赔款额计算书。根据业主的反复要求，从施工的第二年开始，承包商已采取了加速施工措施，以使商业中心早日建成。

索赔处理过程及结果：

对于承包商的索赔要求，业主和工程师的答复是：（1）根据合同条件和实际调查结果，同意对工期进行适当的延长，批准累计延期 128 天；（2）业主不承担合同价以外的任何附加开支。

承包商对业主的上述答复极不满意，并提出了书面申辩：

（1）累积工期延长 128 天是不合理的，不符合实际的施工条件和合同条款。承包商的 6 次工期索赔报告，包括了实际存在的诸多理由，如：不利的自然条件、设计中的错误、设计施工图纸拖期交付、工程师下达的工程变更、以及交通干扰等。因此，要求工程师和业主对工期延长天数再次予以核查批准。

（2）加速施工的措施，工程师是熟知的，如由一班作业改为两班作业、节假日加班施工，并增加了一些施工机械设备等。这项措施所发生的一切费用，都是原合同价款额所未包括的，是承包商的附加开支，这样的开支理所当然地应该得到补偿。

工程师和业主对承包商的反驳函件进行了多次研究以后，最后答复是：(1) 最终批准工期延长为176天；(2) 如果发生真正的计划外附加开支，则同意支付直接费和管理费，待索赔报告正式送出后核定。

应该指出，工程师和业主的上述答复是相当干练的，因为：(1) 他们最终批准的工期延长的天数是工程拖期建成时实际发生的拖期天数。工期原订为18个月（547个日历天数），建成后实际工期为723天，即实际延期176天。业主在这里承认了工期拖期的合理性，免除了承包商承担误期损害赔偿费的责任，虽然不再多给承包商更多的延期天数，承包商也会感到满意；(2) 作为一个通情达理的业主，对确属合同工作范围以外的工程附加开支，不得不给予合理的经济补偿。但业主在这里只允诺支付附加工作的直接费和管理费，不给予其他方面（如税金、利润等）的补偿。

在工程即将竣工时，承包商送来了索赔报告，其索赔费用的组成如下：

索赔费用名称	金额（元）
(1) 加速施工期间的生产效率降低费	659,191
(2) 加速并延长施工期的管理费	121,350
(3) 人工费调价增支	23,485
(4) 材料费调价增支	59,850
(5) 施工机械租赁费	65,780
(6) 分包装修增支	187,550
(7) 增加投资贷款利息	152,380
(8) 履约保函延期增支	52,830
以上合计	1,322,416
(9) 利润（8.5%）	112,405
索赔款总计	1,434,821

对于上述索赔款总额，承包商在索赔报告中进行了逐项地分析计算，主要内容如下：

(1) 劳动生产率降低引起的附加开支

承包商根据自己的施工记录，证明在业主正式通知采取加速措施以前，他的工人们劳动生产率可以达到投标文件所列的生产效率。但当采取加速措施以后，由于进行两班作业，夜班工作效率下降；由于改变了某些部位的施工顺序，工效亦降低。

在开始加速施工以后，直到建成工程项目，承包商的施工记录中共用技工20,237个工日，普工38,623个工日。但根据投标书中的工日定额，完成同样的工作所需技工为10,820个工日，普工21,760个工日。这样，多用的工日系由于加速施工形成的生产率降低，增加了承包商的开支，即

	技工	普工
实际用工	20,237	38,623
按合同用工	10,820	21,760
多用工日	9,417	16,863
每工日平均工资（元/工日）	31.5	21.5
增支工资款（元）	296,636	362,555
合计增支工资（元）		659,191

(2) 延期施工管理费增支

根据投标书及合同协议书，在中标合同价18,329,500元中，包含施工现场管理费及总部管理费1,270,134元。按原定工期18个月（547个日历天数）计，每日平均管理费为2,322元。

在原定工期547天的前提下，业主批准承包商采取加速措施，并准予延长工期176天，以完成全部工程。在延长施工的176天内，承包商应得管理费款额为

2,322元×176=408,672元

但是，在工期延长期间，承包商实施业主的工程变更指令，所完成的工程费中已包含了管理费287,322元。为了避免管理费的重复计算，承包商应得到管理费为

408,672−287,322=121,350元

(3) 人工费调价增支

根据人工费增长的统计，在后半年施工期间工人工资增长3.2%，按规定进行人工费调整，故应调增人工费。

本工程实际施工期为2年，其中包括原定工期18个月（547天），以及批准工期延长176天。在2年的施工过程中，第一年系按合同正常施工，第二年系加速施工期。在加速施工的1年里，按规定在其后半年进行人工费调整（增加3.2%），故应对加速施工期（1年）的人工费的50%进行增调，即：

技工　　[(20,237×31.5) /2] ×3.2%=10,199元

普工　　[(38,623×21.5) /2] ×3.2%=13,286元

共调增　　23,485元

(4) 材料费调价增支

根据材料价格上调的幅度，对施工期第二年内采购的三材（钢材，木材，水泥）及其他建筑材料进行调价，上调5.5%。由逐项计算结果，第二年度内使用的材料总价为1,088,182元，故应调增材料费

10,881,82×5.5%=59,850元

(5) 施工机械租赁费65,780元，系按租赁单据上款额列入。

(6) 分包商装修工作增支

根据装修分包商的索赔报告，其人工费、材料费、管理费以及合同规定的利润率，总计为187,550元。

分包商的索赔费如数列入总承包商的索赔款总额以内，在业主核准并付款后悉数转给分包商。

(7) 增加投资贷款利息

由于采取加速施工措施，并延期施工，承包商不得不增加其资金投入。这批增加的投资，无论是承包商从银行贷款，或是由其总部拨款，都应从业主方面取得利息款的补偿，其利率按当时的银行贷款利率计算，计息期为一年，即：

总贷款额　　1,792,700元×8.5%=152,380元

(8) 履约保函延期开支

系根据银行担保协议书规定的利率及延期天数计算，为52,830元

(9) 利润

系指加速施工期及延期施工期内，承包商的直接费、间接费等项附加开支的总值，乘

以合同中原定的利润率（8.5%）计算，即

1,322,416 元×8.5%=112,405 元

以上 9 项，总计索赔款额为 1,434,821 元，相当于原合同价的 7.8%，这就是由于加速施工及工期延长所增加的费用。

由于此索赔报告所列各项新增费用在计算过程中几经与工程师讨论，所以顺利地通过工程师的核准。又由于工程师事先与业主充分协商，使得承包商比较顺利地从业主方面取得拨款。

案例评述（引自赵浩《建设工程索赔理论与实务》，第 164 页）：

本案例包括工期拖延和加速施工索赔，在索赔的提出和处理上有一定的代表性。虽然该索赔经过工程师和业主的讨论，顺利通过核准，并取得了拨款。但在处理该项索赔要求（即反驳该索赔报告时）尚有如下问题值得注意：

（1）承包商是按照一揽子方法提出的索赔报告，而且没有细分各干扰事件的分析和计算。工程师反索赔应要求承包商将各干扰事件的工期索赔、工期拖延引起的各项费用索赔、加速施工所产生的各项费用索赔分开来分析和计算，否则容易出现计算错误。在本案例中业主基本上赔偿了承包商的全部实际损失，而且许多计算明显不合理。

（2）在施工第一年承包商共提出 6 次工期索赔共计 395 天，而业主仅批准了 128 天。这是工期索赔中常见的现象：承包商提交了几份工期索赔报告，其累计量远大于实际拖延。这里面可能有如下原因：①承包商扩大了索赔值计算，多估冒算。②各干扰事件的工期影响之间有较大的重叠。例如本案例中地质条件复杂、交通受到干扰、设计修改之间可能有重叠的影响。③干扰事件的持续时间和实际总工期拖延之间常常不一致。例如实际工程中常常有如下情况：交通中断影响 8 小时，但并不一定现场完全停工 8 小时；由于设计修改或图纸拖延造成现场停工，但由于承包商重新安排劳动力和设备，使当月完成工程量并未减少；业主拖延工程款 2 个月，承包商有权停工，但实际上承包商未采取停工措施等。在这里要综合分析，注重现场的实际效果。

对承包商提出的 6 次工期索赔，工程师应作详细分析，分解出：①业主责任造成的，如设计修改、图纸拖延等，则工期和费用都应补偿。②其他原因造成的，如地质条件变化、恶劣的气候条件，工期可以顺延，但费用不予补偿。③承包商的责任以及应由承包商承担的风险，如正常的阴雨天气、承包商施工组织失误、拖延开工等。对承包商提出的交通干扰所引起的工期索赔，要分析：如果在投标后由于交通法规变化，或当地新的交通管理规章颁布，则属于一个有经验的承包商也不能预见的情况，应归入业主责任；如果当地交通状况一直如此，规章没有变化，则应属于承包商环境调查的责任。通常情况下，上述几类情况在工程中都会存在，不会仅仅是业主责任。这种分析在本案例中对工期相关费用索赔的反驳，对确定加速所赶回工期数量（按本案例的索赔报告无法确定）以及加速费用计算极为重要。由于这个关键问题未作说明，所以在本案例中对费用索赔的计算很难达到科学合理。

（3）劳动生产率降低的计算。业主赔偿了承包商在施工现场的所有实际人工费损失。这只有在承包商没有任何责任，以及未发生合同规定的任何承包商风险状况下才成立。如果存在气候原因和承包商应承担的风险原因造成工期拖延，则相应的人工工日应在总额中扣除。而且：①工程师应分析承包商报价中劳动效率（即合同文件用工量）的科学性。承

包商在投标书中可能有投标策略。如果投标文件用工量较少（即在保持总人工费不变的情况下，减少用工量、提高劳动力单价），则按这种方法计算会造成业主损失。对此可以对比定额，或本项目参加投标的其他投标者的标书所用的劳动效率。②合同文件用工应包括工程变更（约414万人民币的工程量）中已经在工程价款中支付给承包商的人工费，应该扣除这部分的人工费。③实际用工中应扣除业主点工计酬，承包商责任和风险造成的窝工损失（如阴雨天气）。④从总体上看，第二年加速施工，实际用工比合同用工增加了近一倍。承包商报出的数量太大。这个数值是本索赔报告中最大的一项，应作重点分析。

（4）工期拖延相关的施工管理费计算。对拖延176天的管理费，使用了Hudson公式进行计算，不太合理，应按报价分摊到每天的管理费，打个适当的折扣。这需要作报价分析。如果开办费单独立项，则这个折扣可大一些。但又应考虑到由于加速施工增加了劳动力和设备的投入，在一定程度上又会加大施工管理费的开支。

（5）人工费和材料费涨价的调整：①由于本工程合同允许调整，则这个调整最好放在工程款结算中调整。如果工程合同不允许价格调整，则由于工期拖延和物价上涨的费用索赔在工期拖延相关费用索赔中提出较好。②如果建筑材料价格上涨5.5%是基准期到第二年年底的上涨幅度，或年上涨幅度（对固定价格合同），则由于在工程中材料是被均衡使用的，所以按公式只能算一半，即：1,088,182×5.5%×0.5=29,925元。

（6）贷款利息的计算。这种计算利息的公式是假设在第二年初就投入了全部资金的情况，显然不太符合实际。利息的计算一般以承包商工程的负现金流量作为计算依据。如果按照承包商在本案例中提出的公式计算，通常也只能计算一半。

（7）利润的计算：①由于图纸拖延、交通干扰等造成的拖延所引起的费用索赔一般是不能计算利润的。②人工费和材料费的调价也不能计算利润。

三、业主向承包商提出的反索赔

一般称业主向承包商的索赔为反索赔。业主提出反索赔要求时较为容易，只需要援引工程项目的合同条款，并指出承包商违约的地方，即自行扣除承包商的工程进度款，作为反索赔的补偿。当然，承包商如果对业主的反索赔有异议，他有权提出争议，要求重新考虑，甚至提交仲裁或诉讼。业主向承包商反索赔的合同依据可参见本书第3章表3-5的相关内容。

业主向承包商反索赔主要包括以下几种情况。

1. 工期延误反索赔

工程的工期，一般是指从工程师发出的“开工令”中所指明的日期开始，直至工程“实质性竣工”的日期，即指整个工程已基本建成，可以按照原定的设计要求交付使用。实质性竣工标志着业主向承包商支付了大部分的工程款；承包商开始履行缺陷通知期的职责；业主开始使用该项工程，并向承包商退还部分保留金等。

在工程项目进行过程中，由于多方面的原因，往往使工程竣工日期较原定竣工日期拖后，影响到业主对该工程的使用计划，给业主带来经济损失。按照国际工程的惯例，工期延误的责任属于承包商时，业主有权向承包商索赔，即要求他承担“误期损害赔偿费”。

工程合同中规定的误期损害赔偿费，通常都是由业主在招标文件中确定。业主在确定这一赔偿金的费率时，一般考虑以下因素：

1）由于本工程项目拖期竣工不能投产，租用其他设施时的租赁费；

2）继续使用原设施或租用其他设施的维修费用；

3）由于工程拖期而引起的投资（或贷款）利息；

4）工程拖期带来的附加管理费；

5）原计划收入款额的落空部分等，如过桥费、高速公路收费、发电站的电费等。

至于误期损害赔偿费的计算方法，在每个工程项目的合同文件中均有具体规定。一般按每延误一天赔偿一定的款额计算。业主应该注意赔偿费率的合理性，不应把它定得过高，超出合理的数额。一般都对误期损害赔偿费的累计扣款总额有所限制，如不得超过该工程项目合同价的5%～10%。

下面的案例说明了一个大型水电站工程的误期损害赔偿费的确定方式。

【案例 9-5】 关于误期损害赔偿费的反索赔

（选自梁鑑《国际工程施工索赔》（第二版））

关键词： 误期损害赔偿费

某大型水电站工程，系世界银行贷款项目，采用 FIDIC 土木工程施工合同条件第四版。拦河坝为黏土心墙堆石坝，最大坝高 103.5m。发电站引水隧洞长 9,382m，设计引水流量 $230m^3/s$。水电站装机容量 60 万 kW，安装单机容量为 15 万 kW 的发电机组 4 台。引水隧洞工程的招标通过国际性竞争，中标价为 8,463 万元人民币。

工程项目的合同文件中关于工期延误赔偿的条款主要有：

（1）承包商从工程师发布书面开工令之日起，在表 9-4 规定的天数内完成相应各项单位工程的施工。

（2）如果承包商不能在上述时间内完工，则应承担工程延误期间的延误损害赔偿费，其费率见表 9-5。

规定完成各项单位工程的时间　　**表 9-4**

项目号	施工天数（天）	需要完成的单位工程
1	1,597	引水隧洞
2	1,325	调压井
3	1,325	1 号钢管道
4	1,325	2 号钢管道
5	849	厂房后部的全部开挖工作，以及各条斜井的混凝土衬砌
6	1,597	整个工程

误期损害赔偿费费率　单位：元　　**表 9-5**

适应项目号	误期损害赔偿费（元/天）
1、2	200,000
3	20,000
4、5、6	200,000

（3）误期损害赔偿费的累计总额，以合同价的10%为限。

就整个引水隧洞工程而言，合同价为 8,463 万元人民币，要求在 1,597 天内建成，相当于每天完成合同款额 52,993 元。由此可见，业主规定的误期赔偿费率大致为实施合同每天营业额的3.8倍，是比较合理的。

案例评述：

1. 本案例是业主向承包商提出索赔的一种典型情况：如果承包商由于自己的原因未能按时完成工程，则应向业主支付相应的误期损害赔偿费。

2. 本案例值得借鉴的地方是，合同双方在合同中对误期赔偿费的支付规定得比较清楚，也比较合理，因此避免了双方就此问题产生争议，有利于实践操作。

2. 工程质量缺陷反索赔

如果承包商的工程质量不符合技术规范的要求，或使用的设备和材料不符合合同规定，或在缺陷通知期满前或规定的期限内未完成应该修补的工程时，业主有权向承包商追究责任，要求补偿业主所承受的经济损失。这就是工程质量缺陷反索赔。

在缺陷通知期届满之际，工程师在全面检查验收时发现的任何缺陷，一般应由承包商在规定的时间内修好，承包商才算完成了缺陷通知期的责任。否则，业主可以向承包商提出索赔。

此类缺陷修补的费用，应由承包商自己承担。如果承包商拒绝完成缺陷修补工作，或修补质量仍未达到合同规定的要求时，业主则可从其工程进度款中扣除该项修补所需的费用。如果扣款额还不能满足修补费的需要时，业主还可从承包商提交的保留金或履约保函中扣除。

3. 其他类型反索赔

除了上述两项主要的反索赔以外，业主还有权对承包商的其他任何违约行为提出反索赔。常见的由于承包商违约而引起的反索赔还有：

1）承包商运送自己的设备和材料时，损坏了沿途公路或桥梁，公路交通部门要求修复；

2）承包商所申办的工程保险，如工程一切险、第三方责任险等过期或失效时，业主代为重新申办这些保险所发生的一切费用；

3）由于工伤事故，给业主人员或第三方人员造成的人身或财产损失；

4）承包商的材料或设备不符合合同要求，而需要重复检验时的费用开支；

5）由于不可原谅的工期延误，引起的在拖期时段内工程师的服务费用及其他开支；

6）承包商对业主指定分包商拖欠工程款，长期拒绝支付，指定分包商提出了索赔要求；

7）当承包商严重违约，不能（或无力）完成工程项目合同的职责时，业主有权终止合同关系，由业主自己或雇佣另一个承包商来完成工程，业主这时还可以使用原承包商的设备、临时工程或材料，待工程全部竣工后再清算合同款额；

8）有时合同中包含了防备贿赂、泄密等专用条款。在实施这种合同的过程中，如果业主发现承包商有进行贿赂或严重泄密等行为时，也有权向承包商进行反索赔，甚至终止合同关系。

下面的一个案例阐述了在同一个索赔事件中既有索赔又有反索赔时的具体处理过程。

【案例9-6】　某大型路桥工程的索赔与反索赔

（选自梁鉴《国际工程施工索赔》（第二版））

关键词：索赔和反索赔；综合索赔

背景和综述：

某大型公共道路桥梁工程，跨越平原区河流。桥梁所在河段水深经常在5m以上，河床淤泥层较深。工程招标文件采用FIDIC 1999版施工合同条件，另有详细的“专用条件”及“施工技术规范”。中标合同价7,825万美元，工期24个月。

工程建设开始以后，在桥墩基础开挖过程中，发现地质情况复杂，淤泥深度比招标文件资料中所述数据大得多，基岩高程较设计图纸高程降低3.5m。在施工过程中，工程师多次修改设计，而且推迟交付施工图纸。

由于上述情况，在工程将近完成时，承包商提出了索赔，要求延长工期6.5个月，补偿附加开支3,645万美元。

索赔处理过程及结果：

在这项重大索赔的处理过程中，业主和工程师采取了比较慎重的做法，在审核评价承包商的索赔文件之后，又向承包商提出了某项反索赔，使索赔与反索赔交错在一起，最后做了综合性处理。

业主和工程师采取的步骤如下：

1. 详读合同文件，审核承包商索赔要求的合同依据

对承包商的索赔报告进行逐项审查后认为，承包商有权提出相应的工期延长、工程量增加、个别单价调整等项索赔要求，应对其具体索赔款额进行核算。

在招标文件的“工程造价预算”部分中（这部分文件即“标底”，由业主保管，从未向承包商提供或透露），对大桥工程的造价进行了详细的估算，预算工程总造价为8,350万美元，工期24个月。

由此可见，承包商在竞争性公开招标过程中，编制投标书时将工程成本压得过低，并遗漏了一些成本项目，合同报价为7,825万美元。虽然在竞争中达到了中标的目的，但报价偏低了525万美元（8,350万－7,825万＝525万），从一开始便埋下了亏损的种子。

2. 根据施工过程中出现的情况，对工程成本进行可能状态分析

具体分析每一项新出现的索赔事件（地质条件、修改设计、迟交施工图纸等），核算在这些条件下进行施工时可能形成的工程总造价。当然，在考虑这些新的施工条件或干扰时，应排除：①由于承包商的责任造成的成本增加；②根据合同条款应由承包商承担的成本风险。

通过可能状态分析，大桥工程的总成本可能达到9,874万美元；所需工期约为28个月，即在原定24个工期的基础上，延长工期4个月。

从工程成本可能状态分析看出：①工程总成本由8,350万美元增至9,874万美元，所增加的1,524万美元是承包商本来可以有权提出的索赔款额的上限。②由于承包商在投标报价时较工程“标底”（8,350万美元）少报了525万美元，这是他自愿承担的风险。因此，可能给予承包商的索赔款的上限为999万美元（1,524万－525万＝999万）。③承包商提出要求延长工期6.5个月，是他根据施工进度实际情况到工程建成所需要的工期延长。但是，根据可能状态分析，可给予承包商延期4个月。其余2.5个月的拖期，则属于承包商的责任。④承包商要求，在他的中标合同价7,825万美元的基础上，再索赔附加成本3,645万美元。这意味着，工程总成本将达11,470万美元（7,825万＋3,645万＝

11,470万美元)，但业主和工程师的可能状态分析得出的总成本为9,874万美元。这两个总成本的差值1,596万美元（11,470万－9,874万＝1,596万美元)，说明承包商的成本支出偏大。其原因可能是承包商管理不善，形成过大的成本支出；或是承包商在计算索赔款时留有余地，提高了索赔款额。但不论是什么原因，业主是不会承担这项总成本差值的。

3. 对于工期延误，向承包商提出反索赔要求

根据项目的可能状态分析，可同意给承包商工期延长4个月。对于其余2.5个月的拖期，根据合同条款，业主有权反索赔，即向承包商扣取“误期损害赔偿费”。

按照合同规定，工程建成每延误1天按95,000美元计取误期损害赔偿费，共计为：

95,000美元×76天＝7,220,000美元

4. 综合处理索赔和反索赔事件

工程师经过数次与承包商洽商，就索赔及反索赔事件达成协议，双方同意进行统筹处理。

1）业主批准给承包商支付索赔款999万美元，批准延长工期4个月；

2）承包商向业主交纳工程建设误期损害赔偿费722万美元；

3）索赔款和反索赔款两相抵偿后，业主一次向承包商支付索赔款277万美元。

案例评述：

1. 本案例中对承包商的赔偿额应为1,524万，而不是999万，这里的计算有误。因为1,524万是承包商有权提出的索赔额，与承包商的报价与标底相比已经少报了525万，如果再扣掉525万，承包商就受到双重损失。

2. 从本案例可以看出，索赔与反索赔联系紧密，反索赔是业主大幅度压低索赔款额的一种有效手段。因此，对于承包商来说，在提出索赔要求时应附以充分的证据资料，避免业主在评审索赔报告时以证据不足为由压低索赔额；对于业主来说，应该善于发现索赔报告中的不合理部分，剔除承包商的过分要求，最终达成双方都满意的处理结果。

第五节　国际工程索赔谈判

在国际工程索赔处理过程中，从索赔事件产生到获得最终解决的整个过程中始终伴随着索赔谈判活动。国际工程索赔涉及面很广，它不仅是一门科学，更是一门艺术，要想获得好的索赔谈判效果，必须成立强有力的、稳定的索赔谈判小组，选择正确的索赔谈判战略，并掌握机动灵活的索赔谈判技巧。

一、索赔谈判小组

每一项索赔均应由专人负责，而由项目合同部的人员牵头组成索赔小组来负责索赔是一种常见的选择。合同规定是承包商提出索赔的主要依据，合同部的人员熟悉合同的具体规定，当一项索赔事件发生时，合同部人员首先要从合同中寻找索赔的论据，同时，通知与索赔事件有关的人员随着事件的发展应做的详细记录的内容和格式。

合同管理的人员应具备丰富的谈判经验，懂得索赔谈判的策略和技巧，同时要具备相应的组织能力，能够担负起组织谈判的任务。

重大索赔要专门成立索赔小组，索赔小组通常由项目经理、合同和法律专家、工程估

算人员、工程技术人员等组成，由专职人员搜集和整理索赔资料，项目各职能部门密切配合。对于主要事项的索赔谈判，项目经理或项目副经理常常作为谈判组长。

二、索赔谈判策略的选择

为实现索赔利益的最大化，在制订索赔谈判策略时应考虑当前利益和长远利益。对不同的索赔内容和谈判议题，索赔谈判的策略应有所不同。

制订索赔谈判策略的主要过程如下。

(1) 索赔目标的确定

对每一项索赔都应制订要达到的索赔目标，包括费用目标和工期目标。需要将这些目标做进一步分解，分析索赔成功的可能性，以确定最优期望目标、可接受目标和最低限度目标。

(2) 对谈判对手的分析

对每一项索赔应做到知己知彼，仔细分析对方关注的主要内容是什么。在制订索赔的让步策略时，应力争在不过多损害己方利益的情况下作适当让步，以此换取对方的让步。

(3) 经营战略分析

承包商的经营战略直接制约着索赔策略，在分析完业主情况和工程所在地的市场情况后，承包商应考虑有无可能与业主继续进行新的合作，是否在当地继续扩展业务，承包商与业主的关系对在当地开展业务有何影响等。如果期望与项目业主进行再次合作，在不失掉原则的情况下，应力争友好解决，且尽可能将争端消除在萌芽状态，减少双方对立状态，创造和谐的合作氛围，为下一次的合作打下基础。

(4) 相关关系分析

业主往往聘请专业咨询公司为其管理项目，在任何一项索赔过程中，应该注意与这些咨询公司和咨询人员的关系。获得他们的同情和支持是索赔成功不可缺少的因素。

如果承包商的索赔是由于业主聘请的工程师的工作失误造成的，承包商更应注意索赔的策略。这项索赔可能成功，但在其他的索赔事件上，该工程师可能会给你制造很大的麻烦。因此，应注意与工程师的良好关系，必要时需要维护工程师的威信，以换取他们在其他索赔事件上的支持。

与索赔相关的其他方可能还包括设计单位、业主的上级主管部门等，通过他们对业主施加影响，往往比同业主直接谈判更加有效，既避免了直接对立的局面，也使索赔达到了预期效果。

(5) 谈判过程分析

在索赔谈判中承包商常处于不利的地位，所以承包商应从业主关心的议题入手，使谈判气氛保持友好和谐。在谈判中要讲事实、重证据，既据理力争、坚持原则，又适当让步、机动灵活，使索赔的“艺术”、“策略”在谈判桌上得到充分的体现。

(6) 索赔计价方法选择

在索赔谈判中，选择索赔计价方法要恰当且有依据，索赔额计算要客观，同时计价时要区分单价合同和总价合同的不同特点。要价过高容易让对方产生反感，使索赔报告束之高阁，索赔长期得不到解决；还有可能让业主进行反索赔，使索赔工作更加复杂。

(7) 力争单项索赔谈判

单项索赔事件简单、容易解决，而且能及时得到支付；一揽子索赔问题复杂、金额大、不易解决，往往工程结束后还得不到付款。因此当项目中出现多个索赔事件时，要及时进行索赔谈判，争取一事一解决，不要用一揽子解决问题的心态来处理索赔谈判问题。

三、国际工程索赔谈判案例

国际工程索赔谈判中，谈判的准备、谈判中友好气氛的营造、具体谈判策略的恰当选择都关系到谈判活动的成败。下面通过几个具体案例对谈判中的注意事项和策略的应用方法以及谈判在索赔实践中的作用进行进一步的讨论。

【案例 9-7】 创造良好的谈判气氛

（选自潘文《国际工程谈判》）

关键词： 建设型谈判；和谐的谈判气氛

背景和综述：

某国道路改建和加宽工程，老路两侧均是很大的树木，需要砍伐清场后才能施工。这项工作按照合同规定是业主的责任，应由业主在提供场地前就处理完毕。但是，业主和工程师下达开工令后，由于业主和当地土地所有者在征地和砍树问题上并没有达成一致意见，伐树工作无法进行，延误了一定的时间。与此同时，承包商的设备也未能按时进场。因此，下达开工令后的一段时间内，现场施工无任何进展。

为此，业主和承包商相互指责，业主称工程进度上不去的原因主要是承包商的设备进场慢，而承包商则说是业主未能及时提供施工场地，砍树工作尚未进行，无法施工，要求业主和工程师延长工期。通过多次谈判，由于承包商始终坚持建设型谈判，双方终于都采取克制态度，停止了相互指责，共同商讨加快工程进度的改进措施。业主根据现场实际情况提出现场占有权问题由业主负责，砍伐树木改由承包商负责，由工程师下达工程变更令，由工程师和承包商议定新单价，并希望承包商不再提出工期索赔要求。承包商考虑到业主已做出妥协和让步，便立即表示谅解和接受。事后，承包商又根据当地具体情况把整个伐树工程分包给沿线的地主，条件是所伐树木归地主所有，多伐多得，这样也调动了地主的积极性，沿线树木很快伐完，承包商设备也终于到场，工程进度追了上去。

案例评述：

本案例谈判的最终成果很大程度上得益于双方始终都采取的克制态度。由于双方努力创造和谐的谈判气氛，避免相互指责，彼此体谅和让步，以顺利完成工程为共同目标。这体现了良好的谈判气氛和基调对于争端解决的重要性。

【案例 9-8】 谈判充分准备的重要性

（选自潘文《国际工程谈判》）

关键词： 详细论证；资料充分

背景和综述：

中东某桥梁工程项目，工程竣工验收后进入缺陷责任期。在缺陷责任期内，桥头混凝土预制块砌体护坡出现凸起现象，造成大量裂隙，加上水的冲刷，边坡上已有不少坑洞。

为此，工程师指出，这是由于承包商施工质量不良引起的责任事故，指令要求承包商自费进行抢修，重砌所有边坡。

承包商在接到指令后进行细致的现场勘察和测定，准备了充分的分析计算资料和照片，与业主和工程师开展了谈判。在谈判中，承包商从理论上详细分析了凸起现象产生的原因，指出主要是由于该地区气温太高，混凝土预制块受热膨胀相互挤抬所致。并且说明承包商是按照设计图纸和技术规范施工的，并已通过工程师的质量检验，因此责任不在承包商。同时着重指出，这是设计上的失误，如果不修改设计，仍然按照原设计返工重砌，以后必然会出现同样的病害，并将严重影响桥台边坡的稳定性。因此，建议改用浆砌片石。业主和工程师有些疑惑，要求承包商提出试验资料和已建工程的经验证明。在第二轮谈判中，承包商递交了试验和计算资料和已建工程的图片，业主随即表示同意修改设计，并责成工程师与承包商按照合同条件第 52 条议定价格。这样，承包商不但避免了自费维修返工的费用支出，而且争取了一个新的小型工程。

案例评述：

本案例中，承包商在谈判过程中准备了充分的材料，包括理论证明、试验、计算资料和已建工程的图片，全面有力地论述己方的观点，不仅得到了业主的认同，还争取到了一个新增工程，为己方赢得了最大的利益。

【案例 9-9】 国际工程谈判策略案例——最后期限策略

（选自潘文《国际工程谈判》）

关键词： 最后期限策略；休会策略

背景和综述：

某承包工程是由当地政府提供资金的项目。在履行合同过程中，经常出现业主拖欠工程款的情况。承包商为此组织了专门的催款小组，采取各种办法催款，但均无实效。承包商运用合同条款与业主谈判，强调在承包商提出月报表后的 56 天（包括工程师接到月报表 28 天内签发证书，以及在该证书送交业主后 28 天内业主受理并支付）内业主应支付工程款给承包商。如果再过 28 天仍未支付，则属业主违约。但是，业主在谈判中并不重视，反复强调由于没有收到政府的拨款，无力支付。于是谈判陷入困境。在此情况下，承包商认为有必要向业主施加一定压力。会后，承包商立即发出通知，在通知中明确以下两点。

（1）由于业主长期拖欠付款，并已超出合同规定时限，根据合同条件第 69 条，已属业主违约。而且较长时期以来，由于资金周转的严重困难，承包商不得不放慢工程进度。为此，承包商有权按照合同条件第 60.10 子条款要求业主从应付之日起按当地中央商业银行对外贷款利率支付全部未付款项的利息。与此同时，由于资金困难使工程进度减慢而造成的工期延长，其责任在业主方面，承包商有权索赔，业主理应批准并给以补偿。

（2）如果业主在接到本通知后 14 天内不能做出有效答复，承包商将不得不按照合同条件第 69.2 和第 69.3 子条款停止施工，并终止合同。为此发生的一切费用和后果由业主负责。

业主收到通知后，震动较大，改变了原来敷衍塞责的态度。一方面表示正准备付款，只是在付款的时间和方式上建议由双方进一步面谈；一方面主动提出将在一周内通知谈判的地点和时间。恢复谈判后，双方都着眼于长远的利益，采取克制和谅解的态度。业主反复解释了很多拖欠付款的理由，承包商也说明了由于支付延误所带来的经济损失，希望业主能在一个月内付清所有的欠款和付息，承包商将尽一切努力加快工程进度。业主表示同意付款，但按承包商的时限要求确有很大困难，提出改为半年内付清所有欠款，并支付部分利息。由于双方期望水平差距较大，承包商提出暂时休会，建议双方再作慎重考虑。休会后的再次谈判，双方各自作了让步，承包商要求3个月内付清欠款和利息，业主表示仍有困难，但同意支付全部利息。第三次谈判双方终于在互谅互让的气氛中达成了一致。业主同意在6个月内用信用证形式将所有欠款分6次支付给承包商，并同时支付相应的欠款利息。业主还同意给予承包商由于业主拖欠影响工程进度所造成的2个月延长工期。承包商也表示同意在业主的承诺兑现后，将尽最大努力，保证完成整个项目。双方签署了备忘录，作为合同文件的正式补充文件。

案例评述：

1. 由于一方的不配合使得谈判无法顺利进行时，利用法律、合同的规定，采用最后期限策略对不配合方施加压力是较为有效的解决途径。

2. 在本案例中，承包商在第一轮谈判后向业主发出通知："如果业主在接到本通知后14天内不能做出有效答复，承包商将按照合同条件停止施工，并终止合同"。这正是对最后期限策略的灵活应用，使得业主认识到其责任和事情的严重性。

3. 在随后的谈判中，承包商在双方意见分歧较大时恰当的运用休会策略，既缓和了谈判气氛，又能使双方进行冷静地思考，有助于达到最终的协商成果。

【案例9-10】 国际工程谈判策略案例——休会策略

（选自潘文《国际工程谈判》）

关键词：休会策略；私下调解；双赢思想

背景和综述：

在联席会议上，业主和承包商在第三方投资银行的参与下，互相陈述观点和立场，剑拔弩张，形势十分紧张。承包商根据招标文件中"投标须知"规定的"工程范围"和合同法，一直强调业主的2号变更令是"合同外"工程，必须另签新合同，重新议价。业主则始终声称2号变更令并没有改变工程的性质，属于"合同内"工程，承包商不实施2号变更令是不履行合同，属于违约，并突出地强调了承包商的项目经理部已经部分接受并实施的既成事实。双方都坚持认为这是合同法理解的立场性争执，互不退让，唇枪舌战，相持不下，谈判陷于困境，在第三方的建议下暂时休会。

在休会中，投资银行的高级法律顾问劝说承包商放弃立场性争执，追求实质性进展，指出在这样对峙的气氛中要对方低头认输是不明智的，也是不现实的，应考虑双方长远的共同利益，否则第三方（即投资银行）将无法调停，承包商也将为此付出巨大代价。承包商接受了第三方的建议，果断地决定并表示不再坚持立场性争执，不再纠缠于分清"合同外"、"合同内"的原则分歧，同意只求谈判取得实质性进展。与此同时，投资银行在休会期间也向业主进行了斡旋。

果然，在复会后由于承包商不再强调对合同法理解的原则分歧，会议的紧张气氛立即得到缓和，舌战停止，第三方投资银行巧妙地用"新"工程的说法替代了"合同外"工程的说法，说服业主考虑承包商已无力承担的实际困难，将"新"工程交由别的承包商来做，另签新合同，承包商则按原定的工程范围和已接受并已付诸实施的一小部分新工程进行施工，以保证原合同工程能够较顺利地完成。业主迫于投资银行的情面和压力，终于接受了第三方的调停。

为此，承包商不仅在“合同外”工程上可以减少亏损500万美元，还赢得了对已实施的新工程的调价和进行工期延长和费用索赔的权利，同时避免了误期损害赔偿巨额罚款330万美元的危机。

案例评述：

本案例中，双方在谈判达到僵局的时候及时选择了休会策略，并由第三方进行私下调解，分析各方的利弊，使双方缓和了谈判气氛，转变了相互攻击的思维方式，最终使谈判得到了较为圆满的解决。

复习思考题

1. 国际工程索赔报告一般由哪几部分组成?
2. 编写国际工程索赔报告时，在内容和形式上要注意哪些问题?
3. 业主对承包商的索赔报告进行评审时应从哪些方面入手?
4. 在评审索赔报告的基础上，业主可以根据哪些因素向承包商提出反索赔?
5. 国际工程索赔谈判一般由哪些阶段组成，谈判过程中应注意哪些问题?

第十章　国际工程索赔争端解决替代方式

处理国际工程索赔争端时需要选择恰当的争端解决方式。本章介绍了常见的争端解决方式，包括协商解决、争端解决替代方式、仲裁和诉讼等，分析了这些方式各自的特点和优劣。本章重点对DRB/DAB的应用进行了详细论述，并分析了各种争端解决替代方式（ADR）的特点和适用范围。最后，本章还介绍了国际工程领域常用的标准合同范本和相关机构对ADR的规定。

第一节　国际工程争端解决方式

在国际工程实践中，履行合同时很难避免发生合同争端。如果不善于及时处理这些争端，任其积累和扩大，将会破坏项目合同双方的协作关系，严重影响项目的实施，导致中途停工，甚至终止合同。因此，项目合同双方都应该重视合同争端问题，及时合理地解决争端，排除项目实施过程中因争端而产生的障碍。

一、国际工程索赔和争端的关系

争端解决机制的选择、比较和应用应当以争端的产生为前提。国际工程合同履行过程中的多种因素都会导致争端的产生，例如对合同条件的不同理解、确定新单价时的不同观点、处理索赔问题时的不同依据等。但是在各种各样的合同争端中，索赔引起的合同争端是最主要的一种。因为所有的合同争端都起因于合同双方的经济利益，所有不能解决的经济利益问题，最后都归结到索赔上来，受损害的一方都要靠索赔手段，想方设法挽回自己不应该承受的损失，维护自己的经济利益。

争端不一定导致索赔，索赔也不一定引起争端，但多数情况下两者是相互牵连的。一定程度上来说，有重大影响的国际工程争端都是由索赔引起，或者说由索赔引起的争端才更具有实际分析和研究的意义。因此，合同双方应高度重视研究国际工程争端解决方式，以更好地解决由索赔引起的争端。

由索赔引起的争端具体产生于下列情况：以承包商为例，业主可能明确拒绝其索赔要求，或者虽没有拒绝但由于情况变化索赔已不能解决问题，或者在回复时限内保持沉默而被视为拒绝，上述所有情况都是承包商作为索赔方不能接受的。对于业主同样存在索赔无法得到满足的情况。由上可以看出，在发生索赔的前提下，一个不可接受的拒绝结果是争端产生的主要条件之一。

二、争端解决方式简介

国际工程索赔争端解决方式有很多种，包括协商解决、争端解决替代方式（Alternative Disputes Resolution，ADR）和传统上的仲裁与诉讼等多种类型。

1. 协商解决

所谓协商解决，是指索赔争端问题通过业主、工程师和承包商的共同努力得到解决，即由合同双方根据工程项目的合同文件的规定及有关法律条例，通过友好协商达成一致的解决办法。

合同双方发生索赔或任何争端后，通常要向工程师提出，并要求工程师做出公正的决定。在FIDIC合同条件等标准合同范本中，对合同双方提交索赔报告的内容和程序、工程师接到争端申诉以后做出决定的程序和时限都有详细的规定，具体内容请参考本书第三章。

当某项索赔要求未能得到解决，而需要采取合同双方面对面的讨论决定时，应将未解决的索赔问题列为会议协商的专题，提交会议协商解决。

第一次协商一般采取非正式的形式，双方交换意见，互相探索立场观点，了解可能的解决方案，争取达到一致的见解，进而解决索赔问题。如果需要举行正式会谈，双方应做好准备，提出论证根据及有关资料和可接受的方案，友好求实地协商，争取通过一次或数次会谈，达成解决索赔问题的协议。如果多次正式会谈均不能达成协议，则需要进一步采取其他解决方式。

会议谈判也要讲究技巧。一个谈判能手，不仅要熟悉有关的法律条款，了解工程项目的技术经济情况和工程进展过程，还要善于同对方斗智，在不失掉原则的前提下善于灵活退让。

国际仲裁机关也十分重视通过友好协商解决索赔争端的做法，一般的仲裁条例规定在正式仲裁工作开始之前，都要进行调解和协商的工作。

协商解决这种方式程序简单，所花费的时间和费用较少，不会破坏而且可能还会有利于进一步创造双方之间友好、协作的气氛。实践证明，绝大多数的索赔争端是可以通过这种方式圆满解决的。

2. 争端解决替代方式

当合同双方直接谈判无法取得一致的解决意见时，为了争取通过友好的方式解决索赔争端，可由双方协商邀请中间方介入，即采用争端解决替代方式（Alternative Disputes Resolution，ADR）。

这里所指的中间方，可以是双方都信赖熟悉的个人（工程技术专家、律师、估价师或者有威望的人士），也可以是一个专门的组织（工程咨询或监理公司、工程管理公司、索赔争端评审组、合同争端评委会等）。

中间方介入的过程，也就是争端双方逐步接近而趋于一致的过程。中间方通过与争端双方单独地或共同地交换意见，在全面调查研究的基础上，提出一个比较公正而合理的解决索赔问题的意见。这个意见只作为中间方的建议，对双方没有约束力。但是，根据ADR应用的实践，绝大多数的中间方介入都取得了成功。

中间方的工作方法，对索赔争端解决的成败关系甚大。首先，中间方必须站在公正的立场上，处事公平合理，既不偏袒也不歧视；其次，中间方应起催化剂的作用，善于疏导，能够提出合理的、可能被双方接受的解决方案，而不强加于任何一方；另外，中间方的工作方法要灵活，善于同双方分别交换意见，但不能将任何一方的底盘或观点透露给另一方。

广义上讲，除了仲裁与诉讼，其他的争端解决方式都包含在ADR中，上述的“协商解决”在逐步形式化和程序化之后也可以作为ADR的一个组成部分。

3. 仲裁或诉讼

像任何合同争端一样，对于国际工程索赔争端，最终解决的途径是通过国际仲裁或法院诉讼。它虽然不是一个理想的解决方式，但当协商和争端解决替代方式都不能奏效时，仍不失为一个有效的最终解决途径。因为仲裁或诉讼的判决，都具有法律权威，对争端双方都有约束力，甚至可以强制地执行。

国际仲裁机构有严密的仲裁程序和法律权威，一般均能秉公办事，做出公正的裁决。诉讼是一种司法程序，通常在其他争端解决途径无法解决时才采用，国际工程在法律适用和判决执行方面都较为复杂，各方面的成本也会相应提高，但在特殊情况下，依靠法律裁决可能是唯一的有效途径和公正解决的方法。

在国际工程索赔的实践中，许多国家都提倡通过仲裁解决索赔争端，而不主张通过法院诉讼的途径。本书下一章将重点介绍仲裁在国际工程索赔中的应用。

三、争端解决替代方式的发展及特点

在国际工程界，对于争端无法通过协商获得成功解决的情况，合同双方当事人进入仲裁程序之前，通常会选择争端解决替代方式（ADR）进行解决，这已经逐渐成为一种共识。

1. ADR的发展

仲裁的优势近年来有所减弱，特别是在工程建设领域，仲裁的快捷性和经济性开始被人们质疑。因而，很多业主和承包商希望寻找更具吸引力和高效的争端解决方式。很多合同范本也在仲裁或诉讼之前规定了争端解决替代方式的程序，或者将协商解决作为提交仲裁之前的强制性规定。

通过ADR解决索赔争端的方法，已经在世界各国解决国际工程合同争端中广泛地采用，并且取得了很好的成果。根据一些国家的调查统计，在所发生的全部工程合同争端中，大约有60%～80%的争端可以在工程合同双方的友好协商中得到解决；提交ADR的合同争端，大约有80%可以解决；提交法院或仲裁机关通过法律判决的案件数，大约占全部工程合同争端的5%。

ADR的具体类型多种多样，主要有争端评审委员会/争端裁决委员会（Dispute Review Board，DRB或Dispute Adjudication Board，DAB）、小型审理（Mini-trials）、调停（Mediation）、调解（Conciliation）和裁决（Adjudication）等。

2. ADR的特点

ADR的特点主要表现在以下几个方面：

1）相对于仲裁或诉讼的强制性，ADR是一种强制性较弱的争端解决方式，对争端各方都有一定的吸引力；

2）与仲裁或诉讼的不确定性相比，争端双方都能更好地控制争端解决的结果；

3）ADR比较符合争端双方在不同程度上寻找快捷、经济且不影响各方和谐关系的争端解决方式这一目的，能降低争端解决的费用，使争端能在更短的时间内得到解决，并且会减少一方在仲裁或诉讼失败后产生的挫败感，有利于保护商业关系；

4）ADR并不是终局的解决方式，如果友好的ADR未能产生预期的争端解决效果，还可以继续进行仲裁或诉讼。但此时签署保密协议十分重要，要防止在ADR进行过程中双方披露的信息被用于随后的仲裁或诉讼，否则后续工作会受到很大的限制和影响。

第二节 DRB与DAB

争端评审委员会（DRB）/争端裁决委员会（DAB）在解决大型国际工程合同争端中已日益表现出强有力的作用。这种方式已被世界多个国家的国际工程项目所采纳，并得到世界银行等国际金融组织的支持。

一、DRB与DAB概述

DRB/DAB属于ADR的一种，其实质是争端双方邀请第三者进行调解。不过，它的组织形式和工作程序比较完善，经常作为工程项目合同文件的组成部分，包含在多种标准合同范本的条款中。

DRB/DAB的思路集中于充分、有效的防止争端产生和进一步恶化，如果争端的确无法避免，则要用最快最有效的方式将其解决。此种思路最初产生于20世纪60年代末的美国，源于工程项目各方对于快速解决争端的需求。在国际上，第一个采用DRB的项目是1980年的洪都拉斯的EI Cajon水利工程，近年来，逐渐在许多其他国家和地区的大型国际工程项目中应用并取得了成功。

世界范围内对于国际工程项目巨大的资本投入，必然意味着合同双方之间冲突范围的增大，索赔数量和金额的增加以及最终导致争端的增加。越来越多的人意识到，社会不仅需要合适的争端解决机制，更需要一种方法来尽量避免争端的产生。DRB/DAB能较好的满足上述要求。1995年，世界银行编制的土木工程采购标准招标文件（SBDW）第一版中，将采用DRB处理业主与承包商之间争端作为其中的强制性条款之一。这使DRB在国际工程管理中的应用得到了重要的支持。

FIDIC标准合同范本促进了DAB的使用。在其1995年出版的设计一建造及交钥匙工程项目合同条件和1996年11月出版的土木工程施工合同条件第四版的补遗中均采用了DAB机制。在1999年FIDIC出版的标准合同范本中，DAB机制也被纳入了争端解决程序之中。

FIDIC的DAB与世界银行的DRB的主要区别在于：DAB的决定在未被协商解决或仲裁推翻前直接具有约束力，可以强制执行，而DRB允许争端一方接受或拒绝它的决定；在提交索赔的时间安排方面，DAB比DRB更正式，DAB在时间规定上较为严格。除此之外，两者在概念、程序等许多方面是相同或相近的。2006年3月，FIDIC“多边银行协调版”中将“1999版施工合同条件”的DAB改成DB（Dispute Board，争端委员会），其总体思路和实施方式大同小异。本章重点介绍两者共性的部分，对DRB与DAB的名称不做过多区分，先介绍DRB的工作内容及特点，然后以FIDIC 99版施工合同条件为例介绍其工作程序，并在本书第十二章中通过某大型国际工程采用DRB解决索赔争端的案例说明其实际应用情况。

二、DRB的工作内容

DRB的任务是协助合同双方解决一切不能自行解决的重要合同争端，包括合同责任争端、工程质量争端、工期争端和索赔款额争端等，可分为以下工作内容：

1. 工程现场考察及建议

1）定期视察项目，特别是在工程实施的关键时刻进行现场考察，在有需要或者双方要求的时候召集会议。视察现场的频率取决于工作自身的特点以及潜在或现实的争端。考察后应整理一份报告抄送合同双方及工程师。

2）DRB应当通过业主或承包商定期提交的书面进度报告、会议记录以及其他相关文件获得有关工程活动的信息。DRB的一个主要优势就是其熟悉在建工程所有的重要进展状况，以及业主和承包商所遇到困难的详细信息，可以在其升级到争端之前提出解决建议。

2. 合同争端解决

1）对争端问题进行全面深入的调查研究，然后提出调解建议。此建议供争端双方参照实施，但不具法律约束力，更不是行政命令。

2）对合同争端的调解采取公正的中间立场，不偏袒任何一方。根据工程项目的合同文件，工程所在国有关的法律规定，以及工程现场的实际情况，提出解决争端的具体建议。

3）在争端调解期间，工程项目仍应按原定的计划进行，不得影响工程进度。

4）为了深入了解争端的问题，DRB可采取听证会的方式，听取争端双方的意见或辩论；亦可采取个别的调研查询。无论在听证会上或个别调研时，评审委员只提问题，不发表个人意见。

5）为了使合同争端尽快得到解决，在DRB的调解建议正式送交争端双方后的两周内，业主或承包商应书面回复，表示赞同或反对。如果在两周内未正式回复，即认为已接受了DRB的建议。

6）当DRB的调解建议未能被争端的任何一方接受时，即认为此次调解失败。在此情况下，或由争端双方协商一致再次要求DRB重新评审，并再次提出调解建议；或由争端双方诉诸仲裁机构，或向法院起诉。

7）DRB的费用由争端双方对等支付。一般先由业主向DRB付款，然后由业主在支付给承包商工程进度款时，扣除应由承包商承担的50％的费用。

可以看出，DRB的建议的效力是有条件的，合同双方自行决定是否接受。DRB的调解过程包含了双方协商一致的理念，可以看作是在争端提交仲裁或诉讼前的一段双方的考虑时间和节约成本的机会。

上述为DRB工程现场考察及建议以及争端解决的工作任务，与之相对应，合同双方也存在着相应的协助和配合义务，例如报酬支付、信息文件的提供、现场考察的安排等。

三、DRB的特点

1. 有利于了解项目情况

由于要求DRB成员进行现场考察，因此DRB可以较早地介入项目，掌握第一手材料，了解项目的进展情况和存在的问题，避免争端的产生。在争端解决过程中，由于对争端的起因和后果更为清楚，可以减少一些不必要的文字资料和口头陈述，可以更快地解决争端，使得项目后续工作顺利进行，也可以防止由于累积导致的争端复杂化、扩大化。

2. 便于创造友好气氛

DRB成员的选择要经过合同双方同意，一定程度上保证了双方之间以及双方对DRB的友好态度，同时DRB是站在中立的角度，平衡多名成员的观点，从双方利益出发提出自己的看法，而不是运用法律条文进行评判。这种情况下，业主和承包商双方的工作关系不会受到影响和破坏，而且双方与DRB之间有较长的时间进行了解沟通，争端解决的程序也具有保密和低调的特点，这些都有利于建立相互信任的关系。

3. 结论易于接受

DRB成员的水平和素质通常较高，经验丰富。与仲裁员相比，通常更具备工程专业方面的知识，更能理解双方的立场，因此其得出的结论通常较有说服力，符合客观公正的要求。而且业主和承包商认识到不接受DRB的建议即将付诸仲裁或诉讼，会带来更大的风险和成本，因此也会较主动地接受DRB的结论。

4. 其他特点

与仲裁或诉讼相比，DRB费用较低，且由双方均摊，避免仲裁或诉讼中由“失败”一方全部承担。即使没有争端发生，由于DRB定期考察项目，可以将这笔费用看作是对争端进行咨询和防范的支出。同时，DRB的结论是非强制性的，不具有法律的约束力和终局性，双方如不接受，可以在此基础上继续谈判，或者提交仲裁或诉讼。

四、1999版FIDIC施工合同条件关于DAB的规定

DRB思路的创新之处在于可以对项目的进展进行全程跟踪，被国际工程界公认为可以减少争端的产生并降低争端解决的成本。FIDIC在其1999年发布的合同范本中，规定了争端裁决委员会（DAB）的工作程序，其工作内容、特点与DRB基本相同。下面结合FIDIC 1999版施工合同条件对DAB组成成员、成立方式及程序进行介绍。

1. DAB的成员

DAB的组成成员通常有三名。一名由业主推荐，经承包商同意；另一名由承包商推荐，经业主同意；第三名由已选定的两名成员提名推荐，经业主和承包商同意，并任命为DAB的主席。

在挑选裁决委员时，要考虑以下几点限制条件：

1）任何成员不得与争端的任何一方有从属关系；

2）任何成员不曾受雇于合同的任何一方，没有与任何一方发生过经济关系；在受雇担任DAB成员期间，不得与合同任何一方探讨在DAB工作完成后的受雇问题；

3）任何成员在担任DAB工作以前，不曾介入过此工程项目的重要事务，以免妨碍其独立公正地进行调解工作。

FIDIC 1999版施工合同条件附录中的争端裁决协议书一般条件的第4条规定了DAB成员的11项义务。这些义务的良好实现，对成员的自身能力有很高的要求。成员要跟踪项目的进展，需要一定的技术知识、实践经验或者资质认证，同时要具有解释合同条款的能力以及合同管理方面的经验。由这样的人员组成的委员会，才会使其责任得到很好的履行，也会增强合同双方对DAB的信任。

除了技术和合同两方面，委员的个人品格也会影响DAB的办事效果，如尊重他人意见、团队工作和创造性等，是DAB能够良好运行不可缺少的条件。

同时，DAB的各组成成员及合同双方通常来自不同的国家，在保证公正性的同时，也应当注意不同国家语言、文化、习惯等方面的协调。

2. DAB的成立

(1) 建立

合同双方最好从工程开始时就对DAB进行任命，让其贯穿工程始终。这样做虽然会增加一笔日常的支出，但是在事件发展过程中得到的信息要远比争端产生后的听证、取证更为有效。

DAB的成员无论由哪方提名，都应当客观公正的为双方工作，成员具有独立地位，而不能作为某一方在DAB中的代表。

(2) 任务

DAB的责任期一般是从得到任命开始，到工程的最终结束（如缺陷通知期满或到结清单生效），其工作分为如下两部分：

1) FIDIC 1999版施工合同条件第20.2款中规定，"如果经双方同意，他们可以在任何时候联合将某事件交由DAB提出意见，一方未得另一方同意，不应与DAB商谈任何事件"。此时DAB将提供意见，防止此分歧扩大形成争端。

2) 在合同条件第20.4款中规定，"如果双方间发生了有关或起因于合同或工程实施的争端，任一方可以将该争端以书面形式，提交DAB"。此时DAB将开始争端裁决工作。

DAB的工作任务只包括与争端的解决和预防有关的内容，并不涉及咨询工作，例如对工程的某一部分提出优化建议等。

(3) 权力

FIDIC 1999版施工合同条件DAB程序规则的第8条规定了业主和承包商应赋予DAB的权力。其范围比较广泛，包括决定争端中应用的程序，决定听证会的召开，决定暂补救办法，审查工程师关于争端的指示等，对于工作中所有可能遇到的程序问题，也基本赋予了其自我决定的权力。

3. DAB的争端解决程序

FIDIC 1999版施工合同条件中DAB的争端解决程序如图10-1所示。

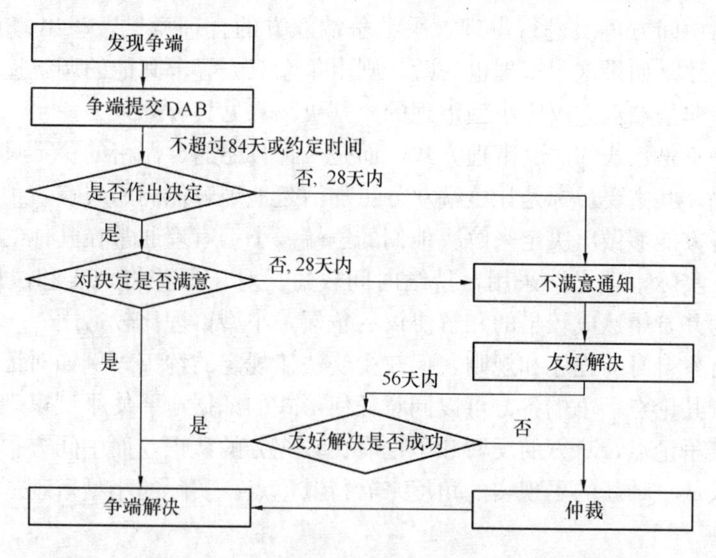

图10-1　FIDIC 1999版施工合同条件中DAB的争端解决程序

如果合同双方发生了有关或起因于合同或工程实施的争端，任一方可以将该争端以书面形式提交DAB。DAB在收到此项委托后84天，或在可能由DAB建议并经双方认可的其他期限内，给出他的决定。决定对双方具有约束力，双方都应立即遵照实行。承包商应继续按照合同实施工程。

如果任一方对DAB的决定不满意，可以在收到该决定通知后的28天内，就其不满向另一方发出通知。如果DAB未能在收到此项委托后84天或经认可的其他期限内，给出其决定，则任一方可以在该期限期满后28天内，向另一方发出不满意通知。

如果DAB已就争端事件向双方提交了他的决定，而任一方在收到DAB决定后28天内，均未发出表示不满意的通知，则该决定应成为终局性的，对双方均有约束力。

如果某一方或双方发出了表示不满意的通知，双方应在开始仲裁前，努力以友好方式解决争端。仲裁可以在表示不满意的通知发出后的第56天或其后开始进行。

第三节 其他国际工程争端解决替代方式

当双方都认为争端不是完全由于一方的过错或责任导致，而且双方之间仍然存在良好的任用和信任时，用友好方法解决争端是有效且可行的。本节将介绍几种除DRB/DAB外较常用的争端解决替代方式。

一、小型审理

1. 小型审理的内容及适用范围

小型审理（Mini-trials）是一种简化的法庭审理，由争端双方的主要负责人出席，向双方共同选定的一位“中间方”（Neutral Party）申述自己的理由。这位中间方可能是退休的法官（律师），也可能是熟悉工程合同的专家。

中间方在全面了解争端双方的观点和书面资料后，首先分别同争端双方单独交谈，然后同争端双方一起交谈，提出解决意见，进行共同讨论。如能达成一致意见，争端即告结束，争端双方按照中间方的书面“调解意见”处理争端事件。如果第一次共同讨论达不成共同意见，则由中间方再次进行审理，采纳争端双方的合理意见，写出修正后的审理意见，争取达成一致。如果这次审理也失败，则由争端双方寻求其他的调解途径，或直接诉诸法律判决，除非争端双方议定小型审理的“判决”意见具有约束力。

小型审理并不是正式的法庭审理方式，而是一种自愿的、保密的、不具有强制约束力的争端解决程序。其主要目标是让争端双方更加清楚地理解他们的观点，预测实际审理的结果，使争端各方能够做出决定来解决他们的争端。小型审理通常在其他的替代争端解决方式失败之后、实际审理之前采用，持续时间较短。对于那些将现实和法律问题混在一起，且双方认为并希望达成较早的和解协议的争端，小型审理比较适用。

小型审理有着自身的程序和规则，但较少受法律规定的约束，例如对证据的规定不起作用，只要适合其论点，争端各方可以同意任何形式的证据。要使小型审理真正有效，争端双方必须对其争论点，对方的反驳和争论有比较充分的认识，而中间方提出的探索性问题可以使当事人从一种新的更现实的角度来看待其论点。实际的小型审理通常在进行有限的调查之后实施。

2. 小型审理的优缺点

小型审理简化了诉讼中的听证程序，在时间进程上取得了优势；审理过程中，各方当事人的案情经过专业评审，能够决定争端发展走向的人可以得到更权威、更客观的指点；专业人员的参与意味着争端的技术问题可以得到较好的解决。

但是，与其他无约束力的ADR一样，如果一方并无诚意解决争端，此种方式可能成为拖延争端解决的一种手段。同时，程序的简易可能导致复杂的技术和法律问题被简化而违背初衷。另外，由于小型审理的证据多来源于询问和实际文件，不适合用来检验所陈述的事实的精确性，也不适宜用来评价个人情况的真实性。争端双方有决定权的高层参与是小型审理发挥优势的条件之一，但是要权衡争端的大小与高层参与的成本和效率。

二、调停与调解

1. 调停与调解的定义

调停/调解（Mediation / Conciliation）的方式与小型审理有所类似，亦由争端双方共同选定中间方，例如调解人（Mediator）从中斡旋，寻求各种可能的解决方案。但调解人的作用与小型审理中间方的作用不同：小型审理中间方是根据事实和法律寻找一套公平的解决方案；调解人的目标是通过反复的调解斡旋，在阐明争端双方观点的基础上，力图说服双方尽量向可能达成的协议接近，并最终达成一致。

在调停/调解过程中，调解人有两种可能的角色，一种是仅仅劝说争端双方改变各自的立场而达成共识，但对于争端如何解决不提出主动的建议；另一种则主动分析当事人立场、观点的优劣，提出新的观点以引导双方解决争端。在不同的国家、不同的体系中，调停与调解分别同上述哪种情况对应有着不同的说法。在争端解决实践中也常常将主动建议与否交互使用，并不强调严格的区分。且除上述区别，两者相比更多的是共性部分。

2. 对调解人的要求

与仲裁人的角色不同，调解人无权对当事人强加某种决定，仅是引导他们达成一致的解决意见，因此调解人的选择十分关键。

调解人必须具备谈判技能、法律能力、合同能力和技术能力等，在实践中根据不同的争端具体情况对其能力要求有不同的侧重。例如要控制双方陈述过程中由于谈话引起的高涨或对立的情绪；在单独的私人会议中提出反面观点，使得该方当事人明确自己的优势和劣势等。

调解人还要控制和引导当事双方遵循争端解决的程序。调停/调解过程中最重要的一步是允许双方基于其对事实的认知来讲述各自的情况。讲述之后，调解人引导双方更现实地看待各自的立场，使其注意到优势和劣势以及潜在的结果。面对面地提出争论，有利于双方感受到认可度的提高，进而促进争端的解决。

3. 调停/调解的适用范围

争端解决过程中，如果更多的考虑时间或费用因素，或者争端包含很大程度的技术问题，或者争端方对隐私、信任和各方关系的保持有较高的要求时，调停/调解是一种比较适宜的争端解决方式。

但有些情况下，考虑选择其他的争端解决方式可能更为恰当，例如双方没有诚信的态度、有意的拖延解决程序或存在不平等的交易立场等，或者争端的问题更多的集中于法律问题，在英美法系下存在有利己方的先例，或者一方当事人对付诸诉讼有着绝对的信心。

4. 调停/调解的优缺点

调停/调解可以看作是协商解决之外最不正式的一种争端解决方式，其灵活性和经济快捷性更为突出，双方获得的是一个商定的而不是强加的解决办法。根据美国仲裁协会的调查，调停/调解是当前建筑行业中使用增长最快速的一种 ADR 方法，在解决争端的同时，可以建立和加强信任关系，创造双赢的效果。

调停/调解的优点如下：

1）在一定程度上，消耗的时间和费用低于其他争端解决方法，且有利于改善商务关系；

2）避免使用法律语言和法律程序的限制，程序灵活，且具有较好的保密性；

3）调停/调解是在自愿的基础上产生，当事人实际介入事件程度较高，因此容易提高对结果的满意度。

但调停/调解也有以下缺点：

1）调停/调解的约束力较弱，需要以双方达成共识为条件，可能成为拖延策略的一种手段；

2）追求迅速解决争端有时会导致错误和不公正，而若对过程进行详细的检查，调停/调解又有可能变得倾向于程序化而失去灵活的优势；

3）双方交易地位的不平等会影响调停/调解的效果。

根据具体争端的不同性质，使用调停/调解方式解决争端时，上述的优缺点各有不同。

三、合同上诉委员会

合同上诉委员会（The Contract Appeals Board，CAB）是美国各级政府的建设部门都设置的一个组织，其职责是主持解决该部门内有关的合同争端。

为了规范合同上诉委员会的工作，美国国会先后通过并发布了“合同争端法”（The Contract Disputes Act of 1978）及“法庭改组法”（The Court Reorganization Act of 1982），它们成为各级建设部门合同上诉委员会的工作纲领，其目的是及时地审理解决合同争端，减少法庭诉讼的数量。

美国联邦政府合同上诉委员会对合同争端处理工作，做了以下规定：

1）各级政府建设部门的合同上诉委员会必须有3名以上的专职审理员，他们应该具备5年以上的公共合同法律方面的经验，由各级建设部门的领导任命；

2）在合同争端审理期间，承包商仍应按合同要求继续工作，不得停工；

3）合同上诉委员会可以发出传票，要求合同争端的有关人员出庭作证，如拒不出庭，当地的地方法院将命令其出庭，否则可以藐视法庭治罪；

4）合同上诉委员会做出的审理决定，争端双方如不服从，皆有权向上一级法庭起诉，即可向“美国索赔法院”（The U.S. Claim Court），各级“上诉法院”（The Court of Appeals）甚至“美国最高法院”（The U.S. Supreme Court）提起诉讼。

四、调解—仲裁

很多人认为ADR的无约束性，会影响争端快速、有效地解决，改进办法之一是调解与仲裁的混合使用。调解—仲裁（Med—Arb）可以认为是一种有约束力的调解方式。它涉及在工程开始时双方选择中立的第三方，此第三方在争端产生时能够做出有约束力的决议。

调解—仲裁是调解和仲裁的结合，它先进行调解，然后使用仲裁来解决调解没有解决的争端。通常是通过合同中的一个条款，约定调解如达不成协议，调解人将转变身份，成为仲裁员，有权对双方做出有约束力的解决方案，使得争端在任何情况下都可以较快地获得最终解决。

调解—仲裁有其优势所在，因为如果争端初始就知道仲裁必然发生，则争端双方会更加注重用调解解决问题而不至丧失对结果的控制。此种方式下争端获得解决，更多是由于双方在没有司法强制的情况下达成一致，而不是受到了后期仲裁的压力。调解人在前期和争端双方进行保密性单方交流时，可以真正了解到他们在争端中的优劣地位及要求，即使进入后期，对争端的了解也能够减少很多仲裁阶段的成本。

但是现阶段，此种方式的应用较少，实际价值仍处于讨论中。很多人担心它将自发性的调解过程和对抗性的仲裁过程联系在一起，会导致调解的原先优势丧失，例如在调解人日程紧迫的情况下，他可能以仲裁为威胁，强迫双方在调解阶段接受并不满意的协议。而且调解人在调解失败后进行仲裁的公正性常常受到人们质疑，争端方会处于一种两难的选择：是为了避免进入仲裁阶段而在调解阶段告知调解人所有信息，还是有所保留以防潜在的仲裁者利用机密信息而影响协议的效果。

五、裁决

裁决（Adjudication）是指寻找一位有经验的第三方人士对索赔争端进行快速审查，以较低的费用做出判决。从定义看，裁决的功能与DRB/DAB相近，只是裁决时在人数、费用、速度上都更有优势。和其他ADR方式相同，裁决的结果没有强制性。由合同指定的独立法官席提出决议，这个决议直到被其他方接受才对双方形成约束力。裁决人可以进行会见当事人及其代表、考察现场、查询文件、任命专家等事件，但是要让当事人知道其建议和行为的内容。

专家在裁决时只考虑他认为与争端相关联以及必须的材料。工程师的决定有时被认为是专家裁决的一种形式，在争端主要涉及技术问题时较为适用。

六、早期中立评价

早期中立评价（Early Neutral Evaluation）是指中立的专家就争端的事实问题、法律问题、可能出现的结果以及一方或双方在案件中的优势和劣势向争端双方做出客观的分析与评论。

由一位中立的专家所作的客观分析与评价，有助于双方抛弃各自不现实的想法，或至少使他们对自己在案件中的优势和劣势有更清楚的认识。当然，这种方式能否成功取决于双方的诚意、专家所作分析与评价的客观性以及双方做出让步愿望的大小。

七、协商解决/直接谈判

广义上讲，协商解决也可看作ADR的一个组成部分，谈判是协商的主要手段之一，即争端中的合同双方试图通过谈判达成协议来解决他们的分歧，而且双方都准备妥协并接受该协议。

显而易见，双方直接协商谈判而无第三方的介入是争端解决最快捷、经济的方式，但是如果当事人的背后存在着个性冲突，或者争端涉及到当事各方得失的原则问题时，此种方式只能被尝试，但无法寄予太大的希望。FIDIC各版本的合同条件中，很多情况下都包含了要求双方进行“适当的协商”的措辞。

谈判的步骤通常包括：查清存在的问题与参与人，确认双方需求及理由，对冲突到达的程度、可行的争端解决方式进行评估，寻求解决办法，最终达成协议。

通常能够成功地解决争端的谈判具有以下三个特征：

1）一方在争端产生的早期及时提出直接谈判，此时不接受直接谈判可能会被认为是软弱的标志，进而促成谈判的开始；

2）双方谈判人在争端解决方面有丰富的知识和实践经验，并擅于运用谈判的方法和技巧；

3）在可能的前提下，能够尽快达成协议，在解决利益冲突时不仅满足双方的合法利益，而且使得双方关系有所改善。

缺乏谈判的信心是冲突无法解决的主要原因，因此奠定一个双方彼此信任的基调十分重要。

从上述不同的ADR的合同争端解决替代方式的工作特点可以看出：

1）无论是国际工程项目的业主，还是各级政府的建设部门，都把及时解决合同争端放在重要地位，要求及时合理地解决合同争端，防止其大量的转入法院诉讼范畴；

2）许多合同争端审理组织之所以能够发挥作用，是由于其受政府及法律的支持，带有准法律（Quasi-Legal）的特性；

3）合同争端审理组织做出的调解决定，一般不具备法律上的约束力，争端双方或任何一方均可拒绝接受，但如果争端双方在接受审理以前达成协议，同意审理组织的调解决定具有约束力时，那么该调解决定一旦做出，即对争端双方均有法律上的约束力，双方必须遵照执行。

第四节　争端解决替代方式在国际工程中的相关规定

在大多数情况下合同双方会在合同条件中对争端解决方式的选择和程序予以规定，以便在合同实施过程中参照执行。国际上常用的标准合同条件范本中对争端解决方式都有相应的规定，在编写具体的工程合同时可以参照借鉴。此外，世界上著名的国际性常设机构的ADR规则在实践中也多被遵守和借鉴。本节对上述两部分内容进行介绍和分析。

一、标准合同范本中对争端解决替代方式的规定

争端解决方式的选择和确定最好在签订合同时就予以规定，因为争端一旦发生，一方对友好解决的提议可能被其他方认为是软弱的标志，并且可能导致相反的结果。很多合同范本中都规定了在进入仲裁或诉讼前采用争端解决替代方式。

国际工程中常用的标准合同范本，如FIDIC、AIA及NEC合同条件等对于争端解决的方式和程序有着不同的侧重，但在整体思路上也有很多相似之处，本章第二节中对于FIDIC合同条件的争端解决方式已经有所涉及，下面对其他合同条件的争端解决条款部分进行介绍。

1. AIA合同条件中对ADR的规定

在AIA系列文件中，A201文件《施工合同通用条款》（1997年版）规定，凡对索赔有争议时，都要首先提交建筑师作决定，如双方对建筑师的决定均同意，则应执行，否则任一方可要求通过仲裁或其他司法程序解决。第4.5款［调解］规定：除非双方另有协议，争端双方必须先到“美国仲裁协会”进行书面登记，也可同时提出仲裁要求，但必须在仲裁之前先进行调解。调解需根据“美国仲裁协会建筑业调解规则”进行，如果在登记后60天的调解期内还未能解决问题，则开始仲裁或诉讼。经调解达成的协议具有法律效力。

AIA 合同条件中规定的 ADR 程序如图 10-2 所示。

AIA 合同条件在争端解决的时间规定上与 FIDIC 有所不同，将建筑师做决定以及双方答复的时间缩短，而将双方是否接受建筑师最终决定的考虑时间和调解期的时间延长。与 FIDIC 合同条件相比，AIA 合同条件中没有类似 DAB 的规定，在建筑师决定后直接进入仲裁，但在仲裁前同样规定了调解阶段。可以看出，AIA 关注于争端解决的效率和双方友好协商的重要性。

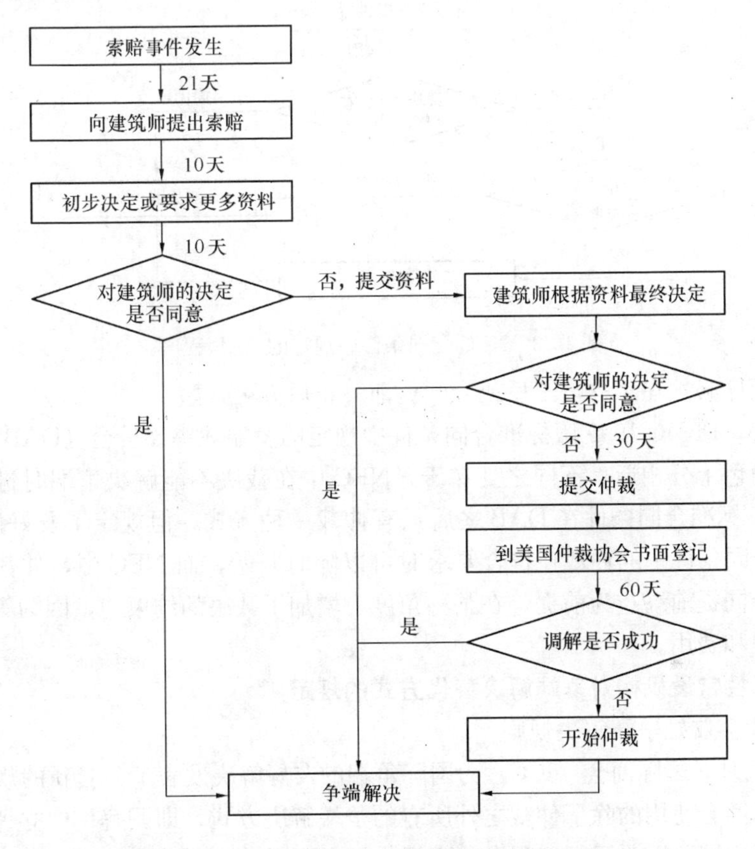

图 10-2　AIA 合同条件中规定的 ADR 程序

2. NEC 合同条件中对 ADR 的规定

NEC 引入了裁决机制作为一种快捷、经济和公正的方式来解决争端。具体的解决程序如图 10-3 所示。

裁决人是独立于业主和承包商的真正的第三方，由业主和承包商在正式签订合同之前共同指定，对业主项目经理和工程师的行为或不作为进行调查分析，并在此基础上对争端事件做出裁决，合同条件包含裁决人选定、替换的程序。

NEC 合同条件中规定，裁决是解决争端的必经程序。争端产生后 4 周内通知项目经理，之后必须在 2～4 周内首先提交裁决人，4 周（可延长）内提交材料，裁决人在资料提供后 4 周（可延长）通知其决定。如果合同双方对裁决没有不同意见，此裁决为终局性的，对双方均有约束力。若裁决人未在规定期限内做出决定或当事人一方对裁决结果有异议，另一方可在 4 周内提交仲裁或诉讼，其法律效力将高于裁决人的裁决。

为保障工程进度的正常进行，NEC 规定即使争端产生，双方仍应按合同继续工作。

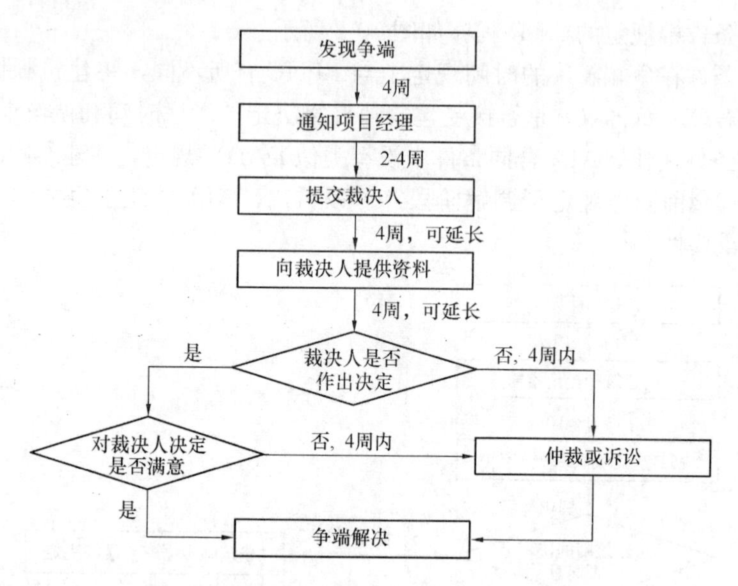

图 10-3　NEC 合同条件中规定的 ADR 程序

仲裁或诉讼程序必须在工程竣工后或合同提前终止后方可开始。

比较而言，FIDIC 1999 版标准合同条件中规定的争端裁决委员会（DAB）与 NEC 中的裁决人的角色十分相近。不同之处在于，NEC 中在裁决不能解决争端时进入仲裁或诉讼，而 FIDIC 标准合同条件在 DAB 之后只有仲裁一种方式，但规定了友好解决的时间；FIDIC 标准合同条件中的仲裁在符合要求时可以随时开始，而 NEC 中，仲裁或诉讼要以工程竣工或合同提前终止为前提，在某种角度上增加了裁决的约束力，因为等待仲裁要付出更多的时间和费用。

二、国际性常设机构对争端解决替代方式的规定

1. 国际商会友好争端解决规则

2001 年 7 月，国际商会（ICC）为国际争端的友好解决发表了一套新的规则。这些规则覆盖了国际商会使用的除了仲裁之外所有的争端解决方式，即调解、中立评估和小型审理等。这些新规则可以为国际工程参与方提供一种最符合其需要的友好解决争端的方式。规则的一个显著特征是当事人有权自由选择其认为最适于解决争端的方式。若未对采用何种方式达成协议时，除非合同另有规定，一般采用调解。

根据 ICC 规则，友好争端解决方式被认为是与仲裁完全不同的争端解决程序。虽然在一定情况下二者可互为补充，但却是两种可以相互替代的争端解决方式，例如，双方规定，在未能友好解决争端的情况下，他们可能将争端诉诸仲裁。双方同样可以倒序使用这两种方法，例如，如果双方发现争端能够以其他更为合适的方法解决，仲裁当事人也可能转而使用友好争端解决方式。尽管如此，两种程序仍然是不同的，分别由设在国际商会巴黎总部的两个独立的秘书处管理。

(1) ICC 争端解决程序

国际商会友好争端解决程序实质包含 4 步程序，涵盖了从提交 ADR 请求到 ADR 终止的全过程。这 4 个步骤是：

步骤 1：提交请求

ICC 的 ADR 程序开始的方式有两种，如规则第 2 条的规定：

1）双方将争端提交国际商会友好争端解决的意向可以包含在双方之前的协议中，或者是合同协议原件，或者是双方之后达成的其他协议；

2）在双方没有商定将争端提交国际商会友好争端解决的情况下，一方向国际商会提交友好争端解决的请求，另一方接受请求，这样才能开始友好解决。

请求应该包含规则第 2 条中列明的具体信息，尤其是对争端情况的说明，以及在可能的情况下对争端所涉金额的评估。在必须任命中间方的情况下，这些信息会帮助国际商会确定待定的中间方应该具备的条件。此外，还可以帮助另一方确切地了解对其提出的索赔内容。

步骤 2：中间方的选任

中间方的选任必须根据规则的第 3 条进行。一般情况下中间方由双方选出，然而，在双方不能选任，或在选出的中间方拒绝任职的情况下，国际商会将通过国际商会国家委员会或者其他方式任命中间方，然后通知双方当事人。在国际商会作为指定权威的情况下，双方仍然对中间方的身份保持一些控制权，因为他们将在友好争端解决的申请书里表达对于中间方应有的任何资格和特质的意见。国际商会在任命中间方时会合理考虑当事人的要求。友好争端解决过程的成功与否在很大程度上取决于中间方的能力和技巧。因此，当事人应该尽力确保中间方具备理解他们之间存在争端的专业技能，而且还应该具备创建友善氛围所必需的人格，这样才能促进争端的友好解决。

步骤 3：友好争端解决程序

根据规则的第 5 条，国际商会 ADR 程序的第 3 步就是 ADR 程序的执行，这是该程序的操作阶段。在该阶段，中间方与合同双方当事人应迅速对即将采用的解决方法进行商讨并寻求一致意见，同时商讨即将适用的具体的 ADR 解决技术，例如调解、中立评估、小型审理及任何其他的解决技术，或者这些技术的组合。如果当事人未能就将要采用的适合的争端解决方式达成一致意见，则根据规则采用调解方式。

步骤 4：友好争端解决程序的终止

国际商会 ADR 规则的第 4 步是 ADR 程序的终止。在第 6 条，规则制定了决定 ADR 程序基于下列较早出现的情形而终止的 7 种情况：

1）在双方当事人签署和解协议的情况下，争端自动结束。该协议对双方具有约束力。

2）一方或多方当事人正式向中间方发出不再继续 ADR 程序的书面通知。该通知只能在与双方当事人和中间方进行了首次讨论之后才能发出。双方只有在与中间方召开首次会议之后才能终止 ADR 程序，这是为了确保 ADR 程序有最大的机会获得成功。实际上，双方当事人如果不先与中间方进行讨论，几乎不可能了解 ADR 程序的价值所在。

3）中间方向当事人发出了书面通知，正式通知他们双方在首次讨论之后商定的程序已经被履行完毕。

4）中间方书面通知当事人其认为 ADR 程序不能友好解决当事人之间的争端。

5）ADR 程序中设定的任何时限已到期。当双方当事人在合同协议原件中，或者在双方随后商定的协议中，设定了一个 ADR 程序必须结束的时间期限时，就会发生这种情形。这是一个非常有用的条款，因为它让双方能够确定程序将在何时终止。当然，当事人也可以一致决定延期。

6）国际商会书面通知当事人，一方或多方当事人根据本规则未对应付款项进行支付。应该注意的是，该步骤应在费用应付日期的15天之后进行。

7）国际商会正式通知当事人选任合适的中间方失败或者不可能选任中间方。例如一方对于中间方的任命一直持有反对意见。

(2) ADR的报酬及费用

除上述问题之外，还需要考虑ADR程序的报酬及费用，规则第4条对其进行了论述并且以ADR费用表的形式列明在规则附录中。

该表包含两笔独立的费用。第一笔是国际商会的管理费，根据该表B段的规定，它最多不得超过10000美元。需要注意的是，根据该表A段，申请ADR的当事人应在提出申请的同时缴纳登记费1500美元，以支付处理ADR申请的费用。第二笔费用包括中间方的报酬及其开支。中间方的报酬应按其在ADR程序中合理使用的用于履行职责的时间计算。该报酬一般由国际商会在ADR程序开始时通过与中间方和当事人协商，按每小时收费比率确定，此项费率应为合理数额，并应根据争端的复杂程度及其他有关情形确定。国际商会控制费用，当事人和中间方就得到了保证，ADR程序便能够快捷顺利的进行。双方在支付了第一笔要求的金额之后才能开始ADR程序。

接到ADR申请后，国际商会应要求当事人缴纳一笔可足额支付国际商会的管理费用和中间方的报酬与开支的保证金。国际商会可重新调整该保证金的数额。除非当事人另有书面约定，所有保证金应由双方当事人平均分担。当事人的其他开支应由各方自行负担。

(3) 一般规定

与仲裁程序一样，根据ICC争端解决程序规则第7条，ADR程序（包括其相关文件）应当是保密的、不公开的。然而，必须注意的是，该一般规定有两个例外，即当事人约定部分或所有ADR程序是可以公开的，以及一方当事人依据所适用的法律要求被迫披露ADR程序的任何既定内容。对于和解协议的非公开性有一个附加的例外约定，即如果这些内容对于协议的实施或执行来说是必要的，则可以予以披露。为了确保整个程序的保密性，中间方日后不得参与任何与提交给ADR程序的争端有关的司法、仲裁或类似程序。只有在当事人另有书面约定的情况下，中间方才能在这些程序中担任法官、仲裁员、专家或其中任何一方当事人的代表或顾问，如果没有约定，则中间方不得担任这些角色。此外，中间方不得就ADR程序的有关事宜在任何司法、仲裁或类似程序中作证。如果双方同意中间方担任这些角色，或者中间方依据适用的法律被迫这样做，则本规则不适用。

2. 中国国际贸易促进委员会调解规则

中国的调解按照不同的分类，可以分为民间调解、行政调解、司法调解。其中司法和仲裁机构的调解属于司法调解，中国国际贸易促进委员会（中国国际商会）调解属于民间调解。

中国国际贸易促进委员会/中国国际商会系统的调解中心，是目前中国唯一的常设的专门从事经济纠纷调解的机构，属于民间非盈利性组织。

《中国国际贸易促进委员会/中国国际商会调解规则》于2000年1月1日起颁布实施，为在中国推行以调解方式解决索赔等争端奠定了基础。实施的结果表明，调解方式确有广阔的应用前景，其中，以调解来解决涉外经济纠纷就是明证。中国国际商会调解机构至今已调解了大量的涉外经济纠纷。为了便捷有效地调解涉外纠纷，推动并顺应国际社会逐渐广泛采用的非诉讼争端解决替代方式（ADR）解决纠纷，中国国际贸易促进委员会/中国国际商会调解中心与一些国家的相关调解机构签订了合作调解协议并建立了联合调解关系。中国的商会调解正在走向世界，将和更多的国家、地区和国际组织建立联系，加强相互的交流和合作。

根据《中国国际贸易促进委员会/中国国际商会调解规则》第2章第八条到第十七条，用于工程领域当事人之间的调解程序为：

1）依据调解协议或双方当事人的申请，当事人向调解中心提出调解申请书一式四份；

2）调解中心收到申请书后30天内确定调解时，立即转送被申请人一式一份；

3）若聘请代理人参与调解程序，则当事人提交授权委托书；

4）在调解中心调解人名单中，选定/委托调解中心代为指定一名调解人；

5）申请人/双方分别预交本规则规定的调解费的50%；

6）被指定/选定的调解人共同/独立商定/决定调解地点并进行调解；

7）当调解人认为有必要，在征得当事人同意后，可聘请有关专家参与协助调解工作。

出现下列情形，调解程序终止：

1）调解成功者，自调解书做出之日起或当事人之间的和解协议达成之日起终止；

2）调解人认为调解已无成功的可能而以书面声明终止调解程序者，自声明之日起终止；

3）各方或任何一方当事人向调解人书面声明终止程序者，自声明之日起终止；

4）调解协议中规定调解期限届满，当事人未协议同意延期的。

调解人采用的方式多种多样，可以单独或同时会见各方当事人，可以进行面对面或背对背的调解，可以咨询专家意见，提出解决争端的建议等。

除当事人同意外，调解不成功时调解员不得在其后的仲裁程序中担任仲裁员，不得在随后的各类程序中充当证人。调解程序中表示接受的任何以达成和解为目的方案和建议，不得作为仲裁阶段申诉和答辩的依据。

复习思考题

1. 国际工程有哪些争端解决方式，试分析这些方式各自的特点和适用情况。
2. 请描述DRB/DAB的工作内容、特点及程序。
3. 常见国际工程领域争端解决替代方式（ADR）有哪些？
4. 试分析比较调停/调解与调解－仲裁的联系及异同。
5. 国际商会和中国国际贸易促进委员会关于争端解决替代方式有哪些相关规定？

第十一章　国际工程索赔仲裁

仲裁由于其相对经济、快捷以及裁决具有法律约束力等特点，在合同双方协商、调解无法达成一致的情况下，是一种常用的国际工程索赔争端的最终解决方式。本章介绍了仲裁的一些基本概念和知识，对仲裁与 ADR、诉讼分别进行了对比分析，然后讨论了仲裁包含的内容、仲裁程序及法律适用问题，进而介绍了国际仲裁机构及其仲裁规则。最后，本章提供了 4 个国际工程索赔仲裁案例供读者参考。

第一节　国际工程仲裁概述

虽然前一章所述的争端解决替代方式（ADR）具有很多优势，但是在国际工程争端解决的过程中，仲裁仍然是发展较为完善、应用广泛的争端解决方式。

一、仲裁的定义与分类

20 世纪以来，仲裁制度在国际社会得到了发展和认可。多数国家制定了自己的仲裁制度和仲裁立法，成立了专业的仲裁机构，仲裁的依据也由曾经简单的善良正义变为法律的实体和程序规则。为了适应国际争端的需要，缓解各国仲裁立法的冲突，国际社会建立了国际商事仲裁的各类公约，涉及仲裁程序、裁决执行等各个方面，不少国家也依据公约对本国仲裁立法作了修改，标志着国际仲裁制度的日益健全和完善。

1. 仲裁的定义

仲裁是双方当事人根据其在自愿基础上达成的书面仲裁协议，将所约定的争端提交约定的仲裁机构进行审理，并由该机构做出具有约束力的仲裁裁决的一种争端解决方式。随着仲裁的逐步规范化，在大多数国家，仲裁活动的开展不但遵循其自身的协议、规则及特点，也越来越多地同法律相联系，受法律的规范与约束。很多对于仲裁的深入研究多是从法律的角度入手的。

2. 仲裁的分类

仲裁可以根据不同的标准进行分类，通常有如下 3 种：

（1）国内仲裁与国际仲裁

国内仲裁是指解决本国当事人之间没有涉外因素的民商事纠纷，国际仲裁是指具有涉外因素或者国际性民商事纠纷。世界上存在很多国际性的仲裁机构，通常一国的仲裁制度也由国内国外两部分组成，在国际工程领域，国际仲裁是一种重要的争端解决方式。

（2）临时仲裁与机构仲裁

临时仲裁较为灵活，没有固定的仲裁组织，仲裁庭根据争端的需要产生，争端结束后自行解散，过程中没有管理制度的约束，成功与否取决于当事人的合作态度。机构仲裁具备常设机构，尽管有时难以避免程序化的弊端，但其较为完善的制度，有利于争端快捷公正的解决。在现代仲裁界，机构仲裁占绝对的主导地位。

(3) 依法仲裁与友好仲裁

依法仲裁指依据法律对纠纷进行裁决，友好仲裁指依当事人的授权，按照公平善良原则与行业惯例裁决纠纷。前者是现代仲裁领域的主要形态，而后者虽然灵活简便，但主观性较强，缺乏客观和公正，只有在当事人完全达成合意的条件下才会收到优于前者的效果。因此，早期友好仲裁在很多国家都遭到排斥，近年来自由化的趋势使得两者有更多的机会结合使用，优势互补。

二、国际工程仲裁与ADR

在国际工程领域，仲裁是合同双方在协议基础上，按照既定的程序，自愿将争端递交非司法机构的第三方，由第三方居中评判，做出对双方都有约束力的裁决。可见，仲裁与ADR都是由非司法机构进行的。但两者之间的区别也十分明显，与ADR相比，仲裁有其自身的特点。

(1) 仲裁的程序性与ADR的灵活性

仲裁协议达成后，合同双方要按照规定将争端提交仲裁。仲裁的规则和程序大多不允许当事人合意排除，整个仲裁的过程要依据法律和仲裁规则进行，具有很强的程序性。采用ADR时，在是否提交争端、争端解决程序、最终结论的形式都较为灵活，允许合同双方自行约定。

(2) 仲裁的公力性和ADR的私力性

仲裁虽然不像诉讼完全属于公力救济，但在私力救济中加入了公力的因素，具有一定的强制性。仲裁裁决的做出不必征求合同双方的一致同意，裁决书一经发出就具有法律效力。而ADR中达成的协议则需经合同双方一致同意，在合同双方签收后才具有法律效力。

两者相比，仲裁程序有较强的对抗性，难以避免程序化的繁琐，而ADR在双方更为合作的态度下进行，有助于争端的解决和良好关系的形成。但是，ADR的成功依赖于合同双方之间的诚信态度。由于缺乏法律强制力的保障，其协议的效力较低，很多情况下会影响争端最终的解决效果。

可以看出，仲裁与ADR各有其自身的特点及适用范围，国际工程索赔争端解决过程中，很多情况下会根据实际情况将两者结合使用，通常在ADR无法解决争端时进入仲裁程序，而不同国家和机构也产生了仲裁与调解相结合等新的方式。

三、国际工程仲裁与诉讼

如果国际工程合同规定采取司法程序解决争端，或者在合同条件中未提及争端解决的方式且双方未达成一致，那么，此类争端就需要通过司法程序，即国际工程诉讼的方式来解决。争端的任何一方都有权向有管辖权的法院起诉。

1. 国际工程诉讼的特点

自主性、专业性、保密性欠缺是诉讼的劣势所在，但由于法律强制力的保障，例如财产保全、强制执行措施等，使得诉讼在防止自主性滥用、保障和扩大裁判效力方面仍具有很大的优势。从法律的角度，诉讼与仲裁相比有如下的特点：

(1) 权利性质与价值取向不同

诉讼运用国家的公权力解决争端，仲裁过程虽然也有公权力的介入，但更大程度上被认为是一种私力救济为主的准司法行为。公正是法律的价值取向，诉讼的过程必然要遵循，而仲裁中更多考虑的是效益和灵活性。

(2) 管辖权及法律适用不同

诉讼是公权力的代表，实行级别管辖、地域管辖，管辖权的确定不以当事人是否愿意接受为必要条件；争端受理的范围比仲裁更为宽泛，不限于合同和财产纠纷。国际性的案件经常会出现管辖权冲突的问题，当事人无法预料争端出现后的管辖法院，通常对别国的法院也缺乏信心。仲裁的私力救济特点，使得仲裁通过仲裁协议中的约定可以很好的避免这一问题。

由于国际工程涉及数个国家的人员，诉讼中适用何种法律也是一个复杂的问题。即使合同中规定了适用法律，但其有效性还要取决于做出判决的法院所在国的国际私法规则，以及该法院的判决能否在工程各方国内强制执行的问题。而仲裁较少受国际私法规则的约束，裁决的他国执行也较有保障。

采用诉讼方法解决国际工程索赔争端将会遇到很多问题，成本高昂和程序拖延是其最为不利的特点。很多专家认为诉讼十分不适合解决国际工程项目中的争端，原因是将来的工作主要依靠当前良好的私人间、组织间的商务关系，诉讼将破坏这种商务关系。同时工程争端会涉及很多技术、合同上的复杂问题，超出了法官的知识领域。承包商也普遍趋向于避免诉讼，诉讼不但会减少甚至消除其工作的利润，也会损害与业主、工程师和其他参与方的工作关系。因此，在国际工程中通常慎用诉讼作为争端解决的方式。

2. 国际工程仲裁与诉讼的结合

在形式上，诉讼和仲裁有很多相似之处，例如法官的审判与仲裁员的居中裁判。在争端解决的过程中，国际工程诉讼在理论上具有很多不利因素，实践中也是应用较少的一种方式。更多情况下，对于诉讼的研究要从其如何与仲裁制度相关联入手。研究如何用法律的强制性保证仲裁的顺利进行，更具有实际意义。

例如，在仲裁中，有的败诉者不服从仲裁机关的仲裁裁决，不支付裁决的款额时，通常由胜诉者一方向败诉者所在国的法院提出诉讼，由该法院再行判决。由于联合国颁布的《关于承认及执行外国仲裁的纽约公约》(The New York Convention on the Recognition and Enforcement of Foreign Arbitral Awards) 的约束，不仅这个公约的缔约国，事实上世界上绝大多数的国家都承认和执行国际仲裁的裁决。所以败诉者所在国的法院一般都会判决支持国际工程仲裁的决定，并由该法院强制败诉者执行仲裁机关的裁决。

四、国际工程仲裁的优势与局限

ADR是近年来逐渐发展并不断完善的新制度，而仲裁经过长期理论和实践的积累，仍然是一种重要的国际工程索赔争端解决的最终方式。从传统上讲，仲裁相对于诉讼处于一种优势的地位，因为在大多情况下，对仲裁的研究往往都是从如何弥补诉讼的缺点的角度对其进行完善。因此，仲裁的优缺点分析更多的是对比诉讼制度来进行的。

1. 国际工程仲裁的优势

(1) 自主性

仲裁最大程度上符合当事人的意思自治，从是否提交仲裁到仲裁机构、仲裁员的选择，从仲裁程序的确定、提交仲裁的争端范围到仲裁的法律适用，在不违反大原则的前提下都由当事人自行决定。较大的自主权可以简化很多程序性工作，合同双方自主选择后的决定也通常有利于其自身，对于合同双方来说，仲裁过程因此具有了很强的灵活性和便利性。这是以程序严格为特征的诉讼制度无法实现的。

(2) 经济性

与诉讼相比，经济性是仲裁被提及较多的一项优势。仲裁员的收费通常低于诉讼中的支付给律师的费用，而且由于仲裁员的专业性可以减少诉讼过程中向专家取证的过程和费用。程序的灵活和自主本身就可以降低费用成本，而仲裁的气氛较诉讼友好，对抗性较弱，有利于今后合同双方之间的合作，也可以看作经济性的体现。

(3) 专业性

争端往往涉及众多技术性问题。仲裁员通常从名册中选定或由合同双方指定，选择余地广泛，且都是各行业的专家，对于争端事实的认定更加准确，做出的最终裁判更有信服力。在诉讼中，法官群体有一定的固定性，即使在诉讼程序中听取专家意见，也存在法官对专家建议是否接受和对其理解是否正确的问题，在效果上会打折扣。

(4) 快捷性

仲裁实行一裁终局，而诉讼在各国采取两审终审或三审终审制，因此仲裁有利于争端的迅速解决。程序上的灵活也有助于仲裁整体效率的提高，例如在取证和证据保留上，不必遵守法律上的证据规则，在缩短时间上有很大的帮助。仲裁员可以根据实际情况做出临时的或部分的裁决，使得复杂的工程争端得以逐步解决。

(5) 其他优势

保密性是仲裁制度的原则和国际惯例，与诉讼的公开审理相对应，合同双方不会因此向公众披露自身的商业秘密，有利于事后的合作和商业机会的获得。随着经济发展，国际工程领域争端日益增多，国际仲裁是仲裁制度的组成部分之一，对于一国仲裁裁决在另一国的执行也由于纽约公约的保证可以很方便的实现。而诉讼领域最终裁判的他国执行是一个非常困难的问题。

2. 国际工程仲裁的局限

(1) 自主性被滥用

自主性有利于程序的便利和灵活，但也存在被合同双方恶意利用的可能。比如故意选择不合适的仲裁机构和仲裁员导致选择程序不得不多次进行，或者无理由的将任何程序的期限都拖到最后一天，降低仲裁的效率。由于仲裁制度的自主性特点，仲裁机构和仲裁员对此种行为通常没有有力的手段予以制止。

(2) 额外花费

仲裁制度的经济性也是相对的，首先取决于各国、各仲裁机构不同的费用标准和程序。此外，随着仲裁的发展和完善，其在程序上的专业性不可避免的越来越强，使得一般合同双方无法很好的胜任，不得不求助于律师等专业人士，无法避免高昂的律师费用，且与诉讼有贴近的趋势。而且很多时候仲裁机构的费用是由合同双方承担的，不像法庭设施由公共开支支付。

(3) 终局裁决的约束力有限

仲裁制度通常可以快捷地做出终局裁决，但由于裁决原则上基于合同原理，只对仲裁协议双方当事人有约束力。在多方参与者利益相互关联的情况下，仲裁庭在裁决过程中没有法定权力引入第三方主体，对于数个类似的争端没有合并审理的权力，降低了效率。

(4) 其他劣势

法律的稳定性和可预测性可以保障社会经济秩序，仲裁的自主性必然造成上述两方面的欠缺。较之诉讼，仲裁员通过推选产生，裁判中很多时候采取主观判断，对于合同双方主观层面对公正的认可有一定的影响。同时，仲裁中的很多内容需要依靠法律的支持实现，例如仲裁员的取证工作、仲裁裁决的执行等。法律对仲裁的支持力度会影响仲裁制度本身的效率。

第二节 国际工程仲裁相关规定与法律适用

判断是否属于国际仲裁，不同的国家通常以争端的国际性或当事人的国籍为依据，或者采用两个标准的结合。根据联合国国际贸易法律委员会1985年《国际商事仲裁示范法》的定义，具有下列特点即属于国际仲裁：

1）仲裁当事人在缔结仲裁协议时的营业地点位于不同的国家；

2）下列地点之一位于当事人营业地点以外的国家：根据仲裁协议确定的仲裁地点，或履行商事关系大部分义务的地点，或与争端标的关系最密切的地点；

3）仲裁各方当事人已明确同意仲裁协议的标的涉及不止一个国家。

可以看出，国际仲裁包含的范围十分广泛，通常意义上国际工程进行的仲裁都属于国际仲裁的范畴。仲裁作为有公力因素的私力救济方式，随着不断的发展完善，与一国法律有着较为密切的联系。而国际仲裁更受到国际法及不同国家不同法律制度的综合影响。本节介绍国际工程仲裁的具体组成内容和程序，以及国际国内法律与仲裁的关系和影响。

一、仲裁协议

不同的仲裁立法和规则对仲裁协议的定义略有差异，但总体上，在国际工程领域，仲裁协议是业主和承包商双方合议签订的将国际工程中发生的争端提交仲裁解决的一种协议。业主和承包商之间签订的仲裁协议是将国际工程争端提交仲裁最为重要的前提条件。在国际和各国国内立法的约束下，仲裁协议签订后，业主或承包商任何一方都有义务将争端提交仲裁解决，仲裁机构据此确定了管辖权的范围，并排除了法院的司法管辖权，同时也是仲裁裁决得以执行的依据。

1. 仲裁协议的特征

仲裁协议是合同的一种，同时具备法律上合同的普遍特征和仲裁的特殊性，仲裁协议的特点主要有：

1）仲裁协议是合同双方真实一致的意思表示，确定了合同双方将用仲裁方式解决争端，进而间接实现合同双方之间的实体权利和义务；

2）仲裁协议有严格的形式要件要求，必须采用书面形式，可以包括仲裁条款、仲裁协议书或是分散表现在来往信函中；

3）仲裁协议的实质要件要求当事人具有缔结仲裁协议的民事能力，提交仲裁的意思表示真实一致，仲裁协议标的具有可仲裁性，仲裁协议的内容合法，不得违反强制性法律规定；

4）各种形式的仲裁协议的效力具有独立性，独立于所属主合同，其效力除双方当事人外，也涉及仲裁机构和仲裁员。

2. 仲裁协议的主要内容

一项有效并且具有可执行性的仲裁协议主要包括以下部分：

（1）仲裁事件

约定的仲裁事件决定了仲裁庭的管辖权范围，即合同双方提交仲裁解决的争端内容。合同双方请求仲裁的事件只限于仲裁协议中规定的争端内容。具体的约定根据不同情况可以分别采用概括或具体的方法。

（2）仲裁机构

各国法律和实践都要求仲裁协议中对仲裁机构或仲裁庭的约定具有确定性。合同双方在进行选择时，如果是机构仲裁，应采用规范性的约定方法，例如“提交中国国际经济贸易仲裁委员会仲裁”而不是“提交中国仲裁机构仲裁”。当选择临时仲裁时，还需对仲裁庭的组成方法做出约定。

（3）仲裁地点

当事人具有约定仲裁地点的权力。在没有特殊约定时，通常将被选定的常设仲裁机构所在地作为仲裁地点。国际工程仲裁中，仲裁地点是一个至关重要的因素。除合同双方另有约定外，仲裁协议效力的准据法、仲裁程序法、仲裁实体法的国际私法规则等都将适用仲裁地点的法律。不同国家的法律对合同双方的利弊程度有很大区别。业主一般要求在项目所在国的仲裁机构仲裁，而承包商则希望在承包商总部所在国的仲裁机构仲裁，常见的妥协方案是在第三国或被申请人的国家仲裁。

（4）仲裁规则

仲裁规则是合同双方和仲裁庭在整个仲裁过程中所必需遵守的程序规则，主要规范仲裁机构的管辖权、仲裁申请的提出与答辩、仲裁员的选定和仲裁庭的组成、案件审理及裁决的做出与效力等内容。它直接涉及合同双方实体权利和仲裁程序权利的保护，参与方在订立仲裁协议时，应当明确约定仲裁所使用的程序规则。通常选择“按该仲裁机构的仲裁规则进行仲裁”，也有一些常设仲裁机构允许双方自行选择本机构外合适的仲裁规则。

（5）仲裁裁决的效力

一裁终局是仲裁制度的一种重要的法律特性和优势。绝大多数国家的仲裁立法和司法实践以及仲裁实务都认可，仲裁机构做出的裁决具有终局效力，对合同双方具有法律约束力，任何一方不得上诉或申诉。但少部分国家立法并未确立此终局性，因而在仲裁协议中对裁决的效力加以约定，可以避免当事人就已定案的问题重新提交法院审理的风险，多数国家的立法、司法以及仲裁实践都承认这种约定的效力。

二、仲裁员与仲裁庭

仲裁员是在仲裁案件中对合同双方的争端进行评判并做出决定的居中裁判者，其地位及作用与法官有相似之处。但法官的权力来源是国家的司法权力，而仲裁员的管辖权只来源于合同双方在仲裁协议中的授权。

仲裁员的能力和水平是仲裁得到圆满解决的关键所在，因此对于仲裁员的能力和行为准则，各国的法律以及仲裁规则都有详细的规定。仲裁员的选择是当事人意思自治的产物，但为了保证仲裁案件审理的质量，很多国家的立法对此进行了限制。为了保证仲裁员的整体素质以及反映出该机构的水平和层次，仲裁机构往往会对仲裁员的要求做出比法律更高的规定。在上述要求的基础上，每一案件具体的仲裁员是由当事人在合同中或争端发生后具体约定的，比较常见的是对于仲裁员国籍、专业知识和法律背景的约定。此项约定约束当事人双方，也可以约束仲裁机构对仲裁员的指定以及法院对仲裁员的确定。

1. 仲裁员的道德规范及能力要求

合同双方选择仲裁机构解决争端，是出于对仲裁机构和仲裁员的信任。信任在整个仲裁体系中占有至关重要的位置，可以说是核心所在。而学识能力和道德水平是建立信任的两个方面，学识能力需要不断的积累，而且不同的争端对于学识的要求也不尽相同，因此有时道德水平是更根本的，是合同双方更加看重的条件。仲裁员的基本道德规范和能力要求主要表现在以下几点：

（1）独立性

独立性不但是仲裁员最基本的道德规范，也是仲裁结果公正的前提和保障。仲裁员进行裁判时不得代表任一参与方的利益。同时，为了实现仲裁庭的集思广益，仲裁员彼此之间也是独立的，每个人独立的对案件进行分析、判断，提出自己的意见。仲裁机构虽然一定程度上对仲裁员的行为有监督作用，但仲裁员相对于仲裁机构仍是独立的。争端的实体审判权力由当事人授予仲裁员而不是仲裁机构，这也是仲裁制度区别于法院诉讼体系的本质之一。

（2）公正性

任何争端解决方式所追求的都是客观公正的结果，这也是社会和争端当事人的基本价值取向。仲裁的客观公正很大程度上要靠仲裁员来实现，因此公正作为一项道德标准，应当贯穿仲裁行为的始终。但公正与否往往取决于当事人的心理评判标准，主观成分较多。实际操作中通常依靠公平的程序规则的制定和遵守予以保证，同时独立性也是保证公正实现的一种方式。

（3）知识储备

仲裁员应当具备争端涉及的技术方面的基本知识，在工程方面的经验也应当能够基本满足争端涉及的问题，对于十分独特的专业知识，则可以提请专家提交专家证据。如果仲裁员认为自身的知识对于某一特定争端内容有所欠缺，应当在选定仲裁员阶段告知当事人。

为保证仲裁快捷有效的实施，仲裁员对仲裁程序方面知识的掌握也十分重要。他应当提出适合争端内容和进展的程序建议，例如安排适当的听证时间、方式，按照程序步骤做出公正、高效的决定。

2. 仲裁员行为准则

仲裁员的道德规范要靠具体的仲裁行为落实和实现。各国的仲裁机构和协会都通过制定相似的规则对仲裁员的行为进行约束，称之为行为准则，主要集中在以下几方面：

（1）信息披露与回避制度

合同双方在仲裁过程中可以选择自己的“法官”，但为了案件裁判的公正，作为对此项选择权的制约，各国仲裁法和规则都规定了回避制度。回避制度的有效运行很大程度上依赖于仲裁员对自身信息的主动披露。

（2）平等对待合同双方

居中裁判的仲裁员的平等性是达到公正的条件之一，表现在程序权利和外在行为两方面。程序权利在仲裁规则中都有所规定，外在行为指仲裁员与合同双方交流时的态度和热情程度等都要保持一致。

（3）不得与任一方单独接触

与合同双方一方或其代理人单独接触，必然会有意无意的对仲裁员的判断标准产生影响，导致裁判结果的非公正性。各国的法律和规则对此行为都严令禁止，情节严重的要承担法律责任或者接受除名的处罚。当然，在仲裁案件的调解程序中，在双方同意的情况下，“背靠背”调解是可以进行的。这种方式在实践中有助于争端的解决，但对仲裁员的谈话方式和技巧有着更高的要求。

（4）遵守仲裁程序、事实和法律

仲裁员应当严格按照仲裁规则规定的仲裁程序进行仲裁活动，严格遵守每一阶段规定的时限。对于程序中需要进行自由裁量的内容，也要根据其经验和学识做出合理公正的决定。在整个仲裁进行的过程中，仲裁员要始终保持严谨认真的态度，合理安排时间和精力。

需要遵守的法律包括国内法、合同双方约定和根据冲突规则应适用的外国法及国际公约。事实和法律是裁判案件的依据，虽然在一些情况下仲裁员可以运用自由裁量权进行“友好裁决”，但这并不是主导方式，只有在需要合同双方的约定或者法律缺位的情况下才可加以运用。

（5）严格保守仲裁秘密

仲裁的保密性可以保证合同双方的声誉或者商业秘密不会因此受到影响和泄露，不会影响商业活动的进行。仲裁员不应向外界透露与案件有关的实体或程序上的进展，而且此项义务不仅体现在仲裁过程中，也延伸到仲裁争端审结之后。

3. 仲裁庭

仲裁庭由仲裁员组成，是负责对交付仲裁的争端进行审理，做出实质性裁决的组织。组成的仲裁员由合同双方选定，或依法律或仲裁规则由机构指定。仲裁庭具有临时性，争端解决结束即行解散，其组成方式、人员等标准有一定的灵活和自主性。仲裁庭的形式通常有独任制、三人合议制两种。仲裁规则中还有仲裁员的替换、回避和重组程序规定。

仲裁管辖权是对一定范围内的争端进行审理和裁决的权力，在机构仲裁中，仲裁的所有事件都要通过仲裁庭进行，因而也被称作仲裁庭管辖权，其来源于合同双方的仲裁协议，与法院管辖权是不可兼得的。各国都以立法的形式明确仲裁在纠纷解决中的法律地位，以避免仲裁庭管辖权由于非强制性无法与法院管辖权抗衡。对于仲裁庭管辖权的争议和认定，不同的国家存在由仲裁庭、仲裁机构或法院进行判定3种形式。

三、仲裁程序

仲裁程序是指从合同一方将争端提交仲裁，直至最终做出仲裁裁决并执行的全过程中，仲裁活动应采取的步骤和方式的总和。各国法律中，对仲裁程序都作了规定，包含的内容也基本相同。具体包括下面几部分：

1. 仲裁当事人

仲裁当事人指在协商一致的基础上以自己的名义独立提起或参加仲裁，并接受仲裁裁决约束的地位平等的自然人、法人或其他组织，通常指仲裁程序的申请人和被申请人。在国际工程索赔争端中多为业主或承包商。当事人双方具有平等的法律地位，订有有效的仲裁协议，且将提交的争端必须在仲裁协议规定的范围内。

2. 申请和受理阶段

申请是当事人根据仲裁协议将争端提交仲裁委员会进行仲裁的行为。申请以具有仲裁协议为前提，当事人应当提交仲裁申请书，载明当事人的基本状况，列明具体的仲裁请求及所依据的事实、理由、证据和相关信息，并且必须符合仲裁委员会的受理范围。

仲裁时效是指当事人向仲裁机构请求仲裁的法定期限，属于消灭时效，与仲裁申请紧密相连。如果当事人未在仲裁时效期间内申请仲裁，则丧失了通过仲裁保护其财产权益的权利，当然权利人的实体权利并不会因此丧失。仲裁时效分为普通仲裁时效与特殊仲裁时效，法律中对于其开始、中止、中断和延长等情况都有具体的规定。

仲裁委员会收到当事人的申请后，进行表面审查，对于符合条件的予以受理，仲裁活动由此开始进入审理阶段。

3. 审理阶段

(1) 答辩与反请求

答辩是仲裁争端的被申请人为了维护自己的权益，对申请人提出的仲裁请求和所依据的事实和理由进行答复和辩解的行为，是被申请人一项十分重要的权力。反请求是针对原申请书中的请求提出来的，目的在于抵消或吞并申请人的仲裁请求，使其失去意义，从而维护自己的合法权益。

(2) 审理和裁决

仲裁审理包括开庭原则、不公开原则等，审理中要严格遵守仲裁法和仲裁规则中规定的庭审程序，并做好开庭笔录。审理由仲裁庭进行，但审理过程中，财产保全、证据保全等强制措施需要法院的协助。审理终结后，根据已查明的事实和认定的证据对当事人提出的仲裁请求、反请求或与之有关的其他事件做出书面决定。根据各国仲裁制度的惯例，裁决一般应按多数仲裁员的意见做出。裁决书自做出之日或通知当事人之日起生效。

(3) 和解和调解

和解是当事人通过协商对已经提交仲裁的争端自行达成解决方案，体现了当事人对该事件具有完全的处分权。调解方式包括仲裁庭与各方当事人共同磋商，当事人自己磋商并将一致意见告知仲裁庭，仲裁庭与合同双方当事人分别磋商三种。调解必须是在双方自愿的基础上，在仲裁庭主持下进行，调解协议必须是双方协商达成的一致意见。

4. 仲裁裁决的执行

在国际工程索赔仲裁中，仲裁裁决做出之后，如何发挥裁决的效力是一个十分重要的问题。仲裁协议的效力也需要等到裁决得以切实的执行才被视为完全实现。大多数情况下，当事人遵守诚信或者迫于对方、环境等施加的其他压力，能够自觉履行裁决。而某些时候，当事人不愿自觉履行，为了保障获胜方的利益，就需要请求国家强制执行。

当事人和仲裁庭都不具有使用强制方法的权利，而仲裁本身也并不具有强制力，因此在必要时可借助国家的强制手段予以协助。当事人通过仲裁协议约定将争端提交仲裁，在排除了诉讼方式管辖权的同时，也必然包含了对仲裁裁决予以履行的允诺，因此拒不履行仲裁裁决，无异于对仲裁协议的违反，此时公权力是有理由介入的。

各国法律对于仲裁裁决执行的程序要求有所不同，大陆法系国家可直接向法院申请执行令，英美法系国家则须由法院做出相同内容的判决方可强制执行。

执行仲裁裁决，通常需要当事人在法定期限内向享有管辖权的法院申请执行，某些法律规定的特定情形下，法院可以应当事人的请求，甚至是主动裁定撤销裁决或者不予执行。

例如，《纽约公约》中规定，外国仲裁裁决具有以下情形之一的，可拒绝承认及执行：

1）仲裁协议的当事人根据对他们适用的法律，订立仲裁协议时有某种无行为能力情形者，或根据双方当事人选择适用的法律，或者在没有这种选择时，根据裁决做出地国家的法律，仲裁协议无效；

2）作为裁决执行对象的当事人，未曾被给予指定仲裁员或者进行仲裁程序的适当通知，或者由于其他情况未能提出申辩的；

3）裁决涉及仲裁协议不曾提到的，或者不包括在仲裁协议规定之内的争端；或者裁决内含有仲裁协议范围以外事件的决定；但对于仲裁协议范围以内事件的决定，如果可以和对于仲裁协议范围以外的事件的决定分开，则该部分的决定仍然可以承认和执行；

4）仲裁庭的组成或仲裁程序同当事人间的协议不符，或者当事人间此种协议和进行仲裁的国家的法律不符；

5）裁决对当事人尚未发生约束力，或者裁决已经由做出裁决的国家或者裁决所依据法律的国家的主管机关撤销或停止执行；

6）依被请求国法律，争端事件不可以用仲裁方式解决；

7）承认或执行裁决违反请求国的公共秩序。

四、国际工程仲裁的法律适用

仲裁的有效进行与法律规定联系十分紧密。国际工程仲裁在国际环境下进行，通常会受到多国法律的约束与管辖。最为简单清晰的国际工程仲裁也可能涉及或参考四类不同的国家法律制度或法律规则：

1）管辖承认和执行仲裁协议的法律，通常称为仲裁协议准据法；

2）适用或规范仲裁程序本身的法律，通常称为仲裁程序法或仲裁法；

3）仲裁庭适用于争端实体事件的法律或规则，通常称为仲裁实体法或合同准据法；

4）承认和执行仲裁裁决所适用的法律。

上述各类法律在实践中，每一类都可能涉及多个国家，而不仅限于一国或一部法律。例如，如果败诉方需承认和执行的财产位于一个以上国家，则适用的可能是两部或多部法律。法律适用是指运用何种标准来选择何种法律去判定国际工程仲裁协议的有效性、国际工程仲裁的程序和仲裁当事人的实体权利义务。裁决的承认和执行受《纽约公约》的管辖，在各个国家具有较为统一的规则，下面主要介绍另三类的法律适用。

1. 仲裁协议准据法

如何确定仲裁协议的准据法，很多国家的法律没有明文规定或有关规定极为简单，在仲裁实践中，主要参照其他民商事合同准据法的确定方式，国际上不同国家也有不同的做法。仲裁协议属于合同的范畴，依当事人意思自治原则，理论上，合同双方有权选择准据法，但实践中单独约定仲裁协议准据法的情况较为少见。最密切联系原则与意思自治原则一样被广泛采纳，但实践中只有在仲裁地或裁决地无法确定的情况下才依各种客观标志确定仲裁协议的准据法。依仲裁地或裁决地的法律是国际上的通行做法，也可以看作是简化了衡量各种连接因素与仲裁协议关联程度的最密切联系的法律。

2. 仲裁程序法

原则上合同双方可以选择仲裁程序法，但在实践中，约定仲裁程序法的情况也不多见，未作明示选择的情况下，一般应由仲裁庭来决定。仲裁庭可能通过各种依据去推定合同双方的选择，通常使用仲裁地的仲裁法。但无论适用哪个国家的法律，都不能违背仲裁地的强制性规定。

对于国际工程仲裁所适用的仲裁规则，业主和承包商一般也可以自主选择，但是有的常设机构要求在其机构内仲裁的案件适用自己的程序规则。同时注意，仲裁规则不是法律，本质上是当事人制定或选择的契约性文件。但是在仲裁过程中可能较仲裁法更多的被运用，例如国际工程仲裁程序的进行可以不适用任何特定国家的仲裁法，但不可能没有仲裁规则。

3. 仲裁实体法

国际工程仲裁所适用的实体法通常由合同双方选择确定，这也是国际工程实践中关注最多的法律内容。未选择的普遍做法是适用仲裁庭认为适当的法律。相比法官，仲裁员具有更大的自由裁量权，法律适用可以考虑涉及的有效合同条件、国际惯例、行业惯例和公平原则。经合同双方明确授权，仲裁庭还可以采用友好仲裁员的身份，以公允善良原则做出裁决。但是对于国际法和类似原则，最好同某一具体的法律并存适用，否则会由于缺乏细节而对应用造成困难。

实践中，许多国际商事合同均约定某国的法律制度作为适用于合同本身的法律。这种选择更为合理，因为这种制度不是孤立的法律规则，而是法律、法规、条例和法令的相互联系、相互依赖的集合体，基本上可以对任何可能产生的法律问题提供答案。且国家法律制度作为一种既存的制度，可以由有经验的专业人员提供建议，具有可预见性。

4. 仲裁地的选择与法律适用的关系

在国际工程仲裁中，合同双方未作自主选择的情况下，仲裁地与法律的最终确定有着密切的关系。

通常以仲裁地国家的法律作为确定仲裁协议效力的准据法。如果合同双方没有明确约定仲裁程序法，一般使用仲裁地国家的法律。即使选择了仲裁程序法，审理其案件的仲裁程序也不能违反仲裁地国家程序法中的强制性规定。对于实体法，如果合同双方没有做出明确选择，仲裁庭一般会根据国际惯例，按仲裁地国家的国际私法规则确定所应使用的实体法，或直接适用仲裁地国家的实体法。此外，仲裁地很大程度上决定了国际工程仲裁裁决的国籍，在仲裁地国家做出的裁决如在该国以外的国家申请承认和执行，就会涉及相关公约的效力，产生外国仲裁裁决的承认与执行问题。

同时，由于仲裁的国际性，合同双方和仲裁员可能来自不同的国家，随着计算机网络以及电子通讯的发展，仲裁庭办公的地点可以灵活变动，不一定是双方协商的仲裁地，但此种做法并不改变最初对于仲裁地的选择及其法律适用。当然此种情况下，仲裁庭也要遵守办公地点的法律强制规定。

第三节 国际仲裁机构与仲裁规则

在遵守仲裁法律规定的前提下，国际工程仲裁会涉及到仲裁机构与仲裁规则的选择，这也是国际工程仲裁更具体更有现实意义的内容。本节介绍国际著名的仲裁机构，以及较为通用完善的仲裁规则。

一、国际仲裁机构

仲裁机构是指民商事关系中，双方当事人自主选择用来解决他们之间可能发生或已发生的争端的团体。仲裁机构可以分为以下几类：

1）国别性常设仲裁机构：瑞典斯德哥尔摩商会仲裁院（SCCCA）、美国仲裁协会（AAA）、伦敦国际仲裁院（LCIA）、中国国际经济贸易仲裁委员会（CIETAC）和中国香港国际仲裁中心（HKIAC）等；

2）区域性常设仲裁机构：亚洲及远东经济委员会商事仲裁中心、美洲国家商事仲裁委员会等；

3）国际性常设仲裁机构：世界银行解决投资争端国际中心（ICSID）、国际商会国际仲裁院（ICCCA）和世界知识产权组织仲裁中心（WIPO）等。

仲裁机构本身并不直接审理仲裁案件，其工作主要涉及以下内容：制定和修改仲裁规则、设置仲裁员名册、选定仲裁员、决定对仲裁员的异议、审查和批准仲裁裁决、提供相关辅助服务等。下面对部分国际著名仲裁机构进行介绍。

1. 国际商会国际仲裁院

国际商会（ICC）发起于1919年，旨在促进各国工商业者的民间交往进而促进国际经济合作与发展。国际商会仲裁院（The International Court of Arbitration of International Chamber of Commerce，ICCCA）是国际商会附设机构，成立于1922年，总部设于巴黎，但不隶属于任何国家。在国际商事仲裁领域，从受案数量、金额、种类等各方面而言，ICCCA均是最具有影响力的仲裁机构。仲裁院依据其仲裁规则，通过仲裁方式解决国际性的商事争议。

ICCCA仲裁院区别于其他常设仲裁机构，有两项特点：一是仲裁庭收到秘书处移交的案卷后，应当首先起草“审理范围书”（Terms of Reference），由仲裁院批准后才能进入到下面的程序。这样可以使仲裁庭和双方当事人都明确仲裁将要审理的主要问题，对于当事人对仲裁程序的参与、仲裁裁决的最终执行也有重要作用。另一特点是仲裁庭在将其做出的裁决向当事人双方发出之前，必须将其草稿提交仲裁院审查，其有利于保证仲裁书的质量和执行，主要侧重于形式审查，对实体问题通常只提出建议。

2. 解决投资争端国际中心

解决投资争端国际中心（The International Center for the Settlement of Investment Disputes，ICSID）根据1965年《华盛顿公约》而成立，是专门处理国际投资争端的国际性常设仲裁机构，旨在增加发达国家投资者向发展中国家进行投资的信心，并通过仲裁和调解方式来解决投资争端。ICSID具有不同于任何其他仲裁机构的特殊法律地位，具有完全的国际法人格，具有缔结契约、取得和处理不动产及起诉的能力。ICSID在执行其任务时，在各缔约国领土内享有公约所规定的豁免权和特权，参与ICSID仲裁的人员，也享有一定的豁免权。

ICSID进行仲裁时必须适用自己的仲裁规则，对受案范围和提交方国家的身份也有一定的要求。一方是某个缔约国，另一方是另一缔约国的国民，其间发生的直接由投资引起的法律争端，才属于中心受理的范围。仲裁庭首先适用双方当事人共同选定的法律，若当事人未作选择或未达成法律协议，仲裁庭可以适用争端一方缔约国（一般为东道国）的法律，以及可能适用的有关国际法规则。若有当事人授权，仲裁庭还可依据“公平和善意”

进行裁决。其裁决是终局的，任何缔约国对于本国国民提交仲裁的争端，不得给予外交保护。

3. 斯德哥尔摩商会仲裁院

斯德哥尔摩商会仲裁院（The Arbitration Institute of the Stockholm Chamber of Commerce，SCCCA）是瑞典最著名和最有影响的常设仲裁机构，目的在于解决工业、贸易和运输领域的争端。由于瑞典在国际关系中的中立地位，在此仲裁容易得到不同国家当事人的认可和接受，同时该仲裁院办案效率较高，越来越多的当事人选择在该院进行仲裁。加入纽约公约后，该院的国际声誉逐步提高，已成为最重要的国际商事仲裁机构之一。

4. 中国国际经济贸易仲裁委员会

中国国际经济贸易仲裁委员会（China International Economic and Trade Arbitration Commission，CIETAC，又称中国国际商会仲裁院）是以仲裁的方式，独立、公正地解决契约性或非契约性的经济贸易等争端的常设商事仲裁机构。总会设在北京，并设立了上海分会和华南分会。

中国国际经济贸易仲裁委员会自成立来已有 50 多年的历史，已成为国际上有信誉的国际仲裁机构。它具有完善的组织机构和仲裁制度，聘任中外仲裁员约 300 名，仲裁过许多复杂的仲裁案件。自从中国政府于 1987 年正式成为联合国《关于承认及执行外国仲裁裁决的纽约公约》的第 72 个缔约国以来，中国已经成为世界主要的国际仲裁中心之一。

二、仲裁规则的内容及与仲裁法的关系

1. 仲裁规则的内容

仲裁规则是仲裁机构、仲裁员和仲裁参与人在进行具体仲裁活动时所必须遵守的程序，通常各仲裁机构都有自己的仲裁规则，合同双方可以进行选择。仲裁规则一般包括了仲裁机构的性质特点，仲裁涉及到的各部分的内容和程序。

仲裁规则是否得当，与仲裁是否具有效率紧密相关，也是能否提高该仲裁机构国际影响力的重要因素之一。仲裁规则可以为合同双方提供一套有效的争端解决程序，为仲裁机构、仲裁庭公正且高效地进行仲裁活动提供了基准，同时为对仲裁的支持和监督提供了依据。

2. 仲裁规则与仲裁法的关系

仲裁规则和仲裁法都是有关仲裁当事人、仲裁机构、仲裁庭进行仲裁活动的行为规范。仲裁规则一般依据一定的仲裁法制定，是仲裁法的细化。仲裁规则没有明确确定的事件，仲裁法能够自动起到补充作用。在具体的仲裁活动中，需遵守仲裁规则，更不能违反所在国家或相关国家仲裁法的规定。各类世界通用的仲裁规则均不得与仲裁地或仲裁机构所在地的程序法相冲突，否则依法律为准，这是国际上的默示规则。因此，合同双方在选择仲裁地时，应充分考虑该地的仲裁法是否完善，法律和法院对仲裁是否抱有友善的态度等。

仲裁规则具有契约的性质，是合同双方之间确定的规范，其效力只限于相关的机构和合同双方，法院会依照仲裁规则对仲裁过程进行监督，其对仲裁规则的认可，是基于尊重合同和当事人的意思自治。而仲裁法由国家制定和认可，具有普遍的、优先的效力，有管辖权的法院可以依仲裁法对仲裁活动进行干预。

三、国际常用仲裁规则

仲裁规则在内容上与仲裁法律基本相同，是仲裁法律的具体化以及不违反原则下的变通，下面以国际商会仲裁规则和中国国际经济贸易仲裁委员会仲裁规则为例，介绍仲裁规则的组成和具体内容。

1. 国际商会仲裁规则

(1) ICC 规则中的国际商会职责

ICC 规则的前言对国际仲裁院的职责做了规定："仲裁院的职责是根据 ICC 规则以仲裁的方式解决国际性商务争端"，但是它的职责还包括 ICC 规则其他部分的以下内容：

1) 决定双方之间，是否存在根据 ICC 规则达成的表面上的仲裁协议。然而，双方关于该初步仲裁协议的有效性产生的分歧应该提交仲裁人由其决定；

2) 采取一切可能的措施任命、替代和质询仲裁员。在这方面，如果双方任命的仲裁员对于具体的仲裁案例而言明显缺乏独立性或由于他/他们的能力或适合性问题，仲裁院可以拒绝承认该任命；

3) 在双方没有对仲裁地和仲裁员的人数做出规定的情况下，由仲裁院确定；

4) 确保仲裁员的审理范围书的及时起草并且符合 ICC 规则；

5) 在一方拒绝签署审理范围书的情况下设定一个时间范围，逾期则仲裁继续进行；

6) 监督仲裁员的仲裁程序并且确保仲裁员（们）在初始规定的时间内做出裁决，或者在需要的情况下，仲裁院自行延长该期限；

7) 确定预付金的数额并决定仲裁员的酬金，这为当事人和仲裁员之间关于可能阻碍仲裁员独立和中立的问题提供了缓冲的机会；

8) 核阅裁决书草案，如果需要，对裁决书的形式进行修改，并且在不影响仲裁员自主决定权的前提下，提醒仲裁员注意实体问题。

(2) ICC 程序

1) 希望将争端提交仲裁的一方向巴黎秘书处提交仲裁申请书；

2) 收到申请书后，秘书处向另一方发送申请书副本，并要求申请方支付预付金；

3) 被申请人在收到副本 30 天内进行答辩，若存在被申请人的反索赔，副本发送和答辩时间程序相同；

4) ICC 规则适用于 1 名或 3 名仲裁员的情况，根据规定进行仲裁员的选定；

5) 每一位仲裁员被任命前需签署代表其公正性和独立性的文件；

6) 仲裁员或仲裁庭在收到秘书处的案卷之后首先起草审理范围书，并提交 ICC 仲裁院批准。其概括了仲裁在进行时点的状态，对于处理历时长久、难以澄清的复杂的争端来说十分重要；

7) 仲裁员或仲裁庭根据 ICC 规则及当事人根据审理范围书或随后商定的任何其他程序规则继续审理案件；

8) 仲裁员或仲裁庭将审理结果草案提交 ICC 仲裁院由其核阅并批准；

9) 在形式满意的前提下，仲裁员对草案进行批准，并可对实体问题提出建议；

10) 秘书处将仲裁员或仲裁庭签署的裁决书文本发送给当事人。

(3) ICC 规则的优势

在 FIDIC 标准合同范本中，ICC 仲裁规则被持续使用，此外，国际商会仲裁的案件逐年持续增长也说明了这一规则具有较多的优势。

1）机构仲裁的规范化及中立性

在国际范围内，在不同法系、管辖权、语言和文化等特征的情况下，机构仲裁有着更加广泛的优势。它确立一套被广泛认可的仲裁程序，对仲裁活动的开展十分有益。对于双方当事人来说，机构的存在可以为其提供必要的行政支持和相互间冲突的缓冲。ICC仲裁院及其秘书处是中立而且是公正的，其组成人员均有不同的国籍、背景、以及多语言工作能力和经验，他们向双方当事人提供客观的建议，有利于争端的良好解决。

2）当事人的自主与仲裁员的专业

在仲裁地点、语言、程序、法律等多方面，ICC仲裁规则允许当事人自由选择，而通过ICC任命的仲裁员，通过其自身体系的保障，在综合考虑国籍、仲裁地、法律、语言和争端性质等多方面因素的基础上，通常是很有经验且十分恰当的。

3）两项特殊保障

审理范围书对于争端的顺利解决十分重要，其界定了仲裁员或仲裁庭的任务以及完成该任务需要的程序方法。仲裁员提交范围书有时间规定，这也是对其水平和能力在正式仲裁活动开始前的一个考验。一份较好的、被仲裁院批准的范围书可以明确争端的范围和性质，增强双方当事人对仲裁过程的信心，有利于仲裁裁决的执行。仲裁院以监督的形式对仲裁员裁决草案的审阅是ICC的一大特色。通过审阅，可以提前注意到影响裁决执行的潜在缺点，同时在一定程度上保证了仲裁裁决水平和形式的统一，进而会促进双方对裁决的履行。

4）其他程序优势

仲裁案件来源于世界各地，在很多特性上有很大区别，因而仲裁规则的灵活性就显得十分重要，ICC规则较好的满足了这一点。此外，ICC规则定期查验，根据世界各地仲裁法和仲裁惯例随时调整、更新。

尽管ICC规则也存在程序上和费用上是否可以更为精简的争议，以及对于仲裁员是否应更加倾向于合同、实践经验或是法律水平的选择的讨论，但学者分析和实际应用均表明此规则可以取得较高效的处理结果和较广泛的适用范围。

2. 中国国际经济贸易仲裁委员会仲裁规则

50多年来，中国国际经济贸易仲裁委员会先后制定并颁布了7套仲裁规则，每一套都是对前一套的修订，更好地贯彻了仲裁的优势特色与理念，最近一版于2005年5月1日实施。现行2005年CIETAC的仲裁规则更加尊重当事人的意思自治，程序更加灵活，在现有法律框架内，有利于独立公正地解决商事争端。

中国国际经济贸易仲裁委员会的受案范围包括中国国内的或涉外的争端；涉及中国香港特别行政区、澳门特别行政区或台湾地区的争端；外商投资企业相互之间以及外商投资企业与中国其他法人、自然人及/或经济组织之间的争端；涉及中国法人、自然人及/或其他经济组织利用外国的、国际组织的或香港特别行政区、澳门特别行政区、台湾地区的资金、技术或服务进行项目融资、招标投标、工程建筑等活动的争端；中华人民共和国法律、行政法规特别规定或特别授权由仲裁委员会受理的争端；当事人协议由仲裁委员会仲裁的其他国内争端。

除了仲裁的一般优势，中国仲裁机构具有仲裁与调解相结合的显著特点。在仲裁程序开始之前或之后，仲裁庭可以在当事人自愿的基础上对受理的争端进行调解，如果未获成果，仲裁庭将按照仲裁规则的规定继续进行仲裁，直到做出终局裁决。在同一仲裁程序中，仲裁人在必要时可以履行调解员的职能，结合了仲裁和调解的优势。

仲裁程序上，订有仲裁协议的双方当事人向仲裁机构按照相应的程序提出仲裁申请，缴费后进入仲裁人的选定程序，通常双方各选一位，并协商推举主任仲裁人，进而进行仲裁询问，程序的选择等。争端可在仲裁裁决前和解或调解，或由仲裁庭做出仲裁裁决。两种程序的法律效力是相同的，都与法院判决有同样的效力。裁决做出后，可以向法院申请强制执行。

第四节　国际工程索赔仲裁案例

本节介绍了4个国际工程索赔仲裁案例。其中［案例11-1］和［案例11-2］是在仲裁参与下解决索赔争端的实例。［案例11-3］是关于仲裁管辖权的确定和实体问题处理的案例。［案例11-4］是一个完整的仲裁活动，从争端的产生、仲裁庭的组建、管辖权的确定、在三名仲裁员的不同意见下做出仲裁裁决直到裁决的执行，每个步骤的内容都介绍得十分详细，可作为了解仲裁全过程的参考。

【案例11-1】　某水电站工程合同索赔争端的仲裁

（选自梁鑑《国际工程施工索赔》（第二版））

关键词： 仲裁；仲裁解决过程

背景和综述：

非洲某水电站建设工程，通过国际竞争性招标，选定法、意两国承包商组成的联营体进行施工，合同额2,500万美元，工期34个月。水电站工程的设计和咨询工程师系澳大利亚的一个咨询公司。在合同施工过程中，发生了多项工程变更，并遭受物价上涨和不利的自然条件等因素的影响。

索赔要求：

由于上述多方面的原因（包括工程变更、物价上涨以及不利的自然条件等），承包联营体提出多项索赔，要求将付款总额增加到4,500万美元，即较原合同额增加2,000万美元。

索赔期处理过程及结果：

咨询工程师仔细地研究了承包联营体的诸项索赔报告，提出了总计补偿1,200万美元的意见，以期一揽子解决该工程的索赔问题。业主表示愿意接受咨询工程师的决定，但承包联营体不同意咨询工程师的决定，向巴黎国际商会（ICC）提出了仲裁要求。

此项索赔的仲裁申请，在水电站工程项目完工（1983年8月）的前夕提出，经过将近三年的仲裁过程，花费将近500万美元的仲裁费，才得到解决。

此项仲裁的具体过程如下：1983年6月，承包联营体向国际商会提出了仲裁申请。1983年底，承包联营体和业主合同争议双方各自聘请了一名仲裁员。业主聘请的仲裁员是英国律师，承包联营体聘请的是法国律师，都是国际商会承认的注册仲裁员。这两名仲裁员共同指定一名瑞士籍的仲裁员，作为仲裁委员会的主席（或称首席仲裁员）。仲裁工作在第三国英国伦敦进行，采用比利时的仲裁程序法。1984年6月，仲裁员共同考察了水电站现场。1985年1～2月，在伦敦进行了6个星期的听证会。1985年4月，仲裁委员会（或称仲裁庭）做出了第一个决定：承包商应得到全部额外费用的60%的补偿。此后，就接着进行额外费用款额的具体计算工作。仲裁员们详细了解工程量等情况后，于1986年1月做出裁决：业主应给予承包商1,200万美元的补偿。

案例评述：

1. 对于索赔争端，当一切协商和调停都不能奏效时，最终的解决途径只能是国际仲裁或法院诉讼。本例中的承包商联营体对咨询工程师的决定不满，最终选择仲裁的方式来处理双方的争端。

2. 本案例中承包商花费了将近500万美元的仲裁费、3年的时间，这充分说明合同双方应该尽量建立良好的关系，避免将索赔争端诉诸仲裁或诉讼，以避免支出高额的仲裁或诉讼费。

【案例11-2】 由仲裁裁决的推定加速施工引起索赔的案例

（选自梁鑑《国际工程施工索赔》（第二版））

关键词：不利的自然条件；可推定的加速施工令；仲裁

背景和综述：

美国Y工程公司承包建设一栋大型办公楼。按原定施工计划，从基坑挖出的松土要倒运到需要填高的停车场地方。但在开工初期连降大雨，土壤过湿，无法采用这种施工方法。承包商多次发出书面通知，要求业主给予延长工期，以便土壤稍干后再按原计划实行以挖补填的施工方法。

但业主不同意给予工期延长，坚持认为：在承包商提交来自“认可部门”（如美国气象局）的证明文件证明该气候确实是非常恶劣之前，业主不批准延期。

为了按期完成工程，承包商因此不得不采取在恶劣天气期间继续施工，从大楼基坑运走开挖出的湿土，再从别处运来干土填筑停车场。

采取上述措施之后，导致承包商遭受计划外的成本支出，承包商因而向业主提出索赔，要求补偿额外的成本开支。

索赔处理过程及结果：

在承包商第一次提出延长工期要求后的16个月，业主同意因大雨和湿土而延长工期，但拒绝向承包商补偿额外的成本开支，原因是在合同文件中并没有要求以挖补填的施工方法是唯一可行的。

承包商认为，自己按业主的要求进行了加速施工，蒙受了额外开支亏损，但业主不同意给予补偿，故提交仲裁。

仲裁机构考察了以下5个方面的实际情况：

1）承包商遇到了可原谅的延误。承包商在恶劣天气条件下进行施工；业主最终批准了工期延长，即承认了气候条件特别恶劣这一事实。

2）承包商已经及时地提出了延长工期的要求，业主也满足了这一要求。

3）业主未能在合理时间内批准工期延长。既然现场的每个人都知道土质过湿，不能用于回填，就没有必要要求来自“认可部门”的正式文件。

4）业主的行为表明他要求承包商按期建成工程。通过未及时批准延长工期等其他行为，业主有力的表达了希望按期完工的愿望，这实质上已经有效的指令承包商加速施工，按期完成工程，形成了可推定的加速施工指令。

5）承包商已经证明，他实际上已加速施工，并发生了额外成本。以挖补填法是本工程最合理的施工方法，它要比运出湿土、运进干土填筑的办法要便宜得多。

根据以上分析，仲裁员同意承包商的申辩，要求业主向承包商补偿相应的额外成本开支。

案例评述：

1. 本案例是由于承包商对业主的决定不满而将双方的争端提交仲裁的案例。本案例中仲裁机构确定“推定的加速施工”时所采用的方法，比较清楚地反映了处理加速施工的原则，值得借鉴。

2. 从本案例也可以看出，在遇见不利的自然条件时，即使业主没有及时给出变更指令，承包商也应该尽量采取成本最低而又可以降低损失的措施，这对以后索赔比较有利，同时也有利于取得业主的理解和信任。

【案例 11-3】　仲裁管辖权及实体处理案例

（选自李建设《土木工程索赔方法与实例》）

关键词：仲裁管辖权

1. 工程背景及争端产生

一家突尼斯公司与一家法国公司在突尼斯建造一所砖厂，并由法方在突方开出银行信用证以后提供该厂的机械设备达成了协议。在合同中，双方拟定了措辞含混的仲裁条款。它规定：双方发生争执时，将通过友好协商加以解决；若分歧继续，则可以提交海牙国际商会进行仲裁。在合同签订后的第二个月，突法双方又就此项目签订了一个新合同，这个新合同的部分条款没有提及原合同。次年 3 月，双方又修订了这份新合同。

在这几个合同签订后不久，突方拒付法方已提供机械设备的余款，最终导致该工程的施工和设备安装无法继续进行。在此情况下，法方被迫向巴黎国际商会提出仲裁要求，与此同时，突方也向突尼斯法庭提出紧急诉讼，要求立即进行调查审理。这起纠纷因而引起了突、法有关方面的关注。

2. 争端管辖权的确定

突方反对由仲裁机构来行使裁定权。突方认为，合同中关于仲裁的专门条款并没有限定只能由海牙国际商会来行使裁定权，更谈不上由巴黎国际商会来进行仲裁。依照国际法的原则，这个纠纷应由突尼斯的法庭来裁定，所以突方已向突尼斯的苏斯地方法庭提起诉讼。突方还认为，随着新合同的签订，包括上述措辞含混的仲裁条款的原合同已自动中止，原合同中规定的仲裁条款也不再有效。

对此，法方进行了反驳，指出所有的签约条件都说明应由巴黎国际商会来进行仲裁，突方为实施双方签订的合同而从银行开出的信用证中，包含有由巴黎国际商会进行仲裁的明确条文就是例证。这说明突方在仲裁问题上已同意由巴黎国际商会而不是其他机构来进行仲裁。

突方不同意法方的说法，认为突方就开具信用证问题同银行达成的协议并不是与法方签订合同的组成部分，不能由此认为突方已同法方就由巴黎国际商会进行仲裁问题达成一致。

裁定权问题在许多情况下是仲裁委员会受理仲裁要求前需要专门予以确定的问题。既然在仲裁问题上不能取得一致，那就只能按惯例来决定由谁来行使裁定权。就这个纠纷来说，尽管“可以提交海牙国际商会仲裁”这一原合同的条款存在含糊不清和不够严谨的地方，但它无疑表明，突、法双方都不反对通过海牙国际商会的仲裁委员会来仲裁。实际上，只要是国际商会都具有这种处理商业纠纷的职能，巴黎国际商会亦是如此，只不过突、法双方都在合同条件中明确提及海牙国际商会，所以由海牙国际商会来进行仲裁解决纠纷是突、法双方的共同愿望。

有鉴于此，海牙国际商会决定审理这一纠纷，并根据规定组成了仲裁委员会。委员会主席和一名委员是荷兰籍，另一名委员是法国籍，突方对此表示同意。

3. 仲裁争端的实体处理

突、法双方的纠纷是由原合同引起的。也就是说，新合同签订以后原合同是否中止，这是解决双方纠纷的关键所在。仲裁委员会认为，新合同中没有列入中止原合同的条文，相反，新合同中补充了一些原合同中缺少的，后来发现疏漏了的内容，因此是两个互为补充的合同。在突、法任何一方通知中止原合同之前，双方都应执行这两个合同。至于突方已将此纠纷上告到突尼斯苏斯地方法庭，与仲裁机构行使仲裁权不相矛盾。因为法庭紧急审理时总是首先设法采取一些临时性的强制措施，以维护因工期延误而利益受损一方的权利，而不是先去辨清纠纷本身的缘由。

考虑到突尼斯本国的法庭在审理这一纠纷时没有注意到合同中存在关于国际仲裁这一条款的事实，海牙国际商会仲裁委员会作为一个专门机构，将进行仲裁所依据的调查报告同时提交突尼斯苏斯法庭。

一名专家的调查报告称，法方在规定的期限内按计划提供了机械设备，已运交的机械设备的质量是非常好的。另一位专家在调查报告中指出，这座砖厂的日产量在下降，其原因是多方面的。例如，该厂的生产组织无序，生产设备安装滞后，劳动力缺乏培训等等。他同时提出了增加产量的方法和途径，也计算出了所需的费用。

调查的结果显示，法方已履行了提供机械设备的义务，至于没有完成机械设备的安装工作，则是因为对方没有提供必要的条件，妨碍其完成安装任务。

根据以上情况，海牙国际商会仲裁委员会最后裁定，法方有权收回已提供机械设备的余款，因此仲裁的费用由突方承担。仲裁委员会没有同意突方提出的保留其保函的要求，因为突方对妨碍法方履行其义务方面负有责任。

案例评析：

对于仲裁争端管辖权的确定，通常以合同双方的合同文件中的规定为准。当双方的合同规定不明确或出现争议时，则应按照国际工程仲裁的惯例对管辖权予以确定。

【案例 11-4】　西非混凝土工业公司诉塞内加尔共和国案

（选自陈安《国际投资争端案例精选》）

关键词：仲裁裁决；仲裁裁决的执行

仲裁程序年表

1982年11月5日 登记仲裁申请

1983年9月15日 组成仲裁庭

1984年8月1日 管辖权裁定

1988年2月25日 做出裁决

1989年12月5日 巴黎上诉法院做出与裁决有关的裁定

1991年6月11日 法国最高法院做出与裁决有关的裁定

仲裁庭的组成

1984年8月1日做出管辖权裁定的仲裁庭的组成：

首席仲裁员：

阿朗·布罗切斯（Aron Broches）先生，荷兰人。在前首席仲裁员瑞士人R. L. 宾斯凯德勒（R. L. Bindschedler）教授辞职后于1983年12月被任命。

成员：

凯巴·姆巴耶（Keba Mbaye）法官，塞内加尔人；

巴兰·津·范·豪特（Baron Jean Van Houtte），比利时人。

1988年2月25日就实体问题做出裁决的仲裁庭的组成：

首席仲裁员：

阿朗·布罗切斯先生，荷兰人

成员：

凯巴·姆巴耶法官，塞内加尔人；

J. C. 舒尔茨（J. C. Schultsz）教授，在比利时人巴兰·津·范·豪特辞职后于1985年5月被任命。

1. 工程背景及争端产生

1975年7月24日；塞内加尔共和国政府（以下简称"政府"或"塞内加尔"）与一家巴拿马股份公司——奈基达（Naikida）签订协议（以下简称"奈基达协议"），拟在5年内在塞内加尔建设15,000套低收入住房。住房将位于政府指定的地点。奈基达的责任是建造一家预制住房建设所需的加固水泥制品的工厂，并成立一家塞内加尔公司以持有该工厂的所有权。同时，它还承担为拥有该工厂的公司获取完成该项目所需的至少60亿法郎贷款的责任，该贷款将由塞内加尔担保。

1975年9月16日，比利时国民简·鲍多克斯（Jean Baudoux）先生代表弗雷克萨（Flexa）公司在达喀尔申请成立西非混凝土工业公司（Societe Ouest Africaine des Betons Industriels (SOABI)，以下简称"索尔比公司"）。弗雷克萨的总公司名义上在日内瓦，其实是一家巴拿马公司。根据索尔比公司的公司章程，索尔比公司的主要目的是建造并经营这家预制品厂，"以便于建造并销售至少15,000套低收入住房单元楼，以此来履行'奈基达协议的'条款"。索尔比公司的全部股份由弗雷克萨公司拥有，而弗雷克萨公司本身又是由比利时国民控制。

1975年9月17日，政府与索尔比公司签订在5年内建造15,000套低收入住房单元楼的协议（以下简称"索尔比协议"）。奈基达协议规定的单元楼规格附在索尔比协议中作为参照，而索尔比协议对政府准备和提供的地点规定得更为详尽。索尔比协议还规定索尔比公司将建造并拥有预制品厂。将要获得的贷款条件基本不变，所不同的是，由政府提供的担保必须是不可撤销的和不可分的。索尔比协议还列明了工厂建造、贷款谈判和使用贷款存款的条件，该协议还包含有与蓝图的批准和赋予拥有工厂的公司以《塞内加尔投资法典》规定的保护有关的条款。该协议还规定，有关贷款谈判和工厂建造的条款是最重要的，协议签署之后6个月内不能履行上述条款将使该协议无效。

1975年11月3日，政府与索尔比公司签订一份“设立工业水泥预制品厂的协议”（以下简称“设立协议”），该协议包含一条将双方“关于协议的实施或协议项下各自权利义务”的任何争议提交“解决投资争端国际中心”（以下简称“中心”或“ICSID”）仲裁的条款。

尽管对贷款谈判和工厂建造规定了6个月期限，但到1977年9月，全部贷款金额尚未获得，工厂也未建造。尽管如此，双方之间的关系依旧，1977年10月13日，政府以索尔比公司为其代理人签订一份协议，向比利时公司查皮奥克斯公司（Chapeaux SA）购买预制品厂。与此同时，政府与索尔比公司签订“商务和财务协议”，协议特别规定政府将为该项目而获得的贷款有追溯力地转让给索尔比公司。作为交换条件，索尔比公司同意偿还政府所负的资金和利息，双方还同意索尔比公司拥有该工厂的全部所有权。

到1978年，索尔比公司已签订了好几份出售拟建的住房单元楼的合同，并已收到了多笔订金。然而，索尔比公司与政府之间就拟建单元楼的类型、价格、建造单元楼的土地的取得与预备，以及买主的融资安排存在许多不同意见。这些不同意见必须在项目开始之前解决。1978年12月和1979年3月，索尔比公司提出“设立协议”的修改案，以适应融资和提供建造地点方面已经发生变化的情况，但政府不同意该修改案。1979年，索尔比公司致函政府，表示其对政府未能提供必需的土地的关心。

调整该项目的多次努力失败后，政府于1980年7月24日致函索尔比公司终止该项目。住房单元楼一栋都未曾建造。索尔比公司在进一步努力解决与政府的争议未果之后，于1982年11月5日向ICSID递交仲裁申请书，寻求补偿它因政府违反建造15,000套住房单元楼的合同而遭受的损失。这些损失包括因未能履行与SEHC建筑公司及与索尔比公司执行董事瑟廷先生的协议而发生的损失。仲裁申请的依据是“设立协议”里的仲裁条款。索尔比公司辩称它已履行了所有的义务，而政府没有履行它本身的义务，尤其是为住房单元楼提供合适土地方面的义务。政府则指控索尔比公司修改单元楼已商定的价格，同时没有完成其融资义务。

2. 仲裁庭的裁决

管辖权裁定：1984年8月1日

政府反对“中心”仲裁庭的管辖权，理由是双方并没有像索尔比公司在仲裁申请中所说的那样同意将争端提交“中心”管辖。政府辩称，含有ICSID仲裁条款的“设立协议”项下的争议并没有发生，现有的争议是关于建造住房单元楼的争议，不是关于建造工厂的争议，只有建造工厂的争议才是“设立协议”中的争议，才属“中心”管辖。索尔比公司则辩称，双方之间的所有协议都与整个项目有关，“设立协议”是在其他前期协议基础上的确定的协议，与项目的所有方面都有关系。

政府还坚持认为索尔比公司是由巴拿马公司控制，不符合《解决国家与他国国民间投资争端国际公约》（以下简称“《公约》”）第25条的国籍要求。在其审理中，仲裁庭首先解决国籍问题。

（仲裁庭一致）裁定：索尔比公司符合《公约》的国籍要求。关于双方是否同意“中心”管辖的争论并入实体问题的审议中。

1）“设立协议”中的仲裁条款赋予索尔比公司——塞内加尔国民——提起ICSID仲裁程序的权利。该条款表明双方不打算否定索尔比公司的塞内加尔国籍，但更主要的是，它们同意由于索尔比公司受外国利益控制而将之视为另一缔约国国民。从《公约》的结构和目的可以很明显看出，可作为授予依当地法律设立的公司以“外国地位”标准的外国利益应是缔约国国民的利益。然而，将受保护的外国利益仅限于对公司有直接控制的利益的解释是有违《公约》目的的，《公约》的目的是，协调吸引外国投资的东道国欲使外资通过依当地法律设立的公司开展业务的愿望和其给予这类公司作为“中心”裁决程序当事人的身份的意图这两方面的关系。正如国内公司的法律形式可由东道国选择一样，投资者由于自身的原因可以通过其下属机构进行投资，同时对国内公司保持直接股东能行使的同样的控制。因此，缔约国国民对依当地法律设立的公司的间接控制就足以符合《公约》第25条的国籍要求。相应地，尽管弗雷克萨公司的国籍是巴拿马，但弗雷克萨公司是由比利时国民控制，而比利时是缔约国，因此，索尔比公司符合《公约》的国籍要求。

2）从政府与代表索尔比公司的比利时人一起共同指定仲裁庭的第三个成员这一事实可以推定政府已接受另一指定方的比利时国籍。政府也不可能被弗雷克萨公司的总公司宣称是在日内瓦不在巴拿马而误导。谁都知道弗雷克萨公司是一个方便公司，其利益一直是由鲍多克斯先生代表，政府是知道鲍多克斯先生的比利时国籍的。

3）即使管辖权争议的另一方面是关于争端是否属于“设立协议”中仲裁条款的范围，如果仲裁庭要判断管辖权异议的合法性，它就要深人审查争端的标的。相应地，这就要求它调查案件的实体问题。因此，对管辖权的异议应并入实体问题的争论中。

仲裁庭的裁决：1988年2月25日

双方当事人在仲裁庭面前重申其对仲裁庭管辖权的争论。至于实体问题，索尔比公司辩称，政府没有事先向公司发出要求同意的通知就终止项目，或没有正确使用在不违约情况下自由终止项目的权力——依塞内加尔法律，行使这一权力应伴有补偿，因此，政府是非法终止项目。政府则认为，政府终止项目是对索尔比公司本身在修改单元楼的销售价格及其融资义务方面的违约的回应，它是依法终止项目。

（仲裁庭）裁定（姆巴耶对此裁定持不同意见）：政府以缺乏“同意”为由对管辖权的异议被驳回。政府终止索尔比公司经营的决定引起政府责任。裁定政府赔偿索尔比公司利润损失、收益损失和成本。

（1）管辖权

1）《公约》第25条确定了“中心”管辖权的条件，其中包括“同意”这一重要条件。虽然同意仲裁程序构成放弃或偏离诉诸国内法院的权利，但这一同意并不意味着这不是对仲裁庭权限的自我限制。对国家同意这一条件的解释不能比对投资者同意这一条件的解释更为严格。考虑到应合理并合法地认为双方已预见到其责任的结果，仲裁协议应被解释为符合善意原则。

2）双方已明确打算实施一项由两个关系密切的部分构成的项目，其中一部分是实施另一部分的技术前提，因此应首先进行。奈基达协议和索尔比协议已被默示包含在“设立协议”中，因此，与这两项协议的执行或与由其引起的权利义务有关的争端属于“设立协议”中仲裁条款的范围。

(2) 适用的法律

由于双方对此没有协议，适用于将在塞内加尔进行的项目的两个塞内加尔当事人之间关系的国内法只能是塞内加尔的法律。本案涉及的几个协议相当于“政府契约”，其效力和执行主要由《塞内加尔政府义务法》(以下简称“《政府义务法》”) 调整。双方看来同意应适用的法律是塞内加尔行政法。

(3) 责任

1) 假设政府终止项目是对索尔比公司违约的认可，政府的做法也应符合《政府义务法》的规定。该规定要求政府将其终止项目的意图通知索尔比公司。虽然没有要求通知应是书面的，政府至少应明确通知违约方违约事实，要求违约方履行其义务，并附上若不履行义务可能采取的制裁的警告。政府没有履行这一义务，因为政府从未有过由于违约而欲终止合同的明示或默示警告。

2)《政府义务法》明确区分因违约而终止和没有违约而终止。对于前者，有必要给予通知。对于后者，政府有义务补偿对方因终止而遭受的损失。政府认为索尔比公司已经违约，因此它可以终止项目，那么，政府不能又以此违约作为它对索尔比公司请求无原因终止项目的赔偿义务的抗辩。

3) 双方对索尔比公司没有遵守合同关于单元楼的价格及没有获得项目融资的指控没有争议。1977 年发生的、为所需单元楼的设计和定价做出调整的索尔比公司项目的结构性变化是应政府的请求和更改并根据“设立协议”而做出的。这些变化也不至于如此重大以致引起索尔比公司一方违反在单元楼价格方面的义务的责任。同样，双方已心照不宣地放弃了“设立协议”关于在 6 个月期限内获得贷款和建造工厂的规定，并已继续行事，犹如仍受“设立协议”约束一样。这些义务已由双方的行为改变了。每一方都有善意的义务以协助顺利完成该项目。对于索尔比公司，这意味着它应负责营运融资。政府则应让购买者获得贷款。政府未优先考虑购买者利益违反了其义务。因此，政府应赔偿索尔比公司因终止项目而产生的损失。

(4) 赔偿

1) 根据《政府义务法》，政府有责任全额赔偿索尔比公司因项目终止而遭受的实际损失、丧失的利润以及一般损失。可赔偿的损失可以是过去的或将来的，只要是可查明的及直接的。如果损失已经发生或将来必然会发生，则是可查明的；如果损失是源于违约而非任何其他原因，就是直接的。“可查明的”只意味着其存在须由索赔方证明。虽然丧失利润的索赔应考虑许多无法估量的因素，但这一损害不只是假定的，应是可由仲裁庭依可能丧失的机会来估算的。

2) 索尔比公司所发生的、由于政府单方面终止协议而索尔比公司一方没有违约而浪费的营运成本，属于可赔偿的真实的、可查明的损失。考虑到当然会影响长期项目的实施和营利性的财务和经济意外情况以及索尔比公司行为的事实影响，索尔比公司的可赔偿的机会损失被确定为 1.5 亿非洲法郎，该估算已考虑了损失的所有方面。因此，不再给予裁决前该金额的利息。

3) 只有塞内加尔法院有权对建筑公司 BECH 与索尔比公司之间因 BECH 合同而引起的争议进行管辖。然而，仲裁庭有权对政府与索尔比公司之间关于前者赔偿后者损失的义务的争议做出裁定。政府有责任补偿索尔比公司的数额为：索尔比公司依塞内加尔法院的判决或三个相关当事方的和解协议应赔偿SEHC的数额，减去索赔数额的一定部分之后的余额。

4）索尔比公司对于其执行董事依塞内加尔法律在终止其合同情况下有权获得相当于三年薪金的补偿的主张未能提供劳动合同作为支持。瑟廷先生对索尔比公司提起的赔偿其薪金损失的诉讼会败诉，因此，索尔比公司基于其对瑟廷先生的义务的索赔请求被驳回。

5）索尔比公司有权获得552,989,664非洲法郎作为丧失的营运费用和资本支出的补偿，这一数额是由仲裁庭指定的专家估算出来的。它只包括那些与索尔比公司住房项目直接相关的、已有证据证明了的支出。

6）尽管索尔比公司从法律上说有权获得由终止协议引起的一般损失，但它所请求的是对因政府终止其与索尔比公司的合同联系而遭受的财务损失的赔偿，其理由是，这一终止使它不能够进一步完成其目标。然而，这一损失完全是假设的，因此，对信誉损失和商业融资损失的损害赔偿请求应予驳回。

7）虽然裁决后的利息只能从赔偿额的估算之日起算，但判决书或裁决书可以确定一个利息率和利息起算日，只要该日期先于判决日或裁决日。那么，这就不是裁决后的利息，而是补偿利息，例如裁决用于补偿原先部分损失的利息。对于裁决后的利息，无须证明实际损失。而裁决前或补偿性利息是对须由提出方加以证明的其他损失的补偿。索尔比公司已加以证明了，故有权获得总额为441,688,411非洲法郎的补偿性利息，每年利息率10％，从1982年4月1日起至1988年1月15日止。

（5）费用

由于索尔比公司的请求只获得部分支持，各方各自承担其与仲裁程序有关的费用。但双方应平均分担“中心”费用和仲裁庭成员的报酬及费用。索尔比公司应承担会计专家的费用，政府应偿还索尔比公司代替政府向“中心”支付的款项及利息。

姆巴耶对裁定所持的不同意见

（1）“设立协议”不是塞内加尔法律对这类政府契约所需要的法令的客体，因此该协议不合法。尽管双方未提出这一论点，仲裁庭依职权有权也有义务提出“设立协议”的合法性问题。至少仲裁庭应宣布由于“设立协议”未经批准，因此，尽管它不是无效的，也不能有法律效力。索尔比公司仍有权依塞内加尔法律就其损失获得赔偿。

（2）由于仲裁庭认定，尽管协议是徒具空文的条款，但双方继续认为协议对它们仍有约束力，因而忽视了与融资和建造工厂的六个月期限有关的条款，这是错误的。双方的行为充其量是模棱两可的。仲裁庭应注意到，由于融资和建造的条件未满足，这些协议就不再有效或有约束力了。

（3）政府的参与应使仲裁庭更加谨慎地解释仲裁条款，因为对仲裁的同意不能被轻率地推定。根据《公约》和“中心”的裁决判例，一个法人的国籍应参照其总公司所在地来确定。对弗雷克萨总公司所在地的错误申明当然影响了政府对协议的同意。仲裁条款并未说明索尔比公司的国籍，只说《公约》对国籍的要求已经满足。使国家必须寻究直接控制和有效控制不仅不适当，还违反了构想和采用第25条第2款第2项的基本精神。仲裁庭关于间接控制的裁定将得出国家可以被欺骗而对方又不受惩罚这一结论。索尔比公司的创立者欺骗了政府，仲裁庭有义务得出所有有关的相反的法律结论来对抗索尔比公司的请求。

没有证据支持仲裁庭的这一认定，即双方在仲裁庭成员的挑选方面已默示地采用了第39条。双方只是依从相互同意的挑选原则，不能由此推论出双方是否已同意将索尔比公司视为另一缔约国的国民。

(4) 对仲裁没有任何书面的同意。依塞内加尔法，仲裁庭已超越了其权限，仲裁庭认定奈基达协议和索尔比协议已默示地被包含在"设立协议"中扭曲了双方的明确意图。这已超出了对"设立协议"明确字句解释的范围，该协议只适用于工厂的建造。本案的争议是关于建造住房单元楼的协议的终止。

(5) 仲裁庭拒绝在责任框架内考虑索尔比公司的过错而曲解了塞内加尔关于过错的法律。根据塞内加尔法律，受害方的过错可以减轻或解除造成损害一方的责任。问题是要确定减轻的比例。索尔比公司已有一些过错，仲裁庭在考虑政府单方面违约的责任时是应考虑这些过错的。

(6) 仲裁庭确定索尔比公司应在尚未成为最终判决对象的程序结束之后付给SEHC公司的数额反映了其对国内仲裁庭毫无理由的猜疑，是不恰当的。

(7) 仲裁庭因允许仲裁庭专家在政府代表未出席的情况下会见索尔比公司的代表而破坏了双方平等的规则。再者，仲裁庭拒绝允许在双方不在场的情况下为澄清专家报告的目的由仲裁庭对专家进行质询是错误的。很显然，该专家已考虑了索尔比公司请求之外的情况，应允许仲裁庭就此对他进行质询。

仲裁庭首席仲裁员对1984年8月1日裁定的声明

(1)《公约》第25条第2款第2项根本没有提及可能使东道国和投资者将当地成立的公司视为"另一缔约国国民"的外来控制的性质。"中心"以前一个仲裁庭关于国籍只能参照直接控制来确定的陈述只是附带意见而已，控制可以是间接的。同样，如果没有双方有相反意图的证据，仲裁条款说明了双方已认为《公约》国籍要求已经满足，这就足够了。仲裁庭已仔细审查了关于弗雷克萨注册办事处的错误声明的影响，并已得出结论：它对政府与索尔比公司往来的决定没有影响。

(2) 对仲裁庭从双方挑选仲裁员的行为中得出的推论的批评表明，双方对"任命"和"任命方法"这两个术语存在误解。很显然，双方很关心任命程序，再加上比利时控制的证据，仲裁庭关于双方在任命方法和任命上的一致的推论是非常合理的。

3. 仲裁裁决的执行：法国巴黎上诉法院与最高法院裁定书

1989年12月5日和1991年6月11日巴黎上诉法院和法国最高法院分别做出与裁决有关的裁定。

裁决执行过程

在塞内加尔的达喀尔注册成立的合资公司——西非混凝土工业公司寻求强制执行"中心"仲裁庭1988年2月25日做出的对其有利的裁决。巴黎民事法庭给予索尔比公司承认和执行裁决的命令（执行令），但塞内加尔以它在法国可豁免执行为由反对给予执行令。塞内加尔向上诉法院上诉，寻求推翻该执行令。塞内加尔将索尔比公司、公司的清算人和法律顾问列为被上诉人。

(1)（法院）裁定

对索尔比公司及其清算人的上诉得到允准，执行令被撤销。对索尔比公司法律顾问的上诉被驳回，裁定塞内加尔支付与该上诉有关的法律费用和开支。

1）塞内加尔签署ICSID《公约》就是承诺放弃豁免并允许裁决只在其领土内执行，塞内加尔现正处于这一情况中。在法国只能就塞内加尔用于经济或商业行为的财产进行执行。索尔比公司未能证实在法国的执行不会与塞内加尔的执行豁免相冲突。因此，在法国执行裁决将违反国际公共秩序。

2）没有证据证明索尔比公司的法律顾问曾作为索尔比董事或清算人或是只涉及索尔比公司及其清算人的诉讼的一方当事人。相应地，对他的上诉没有法律依据，塞内加尔应承担他因应诉而发生的费用。

索尔比公司就此裁定向最高法院提出上诉。

(2)（最高法院）裁定

上诉得到允准，上诉法院的裁定被推翻。既然提交仲裁庭管辖，塞内加尔就应该接受裁决可能成为执行令的对象，执行令本身并不构成具有可援引执行豁免性质的执行行为。《公约》第53条和第54条建立了一个承认和执行“中心”裁决的自动化简化机制，该机制排除了法国法规定的承认和执行，包括法国法规定的任何救济。因此，执行令是有效的。

上诉法院的裁定书

本法院就塞内加尔国对巴黎民事法庭首席仲裁员1988年11月14日做出的决议提起的上诉进行裁决，该决议给予被称为“中心”的“解决投资争端国际中心”1988年做出的责令塞内加尔向西非混凝土工业公司支付各种金额以补偿该公司因塞内加尔单方面终止双方达成的合同而遭受的损失的仲裁裁决的执行令。

原告塞内加尔国指出，已是终局的该裁决的执行令已由达喀尔地区法院院长于1988年4月12日在塞内加尔领土内给予，该裁决正处于执行之中，然而，终止付款的目的是为了查实索尔比公司据以进行清算的条件，以及那些自称是收取这些款项的公司代表的人的身份。

他坚持说其上诉是可接受的、有充分根据的，因为：

1）公司代表在法国寻求执行令是为了逃避查实；

2）根据1965年3月18日《华盛顿公约》第54条和第55条，塞内加尔同意在塞内加尔执行裁决，但不放弃其在法国的豁免；

3）上述所提《公约》第54条规定了一个简化的执行程序并限制了各缔约国的法官审查“中心”裁决真实性的权力，在这种情况下，执行令不是执行行为，而是执行措施前的行为；

4）损害赔偿的反诉是不可接受的、没有根据的，所提出争论的性质应该足以撤销反诉；

5）最后，给予执行的法官不能修改仲裁员所做出的裁定并加到裁决中去（1980年5月14日法令第37、38条）。

塞内加尔请求法院推翻已做出的决议，拒绝在法国执行，并责令被告支付第一审和上诉审的费用。

被告索尔比公司，由清算人阿兰·瑟廷（Alain Seutin）和吉尔贝·当农（Gilbert Danon）代表，答辩说阿兰·瑟廷和吉尔贝·当农的代表权问题在仲裁程序过程中已经解决了，就执行令提起上诉的条件规定在《新民事诉讼法典》第1502条，对于本案，没有任何一个条件得到满足，塞内加尔不能援引这些条件，因为该国在裁决中已默认了；再者，依据《公约》第54条，同为《公约》签字国的塞内加尔和法国有义务承认裁决，塞内加尔在1988年4月12日就承认了裁决，因此不能对法国的同样行为进行责难。

他们还声称，塞内加尔将吉尔贝·当农当作诉讼一方当事人是错误的；该律师是在达喀尔律师行注册，从未成为只涉及由清算人代表的索尔比公司的诉讼的一方当事人；他在仲裁过程中协助索尔比公司，并已获得经公证的授权委托书以收取损害赔偿金；塞内加尔迫他出庭使他遭受了损失，给予他1法郎作为损害赔偿及合法费用和支出是适当的。

他们坚持执行令不是执行措施，如果适当的话，塞内加尔只能在执行程序情况下以正当程序援引执行豁免。

他们要求法院：

1）认定吉尔贝·当农不是诉讼当事人，对他提起的上诉缺乏法律依据，裁定塞内加尔给予他1法郎作为损害赔偿及他所发生的合法费用和支出；

2）宣布塞内加尔的上诉不可接受、没有根据，应予驳回，并责令它向索尔比公司支付100万法郎作为滥用上诉的损害赔偿金，并依《新民事诉讼法典》支付10万法郎以支付费用。

关于对吉尔贝·当农的上诉，考虑到该律师是在达喀尔律师行注册的，在裁决书中只作为仲裁过程中索尔比公司的法律顾问出现。尚未证明他是该公司的董事或清算人。

因此，对他提起的上诉没有法律依据，塞内加尔应承担他为听从传唤到法院出庭而发生的支出，在没有该项下的其他证据的情况下，这些支出应限于应税费用。另一方面，由于他没有证明除源于上述诉讼费用之外的损害或损失，给予他损害赔偿金是不适当的。

对于反对执行令的上诉，考虑到塞内加尔签署了在与索尔比公司的协议中的仲裁条款并同意将争端提交“解决投资争端国际中心”仲裁庭，就应保证在其领土内执行裁决所加的金钱上的义务（《华盛顿公约》第54条），但并没有放弃援引在缔约国强制执行豁免的权利（前述《公约》第55条）。

考虑到外国在法国享有的强制执行豁免是原则问题，在例外情况下，即当寻求强制执行的财产由国家用于由私法调整的经济和商业行为时，这一权利可以被取消；考虑到本案索尔比公司未证明裁决将针对塞内加尔用于经济或商业行为的财产获得执行，因此，对强制执行豁免不得有异议。

在法国强制执行裁决有违国际公共秩序，因为它有违豁免原则；因此，根据《新民事诉讼法典》第1502条第5款，撤销执行令看来是适当的。

由于上述原因，法院：

认定针对吉尔贝·当农提起的上诉是没有法律根据的；

撤销所做出的决议，重新做出裁定：

1）认定没有就“中心”1988年2月25日做出的仲裁裁决给予执行令的理由；

2）认定没有适用有利于索尔比公司的《新民事程序法典》第700条的理由；

3）裁定塞内加尔承担与传唤吉尔贝·当农有关的上诉费用；

4）裁定索尔比公司承担第一审和上诉审的诉讼费用，宣告帕芒蒂埃-阿杜安（Parmentier-Hardouin）有权获得《新民事程序法典》第699条的利益。

最高法院1991年6月11日做出的裁定书

1）考虑到《新民事诉讼法典》第1477条第1款和《解决国家与他国国民间投资争端》第53至55条；

2）根据“解决投资争端国际中心”1988年2月25日做出的仲裁裁决，塞内加尔国被责令支付索尔比公司各种补偿；该裁决依1965年3月18日《公约》第54条获得巴黎民事法庭首席仲裁员的承认与执行；

3）为了撤销该决议，有争议的判决书依《新民事诉讼法典》第1502条第5款裁定在法国强制执行裁决有违国际公共秩序，因为索尔比公司未证实强制执行将以不与塞内加尔执行豁免相冲突的方式进行；

4）然而，一个同意仲裁管辖的外国已接受裁决可能成为执行令的对象这一事实，该执行令本身并不构成具有援引有关国家执行豁免的性质的执行行为；

5）1965年3月18日的《华盛顿公约》在第53条和第54条建立了一种承认和执行的自动简化机制，该机制排除了《新民事诉讼法典》第1498条及其后规定的承认和执行，尤其是其中规定的救济；

6）因此，上诉法院的裁定违反了前述规定；

7）由于存在适用《新民事诉讼法典》第627条第1款的理由，由此引起的撤销并不意味着案件应发回上诉法院。

由于上述原因，法院：

撤销并废除巴黎上诉法院1989年12月5日做出的对双方的裁定。

本裁定是终局的。

案例评析：

本案例涉及了仲裁活动的全过程。从中可以看出，一次完整的仲裁裁决包括管辖权的确定、对仲裁事件的裁决等。在仲裁裁决执行的过程中会涉及到司法程序，执行国会考虑本国公共秩序和所加入的国际公约等内容，对是否执行裁决予以判断。

在国际工程索赔实践中，仲裁是一项较为复杂和专业的活动，本案例中对其每一步骤都介绍得较为详尽，其中仲裁庭的裁决内容的文字表述具有严谨性和专业性，有利于读者对仲裁实践的了解。

复习思考题

1. 试比较仲裁与ADR，仲裁与诉讼的异同点。
2. 国际工程仲裁具有哪些优势与局限？
3. 仲裁协议和仲裁程序分别包含哪些内容？
4. 试分析国际工程索赔仲裁中的法律适用问题。
5. 仲裁协议与仲裁法之间的关系是什么？
6. 国际商会和中国国际经济贸易仲裁委员会仲裁规则的特点分别是什么？

第十二章　国际工程索赔综合案例

本章主要包括两个综合案例：一个是某大型国际水利工程实施过程中出现的一系列变更与索赔案例；另一个基于某大型国际石油 EPC 总承包项目中出现的三个索赔事件，以来往信函的方式展示其索赔处理的过程。这两个案例第一个是施工类型的单价合同，第二个是 EPC 总承包类型的总价合同，均具有很强的代表性。具有一定国际工程索赔管理知识基础的读者也可以直接阅读本章。

第一节　某大型国际水利工程索赔案例

一、工程概况与合同

1. 工程概况

X 工程系一大型国际水利枢纽工程，位于某河流干流上。河流所在流域属大陆季风气候，流域内各地多年平均降水量 200～900mm 不等，降水量分配极不均匀，降水常以暴雨形式出现。坝区是该地域的主要暴雨中心区之一，暴雨发生频繁，强度与总量较大，局部地区易产生较大支流洪水。工程所在坝区南、北面均为山脉，西接盆地，东临平原。坝区呈峡谷型河谷，局部属山间盆地，组成库岸的岩性复杂，可能有部分农田浸没问题。该工程是以防洪、防凌、减淤为主，兼顾供水、灌溉和发电综合利用的特大型工程。

该工程最高蓄水位 275m，最大坝高 154m，总库容 126.5 亿 m^3。工程为一等工程，主要建筑物为一级建筑物，采用千年一遇洪水设计，可能最大洪水用万年一遇洪水校核。工程主体由三部分组成：壤土斜心墙堆石坝，坝顶高程为 281m，坝顶轴线长度 1,667m；泄洪排沙系统，包括由 3 条洞径为 14.5m 导流洞改建的孔板消能泄洪洞、3 条排沙洞、3 条明流泄洪洞、1 条灌溉洞和 1 座溢洪道，其最大泄流能力达 17,000m/s；引水发电系统，由 6 条直径 7.8m 的引水发电洞和 1 座地下厂房（长 251.5m，宽 26.2m，高 61.44m）和 3 条尾水洞组成，厂内安装 6 台 30 万 kW 水轮发电机组。

该工程按照世界银行采购导则的要求，面向世界银行所有成员国进行国际招标，按照国际项目管理模式进行施工管理。主体工程的土建合同分为 3 个标段：Ⅰ标，大坝工程标；Ⅱ标，泄洪排沙标；Ⅲ标，引水发电标。另外，水轮机组及其附属设备采用出口信贷采购，由美国 V 公司承揽制造。使用 P3 等一系列先进项目管理软件进行项目管理。针对该工程的技术管理和合同管理的复杂性，业主聘请世界银行特别咨询专家组、国际工程管理公司，成立工程建设技术委员会，作为业主、工程师、设计单位的技术咨询和决策咨询机构。另外，业主和承包商共同聘请成立了争议评审委员会（DRB），对在合同执行过程中业主和承包商之间发生的争议进行评审。

2. 工程土建合同文件

X工程的土建合同中的合同条件采用 FIDIC 土木工程施工合同条件第四版，对工程实行了严格的合同管理。X工程土建标合同文件组成如下：

➢ 合同协议书（包括授权书和履约保证）
➢ 中标函（包括承包商的书面回函）
➢ 合同协议书备忘录
➢ 投标书及其附录
➢ 投标文件附录：补遗 4、3、2、1 及补遗图
➢ 本合同特别条件
➢ 本合同条件第 II 部分
➢ 本合同条件第 I 部分
➢ 技术规范
➢ 图纸和现场资料
➢ 参考文献，标前会议纪要及质疑和解答，通函 1、2、3 号

(1) 合同特别条件

根据工程自身特点和施工需要专门编写了合同特别条件，其中主要规定工程合同的工作范围，工程开工，交通，相关其他承包商完成的工作，中间完工和最终竣工日期，违约补偿，施工进度，业主提供的施工设备，进度报告，承包商递呈资料，安全保护，承包商营地，现场办公室，测量，环保，当地材料，劳务价格及外币费用调整等。

(2) 合同协议书备忘录

项目业主与中标的承包商在签订合同之前进行了长达四个月的合同谈判。双方在谈判中首先确认合同文件的组成；共同对某些合同条件进行补充和澄清；对承包商在投标中提出的替代方案明确意见；对合同条件执行的先决条件、具体办法等逐项达成协议。在此基础上形成了合同协议书备忘录，并将其作为合同文件的重要组成部分。针对各土建标的不同特点和具体情况，合同谈判的议题也不尽相同，Ⅰ标有 18 项、Ⅱ标 24 项、Ⅲ标 15 项，最终均以合同协议书附件的形式出现。

合同协议书附件目录：

附件 A　开工前“联合测量”协议
附件 B　铁路转运站的机车可利用设施的使用协议
附件 C　承包商当地劳务营地公用设施租用或转让使用的协议书
附件 D　指定供应的当地材料采购指标及价格调整的协议
附件 E　承包商的施工设备、永久工程设备和材料进口的管理规定
附件 F　谈判中双方同意的标价工程量清单
附件 G　谈判中双方同意的外汇部分价格调整细目表
附件 H　承包商设备与进口材料细目表

二、变更问题及分析

该工程从发布开工令至最后的索赔争议解决历时 7 年零 2 个月。这期间三个土建标的承包商共提出变更申请 400 项，工程师共确认工程变更 232 项，有些变更问题双方未能达

成一致，进而演变为索赔问题。下面以该工程中出现的典型变更问题为例，对变更问题的处理进行详细分析。

1. 变更的类型

X工程变更主要可归纳为以下5种：

(1) 指示变更

指示变更在工程实施过程中比较普遍。如工程施工中出现不利的地质条件或出现塌方、滑坡后，工程师发布现场指示，要求承包商进行一些附加工作，其中一部分指示构成变更。此外，有时业主根据自己的需要，也会指示承包商进行一些附加工作，从而构成变更。如为抗滑桩施工需要业主要求承包商向其他承包商提供混凝土，业主要求承包商对其在排水洞工作提供帮助等均构成变更。

(2) 设计变更

由于在招标阶段的设计图纸深度不够，致使在施工中，实际工作在数量、施工范围、建筑物体型、结构上发生重大变化，加上地质条件的复杂性，不可避免引起设计的变更。设计变更涉及到工程的性质、数量、范围等多方面因素，对工程进度产生很大的影响。

(3) 工程范围的变更

在合同管理工作中，某些新增工程或工程变更究竟属于合同工程范围以内的工作，还是属于超出合同工程范围的工作，经常引起合同双方的争议。在国际工程实践中，确定合同工程范围的具体内容时，通常遵循以下原则：

1) 按照招标文件，主要是工程量清单、招标图纸、施工合同技术规范等中确定的工程范围，属于合同工程范围；

2) 发生的工程变更属于“根本性的变更”，即工程性质改变了或超出了合同的工程范围；

3) 发生的工程变更数量或款额超过了一定的界限。至于这个界限是多少，可根据工程项目的合同条款或国际工程的类似实例来确定。在FIDIC土木工程施工合同条件第四版中规定为15%，即当变更引起的款额变化超过有效合同价的15%时，允许对合同价进行调整。

(4) 施工顺序的改变

由于变更或其他事件的影响，使承包商重新安排工作或对工程的主要部分进行再次规划，或使承包商采取某些措施，包括修改施工的某些方式。如泄洪工程标导流洞灌浆工程施工，根据经工程师批准的施工组织设计和施工进度计划，3条导流洞灌浆工作应在导流洞混凝土衬砌工作全部结束后，同时从进口向出口进行。由于在导流洞开挖支护期间变更和其他事件的影响，造成导流洞施工进度严重滞后，承包商不得不安排灌浆工作同混凝土衬砌工作同步进行，且将原定的3个工作面施工改为8个工作面同时施工。这种改变便构成了“施工顺序改变”变更。其结果一方面是增加了施工资源，包括灌浆用台车、钻机和灌浆设备，另一方面由于采用交叉施工，相互间形成施工干扰，造成施工效率降低。

(5) 其他变更

除上述设计变更外，其他导致合同内容发生实质性变化的变更均属于其他变更，如合同双方对工程质量要求的变化（高于强制性标准）、对工期要求的变化、施工条件和环境的变化导致施工机械和材料的变化等。

针对承包商提出的上述不同类型的变更申请，工程师根据合同的有关规定并结合施工的实际情况分别提出了不同的处理意见。对于确因设计不当而做出的施工图的改变，工程师确认这些改变构成变更并发布变更意向通知要求承包商报价，同时要求承包商提交设计改变后的施工方法和有关资源配置，以便工程师能根据变更后的工程实际情况进行估价；对于开挖、支护及灌浆等需根据现场实际情况进行施工数量和施工参数改变的项目，工程师根据合同特别条件的规定，不同意按变更处理也不同意改变支付单价，但同意在工程完工后，根据数量的改变情况，做出相应的考虑。

2. 变更处理的程序

(1) 变更的提出

无论是项目业主、工程师、设计单位，还是承包商，认为原设计图纸或技术规范不适应工程实际情况时，均可向工程师提出要求或建议，提交书面的工程变更建议书。工程变更建议书包括以下主要内容：

1) 变更的原因及依据；

2) 变更的内容及范围；

3) 变更引起的合同价格的增加或减少；

4) 变更引起的合同工期的提前或延长；

5) 为审查所必须提交的附图及其计算资料等。

(2) 变更的审查

工程师负责对工程变更建议书进行审查，审查的基本原则是：

1) 变更的必要性；

2) 变更后不降低工程的质量标准，不影响工程建成后的运行与管理；

3) 工程变更在技术上必须可行、可靠；

4) 工程变更的费用及工期是经济合理的；

5) 工程变更尽可能不对后续工作在进度和施工条件上产生不良影响，若产生影响，要求消除这种影响的措施必须落实。

工程师在工程变更审查中，应该与项目业主、设计单位、承包商进行协商，对变更项目的单价和总价进行估算，分析因此而引起的该项工程费用。对影响很大的变更必须把预计的影响向业主汇报，经过业主的同意。

(3) 变更的估价

变更估价是在确定变更后处理变更的关键环节，也是最容易引发争议的地方。在X工程3个国际标变更处理过程中，遵照FIDIC土木工程施工合同条件第四版中变更估价的原则，根据变更的性质、范围、数量分别确定相应的计价方式。如在出口边坡和厂房顶拱处增加锚索，就采用重新确定的方式来确定变更价格，即根据承包商提交并经工程师批准的锚索施工方案和相应的资源用量来定价。其中材料价格根据市场调查和承包商提供的相关材料采购发票价格确定；设备价格根据国际有关设备的台时价格和承包商的实际设备状况确定；锚杆价格若是直径加大或长度加长或兼而有之，则根据合同中同性质的锚杆价格相应调整；而对于灌浆钻孔间距调整、灌浆数量增加等类变更，经同承包商协商同意，按原合同单价予以支付。

(4) 变更的批准

就工程师内部的处理程序而言，其大致步骤为：首先，应由驻地工程师对工程变更进行第一次审批，他负责有关变更工程量的计量与核实，以及提供有关现场的数据、资料和证据，并审查提出工程变更的理由是否充分，起草变更令；第二，上报总工程师或工程师代表，总工程师或工程师代表负责对工程变更的终审，如同意工程变更则报送业主；第三，业主视情况，或者批准或者备案，最后如果业主同意变更，总工程师或工程师代表则可以签发工程变更令，如业主不同意，工程师应视情况，对其认为必须要变更的，应向业主讲明变更的道理，力争业主同意批准。在遇到紧急情况时，工程师或工程师代表可以先处理工程变更事宜，然后尽快地通知业主。

(5) 变更令的发布与实施

业主批准后，工程师即可向承包商发出变更指令。若工程师与承包商尚未就变更价格达成一致，为了避免耽误工作，工程师也可先发指令第一部分，指示承包商工作；在双方协商一致后，再发出第二部分确定费率和价格。

工程师认为有必要，可以在紧急情况下，以口头通知的形式发布工程变更指令，但工程师必须及时向工程师代表报告。对于工程师的口头指令，承包商必须执行。按合同条款的规定，这种口头指令必须加以书面确认。

(6) 变更的计量与支付

承包商在完成工程变更的工作内容后，按月支付的要求申请工程计量与支付。工程师则根据变更令确定的价格或暂定价格以及现场工程师签认的当月实际完成的合格工程量，审定该变更当月的支付金额，计入月支付证书中。

下面是X工程设计变更的三个案例。

【案例12-1】　进水口引水导墙结构优化设计变更

（选自李武伦《建设合同管理与索赔》）

关键词： 设计变更；优化设计

背景和综述：

进水口导墙位于大坝与进水塔群之间，其主要作用是引导调整进水塔群前水流流态，使其顺畅稳定。招标前，由多家科研机构分别对不同的引水导墙体型验证了引水效果，对进口流态、进水塔前淤积漏斗等进行了大量的研究。一致认为，修建引水导墙是有必要的，并各自提出了对引水导墙体型的建议。根据各家建议招标设计的引水导墙从布置上可分为两段，第一段为斜坡段，其后的第二段为重力墙段，并将其工程量列入工程量清单。

招标后，随着枢纽泥沙模型试验及进水塔前防淤堵试验的进一步开展，对引水导墙不同体型的研究也进一步深入，加之前期工程施工对引水导墙部位地质情况进一步的认识，原招标方案中斜坡段的稳定及重力挡墙将有变更的意向，对此设计单位提出了对引水导墙体型的修改方案，于1994年在黄委水科院泥沙模型上进行了验证与调整。试验表明，修改后的引水导墙体型明显地改善了进水塔前水流流态，能较好的引导来流顺进水塔前沿流动，形成逆时针单一回流和进水塔前理想的淤积形态和漏斗，更好的解决了进水口防淤堵和排漂问题。

设计方经过设计修改后，引水导墙修改为全重力式混凝土挡墙，混凝土增加11.5万m^3，石渣回填减少12万m^3。为此，工程师向承包商发出“进水口引水导墙设计变更意向通知”。

由于发布修改后的引水导墙施工图与招标图截然不同，承包商有意在引水导墙开挖上拖延工期，迟迟不开工，以寻求高额索赔。与此同时，承包商还以变更为由，拟将原用于进水塔混凝土浇筑的一台洛太克塔带机移到引水导墙，这标志着引水导墙的混凝土量增大，将造成引水导墙与1997年截流关键项目进水塔群争混凝土的局面，并对整个工程投资和关键工期产生严重的连锁影响。这引起了工程师的严重关注，这已经不是一个变更了，而可能导致“设计不当”的业主风险。

工程师认为，引水导墙整体设计成大体积混凝土没有必要的，为了减少损失和工期延误，削减进水口的混凝土工程高峰强度，缓解混凝土浇筑机械的紧张局面。II标工程师代表分析了引水导墙的各种工况条件，对引水导墙的结构设计提出了建议书。建议书提出的方案为：在保证原设计外部体型不变的前提下，在高程200m以下采用混凝土重力挡墙，高程200m以上部分改为混凝土块护面的堆石体。为了确保堆石体的稳定性，增设直径为28mm的水平钢筋网，垂直方向钢筋网的间距为2m，钢筋网延伸至潜在破坏面之外至少3m。这样，使混凝土总量不仅不增加，反而减少5万m^3，石渣回填增加3万m^3，工期不延误，还节约投资2,768.27万元。建议书提交后，引起了工程师的重视，也得到业主的肯定和好评。业主邀请X工程技术委员会专家和特邀专家召开了进水口导墙结构优化专题讨论会。与会专家听取了工程师、业主和设计方的介绍，查看了进水口导墙施工现场。经过三天的激烈讨论，与会专家一致同意引水导墙结构优化建议书。

设计方根据会议纪要，参考了建议书提出的结构设计优化方案，又提出了引水导墙设计的修改图。工程师接到设计修改通知后，于1997年4月向承包商发布了修改后的导墙施工图。后来又经过设计方和加拿大咨询专家对堆石体进行详细的稳定分析后认为按1∶1.5的边坡是稳定的，对埋入堆石体钢筋网的作用也进行了研究，同时，为了寻找合适的堆石料，作了几个方面的比较后，选定了运距最短的进口料场的材料。实践证明，这个建议方案使业主避免了设计不当风险。

案例评析：

本案例讲述的是因优化设计引起的变更。工程中可能面临众多变更，对于工程师来说，应注意变更的合理性，使业主效益最大化，并注意协调好各方之间的关系，使变更程序化，以利于后期变更与索赔的处理。

【案例12-2】　尾水洞顶拱取消混凝土衬砌的设计变更

（选自李武伦《建设合同管理与索赔》）

关键词：地质条件变化；设计变更

背景和综述：

根据设计方的设计，尾水洞为明流无压隧洞，洞顶不过流。尾水洞洞身采用喷锚支护作为永久支护，顶拱混凝土衬砌30cm，主要是为了减少水流糙率和封闭岩石表面不受风化，但不起支护围岩的作用。

由于尾水洞穿过$T1^4$～$T1^{6-1}$多层岩体，岩石呈稍向下游倾斜的近似水平布面岩层，垂直节理发育，水平岩层泥化夹层数量多，地质条件比较复杂，因此在尾水洞顶拱的开挖过程中，超挖严重，且拱座超挖较多，大部分成为平拱，影响顶拱稳定性。

由于顶拱超挖，按原设计施工需在衬砌混凝土以上回填大量的混凝土，或回填灌浆浆体，导致增加荷载后将大量增加边墙和顶拱的受力钢筋。根据设计方为此所提交的施工修改图，钢筋总量由原来的3,841t增加到10,517t，增加投资3,555万元人民币，承包商还提出了2年的工期延长。这么长的工期延长，已不是一般的变更了，其性质可能变为业主的风险。

针对这一情况，工程师代表与加拿大咨询专家进行了多次研究和讨论，考虑到：①尾水洞顶拱的稳定性已有系统张拉锚杆和钢筋网喷混凝土承担，混凝土衬砌不起支护围岩的作用；②尾水洞为明流无压隧洞，水面在顶拱以下，水流对顶拱的安全不构成影响，提出了取消尾水洞顶拱混凝土衬砌的建议，上报工程师和业主。

上述方案得到业主的批准，设计方据此也发布了设计修改通知。按照世界银行特别咨询团的意见："专家组同意取消顶拱衬砌的主张，并认为没有必要再加一层喷混凝土，因为加一层喷混凝土只能稍稍提高稳定性，在洞顶超过8～10m非常平坦的地方，建议加装一些4～5m长的砂浆锚杆。"工程师代表对设计修改通知再进一步提出优化，将原通知的顶拱全部重新挂钢筋网喷混凝土改为局部地段增加锚杆及挂钢筋网喷混凝土支护，该方案以修改通知的形式下发承包商实施。工程师认为这种取消顶拱混凝土衬砌、局部增加锚杆及挂网喷混凝土的方案完全可以满足尾水洞长期稳定运行的要求，技术上是可行的，并且减免了业主的风险。需要指出的是，在承包商收到该通知时，其分包商已完成了大部分顶拱模板和钢筋台车的制作和组装工作，因此，这部分发生的费用只能补偿给承包商。

实践证明，采取上述工程师修改的措施后，工期不仅没有延长反而缩短了3个月，并为业主节约了投资1,288万元。

根据尾水洞施工期间埋设的观测仪器观测结果显示：仪器安装一段时间后围岩位移有微小发展，但位移量较小，均在10mm以内；1998年以后仪器测值趋于平稳，位移速率基本为零，表明包括顶拱在内的仪器所在区域的围岩已经稳定。

案例评析：

本案例为施工过程地质条件复杂而引起的设计变更。在处理变更的过程中，工程师积极与专家讨论，发挥了较大的协调作用，最终使问题获得了圆满解决，这充分反映了工程师在工程实施过程中的重要性。

【案例12-3】　发电厂房顶拱增加预应力锚索的设计变更

（选自李武伦《建设合同管理与索赔》）

关键词：地质条件变化；设计变更

背景和综述：

1994年11月，在地下厂房准备开挖之前，设计方颁发了地下厂房施工图。工程师代表发现，该施工图与原招标图相比，在顶拱部位增加了25m长施加150t的预应力锚索167根，12m长施加50t预应力锚杆1,675根。增加这些锚固支护的原因是在招标期间，前期施工的1号通风竖井开挖时，发现厂房顶拱上部有七层软弱夹层，厚度0.5～2cm不等，严重影响顶拱的稳定。工程师认为增加锚固支护是必要的，因此，在颁发施工图后，即向承包商颁发了变更意向通知，确认该施工图为设计变更。

接着，从1994年12月5日至1995年1月20日，用了1个半月的时间，工程师代表和承包商进行多次协商，研究履行这样的变更所带来的技术、材料、设备和合同问题。

承包商提出，由于预应力锚索和锚杆的增加所带来的额外工作，将导致厂房顶拱开挖的工期由原基线计划144天延长到431天，即延期287天。

索赔处理过程及结果：

工程师就此向业主、设计方、国际咨询专家和国内锚索施工有经验的专家进行汇报和讨论，共同统一了认识，认为增加12m长的预应力锚杆，同25m长的预应力锚索，在工艺及施工的程序上是完全一致的，只是长与短，钻孔孔径的大小差异，如果按3根12m长的预应力锚杆的工期相当于一根25m长的预应力锚索工期，那么增加的总工期应该是1,675根锚杆/3＋167根锚索＝725根的锚索工期。如果按经验估计每天安装2根锚索（后来实际上是每天1.6根锚索），则延长的工期为362天。从以上分析认为承包商延长工期的要求是合理的。

以此类推，即如果厂房顶拱顺利挖完，顶拱以下的台阶仍能按基线计划完成，则第一个中间完工工期（指合同中规定的，由厂房土建承包商向安装承包商移交发电钢管下平段钢管安装日期）和第一台机组发电的日期也将延长一年的时间。这意味着X工程的运营和还贷推迟一年，业主将承担整个X工程的投资总额一年的利息，这将是一个巨额的数字。为此，工程师通过自己精心的工作，并同承包商协商提出了下列建议。

（1）同设计方协商，修改锚固支护设计，取消12m长的预应力锚杆，25m长预应力锚索由167根增加至336根，给承包商以厂房顶拱开挖4个月的延期权利。

（2）为了保证第一个中间完工日期和赶回顶拱开挖支护4个月的延误，建议修改发电洞下平段及斜坡段施工的程序。原该洞下平段的施工是当地下厂房台阶开挖达到下平段高程时，停止厂房开挖，而转向下平段和斜坡段的开挖。现建议修改为另开围着厂房上游侧的一条交通洞（17号C洞），直达下平段的上游侧，然后以17号C洞为交通洞，在斜井段以下沿着1—6号发电洞的轴线，提前于厂房台阶开挖的进度开挖下平段。这样，既避免了厂房台阶开挖因下平段开挖而停工，抢回了锚索施工的工期延长，又可按期向安装承包商交面。另外，虽然增加了一条17号C洞，付出了额外的资金，但由于17号C洞的存在，可替代原29号排水洞和22～27号通风洞的功能而不再开挖这些隧洞，而无损失。

（3）工程师和业主认为这是一个较为完整的方案，授权工程师代表同承包商协商，经过协商，在施工方案上双方取得了一致，但在费用和工期上有不同的意见。在这样的情况下，工程师代表按合同条件第52.1款的规定，发布了变更令，工程师在听取承包商的意见的基础上单独决定给予承包商施工进场费与锚索施工额外费用，17号C交通洞的开挖费和300万美元的额外施工设备购置的预付款，使承包商有财务能力进行施工。

实际证明，这一额外工作避免了延长工期，是工程师精心努力的结果。它不仅为业主赶回工期，而且为业主节省因修改设计而发生的直接费550万，而且解除了承担支付一年巨额利息的风险。不仅如此，仅就Ⅲ标工程师而言，在取消尾水洞顶拱混凝土衬砌，减少张拉锚杆，降低开关站地面高程，改变灌浆工程质量检验的标准和方法等，节约工程直接投资8,000万元人民币。如果再考虑间接影响，将是一个更大的数字，由此也可见工程师行为对在建工程的重要性。

案例评述：

1. 本案例也是施工过程中因地质条件变化而对设计进行修改引起的变更。

2. 本案例充分反映了工程师合理处理变更不仅可以替业主节约大量资金，也有助于工程争端的解决。

三、索赔问题及分析

X工程实施过程中出现了较多的索赔问题。I标承包商曾提出索赔15项、Ⅱ标80项、Ⅲ标35项，其中大部分仅为索赔意向，工程师共计评估处理承包商索赔96项，其中有6大项争议久拖不决，经双方协商提请争议评审委员会（DRB）进行听证和调解，此外还有12项潜在争议也提交DRB寻求评审调解。在承包商提出的索赔中，绝大部分是由于地质条件变化、设计变更和因工期延误赶工引起的，约占90%；后继法规的变化约占8%；由于业主的条件及合同规定本身的原因造成的约占1%。

1. 变更引起的索赔

当工程出现变更时，业主不但要支付变更本身的费用，还要支付为解决变更采取各种措施的额外费用和直接费用以外的相关的影响费用，常引起争议。X工程因变更引起索赔的实例很多。

【案例12-4】 业主限制进口轮胎引起的额外费用索赔

（选自殷保合《黄河小浪底水利枢纽工程》）

关键词：设备材料限制；变更；费用索赔

背景和综述：

根据合同，承包商的施工设备多数由国外运来，相应的轮胎承包商也计划进口。在实际执行过程中，业主要求承包商使用国产轮胎，限制进口轮胎。由于进口轮胎同国产轮胎相比，虽然价格较高，但使用寿命长，其性价比更优越。承包商认为由于业主限制进口轮胎，相应发生了额外的轮胎费用支出，承包商对此费用提出了索赔。

由于此项索赔，事件发生在1994年和1995年，但承包商这期间与业主的机电处直接联系处理。到1996年才向工程师提出索赔意向。工程师认为承包商提出这一索赔违反了合同通用条件第53款规定的程序，对承包商的索赔权利提出了质疑。直到2000年，承包商才提出了较有说服力的证据，工程师根据这些证据，经多次协商，同承包商就本项索赔达成一致。2000年9月4日，双方签订了协议，同意补偿承包商使用国产轮胎与进口轮胎相比发生的直接费用和多更换轮胎发生的费用及相应的财务费用。

【案例12-5】 消力塘帷幕灌浆取消引起的额外费用索赔

（选自殷保合《黄河小浪底水利枢纽工程》）

关键词：删减工作；变更；费用索赔；机会利润损失

背景和综述：

1995年4月1日，工程师以253号函通知承包商取消消力塘的帷幕灌浆工作，替代帷幕灌浆的排水洞工作将由其他承包商实施。承包商认为这违反了合同通用条件第51.1款有关变更的规定，因此要求业主为因此而发生的费用和损失进行补偿，包括减少的投资回收损失、利润损失、过量的银行保函费用和上述费用的利息等。

1995年4月24日承包商以7101号函根据合同通用条件第53.1款发出索赔意向通知；并于1996年6月13日以14076号函提出本项索赔的中间评估，评估金额为

1,451,241.55元人民币和867,385.05德国马克。

工程师1996年8月12日以2730号文确认消力塘帷幕灌浆的取消构成变更，同意给予一定的利润补偿。

承包商在2000年11月22日提交的41729/XLD3.2.2/GH/4号文中，根据合同通用条件第67款，要求工程师对有关消力塘帷幕灌浆取消引起的费用和损失补偿做出决定，要求补偿支付的总金额为1,451,241.55元人民币和867,385.05德国马克，这一金额由4部分组成：

（1）减少的投资财务回收费用；

（2）利润损失；

（3）超出的银行保函费用；

（4）上述额外费用的利息。

工程师认为根据合同通用条件第51.1款，消力塘帷幕灌浆的取消构成变更，应根据合同通用条件第52款进行评估。

对于承包商索赔金额的4个组成部分中，工程师认为：对承包商提出的投资财务回收减少问题，由于消力塘帷幕灌浆的取消是在工程刚开工时就提出，承包商实际并没有投入人力、设备等资源，即承包商还没有对本项工程有投入，当然也就没有投资报酬问题。关于利润，由于消力塘帷幕灌浆取消，承包商分摊在本项工程的利润就得不到补偿，承包商不能获取计划的利润，形成利润损失，可以考虑补偿。至于过量的银行保函产生的费用，若承包商能够提供证据其已对消力塘帷幕灌浆工程提供了银行保函，并支付了费用，可以考虑补偿。由于上述费用和损失产生的利息，可根据应补偿金额按财务费用的计算方法计算利息。

2001年2月26日，工程师经过同承包商协商，就该项索赔金额同承包商达成一致，最终补偿金额为545,518.93元人民币和234,600.16德国马克。

案例述评：

取消原合同工作范围中规定的工作也构成变更，承包商可获得机会利润损失。

2. 不可预见因素引起索赔

在处理由于不可预见因素引起的索赔问题时，承包商需要证明根据合同文件中的规定，一个有经验的承包商也不可预见到这些困难。因此，关于不可预见因素的认定往往会出现争议。X工程由于不可预见因素引起了较多的索赔。

【案例12-6】　不可预见的不利条件引起的索赔

（选自王咸儒《小浪底水利枢纽FIDIC合同项目管理实践》）

关键词：不可预见的地质条件；DRB

背景和综述：

X工程Ⅲ标引水发电标的承包商提出了“地下工程施工遇到无法预见的不利条件”的工期延误和费用索赔。其理由是：1）厂房顶拱大范围增加预应力锚索等支护的设计修改，表明地质条件恶化，及导致工程量大大增加；2）地下工程开挖中遇到在投标书中未预见到的断层、泥化夹层等不利地质条件变化；3）工程师指令赶工大大增加资源和经费的投入。因此，承包商认为上述变更影响了整个地下工程的施工条件，故投标书中工程量表费率不再适用，要求以承包商发生的实际总费用对工程施工重新估价并予以补偿，并据此提出数额巨大的一揽子索赔费用。

索赔处理过程及结果：

X工程的业主认为：将厂房顶拱增加预应力锚索等设计修改，旨在加大顶拱的稳定安全系数，并不是地质条件的变化引起的；除个别地点外，总体地下厂房的地质条件未发生改变。对于设计修改导致误期，业主与工程师在设计和咨询专家协助下，精心研究并采取增加17C施工交通支洞，先期开挖位于厂房上游面的6条发电洞的下平段等一系列措施，以弥补因增加顶拱锚索而影响厂房下部开挖的延迟工期。因此，业主认为承包商这项一揽子巨额索赔是不合理的。

针对业主和承包商的争议，DRB举行了听证会，双方均做了长达数月的大量准备工作。承包商在听证会前提交了详尽的立场报告，并附有几十卷地质素描资料作为佐证。业主方针对承包商的立场报告，编写了回应报告，也附有大量施工、地质记录等证明材料，并于听证会召开前14天提交给DRB成员和对方。在1999年8月第五次听证会期间，双方对等的做了陈述报告，答辩DRB成员的质疑，并作补充发言澄清问题。为使业主的回应报告和陈述报告更具有说服力，业主还邀请了国内外的地质及岩石力学专家作为咨询顾问，并请加拿大驻地的岩石力学专家和合同管理专家代表业主在DRB听证会上作陈述报告。DRB在听证会后就Ⅲ标地下工程实施中遇到不可预见不利条件，发出了Lot3-R2DRB建议书。建议书指出："设计修改变更不足以说明不可预见的地质条件的存在"，从而否定了承包商以反向推理的逻辑提出全盘索赔的理论根据，建议书中还建议应按设计变更、局部地质条件变化的情况，逐项对工期、直接费用和间接费用的影响，按实际费用予以补偿。此后，Ⅲ标承包商转变了态度，积极与业主展开各种层次的协商，并在多次谈判过程中，逐步降低索赔额。业主方也通情达理予以配合，实事求是承认各项设计变更和局部地质提交变化对工程的影响，逐项进行补偿费用评估计算。双方终于在2000年5月1日签署全面解决合同争议的协议。

案例评述：

承包商在索赔因不可预见的不利条件而带来的损失时，应注意提供充分的论据以证明此不利条件确实为不可预见的不利条件，否则，承包商很难获得相应的赔偿。

3. 可原谅延误及干扰索赔

X工程规模宏大，在实施过程中难免会发生工期延误的情况。如果是可原谅的延误，则承包商有索赔工期和费用的权利。

【案例12-7】 可原谅延误及干扰引起的索赔

（选自殷保合《黄河小浪底水利枢纽工程》）

关键词： 可原谅的延误；工程干扰；索赔

背景和综述：

2000年6月16日，承包商就泄洪工程施工过程中发生的可原谅延误及工程干扰提出索赔，承包商提出这一索赔的理由如下：

1）业主没有完全提供有关的地质资料；

2）在开工、施工图纸、现场移交、分包合同批准、预付款、海关批准和指定材料批准方面均出现延误；

3）施工中在几个工程部位都出现了不可预见的地质条件；

4）大量的设计变更；

5）施工延误和赶工措施；

6）金属结构安装施工中存在的施工图发布延误、施工图不明确、设计不充分、制造商资料提供延误、交货延误、业主供应的设备超差（需要现场处理）和施工规范变更等多种原因产生的各种干扰；

7）合同问题处理不及时造成的现金流困难。

承包商认为由于上述原因，承包商现场的施工组织计划受到严重干扰，施工效率降低很多，因此发生了巨额的额外费用，这一费用在变更和相关的索赔费用中并没有得到全部补偿。因此，对未得补偿的这一部分金额要求按干扰索赔加以补偿。

承包商提出的补偿要求包括下面几项：

1）承包商从1994年6月8日中标后就在欧洲设立了一支技术、财务和管理人员队伍，为现场施工提供支持，一直工作到1996年12月，由于其工作是以招标图为准，而招标图的大量变更造成该队伍工作变得多余，这支队伍的费用应该得到补偿；

2）承包商在投标时承诺的6%的折扣的条件是工程按标书文件的规定以合理的方式有计划地进行，但因上述变化，这一折扣已不合适，要求补偿；

3）因上述变化增加的大量设备、材料采购和现场施工管理人员及采用高工资及奖金而发生的费用；

4）雇用大量合同管理人员发生的费用；

5）额外融资发生的利息支出；

6）合理的利润因上述原因而减少或失去。

承包商就此提出的索赔金额约为2.65亿元人民币和0.99亿德国马克。

对此项索赔，工程师要求承包商对其索赔依据进行澄清。事实上，由于承包商对这一索赔基本上都是理论核算，并没有确实的证据。因此，本项索赔金额在最终商务谈判中并没有作为单独协商项目处理。当然最终也未单独就此项索赔进行任何支付。

4. 后继法规变化引起的索赔

根据FIDIC土木工程施工合同条件第四版通用条件第70.2款，如果投标截止日期前的28天（基准日期）以后，工程所在国中的任何法规、法令、政令或其他法律或规章发生变化，使得承包商在实施合同中发生了除第70.1款［调差条款］规定以外的费用，此类增加或减少的费用应由工程师与业主和承包商适当协商之后确定，并加入合同价格或从中扣除。

在X工程实际施工期间，国家及地方法规发生了一系列的变化，这些法规的变化都属于合同规定的后继法规的范畴，业主应按照合同予以调整。以下案例即是由于后继法规变化而引起的索赔。

【案例12-8】　新税法实施引起的索赔

（选自李武伦《建设合同管理与索赔》）

关键词： 法律变化；增值税

背景和综述：

X主体工程投标截止日期为1993年8月31日，而工程所在国于1994年1月1日起实施新税法，包括增值税、消费税、营业税和印花税。X工程的承包商根据这一变化提出了一系列索赔，其中关于增值税的索赔最大。承包商认为其作为外资企业在投标阶段仅须缴纳工商统一税，现因税制改革，要承担增值税和消费税等其他税赋，这一税改构成合同通用条件第70.2款下的后继法规变更，其增加的额外费用应由业主补偿。在索赔报告中Ⅱ标承包商提出的索赔金额达1.1亿元，Ⅲ标承包商提出的索赔额为2,000多万元。

工程师在收到承包商关于税法变化的索赔后，立即回复承包商答应对索赔进行评估，并要求承包商提供有关资料。同时，工程师立即组织有关人员研究索赔中涉及到的相关法规，并向地方税务部门进行咨询。在感到对相关法规理解不够后，专门到国家税务总局及国际税务咨询公司进行咨询，向有关专家请教税法变化的背景，税法改变后对纳税人产生的影响；并请其就X工程的具体情况给出书面咨询意见，作为处理税法变更索赔的权威证明。

在对税法变更有较深了解后，工程师结合承包商提出的索赔，拟定了一份详细的评估意见。并以此意见为基础同承包商进行协商。工程师确认1994年1月1日起实施的增值税构成合同通用条件第70.2款中后继法规变更。但指出对承包商在工程所在国内采购的用于工程施工的指定材料而言，承包商并非增值税的纳税义务人，而仅是增值税税赋的最终承担者。对进口材料而言，承包商虽是增值税的纳税人，但业主在合同执行当中已结合关税一起进行了补偿，承包商并未因此增加费用，故不存在单独补偿税赋问题。而对承包商作为非纳税人，由于税制改革给承包商造成费用的变化，工程师认为：承包商作为货物的购买方由于税法变化而导致的费用增加或减少完全取决于销售货物方由于税法变化所引起的销售价格的变化。

因此，工程师向承包商发出了指示，要求承包商报送据以索赔1.1亿的所有非指定材料的购货发票（原件或复印件），供工程师对此索赔进行复核。陆续接到这些发票后，工程师按照以下思想做了研究：

1）如果税制不改革，承包商的每张发票是什么状况，即销售价是什么，应付多少金额；

2）现在每张发票上的单价金额，都是1994年1月之后的，即税制改革后的状况；

3）如果将税制改革前、后的每张发票的销售价和金额一一进行对照，可能发现有的相同、有的上升、有的下降。依据汇总的结果，就可划定承包商有无权利索赔，如有权索赔，则应赔偿多少一目了然。

这样，经过对每一张发票的单价用税制改革前的营业税置换成现在的增值税，找到了税制改革前的单价。由于不少商品的营业税率高于增值税率，所以全部商品购置金额总计的结果，是税制改革后的购置金额不仅未大于税制改革前的金额，而且严格地讲，业主还可以向承包商在支付清单中扣回十几万元。工程师通过各种渠道，向承包商做了说明。直到接近半年的时间，承包商在支付申请清单上主动取消了这项索赔，增值税索赔案处理完毕。

同样，工程师对承包商提出的消费税和印花税的索赔也进行了分析。关于消费税，工程师考虑在进行增值税计算时已将原税制下的税赋全部抵消，消费税的税赋全部作为新增费用加入合同价格中。而对于印花税来说，承包商作为外资企业，原税制下，对流转税税种而言，其仅缴纳工商统一税，印花税可以从所缴纳的工商统一税中如数抵扣。在新税制下，根据税法规定，外资企业也实施增值税、消费税和营业税并缴纳印花税。现行营业税下承包商应纳税赋同原税制工商统一税下承包商应纳税赋相抵的情况下，印花税税赋为新增费用，应予以补偿。

这样，工程师对承包商就1994年实施新税法所做的索赔全部进行了处理。事实证明，工程师的处理既遵守了国家法律、法规的规定，又满足了合同条件，公正、公平、合理，全面维护了业主的利益。因此，对工程师的评估意见承包商及业主均未提出反对意见。

【案例12-9】　劳动法变化引起的索赔

（选自李武伦《建设合同管理与索赔》）

关键词： 法律变化；劳动法

背景和综述：

在X工程师实施过程中，由于工程所在国于1995年1月1日起实施新劳动法以及劳动补偿保险等新法规，该工程的承包商提出了一系列的索赔。新劳动法中规定：(1) 每周工作时间由原来的48小时改为40小时，即由6天工作制改为5天工作制；(2) 每月延长工作时间不得超过36小时；(3) 安排劳动者延长工作时间的支付由原来工资的100%改为150%，休息日由150%改为200%，法定节假日由200%改为300%的工资报酬。而合同里规定每周工作6天，承包商标书里一般按每天工作2班，每班10小时安排工作计划。因此，三个标的承包商都认为新劳动法的规定缩短了他们在原投标书中的工作时间，严重影响了进度和工期，从而提出了延长工期、增加费用的索赔要求：第一，是对加班工资的增加，要求索赔额外的支付；第二，如果每周6天工作制改为5天工作制，为了保证进度，则要求增加劳务人数以及增加临时设施。

为此，业主多次与上级有关部门反映情况，汇报背景和后果，进行协调；另一方面工程师积极主动与各承包商反复商谈。终于在不违背新劳动法基本原则前提下，通过业主向水利部报告并经劳动部批准，X工程施工不实行每周工作不超过40小时和每周至少休息一天的工作制，改为实行综合计算工时工作制和不定时工作制的工作制度，即实行定期安排休息休假的办法，使承包商放弃增加资源或延长工期要求，仍然保持原有的资源安排和计划进度。但对于加班工资标准提高导致承包商劳务费用的增加，业主同意按劳动法规定标准给予补偿，但要求周六加班要经过申请并得到工程师的批准。

案例评述：

参照FIDIC土木工程施工合同条件第四版的规定，在基准日期（案例中为投标截止日期前的第28天）之后，国家的法律、法规或规章发生了改变，即所谓的后继法规变化，如果对承包商履行合同规定义务产生影响，则合同价格应考虑上述变化导致的任何费用增减，进行相应的调整。以上案例中劳动法及税法的变化即属于法律变化的情况，因此承包商和业主均有权就此造成的工期延误和费用增减进行索赔。

5. 劳务调差补偿

在X工程中发生劳务价格调整计算的差异导致的承包商索赔，是由于合同本身前后的不同及工程师所提出的劳务调差计算与承包商所提出的计算方法不同，而引起的争议。

【案例12-10】　合同前后不一致引起劳务价格调整计算差异导致的索赔

（选自李武伦《建设合同管理与索赔》）

关键词：合同缺陷；劳务价格调整

背景和综述：

X工程的国际土建标，合同专用条件规定了劳务价格调整计算的公式。规定有下列5条：

1）包含在工程量清单中的单价，应认为是按投标书定价日期（投标截止日期前28天）通用的当地劳务人员的工资、津贴、补助及利润率计算出的；

2）合同开始履行后，每年的当地劳务人员的工资、津贴、补助及利润率可能会有增加或减少，应予以调整计算，并予以补偿；

3）在当地劳务人员工资费率增加或减少的情况下，按此对承包商的劳务总金额进行调整；

4）当地劳务费用的金额应按下列公式进行计算（一年调整一次）：

$$A = W\ (L_i - L_0)\ /L_0$$

式中　A——前一个日历年当地劳务费用调整的金额

L_i——反映前一个日历年劳务费用的综合调整系数

L_0——反映提交投标书定价日日历年劳务费用的综合调整系数

W——承包商在前一个日历年期间支付的当地劳务及全部人员费用的总金额

5）W值应通过承包商的工薪记录来证明，该支付记录应接受工程师的审计和检查。

这5条说明，被调整的总金额是根据实际支付的总金额来计算的，还是很明确的。但在合同谈判时，又对W值做了如下的规定：W表示上一个日历年期间承包商雇用的当地人员的工资总值。该总值是根据投标期间的现行费率计算的。在投标书提交的细目表8中对费率已有说明。这段文字与专用条款中的规定发生了歧义。前者是实际支付的，而后者则是根据细目表8的费率计算的。

因而，在合同管理过程中一直存在分歧。工程师要求承包商每月提交工薪单，而承包商则不提交工薪单，只报告各级工人的工时报表。原因是因为各级工人所得到的工资均比细目表8所表明的工资要低。因此，工程师在计算补差工资时，按工人实际工资总额为依据，而承包商的计算则以细目表8的工资单价为依据计算总值，两者的差异导致了争议。

此争议提交DRB评审，DRB基本上支持了承包商的立场。DRB的观点是：对于在合同谈判时修改W的定义，业主把工人工资增长率的风险推给了承包商。DRB的评审维持了合同修改的原意。

案例评述：

本案例中合同规定前后不一致，属于合同缺陷。DRB的意见是对的。参照FIDIC土木工程施工合同条件第四版有关费用调整的条款，在本案例中，工人工资因劳务价格调整而变化，业主应当与承包商协商，进行合同价格的调整。

6. 其他原因引发的索赔

除了上述原因之外，X工程中还存在由于其他事件引发的索赔。

【案例12-11】　由其他外界条件引起的索赔

（选自李武伦《建设合同管理与索赔》）

关键词：当地农民闹事；工期延长

背景和综述：

X工程承包商在平整开挖反滤料筛分场地的时候，挖到了当地农民的一座老坟，当地农民进场后，看到在现场施工的人员是另村的农民。因此，当地农民闹事要求承包商将这些工作交由当地农民来做，并由此造成承包商已雇用的另村农民窝工、推土机停机。

在工程师协调下平息事件之后，承包商提出了索赔报告，这是承包商按自己认为可以索赔的理由提出来的，要求索赔人民币21.27万元，工期延长44天。

索赔处理过程及结果：

工程师在接到此索赔案件后，回复了对此案件的处理。工程师认为农民干扰了施工，这是一个事实，有权索赔。

工程师要求承包商报送支付窝工费的清单，包括农民姓名、窝工的工日数及单价，以及农民签字领取的窝工费数额。

工程师认为推土机停机窝工后，没有发生燃料、折旧和机上人工工资，至于推土机的工作效率低，这在大型土建工程中是经常发生的事，特别是在X工程这样大型工程施工中，推土机不可能在进场以后，天天都有活可干。而且现在这个事件，只发生在临建工程中的很少一部分，推土机的折旧回收主要在主体工程中。工程师建议承包商不再提这一索赔的内容。

至于延长工期44天，工程师认为不妥。这是因为反滤料筛分场的平整工程不在主体工程和关键路线上。农民的这些干扰已很快协调解决，也不会有44天的工期延长，而且即使有延长也可以在主体工程施工的几年内赶回来。所以，工期延长这一索赔可在后期协商，也可不予涉及。请承包商按上述意见给予复函。

信件发出后，承包商在任何会议上不再提出对此索赔的议论，也没有任何回函。工程师当然可以认为此案已处理完毕，或者说承包商一直在保留着自己的索赔权（但直到工程竣工承包商一直未提此事件）。

案例评述：

在提出索赔时，首先必须确定索赔的权力主张是否成立，之后再确定是否发生了实际损失。本案例中工程师对承包商有权索赔的部分和无权索赔的部分分别进行了界定，并要求承包商提供相应的证明是合理的。

四、DRB解决争端案例分析

X工程采用DRB的方式解决项目实施过程中的重大变更与索赔问题取得了明显的成效。

1. X工程DRB的组建

自1994年X工程主体工程开工后，变更、索赔不断增多。鉴于对争端协商解决的困难，合同双方均逐渐意识到，若按原合同67款规定，一些争端将不可避免的付诸国际仲裁，这不仅费力费钱，而且将旷日持久十分费时，影响工程顺利进展。因此，应世界银行的建议，1996年底业主与三个土建国际标的承包商讨论引进争议评审团（DRB）的机制，旨在以最小代价尽快解决争端，尽可能减少对工程的干扰。为此首先需修改原合同通用条件67款为R67款，并于1997年10月31日就“成立DRB的四方协议”“DRB成员聘任函”以及“R67款规定新内容”等达成一致。1998年4月22日业主与三个国际土建标标承包商四方协议的代表分别与三位DRB成员签订了聘用协议，正式完成了X工程争议评审团的组建。四方协议主要内容是：

1）四方一致同意组建X工程争议评审团（DRB），其唯一目的是鼓励业主和承包商妥善使用合同条款，友好解决各种可能发生的和已经发生的争端，从而尽可能避免诉诸仲裁；

2）四方一致同意以合同修改方式删去各标合同通用条件的67款，代之以R67款，DRB所用工作程序均需符合R67款和四方协议的规定；

3）DRB的工作内容：DRB每年至少到工地访问三次，旨在视察工程进展情况，审查潜在的合同争端问题以及对已经发生的争端进行听证。四方协议对正式听证会的程序做了严格的规定；

4）DRB费用由业主承担50%的聘用费，其余由Ⅰ、Ⅱ、Ⅲ标承包商按合同价分摊；工地考察听证等其他工作费用也由业主承担50%，其余按各标所花费的时间由各承包商按比例分摊；

5）DRB成员服务条件、任期和撤换：DRB成员任期为二年，如各方一致同意，可以续聘，但续聘通知需提前70天发出。任何成员可以辞职，但需提前70天通知其他各方。DRB成员任何时间可因故予以解聘，但需提前70天书面通知。解聘原因包括评审团成员违反了四方协议和聘用协议的规定，或评审团成员从事了与其身份不符的行为，但需得到四方协议各方的一致同意和签字。如此发出解聘通知是最终决定，不容任何申辩。一旦DRB成员出现空缺，应立即着手新成员的选聘工作；

6）关于对“四方协议”的争端：业主与各承包商就本四方协议发生的任何争端按斯德哥尔摩商会仲裁院的规定，由三名仲裁员做终审裁定。

2. X工程DRB的成员

DRB主席：美国人，法学学士。国际律师协会国际建筑工程委员会名誉主席，FIDIC获准仲裁员，伦敦仲裁院注册成员，争议评审团基金会董事会成员兼国际应用委员会主席。曾参与国际工程争端评审、仲裁工作35年约70项工程。

DRB成员（业主方推荐人）：英国人，高级土木工程师。1965年伦敦高等学院理科硕士。FIDIC认可评审员、鉴定人和调解员。从事国际土木、水利工程合同管理34年，FIDIC1999版合同条件的主要起草人之一。

DRB成员（三个标承包商共同推荐人）：瑞士人，英国土木工程师联合会成员，注册工程师，瑞士仲裁法庭、ICC、维也纳仲裁法庭和伦敦仲裁法庭等仲裁员，具有25年国际工程仲裁经验，参与工程项目56项。

3. X工程DRB的程序

据修改后的R67款规定，如果业主和承包商双方中任何一方对工程师决定不满意，或者工程师未能在42天内做出决定，则其中任何一方都可以在收到该决定或者上述42天期满后的42天之内将争端意向通知另一方，并抄送工程师，同时将争端提交DRB；不满意一方也可选择发出直接将争端诉诸仲裁的意向，但若另一方在收到仲裁意向后的28天内，要求将争端提交DRB，则不满意的一方诉诸仲裁的通知无效。

DRB在下一次访问现场时召开争端听证会。在听证会之前的56天之内，不满意一方必须提交立场报告，另一方则在听证会前的14天内向DRB提交以答辩为目的回应报告。双方均将副本提交给对方和工程师。若12个月内未被听证，可以发出将争端提交仲裁的意向。

听证会结束后，DRB在28天（或者合同双方商定的更长时间）内以书面形式向双方提交DRB的建议。

如果合同双方在收到DRB建议后的56天（或者合同双方商定的更长时间）内，合同双方没有对DRB建议提出异议，则DRB建议具有约束力，否则将争端提交仲裁。

仲裁开始前双方仍然有56天的友好协商机会，若友好协商未果，则在上述规定日期内提交斯德哥尔摩商会仲裁院进行国际仲裁。

4. X工程DRB的工作实践

自1998年9月至2001年2月，DRB察访工地9次，举行争端听证会8次，对Ⅱ标和Ⅲ标承包商所提出的争端做出了8个有效正式建议（Recommendation）和4个推荐性意见（Suggestion），并对业主和各承包商提出的11项潜在争端分别提出了意见和建议。

X工程提请DRB听证的会议纪要如表12-1所示。

X工程DRB听证会议纪要表　　　　**表12-1**

编号	听证时间	听证主要内容：业主或承包商提出的正式建议（Dispute）及潜在争端（Potential Dispute）	DRB提出的这个正式争端（Recommendation）或推荐性意见（Suggestion）
1	1998.9.1—1998.9.23	Ⅱ标承包商提出的正式争端：Lot2-D1：当地劳务费用调差 Ⅲ标承包商提出的正式争端：Lot3-D1：当地劳务费用调差	Lot2-R1：关于Ⅱ标“当地劳务费用调差争端”的建议 Lot3-R1：关于Ⅲ标“当地劳务费用调差争端”的建议
2	1998.12.7—1998.12.15	Lot2-D2：Ⅱ标承包商提出的“导流洞开挖和支护遇到不可预见的外界条件”争端	Lot2-S1：关于Ⅱ标承包商提出的“导流洞开挖和支护遇到不可预见的外界条件”争端的推荐性意见
3	1999.3.8—1999.3.19	Lot2-D2有关内容的继续	Lot2-R2：关于Ⅱ标承包商提出的“导流洞开挖和支护遇到不可预见的外界条件”争端的建议
4	1999.5.31—1999.6.12	Ⅱ标承包商提出的正式争端： Lot2-D3：工程师的指令赶工措施 Ⅱ标承包商提出的潜在争端： Lot2-PD1：图纸变化是否为变更 Lot2-PD2：合同10.3款“图纸修改” Lot2-PD3：承包商对改变钢筋细部的责任（承包商建议的排沙洞设计） Lot2-PD4：导流洞灌浆的支付（分包引起的管理费和利润） 业主提出的： Lot2-PD5：留庄业主供应设备的卸货费用	Lot2-R3：关于导流洞的工期延长和赶工争端的建议
5	1999.8.12—1999.8.26	Ⅱ标承包商提出的潜在争端： Lot2-PD6：明流泄槽开挖区的排水项目的支付 Lot2-PD7：冲击锚杆（Alluvial Bolts）的单价确定 业主提出的潜在建议：Lot2-PD8：明挖断层带 Ⅲ标提出的正式争端： Lot3-D2工程实施中遇到的不可预见的条件 Ⅲ标提出的潜在争端： Lot3-PD1：由Ⅱ标供应给Ⅲ标的沙子 Lot3-PD2：中国税 Lot3-PD3：汇率损失（所得税和营业税引起的汇率损失）	Lot3-R2：关于工程实施中遇到的不可预见的条件争端的建议

续表

编号	听证时间	听证主要内容：业主或承包商提出的正式建议（Dispute）及潜在争端（Potential Dispute）	DRB 提出的这个正式争端（Recommendation）或推荐性意见（Suggestion）
6	2000.1.23—2000.2.3	业主提出的正式争端：Lot2-D4：明挖断层带计量和支付	Lot2-R4：关于明挖断层带计量和支付争端的建议
7	2000.5.2—2000.5.15	Lot2-D2，Lot2-D3，Lot2-D4 等争端的继续	Lot2-S2：关于导流洞开挖和支护争端的推荐性意见 Lot2-S3：关于明挖断层带计量和支付争端的推荐意见 Lot2-R5：关于第六个中间完工日期之后的赶工争端的建议
8	2000.10.8—2000.10.15	Ⅱ标承包商提出的潜在争端： Lot2-PD9：对于可补偿的额外费用所适用的管理费和税 Lot2-D3 有关内容的继续	Lot2-S4：关于导流洞赶工争端的推荐意见 Lot2-R6：关于成本、管理费和补充费用争端的建议
9	2001.2.11—2001.2.22	Lot2-D3 有关内容的继续（以类似仲裁方式 Trial run）	附件 B：Trial run 会议的情况

上表中所列的争端有三类：第一类与合同文件的规定及合同条款的解释有关，如承包商提出的“当地劳务调差”争端。这类争端经过 DRB 听证后，双方接受了 DRB 所做的比较客观的建议后经协商解决了争端；第二类是承包商根据合同条件第 12.2 款以“遇到了一个有经验的承包商也不可预见的不利的地下条件”为由提出工期延误和巨额索赔的争端。这类争端由于涉及面广，且不可预见的不利条件难于界定，因而争端处理过程曲折漫长，难度很大；第三类是关于工程延误与赶工的争端。由于双方对工程延误的责任和延误时间及费用分歧很大，这类争端的解决也很困难。

下面是 X 工程的两个 DRB 参与处理工程索赔争端的案例。

【案例 12-12】 在 DRB 参与下解决不利自然条件索赔

（选自李武伦《建设合同管理与索赔》）

关键词：不利自然条件；DRB；不可原谅延误

背景和综述：

由于 X 工程地质条件复杂，在导流隧洞施工过程中发生多次塌方，引起了不利自然条件索赔问题，促使合同有关各方进行了大量的索赔研讨工作，取得了丰富的经验。

在导流隧洞施工过程中遇到中导洞先后十几处塌方，施工难以继续。一方面承包商停止开挖，根据工程师指示不断加固中导洞的顶拱支护，另一方面承包商借故提出导流隧洞工程的地质条件属于不可预见。当时，承包商在现场雇佣了不合格的劳务，且管理不善，施工效率降低，实际工程的进度远不能满足计划的要求。结果是工期推迟，严重影响截流计划的实现，双方争议很大。承包商认为是地质条件变化，业主则认为现场占用时已经打通了中导洞，地质条件是清楚的，主要是承包商施工管理不善。最后协商，搁置争议，实施赶工。

索赔要求：

当赶工达到可能实现截流的前几个月，即开挖障碍发生后的第2年，承包商提出了正式的详细索赔报告（其间有中间报告）。主要理由是：

1）由其他承包商完成的中导洞不适宜，不完全；

2）中导洞塌方；

3）设计变化和岩石支护要求的变更；

4）不良岩石性质引起塌孔和过量超挖；

5）业主保留了重要的地质信息；

6）工程师发布各种指令的延误；

7）在关于岩石支护的充足性、重新设计以及安全防护问题上，承包商与业主、工程师、设计者之间发生了分歧；

8）业主不顾实际情况，指令必须按最初的合同日期截流。

索赔处理过程及结果：

承包商的索赔报告内容十分复杂，资料很多，但论述并非逻辑性极强。最后采用总费用法进行经济索赔，数额巨大。为此，工程师也进行了大量的工作，对承包商索赔的各种理由进行了分析。分析结果是不同意地质条件和障碍是一个有经验的承包商所不可预见的，不同意工期延误是FIDIC土木工程施工合同条件第四版第12.2款所致；经过各个事件的分析，不同意承包商工期延长的天数。工程师经过事态延期分析，只有承包商索赔延长工期的30%；同时同意给承包商以因变更和超挖分析后的超挖、超填量及其他项目的计量进行补偿。

承包商对于工程师的评估不满，因此于提交正式索赔后的一年，要求工程师对此索赔根据合同条件67款做出决定，承包商对于工程师的决定仍然不服，要求提交DRB评审。

DRB经过阅读索赔文件，并多次召开听证会，听取了双方的立场和举证，最后DRB提出了建议，主要内容如下：

(1) 有经验的承包商不可预见的自然条件，不是无处不在（如承包商所称），也不是不存在（如业主所称）。

(2) 仔细研究了地质素描图和招标文件中的地质资料，经过深思熟虑，认为至少有10个洞段承包商预见了不可预见的地质条件，建议双方努力达成一致。

(3) DRB建议有5种延误事件，即：承包商的不良表现；中导洞造成的岩石松动；中导洞没有按规定进行支护（不可预见的障碍）；中导洞支护不充分，出现岩石松动（也是不可预见的）；不可预见的自然条件。并提出：承包商的不良表现，承包商当然没有权利延长工期；其余四个事件，根据合同条件第12.2款承包商有工期延长的权力。

(4) DRB认为，根据12.2款的工期延长权利，应该基于上面提到的4个事件所述问题的范围，还应该包括基于没有遇到不可预见条件下可能达到的施工进度。总体而言，根据第44款的工期延长取决于一个可原谅延误事件对工程完工或单项工程完工的影响范围；并且比较如果没有发生该延误事件会出现什么样的情况。

(5) 根据以上原则，DRB进一步说明：确定不可预见条件的范围是一件要参照一个“有经验的承包商”的标准进行评估的事情。但是，根据遇到不可预见条件而假定承包商没有遇到不可预见条件情况下而达到的施工速度（不是参照其他承包商或其他工程评估的施工进度）。这样确定施工进度有难度，基本方法是判断，判断的依据是承包商在其他洞段达到的施工进度。这些其他洞段（MM-Measure Mile 洞段，即没有不可预见条件的洞段）本身也是判断，其他洞段遇到的自然条件（事实）就类似于“有经验的承包商”可以合理预见的自然条件。

（6）因此，DRB 考虑了一个可能的方法，对不可原谅延误进行量化。

首先，不考虑中导洞锚杆安装不当洞段造成的延误，另行评估这些延误。

第二，考虑10个洞段所述桩号和承包商遭受可原谅延误洞段之外的洞段。根据这些洞段的长度和开挖这些洞段的天数，计划开挖这些洞段的平均进尺，称之为“非 12.2 款进尺”。“非 12.2 款进尺”可能包括不同的因素，如承包商施工效率低下，既有断层带开挖，也有非断层带开挖的洞段，岩石下落或其他认为是不可预见的恶劣条件如停工等，作为评估未受到上面提到的 4 个事件影响的洞段施工进度的一个工具，DRB 认为是可行的。

第三，对于 10 个洞段的每个洞段，按“非 12.2 款进尺”进行划分，确定要不是12.2 款条件完成这部分开挖所需要的时间，即如果没有遇到不可预见条件时完成这部分洞段开挖所需要的时间，称之为“But for 时间”。

实际用的时间减去“But for 时间”，得出由于 12.2 款条件发生的延误。

（7）DRB 建议各方寻求同意并采用一个“非 12.2 款进尺”，或者各方同意一个不同的但同样简单的计算方法。关于“非 12.2 款进尺”，DRB 强调一点，它不应包括（3）中提到的 4 个事件，这些事件必须另作分析。

（8）DRB 总结并进一步建议，各方绘制时标进度图，以落实根据上述计算延误影响并根据下述情况，努力就工期延长达成一致。

1）承包商遇到自然障碍和条件的洞段，而且这些自然障碍和条件根据招标文件、地质资料及投标商的现场考察（包括照片）是不能合理预见到的。

2）这些洞段实际的开挖进尺（包括开挖没有进行的时间），该实际进尺的依据是DRB 判定，其施工进度受到干扰在很大程度是由于实际遇到的条件造成的。

3）DRB 建议各方就一个“非 12.2 款进尺”（或其他方法）达成一致，作为这些洞段的总体平均进尺，该进尺是假定在这些洞段遇到的是可以预见条件下承包商达到的进尺。

（9）如果在某种程度上 12.2 款适用，那么其结果就是要补偿承包商合理发生的实际费用。费用一词的定义，包括发生的所有正当开支，包括管理费和其他费用，财务费用是通常付出的管理费的一种。

DRB 的上述主要建议，双方虽存在一些意见，而且都采用提交仲裁的方法表达。然而，在开始仲裁前，尚存在有 56 天友好协商的时间，因此于正式索赔报告提交后的 3 年零 7 个月开始了双方派出正式代表进行友好协商。友好协商进行了 8 个月，才有了一个令业主做出决定的结果，但承包商仍不签字承认。承包商索赔的工期得到了满足，对直接费用的核算也表示满意，但认为间接费包括管理费的计算存在一些不足。应该说这种延误的计算是基本合理的，所以业主给予支付。剩余的问题可由双方高层领导去一揽子解决。

处理该问题的过程中双方都认同友好协商的策略，即一方对问题的处理提出意见，如果错了，请对方提出意见，合理的改正，不合理的坚持一个一个地解决。因此召开了五十余次协商会议（还不包括小组交换意见），每次会议都作了会议记录，前次记录在下次会议开始之前签认。这些记录，在友好协商成功时有效；如不成功，在诉诸仲裁之时，一律不作为依据。因为友好协商过程中，双方都可能存在灵活处理，做出了平衡，都是有条件的，因此它不能作为仲裁的依据。友好协商以业主代表为主导地位，每次协商都提出议程，及下次会议的时间，应该说非常“正规”。

协商的过程及结果如下：

(1) 首先确定不可预见的地方。经协商，按照地质条件，如按岩石分类有困难，则按实际开挖过程的情况进行确定。即发现某年某月某日之前，隧洞的开挖作业是正常的，没有发现不可预见的如DRB确定的桩号地段及四个事件，而在此时间之后，却连续发生了塌方，不可预见的桩号，中导洞支护不充分，重新加固支护，以及其他的施工干扰等，因此，把某年某月某日之前已施工的洞段定为MM洞段，双方进行了确认。

(2) 既然确定了MM洞段，根据这些洞段施工记录，在时标进度图（如图12-2所示）上分析了在开工开始时的学习曲线阶段的施工进度，也分析了属于承包商可预见洞段的正常施工进度，双方确认了这个施工进度就是DRB所说的“非12.2款进尺”，但不是DRB所说的只有一个，而是每个工作面都有一个“非12.2款进尺”。协商过程中对这个数值争议很大，关于二、三、四期开挖的这个数值，还联合向DRB进行了报告，请DRB评审。

(3) 第三，在某月某日之后的实施施工进度线上，协商一个合适的起始点，画平行于“非12.2款进尺”的直线，这条直线即承包商“But for”碰到不可预见条件下的可能达到的施工进尺，称之为“But for”计划代替了承包商原来的合同计划。这样，正像上述(6)中DRB所说的，利用公式计算：

可原谅延误＝实际用的时间－“But for”时间

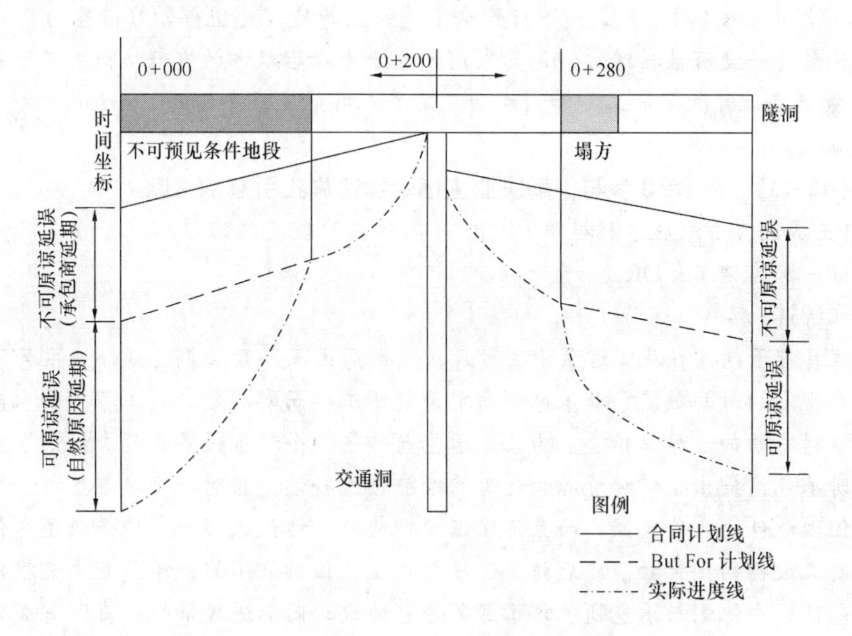

图12-1　时标进度图

(4) 每个工作面的可原谅延误计算出来后，其延误的表达方式为工作面·天。这样利用每个工作面每天实际发生的费用减去每个工作面每天“But for”的费用，即得出每个工作面每天实际发生的额外费用，从而乘以可原谅延误天数。即：

可补偿的费用=每个工作面每天实际发生的额外费用×可原谅延误天数。

(5) 包括管理费、财务费、税金等在内的费用计算见表 12-2。

索赔费用计算表 **表 12-2**

编号	费用项目名称	内容和计算方法
A	一期开挖费用 A1 与工作面的天数有关的费用合计 A2 因 12.2 款发生的一次性费用 A3 排水费用 A4 其他因 12.2 款发生的费用	 每个工作面每天实际发生的额外费用×可原谅延误天数 实际统计，在工作面以外的辅助车间的费用等 投标时每天排水费用×最长延误的工作面天数 如为加快出碴而在碴场发生的倒运费
B	二、三、四期开挖费用 内容同上	同上
C	管理费	(A+B) ×总部管理费率，A、B 在统计中已包括现场管理费
D	补充费用	承包商为 12.2 款索赔在国外发生的咨询专家费用
E	材料费	因 12.2 款处理施工问题在现场发生的额外材料费用
F	总计	A+B+C+D+E
G	过去以及支付的各项有关费用	根据支付凭证统计后扣除
H	财务费用	根据发生索赔费用应该支付的时间算起，按银行利率复利计算
I	税	按承包商收入款额交纳的营业税和所得税，业主应予以补偿
J	索赔净额补偿	F−G+H+I

案例评述：

1. 本案例中 DRB 对于什么是不可预见条件的判断处理是值得学习借鉴的。虽然 DRB 的评审意见最终并没有被接纳，但是其采用的方法为以后双方的友好协商打下了基础。

2. 本案例在计算索赔的工期时，成功应用了本书第五章介绍的 But-for 方法。

【案例 12-13】 在 DRB 参与下解决业主指令加速施工引起的索赔

(选自王咸儒《小浪底水利枢纽 FIDIC 合同项目管理实践》)

关键词： 加速施工；DRB

背景和综述：

X 工程Ⅱ标承包商在施工过程中因可原谅延误原因而导致工期延误，业主为了保证按原合同进度规定的时间截流，和承包商商定为赶回工期而实施赶工，工程师向承包商发布了隧洞工程衬砌的加速施工指令。为此，承包商作了一个增加设备和赶工计划，经工程师批准。同时承包商提出了增加资源和赶工的经济损失补偿。当时双方准备签订一个加速施工协议，但因承包商要价太高，而且不保证按期截流，协议未签成。但是业主支付了一笔足以购买赶工设备的预付款。之后施工进度加快了，但效果不好。于是业主又推荐多家分包商给承包商，由他们与承包商签订了劳务分包协议。此后进度加快，直到完成衬砌，按时截流。

索赔要求：

为此，承包商在截流在望的三个月前提出对采取赶工措施的估价，正式提出索赔报告，共 3 卷，第 1 卷讲的是权利，第 2 卷是估价，第 3 卷是附件，并提出了数额巨大的索赔费用。

索赔处理过程及结果：

工程师在承认承包商具有赶工索赔权利的基础上，同承包商进行了为期近一年的费用估价的澄清、交流和评估。其间承包商又不断地更新和补充支持文件266份。由于双方未能深入地就具体事项达成共识。这时，承包商提出题为“因指令赶工而引起的变更工作的估价根据R67款要求工程师决定”的报告，在这个报告中承包商的索赔数额比原索赔报告当地货币部分上升1/3，外币部分上升1/8。工程师的决定仍未使承包商满足，因此提交DRB评审。

DRB认为：

加速施工一词在合同中没有定义。实际上FIDIC土木工程施工合同条件第四版中也没有使用这个词。在英语中这个词有多个同义词，而且一般都用于描述速度的增加。在工程和施工行业，加速施工通常指的投入额外的资源，改变施工方法，重新安排施工计划，其目的是为了实现原定的完工时间，否则就要发生延误。

通常情况下，工程师按FIDIC土木工程施工合同条件第四版第46.1款发布指令要求承包商赶工，并明确说明要求赶工是因为承包商的施工进度未能保持在足以按期完工的水平，而且承包商无权得到工期延长。

因此加速施工一词本身并不说明业主是否要给承包商以经济补偿，谁承担赶工的费用并不取决于是“加速施工”，还是“赶工”。

在施工行业，“商定的赶工”（尤其是通过各方在实际赶工之前，达成一致的方案）和“建设性赶工”（含蓄的赶工指令，发出指令的起因是，尽管承包商遭受了可原谅的延误，仍要求他实现原定的完工时间）是完全不一样的。

当时有加速施工协议吗？在提交给DRB的资料中以及争议听证过程中，各方都提到了工程师的决定，也提到了一个“协议”，但DRB认为当时没有书面的“商定的赶工协议”。DRB审查了一个非常详细的赶工措施技术卷宗汇总，以及工程师对建议的一些修改，虽然得到了承包商认可，但这些卷宗有待于进一步的审查和批准，各方没有就赶工从技术方面和财务方面达成一致。工程师虽有指令，但是使用的变更条款又不适用于赶工。

但是，双方显然还是继续为加速施工进行了共同的努力，实际上根据合同条件第13.1款，承包商别无选择，只有遵循工程师关于“任何事情，不论合同里是否提到，承包商都要严格遵循与执行工程师的指令”。

没有“赶工协议”而且变更条款也不适应，但承包商又不得不遵循工程师的指令，那么，现在怎么办？DRB建议采用胡德森（Hudson Formula）模型的原则处理。这些原则的简单内容如下：

1）合同蕴涵的条件；

2）准契约赔偿；

3）具体确定的额度。

DRB不知道工程所在国是否存在类似的法律概念，但估计应该存在。因为类似的概念存在于许多的民事法系。在民法中，不需要双方签订书面协议就可确定一项任务，即不管承包商发生的可原谅延误，仍然通知承包商履行其完工任务，是愿意尊重实现这一完工日期的一种表达方式，这就会引起“辩论”。要问：承包商有工期延长的权力吗？回答是承包商有这样的权力。通过工期延长承包商从中得到好处了吗？回答是否定的。

结果是：承包商是“受害者”，因为他丢失了使用延期进行施工的权力，他可以要求赔偿。

还可以换引另一个法律原则，这就是“以旧代新”的原则，意思就是：一个承诺为另一个承诺取代，即构成一个新的合同。这里的情况是，采用最初商定的资源和计划实现完工日期，被采用其他资源和不同的计划实现完工日期所代替。

另外，良好信用的基本原则也是适应的。如果承包商有权延长某一中间完工日期，业主就不能要求承包商在不能得到额外补偿的情况下保持该中间完工日期不变（尤其是在要实施额外工作的情况下）。

DRB认为，对可原谅延误的评估是公平地确定应付给承包商款额的关键。如果在某种程度上赶工是因为承包商的失误造成的延误，那么，要公平解决就必须考虑这样的延误。

DRB认为，如果大量采用原来的工程量清单上的费率，就难以对赶工进行补偿。如果在赶工开始后遇到了设计变更影响，这种情况更是如此。看来，采用工程量清单的费率，加上赶工开始后额外资源的实际费用，或许是一个比较公平的办法。

根据DRB的上述建议，双方对承包商提出的加速施工索赔清单进行了协商。承包商的索赔清单是建立在原计划费用以外的额外费用，内容见表12-3。

索赔费用计算表　　**表12-3**

编号	项目名称	内容和计算方法
A	导流洞内混凝土衬砌与时间有关的费用	因赶工而增加了项目经理部的人员、共享设备、设备租赁费、分包商的费用、设备维修人员、节假日加班费等，增加的当地劳务、在工地工作的外国职员的费用
B	导流洞赶工措施增加的费用	包括为赶工采购的施工设备、特制的模板、钢结构件、吊车梁及吊车等
C	导流洞进口、出口赶工措施费用	混凝土的冬季保温措施费、运输费用、进水渠的赶工、进水塔与消力塘的赶工等
D	导流洞和进出口共享资源费用	承包商原来设备的折旧和运输费的增加，砂石料场地设备的增加，拌和楼容量增加，钢筋场地的增加，电力和照明的增加
E	补充费用	为赶工而聘请的咨询专家费用和在工地的为赶工研究赶工措施的特别小组的费用
F	管理费	（A+B+C+D）×总部管理费（包括利润）
G	财务费用	[（A+B+C+D+F）-已支付的款项] 的利息
H	税	包括因赶工而增加收入的营业税和所得税

合同双方协商过程主要商讨了：①承包商的赶工索赔已如前述，业主是承认承包商有权获得赔偿；②与时间有关的费用，引进了混凝土衬砌如果不赶工的费用和赶工后的实际发生的费用，而不是按承包商的原计划额外费用计算，核算证明在承包商原计划的时间内是完不成衬砌施工的；③其他各项目即B、C、D项，研究其在原计划基础上确定合理发生的数额，承包商索赔额中“余地”太大；④管理费率由承包商联营体各公司提供其有审

计证明的管理费率，并按股份比例的加权平均获得；⑤补偿费用因没有一个规矩，承包商提出的数额太大，必须根据业主掌握的资料分析核定，争论也是比较大的。

案例评述：

1. 本案例中的索赔是由加速施工引起的。因业主指令加速施工而给承包商带来的损失，理应由业主赔偿，但是承包商应该实事求是地计算索赔款，以便双方能达成一致。

2. 本案例中造成最后不得不请DRB进行评审的一个重要原因是对加速施工不能达成书面一致意见。在大型国际工程索赔实践中，承包商要时刻注意明确工作内容，并留存索赔依据，以便在处理争议时可以运用相应的证据来支持自己的索赔要求。

第二节　某大型国际石油EPC总承包项目索赔案例

（选自张水波等《国际工程管理英文信函写作》）

一、工程概况与合同

1. 工程概况

Mubasin石油开发项目由两个独立的合同组成。一标包括整个输油管线系统，承包商（EPC总承包商）为某中国管道工程建设公司（以下称为“中管道”）；二标为SCADA（Supervisor Control，alarm and data acquisition，意为“监控，报警和数据采集”）系统和泵站，承包商是一家来自巴西的公司。项目业主为Great National石油经营公司（以下称为GREAT NATIONAL或业主），作为业主代表的项目顾问为COP公司，该公司代表业主管理和监督项目施工。

整个输油管线系统包括长约1，500公里的NPS（意为“美国标准直管螺纹”）28英寸输油管线，设计容量为250，000桶/每天（bpd），用于将无硫原油从Heg生产厂的一号泵站运输到海港末站。输油管线分为两段。A段输油管线从一号泵站下游出口开始，到EL Geili以北结束，全长约800公里。B段输油管线紧接A段输油管线下游出口，到海港末站上游入口结束，全长约700公里。该系统的设计生命周期至少为25年。

2. 工程合同文件概要

本合同文件（简称“合同”）由五卷组成。

第一卷为合同格式和合同条件，又分为：

（1）合同格式

（2）合同条件

（3）授标函

（4）授标前会议记要

其中，“合同格式”一般称为合同协议，为使合同生效有时需按适用法律执行，它是合同各方对另一方做出的合同承诺及所有合同文件的概括。

第二卷为会议记要和澄清，又分为：

（1）技术澄清会议记要

（2）技术澄清

这些澄清是合同的一个主要部分，因为它们通常都会对项目的费用和进度计划产生很明显的影响。

第三卷为招标文件（ITB文件），又分为以下三册：

（1）第一册

1）投标邀请（删去）

2）投标人须知（删去）

3）投标格式（删去）

4）合同

第1.0章 合同格式（删去）

第2.0章 合同条件

第3.0章 标准格式

第4.0章 工作范围

第5.0章 补偿和支付条件

第6.0章 项目进度计划

第7.0章 采购

第8.0章 计划、进度和合同状况报告

第9.0章 质量管理

第10.0章 健康、安全和环境

第11.0章 合同管理

第12.0章 业主供应的项目

5）项目信息备忘录

6）补遗

（2）第二册——附件A：图纸

（3）第三册——附件B：规范

第四卷为承包商的技术建议书

第五卷为承包商的商务建议书

本合同属于EPC固定总价类型（“固定总价”一词并不意味合同价格就一定是绝对不变的。“固定”的价格到底是否可以改变取决于合同的实质性规定。对于本合同，见合同条件第2.22款“变更令和额外工作”）。本合同工期为12个月，对承包商而言，进度非常紧张，是一项挑战。

本部分共包括3个索赔案例，它们是：

1. 关于简易机场的争端（有关工作范围的索赔）

2. 洪水冲垮桥梁（有关不可抗力的索赔）

3. 洪水冲坏海亚管线（有关工程保险的索赔）

在案例中，主要围绕有关一标承包商——中管道的问题展开。此外，本案例将以来往信函形式叙述。

二、工作范围变更引起的索赔

【案例12-14】 EPC总承包项目关于简易机场的争端

承包商的设计组经进一步的现场勘测发现，已有两个简易机场分别位于Ebeid和Khart的分输站附近。于是承包商认为按照合同没有必要修建简易机场，并将此意图通知了 COP。

信件 1. 承包商提出使用已有简易机场

致：COP　　　　　　　　　　　　　　　　　　　　编号：97/CPA/001

主题：位于 Ebeid 和 Khart 炼厂计量站的简易机场

我们的现场勘测证实，已有两个简易机场分别位于 Ebeid 和 Khart 炼厂 50 公里以内。Ebeid 炼厂计量站距其中一个简易机场约 12 公里，Khart 炼厂计量站距另一个简易机场约 39 公里。我们在此通知你方，按照合同第四部分——第 4.0 章——工作范围，我们建议不再另行修建简易机场。

请参见所附的两个简易机场的地图。

中管道

评注：

此信的目的何在？承包商应将此信交给业主吗？按照合同承包商是否必须这样做？业主能从中觉察到承包商的什么意图吗？承包商对此事件保持沉默也许对它更有利！

信件 2. 业主回信要求在报价中删减简易机场的相关费用

致：中管道　　　　　　　　　　　　　　　　编号：EPC2/OMA/001

主题：Ebeid 和 Khart 炼厂计量站的简易机场

参见你方编号为 97/CPA/001 的信件，我方答复如下：

既然你方的勘测表明在每个计量站附近 50 公里内都已存在一个简易机场，我方不反对你方放弃在计量站修建简易机场的建议。即按照合同第四部分——第 4.0 章——工作范围，不需在 Ebeid 和 Khart 炼厂计量站修建简易机场。

因为修建简易机场是构成合同总价的一部分，我方要求中管道向业主提供设计、采购和施工的价格分解表，以便将此部分工作的费用删减掉。

COP

评注：

出人意料的是，COP 竟同意了承包商的建议，但要求从合同价格中扣除简易机场的费用，因为它认为此费用包括在合同价格中。承包商会同意吗？COP 是否能够确信承包商提供的情况呢？似乎 COP 在答复承包商时采取的态度过于轻率。

信件 3. 承包商认为简易机场的费用未包括在原总包合同价格中

致：COP　　　　　　　　　　　　　　　　　　　　编号：97/CPA/002

参见你方编号为 EPC2/OMA/001 的信件。

谨在此提醒贵方，因承包商在投标阶段的详细勘测中就已发现存在着能够满足合同要求的简易机场，所以在其技术标和商务标中，承包商都未考虑简易机场的设计和费用。因此，承包商无需提供合同价格分解表，并且不可能扣除简易机场的任何费用，因为合同价格中并不包括此费用。

中管道

评注：

承包商用友好的方式告诉业主合同价格（请牢记此合同价格为固定总价）中不包括简易机场的费用。业主相信承包商吗？它对这封信将作何答复？让我们拭目以待。

信件 4. 业主认为简易机场属于原合同工作范围

致：中管道　　　　　　　　　　　　　　　　　　　　　　编号：EPC2/OMA/002

参见你方________（日期）编号为97/CPA/002的信件，请注意下列情况：

请参见信后所附的中管道的技术建议书中第二卷第7.0章“A段输油管线的施工计划”，第7.1.2.3.c节，第8和第9两页，其中说明：

“按照EPC合同的要求，中管道的设计工程师将在进行详细设计的过程中，分阶段实施下列工作：……

800公里长的管道路线及其沿线辅助设施的详细设计。……

简易机场的设计……”

你方提出中管道没有在技术和商务建议书中考虑简易机场的设计，此意见肯定不正确。

按照你方在编号97/CPA/002的信件中曾提出的要求，因为要删除此部分工作，中管道应向业主提交设计、采购和施工的价格分解表。

COP

评注：

不出所料，业主根本不相信承包商。反倒是业主所展示的承包商的技术建议书表明，承包商在投标阶段确实考虑了简易机场的设计，而且包括在技术建议书中。这就给承包商出了一道难题。承包商能够解决这个难题吗？如何解决呢？

信件5. 承包商坚持认为简易机场的费用不包括在合同价格中

致：COP　　　　　　　　　　　　　　　　　　　　　　　编号：97/CPA/003

参见你方编号为EPC2/OMA/002的信件。

因合同价格中根本不包括简易机场的费用，所以没有理由从合同价格中扣除此费用。我方解释如下：

投标阶段中经现场勘测，我方发现在距两个计量站50公里的范围内各有一简易机场。按照合同第四部分——第4.0章——工作范围，不需在Ebeid和Khart炼厂计量站修建简易机场。

在承包商的商务建议书的D项（Ebeid炼厂的分输站）和E项（Khart炼厂的分输站）中，对简易机场没有计价。

中管道

评注：

承包商的论述似乎很合乎逻辑；然而，此论述却不能解释承包商为何将简易机场的设计作为承包商工作范围的一部分列入到技术建议书中。这表明承包商在递交投标建议书时是准备修建简易机场的。考虑到这个因素，承包商在这封信中的第一个论点似是而非并且没有任何可靠证据的支持。业主会接受承包商提出的这些观点吗？

信件6. 业主坚持认为简易机场属于原合同工作范围，并准备从支付中扣款

致：中管道　　　　　　　　　　　　　　　　　　　　　　编号：EPC2/OMA/003

参见你方________（日期）编号为97/CPA/003的信件。请注意：

1. 中管道“投标阶段中经现场勘测，我方发现在距两个计量站50公里的范围内各有一简易机场”的论述是不正确的。中管道在投标期间没有在其技术和商务建议书中就此提出任何修改、删除或备选方案。实际上，在中管道的技术建议书第二卷，第7.0章——A

段输油管线的施工计划，第7.1.2.3.c节，第8和第9页上，纳入了简易机场的设计。参见我方________（日期）编号为EPC2/OMA/003的信件。

2. 商务建议书的进度计划A中明确说明“这个包括一切费用的不再增加的总价……对应于按照合同规定完成整个工程的施工所必需的所有工作的实施和一切义务的履行。总价包括了一切费用，如管理费、融资费、应急费、保险费和利润。”个别项目在商务计划书的表单中没有列出并不意味它不在工作范围内。

3. 我们认为，中管道的建议书中肯定包括简易机场的费用。此部分工作将被删除，业主将从下次的期中付款中将扣留这一有争议的费用，作为对业主的补偿。

COP

评注：

业主认为，中管道“投标阶段中经现场勘测，我方发现在距两个计量站50公里的范围内各有一简易机场”的说法是不正确的。业主的这种看法是有道理的。因为承包商的技术建议书中清清楚楚地列入了“简易机场的设计”。与此同时，业主坚持认为合同价格中包括简易机场的费用，并威胁将此费用扣除。承包商必须就此事给予业主一个合理的解释。

信件7. 承包商坚持认为建设简易机场的费用不包括在原合同工作范围之中

致：COP　　　　　　　　　　　　　　　　　　　　　编号：97/CPA/004

经研究你方________（日期）编号EPC2/OMA/003的信件，我方认为：

1. 按照合同第四卷，B2.3.4款，基于我方在以前的信件中说明的情况，简易机场不在工作范围内。并且，我方的商务建议书中也没有对此报价。事实上，在业主编制的A段输油管线系统招标文件中列出的空白报价表单里，没有简易机场的报价这一项。因此总价不包括简易机场。

2. 中管道不太理解业主陈述“中管道在投标期间没有在其技术和商务建议书中就此提出任何修改、删除或备选方案……”的意图。因为简易机场在承包商的工作范围之外，在投标期间承包商不需要提出修改、删除或备选方案。

3. 承包商完全不能接受业主对于“此部分工作将被删除，业主将从下次的期中付款中将扣留这一有争议的费用，作为对业主的补偿”的意见。业主怎能删除工作范围之外的项目而且扣留合同中不包括的费用呢？

承包商希望此事能够以友好的方式解决。如果业主果真从下次期中付款中扣留任何费用，承包商将不得不采取相应的措施。

中管道

评注：

承包商没有解释简易机场的设计为何包括在技术建议书中，但是坚持认为简易机场不是工作范围的一部分并且其费用没有包括在合同价格中。对于业主从合同价格中扣除简易机场费用的威胁，承包商做出了强烈的反应。业主会让事情就此罢休吗？双方下面怎么收场呢？

信件8. 业主举证并仍坚持认为简易机场属于原合同工作范围

致：中管道　　　　　　　　　　　　　　　　　　　编号：EPC2/OMA/004

经研究你方________（日期）编号97/CPA/004的信件，我方的意见如下：

1. 商务建议书中规定的“这个包括一切费用的不再增加的总价”包括了“按照合同规定完成整个工程的施工所必需的所有工作和一切义务的履行”。根据合同，工程包括计量站的简易机场的设计和施工，这一点已在工作范围第4.0章，B2.3.4款中做出了说明。承包商也已在其技术建议书第二卷，第7.0章中确认“简易机场的设计”是承包商工作范围的一部分。因此，我们不能接受承包商关于建议书中不包括简易机场价格的看法。

2. 承包商声称承包商“在投标前”就已确认50公里以内有简易机场。

情况并非如此，因为在投标过程中承包商并未提出任何能够支持其上述说法的删减或修改。承包商只是“在中标后”才在其编号97/CPA/001的信件（见附函）中通知我们，在Ebeid和Khart炼厂50公里以内都有简易机场。因此认为承包商的建议书中包括简易机场的费用。

3. 请贵方注意，你方所说的在Khart炼厂附近的简易机场（如信件97/CPA/001所附的地图所示）实际上是一个军用简易机场，而非民用简易机场，因此业主不能使用。另外，由于此简易机场座落于尼罗河的对岸（即西岸，而Khart炼厂在河的东岸），它到Khart炼厂的距离超过了50公里。因为附近没有道路或桥梁，简易机场到Khart炼厂计量站的实际交通距离远远超过了承包商所称的39公里。

如上所述，业主不能使用此简易机场，且按照合同中的工作范围第4.0章，B2.3.4款，承包商应在Khart炼厂计量站修建一个可供固定翼飞机和直升机使用的简易机场。

承包商应提交Khart计量站的简易机场的地点、平面图和设计，以供业主审查和批准。

4. 正如我们以前提出的要求，为了删减Ebeid简易机场，我们同时要求承包商向业主提供其设计、采购和施工价格分解表。

COP

评注：

业主提出了两个新的发现——Khart炼厂附近的简易机场是一个军用机场，不得用于民用目的；简易机场到Khart炼厂计量站的实际交通距离远远超过了39公里（是否超过了50公里呢?）。因此业主要求承包商在Khart炼厂计量站修建一个简易机场，删减了Ebeid简易机场但要扣除费用。似乎此时的处境对承包商更为不利了。承包商能够渡过难关吗？对业主的要求承包商又如何反应呢?

信件9. 承包商坚持认为简易机场不属于原合同工作范围，但承认有笔误

致：COP　　　　编号：97/CPA/005

针对你方________（日期）编号EPC2/OMA/004的信件，我方答复如下：

1. 对于你方第一个看法：根据合同文件，简易机场的设计和施工不在承包商的工作范围之内（详细原因见承包商以前信件中的有关论述）。业主声称承包商在其技术建议书第二卷第7.0章中也承认了“简易机场的设计”是承包商工作范围的一部分，实际上，在第7.0章中进行详细描述的一个实质性部分——第7.2节“规划和设计的实施计划”中并没有任何有关简易机场的设计的实质性内容。唯一提到简易机场的设计之处是在第7.1.2.3“第7.1节的设计计划（概要）”，此计划也仅是一个对于A段输油管线的实施的轮廓性的描述。这份文件里的相关部分摘录如下：

“……

——示意图的设计和批准

——初步输油管线路线的设计

——尼罗河穿越设计

——1号、3号和5号泵站的清管设施的设计

——拟建造的2号和4号泵站的清管设施设计

——10个管线截断阀室的设计

——简易机场的设计

——阴极防护系统的设计

有关A段输油管线的详细的设计计划，见第7.2节。

……”

最后一句清楚地说明了具体的计划见第7.2节。然而，在7.2节中并没有有关简易机场的设计的详细描述。显然，在上述摘录的段落中提到简易机场只是一个笔误。按照解释合同语言的国际惯例，当具体的特定信息和一般性的模糊信息间存在不一致时，应优先考虑前者。对于本合同，按照第一卷（ii）中的合同条件第2.4.4款，招标文件优先于承包商的技术建议书。因此，当第4.0节——工作范围B 2.3.4款和设计计划的第7.1.2.3款存在分歧时，承包商不得不按照前者实施工作，因为前者是招标文件的一部分，而后者是承包商的技术建议书的一部分。

2. 对于你方第二个观点：承包商在投标前的确通过投标前的考察了解到在Ebeid和Khart附近分别存在一个简易机场。承包商的商务建议书中没有对简易机场报价可以对此作出证明（见附件）。否则，承包商必然会在商务建议书中将简易机场的价格包括进去。在承包商看来，没有必要将此情况通知业主，因为按照第三卷，第一册VII，第4.0章的规定以及现场的实际情况，承包商没有在商务建议书中对简易机场报价的事实已经向业主表明简易机场的设计和施工不在承包商的工作范围内。承包商中标后对业主的通知（见承包商编号为97/CPA/001的信件）仅是对此事实进行的进一步确认。

3. 对于你方第二个观点：业主称Khart附近的简易机场是军用简易机场。实际上，第4.0章“工作范围”中，使用的措辞是“一个现有的简易机场”，而不是“一个现有的非军用的简易机场”。因此，“一个存在的简易机场”的概念应被认为包括军用简易机场。至于到Khart的距离，实际用词是“现有的简易机场50km以外，其中没有提到绕行的交通距离。因此，实际距离应为承包商在投标前的现场考察中测得的39km。

4. 按照业主的要求，承包商在此提交设计，采购和施工价格分解表，以证实承包商的商务建议书中没有包括简易机场的价格。

希望你方能够对本信中所提出的各条意见进行诚恳、公平、合理的考虑，我们在此提前表示感谢。

中管道

评注：

终于，承包商对简易机场的设计为何包括在技术建议书中作出了解释——这不过是一个笔误（一个多好的借口！笔误常常是可以被原谅的），并且给出了证据。针对业主提出的Khart附近的简易机场是军用简易机场且交通距离超过了50公里的论点，承包商对于“存在的简易机场”和距离“50公里”的概念的含义和引申意提出了不同的理解。承包商

的论述有说服力吗？似乎如此。

信件 10. 业主提出承包商提到的机场属于军用机场不能使用，要求建新的简易机场

致：中管道 编号：EPC2/OMA/005

参见你方________（日期）编号 97/CPA/005 的信件，对你方提出的问题，我方按你们的编号顺序回答如下：

（1）对于简易机场的要求：

1）对于承包商有关简易机场的要求见第 4.0 章“工作范围”，B2.3.4 款。

2）在承包商对 A 段和 B 段输油管线的建议书中的主要工作项列表里都包括了简易机场。这些工作在你们建议书的其它部分中是否进行了扩展性的描述是无关紧要的，也是易于理解的，因为简易机场的技术要求相对合同的其它部分来说微不足道。因此在你们有关简易机场的建议书中没有矛盾之处，谈不上笔误也不需要另外的解释。

因此，提供简易机场是承包商的一项义务，承包商在其建议书中对此给予了同样的肯定。

（2）简易机场包括在价格中：

如技术建议书所示，只有与输油管线系统工艺有关的项目才进行了单独标价。正因为如此，在 A 段和 B 段输油管线的商务建议书中简易机场才都没有单独标价，而是归于“业主的要求”中。因此，业主认为承包商的商务建议书中包括 A 段和 B 段的简易机场的价格。

（3）在 Khart 分输站的简易机场：

1）我们提醒承包商：合同第 2.0 章——合同条件的第 2.3.1 款中写到，“合同的性质和主旨是提供在每一个细节处都完全达到设计目的的上述工程，承包商接受了本合同，即对此目的表示了同意。”承包商所提的现存的 Khart 炼厂简易机场为军用机场，业主不能使用，因此不适于合同所要求的目的。

2）所要求的 50 公里的距离只能被解释为陆地上的交通距离，因此我们拒绝你方的解释。交通距离超过 50 公里违背了“要适用于目的”的要求，否则合同中不会规定距离。况且，承包商提到的已有的简易机场为军用机场，业主不能使用。

因此，承包商有义务按照合同的要求在 Khart 修建一个简易机场。

（4）简易机场的 EPC 价格分解表：

业主拒绝你方的提议——见上述第 2 点。

总而言之，承包商应立即：

1）向业主提交 Khart 分输站的简易机场的有关设计详图以供审查和批准，并

2）另以信件形式确定，除了其他要求之外，承包商所称的在 Ebeid 计量站的现存简易机场还应满足合同第 4.0 章“工作范围”，B2.3.4 款规定，“每一处距已有的简易机场超过 50 公里的分输站应包括供固定翼飞机和直升机使用的简易机场，设计标准应遵从用于类似双獭机型的通用的国际标准”；

3）除上述 2）点要求外，还应向业主提供设计、采购和施工即包括一切费用的价格分解表，以删除在 Ebeid 的简易机场。

COP

评注：

这封信的措辞多么尖锐！承包商关于其设计建议书中包括简易机场的设计是笔误的说

法被业主断然否决。且业主认为合同价格的分解表不够详细并要求提交更为具体的分解表。业主在这封信里清楚地表达了两个意思，即1）要求承包商修建在Khart炼厂计量站的简易机场；2）从合同价格中扣除在Ebeid计量站修建简易机场的费用。看来承包商根本不可能接受业主的上述要求，然而承包商会怎样进行反击呢？

信件11. 承包商不同意业主观点并列出业主要求中费用分解

致：COP　　　　　　　　　　　　　　　　　　编号：97/CPA/006

经研究你方________（日期）编号EPC2/OMA/005的信件，我方答复如下：

1. 再次声明，承包商不能接受业主对于技术建议书第7.0章的解释，因为此处包括“简易机场的设计”明显是一个笔误。第7.2节中没有“详细的设计”的事实证实了这一点，且“有关A段输油管线的详细的设计计划，见第7.2节”这句话清楚地表明了第7.2节将详细说明此处概括提及的工作。可以看到即使技术上更简单的设施都在第7.2节中得到了详细说明，因此，如果承包商原本有意修建的话，“简易机场的设计”必然会包括在第7.2节中。另外，B段输油管线也是如此，也提到了简易机场的设计，但其实根本不需要简易机场，因为这部分中没有分输站。并且，在经业主批准的施工进度计划中也没有有关简易机场的设计和施工的工作。以上都证明了“简易机场的设计”一词只不过是有关部分中的一个笔误。

2. 的确，一般只有与输油管线工作过程相关的项目才会单独标价。但在最后一项“N. 其他”中，包括两部分（1）军营和（2）业主的要求，其中军营的费用已单独标出。依据常识，所要求修建的军营比简易机场技术难度小、费用低。因此，既然单独标出了军营的费用，那么如果合同价格中真的包括简易机场的费用，也一定会在商务建议书中将此费用单独标出。

3. 承包商完全清楚合同条件第2.3.1款的含义。但是这个一般性的规定必须结合所有其它有关的规定进行解释。“合同目的”就是，如果在Khart50公里以内已经存在简易机场，则承包商不需另建。

4. 业主没有道理地认为，承包商将简易机场的费用归入了“业主的要求”这一子项目中，并要求承包商提供价格分解表。尽管此要求不合常规，承包商仍给出此部分的价格分解表如表12-4所示：

“业主的要求”分解表　　　　**表12-4**

序号	描　述	单　位	数　量	数　额	备　注
1	宿舍和办公室	总价	1		所有数额均以1,000美元为单位
2	办公室装备和易耗品	Ditto	1		
3	交通工具及其维修	Ditto	1		
合　计					

诚请业主对承包商的意见给予公平的考虑。

中管道

评注：

承包商试图通过陈述一些事实作出合理的论证，并应业主的最后一项要求做出了“业主的要求”这一部分的详细的分解表。自然，其中没有列出简易机场。

信件 12. 业主坚持要建新的简易机场并提出新理由

致：中管道　　　　　　　　　　　　　　　　　　　　编号：EPC2/OMA/006

参见你方________（日期）编号 97/CPA/006 的信件，我方按你们的编号顺序回答如下。

1. 我们拒绝接受你方的答复，理由已在我们以前的信件中给出。此简易机场的设计在技术上根本不存在复杂之处，承包商应该非常清楚这一事实。我们不理解承包商的施工进度计划和承包商应修建简易机场的要求之间有什么关系。施工进度计划不能解除承包商的任何义务。

2. 见上述第一点。

3. 参见合同中合同条件第 2.9.1 款，“承包商应熟悉并始终遵守所有的国立、州立和市立的适用的法律、实施细则、法令、规章、合法的权力机构制定的政令或命令……”，承包商必须清楚地认识到业主不能使用 Khart 分输站的军用简易机场，因此承包商的立场违背了合同第 2.3.1 款。我们提醒承包商注意合同中合同条件在各文件中所处的优先位置。

4. 业主不赞同承包商对于业主的要求是“过分的”这一说法，并彻底拒绝这一说法。反倒是，承包商作为一个经 ISO 9000 认证的有着相应质量控制程序的组织，在没有可认可的证据的情况下，不能称在两个独立的部分出现的都是笔误。

5. 承包商应立即向业主提交我们先前发出的、编号 EPC2 \ OMA \ 005 的信件中所要求的价格分解表。

COP

评注：

在这封信中，业主提出了承包商应修建简易机场的一个“新”的理由——遵守法律；但这个理由是否有效呢？在价格分解表的问题上，业主对于承包商使用的“过分的”（确实是一个语气很强烈的词）一词非常敏感。业主以牙还牙地反驳道，“承包商作为一个经 ISO 9000 认证的有着相应质量控制程序的组织，在没有可被证明的证据的情况下，不能称在两个独立的部分出现的都是笔误。”无论如何，合同价格的详细分解表很有说服力，业主没有能够对此分解表提出任何实质性的反对证据，但还是含含糊糊地坚持应将简易机场包括在合同价格中。

信件 13. 承包商要求业主发正式变更令

致：COP　　　　　　　　　　　　　　　　　　　　　　编号：97/CPA/007

经研究你方________（日期）编号 EPC2/OMA/006 的信件，我方再次答复如下：

1. 业主认为简易机场在技术上不复杂是正确的，但承包商在上一封信中表达的意思是对比于军营，简易机场较复杂。业主应认识到此事实。

2. 正是简易机场没有包括在承包商的施工进度计划（已经业主批准）中这一事实，构成了简易机场的建设不在承包商的工作范围内的另一条证据，因为施工进度计划是一份非常详细的文件，我们所有的施工工作无论大小都包括在其中。

3. 承包商一直遵守并将继续遵守合同中规定的所有法律。但是，在有关简易机场的问题上，业主引用合同条件第 2.9.1 款（应遵守的法律）是不恰当的。就承包商所知，不存在任何证据说明承包商拒绝按照业主毫无根据的要求修建简易机场就违背了适用法律。

法律不允许业主使用军用简易机场与承包商无关。通过对第 2.9.1 款的仔细研究可以发现，该条款的意图在于确认承包商应遵守有关劳工、环境保护、工作安全和健康等方面的法律。

4. 业主没有理由坚持认为简易机场的费用包括在承包商的合同价格中，承包商按照业主的要求所做的价格分解表已经表明合同的价格中不包括简易机场的费用。

5. 承包商认为已有的简易机场符合合同的要求与合同条件第 2.3.1 款并不抵触。承包商当然会按照合同文件的要求完成工程，使其在每一处细节上都完全符合设计的目的。然而，此项目设计的目的并不包括简易机场的建设。业主仅仅基于承包商的技术建议书中提到了简易机场，就认为简易机场应由承包商设计是没有充分道理的，因为在技术建议书中提到简易机场很明显是一个笔误（参见我们的信件 CO/6001，6009），而不能被作为承包商原计划设计和修建简易机场的证据。正如有经验的建筑专业人员所周知，施工合同往往由许多文件组成，出现笔误很常见，这些错误应该是可以被原谅的。业主可以通过检查其自己编制的招标文件来证实这一点。

如果业主认为需要简易机场，承包商等待业主就此发出变更令。

中管道

评注：

真是一场漫长的马拉松啊！到目前为止，双方都坚守着自己的立场，事态进入了僵局，但是必须把问题解决掉。他们打算怎么办？双方会相互妥协吗？

（在一次周会上提出了简易机场的问题。双方同意就此事件专门召开会议。）

信件 14. 业主通知承包商就简易机场问题召开专门会议

致：中管道　　　　　　　　　　　　　　　　　　编号：EPC2/OMB/007

按照周会上达成的协议，谨在此通知承包商计划于________（日期）下午两点在业主的会议室就建设简易机场一事召开会议。希望你方准时到会。

COP

评注：

双方都同意进行面对面的会谈，这种会谈往往能较好地解决问题。这次会谈会起作用吗？是能够顺利地解决问题呢，还是会陷入僵局呢？

信件 15. 双方都作出了让步

致：COP　　　　　　　　　　　　　　　　　　　　编号：97/CPA/008

本着合作的精神，依照 1999 年 2 月 7 日在业主和承包商之间进行的讨论，承包商同意继续进行 Khart 炼厂计量站简易机场的设计和施工。

但是，承包商仍然认为这项工作在其工作范围之外，并保留对此要求补偿的权力。此工作的费用估算将按规定的程序提交给业主。

中管道

评注：

虽然争端没有立即得到彻底解决，但双方都作出了一些让步。承包商同意进行简易机场的设计，但是保留了索赔补偿的权力；业主很有策略地不再坚持将 Ebeid 简易机场的费用扣除。最终结果留给读者思考和决定。

案例评述

此争端是由于对合同语言的不同理解而引起，在国际工程合同中这种情况并不罕见。

因为合同一般由多个文件组成，有时各个文件之间并不一致，或互相矛盾，所以多数情况下都会在合同条件中对这些文件的优先顺序作出规定以解决这类问题。本合同中规定的优先顺序如下：

2.4.4　如果一份合同文件和其它合同文件之间存在矛盾，应该按照下列优先顺序解决：

- 合同协议书
- 授标函
- 合同条件
- 标前会议的记录
- 技术澄清和答复
- ITB的澄清和答复
- 投标邀请书（不包括协议格式和合同条件）及其附录
- 承包商的技术和商务建议书

一般当此类争端发生时，承包商首先必须求助于：1）最有利的合同规定；2）事实记录；3）国际惯例；4）好的策略和论证。

在合同语言的解释方面有一些通用的原则，下面是《国际统一私法协会国际商事合同通则》中关于合同解释方面的规定：

第四章　合同的解释

第4.1条

（当事人的意图）

（1）合同应根据当事人的共同意图给予解释。

（2）如果该意图不能确立，合同应根据一个与当事人具有同等资格的、通情达理的人在处于相同的情况下对该合同所应有的理解来解释。

第4.2条

（对陈述和其他行为的解释）

（1）一方当事人的陈述和其他行为应根据该当事人的意图来解释，如果另一方当事人已知或不可能不知道该意图。

（2）如果前款不适用，上述陈述和其他行为应根据一个与另一方具有同等资格的、通情达理的人在处于相同情况下所应有的理解来解释。

第4.3条

（相关情况）

在适用本章第4.1条和第4.2条时，应考虑所有情况，包括：

（a）当事人之间的初期谈判；

（b）当事人之间已确定的习惯作法；

（c）合同签订后当事人的行为；

（d）合同的性质与目的；

（e）在所涉及的交易中，通常赋予条款或用语的含义；

（f）惯例。

第4.4条

（对合同或陈述整体考虑）

合同的条款或用语应根据其所属的整个合同或全部陈述予以解释。

第4.5条

（给予所有条款以效力）

对合同各项条款的解释应以使它们全部有效为宗旨，而不是排除其中一些条款的效力。

第4.6条

（对条款提议人不利原则）

如果合同当事人所提出的合同条款含义不清，则应作出对该方当事人不利的解释。

第4.7条

（语言差异）

如果合同是以两种或两种以上具有效力的文字起草的，若这些文本之间存在差异，则应根据合同最初起草的文本予以解释。

第4.8条

（补充空缺条款）

（1）如果合同当事人各方未能就一项确定其权利与义务的重要条款达成一致，应补充一项适合于该情况的条款。

（2）在决定何为适当条款时，除其他因素外，应考虑以下情况：

（a）各方当事人的意图；

（b）合同的性质与目的；

（c）诚实信用和公平交易原则；

（d）合理性。

在本案例中，承包商的一些做法存在不妥之处。首先，承包商向业主发第一封信函有"此地无银三百两"之嫌，这使得承包商处于心理劣势。其次，承包商将简易机场的设计包括在技术建议书中犯了一个严重的错误。既然合同价格中不包括简易机场的费用，那么其技术建议书中也不应包括相应的工作。

因此，承包商在编制投标书（商务和技术建议书）时必须十分小心，注意各个文件之间保持一致。

三、不可抗力引起的索赔

【案例12-15】 EPC总承包项目洪水冲垮桥梁的索赔

因为这是一个输油管道项目，管材的运输对项目能否成功取着决定性的作用。在运输线管的过程中，发生了大洪水，冲毁了运输车辆运送线管时所必经的一座桥梁。线管的运输分包给了一家当地分包商——FLEEDS后勤服务有限公司。

信件1. 承包商向业主发出不可抗力索赔通知

致：COP　　　　　　　　　　　　　　　　　　　　编号：97/CPB/101

主题：洪水冲垮桥梁

我们收到我方分包商FLEEDS的通知，Gadambalia桥（距Khart约290公里）今天早上因洪水坍塌，因此线路用的管子的运输受阻。

我们已经向现场派出了工程师，他们打电话回来确认了桥梁坍塌的消息。目前，我们正在与分包商一起寻找可以替用的运输路线。为将此事件的影响降至最小，我们恳切地要求你方立即联系有关部门修复此桥。

此不可抗力事件可能将会延误运输的进度，从而对整个项目的施工进度造成影响。因此，按照合同条件第 11.2 款，我们在此通知业主我方保留对此事件引起的任何后果进行索赔的权利。

请参见后附的我方分包商发来的传真的复印件。

中管道

FLEEDS 后勤服务有限公司
Khart
1222 邮政信箱
传真：　　　电话：

加急

日期：1998 年 9 月 11 日
致：中管道
送：

我们在此通知贵方，Gadambalia 桥今天早上（9 月 11 日）10 点被洪水冲毁。我们的所有拖车因此受阻。现在，我方正在寻找可以代用的运输路线，但是找到的希望似乎不大。我们建议修建临时的便桥，但是我们不知道修建一座这样的桥梁需要多长时间。

我们希望你方安排一次所有各方都参加的会议，以研究我们的建议。望你方迅速给予指示。

________（签字）

评注：

合同常常要求在发生不可抗力事件时，承包商应在规定时间期限内通知业主并采取必要的措施减小其影响。这封信就是对此要求的一个很好的体现。

信件 2. 业主否认此事为不可抗力

致：中管道　　　　编号：EPC2/OMB/001

主题：洪水冲垮桥梁

参见你方________（日期）编号 97/CPB/ 101 的信件。

收到你方 1998 年 9 月 11 日的信件后，业主、承包商及分包商召开了讨论以上主题的会议。会后，三方立即参观了现场以调查有关情况。同时，业主立即与路桥部取得了联系。在我们调查期间，共有 24 辆运线管的拖车通过了该桥，没有发生交通中断的现象。

通过以上调查，我方作出结论，因该桥梁仍然可以通过而且没有发生交通中断，业主不接受并拒绝你方以“不可抗力”为由提出索赔。

因桥梁被洪水部分冲毁，政府有关部门已经采取了紧急措施，提供另外的通行办法，以保障交通畅通无阻。代用桥梁的修建工作正在进行中。

COP

评注：

业主对承包商的要求立即作出了反应，但却发现桥梁只是部分损毁并且能够继续通过。因此，业主否认了承包商认为此事件是不可抗力的论断。政府有关部门在业主的请求下，也正在帮助解决困难。

信件3. 承包商没有回应业主的来信，但指出情况进一步恶化

致：COP　　　　编号：97/CPB/102

续我方编号97/CPB/101的信件，我们很遗憾地通知你方昨晚22：00因Gadambalia桥彻底倒塌而迫使线管的运输停止。导致的后果是第2、4、5和6号施工作业面的主要施工活动因线管运不过来而被迫停止。

我们的分包商通知我们没有发现替代道路，他们没有其它选择，只能等待桥梁修复。

中管道

评注：

承包商没有对业主的信件正面答复，而是通知业主情况恶化了：桥梁完全倒塌，线管运不过来。

信件4. 业主不同意出资修复桥梁

致：中管道　　　　编号：EPC2/OMB/002

参见你方________（日期）编号97/CPB/102的信件。

在我们就上述问题________日举行的会议上，曾询问过承包商为缓解问题是否能采取些措施以及应采取哪些措施。承包商建议由业主出资安装线管作为桥梁过水涵洞，业主不接受此建议。

请注意将线管运至施工现场是承包商的责任。此次桥梁倒坍并不赋予承包商以不可抗力而索赔的权利，理由如下：

1. 承包商可以使用代用的路线，因本国的地形平坦，有许多代用的路线都可供承包商使用，你方也已向各个施工作业带运过线管；

2. 承包商可以采用其它的运输方式，如火车；

3. 暴雨属于正常的天气干扰，这个时节正是一年中的雨季。

尽管如此，路桥部正在桥梁坍塌现场修建旁道，并将在一个星期内完工。

COP

评注：

有趣的是，业主询问承包商是否它能帮助修复桥梁。承包商同意在业主出资的情况下帮忙，却遭到了业主的拒绝。业主认为桥梁倒塌不属于不可抗力事件，并列出了支持其观点的三条理由。承包商会同意吗？

也有好的消息，路桥部已经开始修建旁通便桥，并将在一个星期内完工，但承包商在这一个星期内能干什么呢？

信件5. 承包商坚持此事为不可抗力所致

致：COP　　　　编号：97/CPB/103

参见你方________（日期）编号 EPC/OMB/002 的信件。

我们非常感谢你方在上述事件中作出的努力，但是却不能同意你方在信件中提出的观点，原因如下：

1. 桥梁冲毁以来，我方和我们的分包商一直在努力寻找代用的路线，但是没有找到；

2. 我们已经使用了火车运输，但由于这种方式效率低下，它不能满足施工进度计划的要求。请参见我方的施工工地日报表（单独提交）；

3. 虽然这个时节是雨季，但桥梁因洪水倒塌却不是正常事件，并且也是承包商在投标阶段所不能预见的。

因此，我方的结论是桥梁倒塌确实属于不可抗力事件，我方将按照规定的程序通知你方此事件的有关影响。

中管道

评注：

该事件问题的关键在于桥梁的倒塌是否属于不可抗力事件。与业主的意见相反，承包商认为该事件实属于不可抗力事件并给出了理由。业主将怎样答复呢？

信件 6. 业主再次否认此事为不可抗力

致：中管道　　　　　　　　　　　　　　　　　　　　编号：EPC2/OMB/003

经研究你方________（日期）编号 97/CPB/103 的信件，业主不同意承包商认为 Gadambalia 桥的倒塌属于不可抗力事件的意见。据合同条件 2.3.9.3“不可抗力”的规定，

“如果符合下列条件，应认为情况可以预见并在承包商的控制之内：

…

(d) 由正常的天气干扰引起；”

并请注意旁通便桥已经完工，现在可以通车，包括运输线管的车辆。信后附路桥部关于此事的信件的复印件，请查收。

COP

评注：

业主引用了不可抗力条款，以证明“正常的天气干扰”应被认为是“可以预见的并在承包商的控制之内”，因此桥梁的倒塌不是不可抗力事件。这合乎逻辑吗？推理中是否存在薄弱环节呢？

信件 7. 承包商通知旁通便桥也被冲毁

致：COP　　　　　　　　　　　　　　　　　　　　　　编号：97/CPB/104

我们非常遗憾地通知你方________日新建的旁通便桥也被冲毁，交通再次中断。所有的拖车现在都被阻在对岸，我们正采取一切措施减少这次交通阻碍带来的影响。

对于你方编号 EPC/OMB/003 的信件中所阐述的立场，我们答复如下：

在雨季降雨的确是正常的，但是雨下得太大引起了严重的洪水，洪水又冲毁了桥梁（导致了坍塌）。严重的洪水并非正常的天气干扰。可对此进一步加以证实的是，自 1976 年建成以来，此桥是第一次被冲垮（参见所附的国家高速公路管理局给予的证明）。因此，桥梁是因正常天气原因倒塌的论断是站不住脚的。

我们将继续通知你方事态的发展情况，一旦了解到此事件对项目费用和工期的影响，

我们将立即提交你方。

中管道

评注：

反驳业主的论断时，承包商提出一个有力的事实：自建成以来此桥是首次被冲毁。结合其他事实，似乎此事件确属不可抗力事件。

信件8. 业主指出冲毁的桥梁已经修复，认为承包商内部管理不善

致：中管道　　　　　　　　　　　　　　　　　　　　编号：EPC2/OMB/004

在此通知你方倒塌的Gadambalia桥已于________（日期）修复并再次可以通行。据我们所知，你方分包商已开始恢复正常的线管运输。

我们发现最近在施工进度上的延迟实际上是由于承包商计划不当及施工/采购和控制部门之间缺乏协调引起的。因此，要求你方加强你方的内部协作，尤其是与你方分包商间的协作，并保证顺利将线管运至现场。

COP

评注：

桥梁又可以通行了，这是一个好消息。但业主认为延误是由承包商计划不当及部门间缺乏协调而引起的。这是事实还是将责任推卸给承包商的一种借口？

信件9. 承包商不同意业主指出其内部管理不善的观点

致：COP　　　　　　　　　　　　　　　　　　　　　　编号：97/CPB/105

多谢你方告诉我们桥梁已经修好并可以通车的好消息；我们的分包商FLEEDS也通知了我们。

但是，业主声称“延迟实际上是由于承包商计划不当及施工/采购和控制部门之间缺乏协调引起的”是毫无根据的，承包商完全不能接收这种说法。现在，不可抗力事件的影响已近尾声，我方将在近几日内向你方提交费用和工期受到的影响的报告。

中管道

评注：

承包商当然反对业主没有根据的（在承包商看来）指责，它企图向业主提交费用和工期受到的影响的报告以寻求补偿，并以此方式来肯定自己的观点。

信件10. 承包商提交工期和费用索赔要求

致：COP　　　　　　　　　　　　　　　　　　　　　　编号：97/CPB/106

参见我方________日编号97/CPB/104和________日编号97/CPB/105的信件，根据合同第2.3.9款“不可抗力”，我方在此提出我们对下列补偿的要求：

（a）工期延长：壹拾贰（12）天

要求延长的12天是第10作业队的输油管道施工工作的延误时间，此延误是由位于El Gadambalia的桥梁倒塌导致工地缺少输油管道而引起的。上述施工工作位于关键路径上，决定着整个A段输油管道的完工时间，其最早完工日期为1999年7月20日。

详情请见附件1：“9月1－13日的延误统计”和附件2：“月进度报告（M/R－1998年8月30日至9月30日）”

（b）费用补偿：壹万伍仟壹佰贰拾美元（US ＄15,120）

详情请见附录3：“费用计算”。

希望你方接受上述请求。

中管道

评注：

承包商书面提出了工期和费用索赔。业主会接受他的请求吗？

信件 11. 业主作出让步，但仅同意工期索赔

（业主收到承包商的信件后，立即召开了业主和承包商之间的会议。经过长时间的讨价还价，双方都同意作出让步，并达成了一个协议。）

致：中管道　　　　　　　　　　　　　　　　编号：EPC2/OMB/005

按照我们于________（日期）在承包商会议室举行的会议，业主在此对下列结论加以确认：

1. 承包商要求就 Gadambalia 桥倒塌的有关费用进行补偿，因合同中没有任何支持条款和条件，所以此要求被业主否决（参见会议记录）。

2. 业主同意给予 10 天的工期延长，因此竣工日期为________（日期）。

请见信后所附的有关此事的会议记录。

COP

评注：

此事的解决令双方都感到满意。由于合同中关于的延误条款中规定了很高的误期损失补偿费，因此工期对承包商来说是关键。

案例评述

这是一个有关不可抗力的案例。在国际工程合同中，对此术语没有统一定义。因适用法律不同，不同的合同对"不可抗力"所作的定义往往也不完全相同。一些定义简短而含糊；一些定义详细但冗长。无论如何，在对不可抗力进行定义时，有几条原则是国际上公认的。下面是不可抗力的一个有代表性的定义：

在本条中，"不可抗力"的含义是指如下所述的特殊事件或情况：

(a) 一方无法控制的；

(b) 在签订合同前该方无法合理防范的；

(c) 情况发生时，该方无法合理回避或克服的，以及

(d) 主要不是由于另一方造成的。

只要满足上述 (a) 至 (d) 段所述的条件，不可抗力可包括（但不限于）下列特殊事件或情况：

(i) 战争、敌对行动（不论宣战与否）、入侵、外敌行动；

(ii) 叛乱、恐怖活动、革命、暴动、军事政变或篡夺政权，或内战；

(iii) 暴乱、骚乱、混乱、罢工或停业，完全局限于承包商的人员以及承包商和分包商的其它雇员中间的事件除外；

(iv) 军火，炸药，离子辐射或放射性污染，由于承包商使用此类军火，炸药，辐射或放射性的情况除外；

(v) 自然灾害，如地震、飓风、台风或火山爆发。

（引自 FIDIC 1999 版 EPC 合同条件）

在该项目的 EPC 合同条件中，不可抗力的定义如下：

"在此使用的不可抗力一词，指天灾以及公敌的活动、战争、封锁、叛乱、暴动、传染病、滑坡、电击、地震、火灾、暴雨、洪水、冲蚀、合法机构的逮捕和命令、国内动乱以及其它任何不在宣布暂停合同义务的合同一方的合理控制之内的，且即使此方勤奋工作也无法避免、克服或预防的不可预见的事件。"

至于哪一方应对不可抗力事件的后果负责，也有几个普遍接受的原则：

1）如果一方因不可抗力事件而不能履行其的合同义务时，不应认为其违约；

2）如果承包商因不可抗力事件遭受了任何延误和/或招致了任何费用，在某些情况下，只要承包商不违背某些限制条件，那么承包商有权得到工期延长；

3）如果承包商因不可抗力事件而被终止了合同，那么承包商应该得到一定的补偿。

但是，实践中上述原则是有例外的。例如，在本项目的 EPC 合同中，在发生不可抗力时，只有在按照业主的指示暂停正在进行的工作的情况下，承包商才有权得到工期延长和暂停工作的补偿。因此承包商必须严格按照合同内同的规定来实施。

在此案例中，业主拒绝对承包商进行补偿，理由是它从未指示承包商暂停工作。但业主最后还是做了一定的让步，延长了工期。

四、有关工程保险的索赔

【案例 12-16】 EPC 总承包项目洪水冲坏海亚附近输油管线索赔

因外界力量引起的尤其由不可抗力引起的物资财产的损坏，一直是项目的一个潜在风险。一般此类风险都会按照合同的规定由承包商或业主向保险公司进行保险。但事情往往比预料的要复杂。

信件 1. 承包商发出不可抗力索赔通知

致：COP　　　　　　　　　　　　　　　　　　　编号：97/CPB/401

主题：洪水冲坏海亚附近输油管线

我方谨通知你方，1997 年 10 月 3 日的夜晚，在海亚附近 6 号泵站的上游，J156 段输油管道的一部分被洪水冲走。受影响的管段偏离了原来的中心线，折向下游方向，平行于未受影响的管段。

因为这是一次不可抗力事件，不在承包商的合理控制之内，所以我们保留就此要求补偿的权力。

我们等待你方的指示。

中管道

评注：

对承包商来说，这是在发生了不可抗力事件时，向业主或业主的代表或工程师发出的通知的一个很好的范例。

信件 2. 业主要求检查但未承认是不可抗力

致：中管道　　　　　　　　　　　　　　　　编号：EPC2/OMPD/001

主题：洪水冲坏海亚附近输油管线

参见你方_______（日）编号为 97/CPB/ 401 的信件。

你方应进行检查，以查明受影响的线管的损坏程度、变形情况以及焊缝的完整性。如果检查表明其不规则性超出了允许的范围，则应切割和替换有缺陷或损毁的部分；而如果焊缝的完整性有问题，则应该用放射线探伤方式重新检查受影响的每节线管。

你方应尽快向业主提交详细的检查报告，并采取纠正措施以防此类事件再次发生，不得因此延误区段的管子下沟和回填。

因为你方没有提出支持的证明或证据，业主不接受你方关于在此情况下适用不可抗力条款的意见。

COP

评注：

业主下达了对损坏进行检查的指示，但是因为缺乏证据，没有承认这是一次不可抗力事件。

信件 3. 承包商提出可通过保险解决问题

致：COP　　　　编号：97/CPB/402

根据你方编号为 97/CPB/401 的信件，我方发现管道的损坏属于由业主按照合同条件的第 24 条投保的保险范围内。此保险覆盖了整个输油管线系统（包括在项目现场并将成为完成工程一部分的所有机械、材料）的财产损失和损坏的一切风险。根据此条款，承包商是该保单中列出的被保人之一。

因此，我们相信你方会立即通知保险公司并提出必要的索赔。同时，按照该条款，请你方向我们提供上述保险单的复印件。

中管道

评注：

从这封信中可以看出，业主负责办理项目的保险。承包商本应意识到合同有关保险的规定并在前一封信中提出这一要求。

信件 4. 承包商表示将按业主的要求进行检查

致：COP　　　　编号：97/CPB/403

我方将遵从你方在编号 EPC2\OMPD\001 的信件中发出的指示，并进行下列检查：

1）在周围焊缝进行 100%的射线检查；

2）用测径器进行椭圆度检查；

3）对局部变形的情况进行线管表面检查；

4）100%的漏点检查；

5）从线管起始端到末端进行直线性检测。

一旦检查完毕，我们将向你方提交详细的报告。

另外，我们将按照规定的程序向你方提交证明不可抗力事件的证据。

中管道

评注：

的确，必须对受影响的工程区段进行检查。检查的结果也是承包商计算其损失的基础。

信件 5. 业主将通知保险公司，并要求保护好现场

致：中管道　　　　编号：EPC2/OMPD/002

参见你方编号 97/CPB/402 和 97/CPB/403 的两封信。

我们正在准备通知保险人——联合保险公司上述事件，并将就现场调查的时间安排与

你方进行联系。

我们接受你方在编号97/CPB/403的信件中列出的检查内容以查明线管和防腐层的损坏程度以及其它观察到的管线变形。要求你方在进行检查前提前通知业主，以便我方的现场代表到场对检查进行监督。你方可以进行检查，但是，你方不得对现场进行任何改动，以免影响保险公司的调查。

COP

评注：

业主提醒承包商在保险公司进行调查前不得扰乱事故现场，这一点是非常重要的。即使不提醒，承包商也应对此有所意识，这是保险常识。

信件6. 承包商指出因保险公司未到工作暂停

致：COP　　编号：97/CPB/404

按照你方的指示，在你方现场代表在场的情况下，我们对海亚附近受洪水影响的线管进行了检查，信后附上检查报告。但是，因为保险公司还未作出任何调查，我们不能进行补救工作。同时，受影响部分的输油管线的工作也不得不暂停。

我们希望你方立即安排保险公司的现场调查，这样我们才能及时恢复工作。

中管道

评注：

这封信恰当地向业主通知了目前的状况，预示着将要向业主进行索赔。

信件7. 业主通知保险公司将到现场

致：中管道　　编号：EPC2/OMPD/003

我方谨在此通知你方，保险公司指派的理算师计划于1997年10月21日上午10点考察现场，业主和承包商各派代一名代表陪同。在考察之前，业主、承包商及该理算师将在业主的会议室召开一个简单的会议。

COP

评注：

有关各方现在已经做好了调查现场的准备。考察的结果将如何呢？

信件8. 业主指出损失低于保险免赔额

（现场调查几天后）

致：中管道　　编号：EPC2/OMPD/004

此信确认1997年10月在海亚附近发生的洪水所引起的管道损失低于免赔额400,000美元。

根据理算师（________先生）的调查以及陪同理算师的承包商和业主代表所提供的情况，估计损失不超过230,000美元。

根据合同承包商应提供低于400,000美元以下的保险，因此，它必须自费进行修复。我们将不再向保险公司提出索赔。

随信附上理算师的评估报告的复印件，请查收。

COP

评注：

业主签订的保险单中免赔额如此巨大！看来承包商没有为400,000美元以下的损失进行保险，所以不可能从保险公司处获得赔偿。

信件 9. 承包商不同意业主的结论

致：COP　　编号：97/CPB/405

感谢你方编号 EPC2/OMPD/004 的来信，以及你方为了向保险公司索赔所安排的现场考察。

但是，我们不同意你方“根据合同承包商应提供低于 400,000 美元以下的保险，它应自费进行修理”的观点，因为这并非承包商的义务。的确，第 24 条规定“任何由承包商引起的免赔额以下的损失应该由承包商承担”。如我方上一封信中所述，输油管道的损失是由洪水而非承包商引起的。因此，这件事应该按照不可抗力条款来解决，承包商的损失在不可抗力情况下应该得到补偿。

我们将在采取补救措施后，按照规定的程序向你方提交由此事件导致的损失数额以求补偿。

中管道

评注：

虽然承包商未能从保险公司处获得补偿，但是它试图以不可抗力事件为由要求业主给予补偿。但这一要求有合同依据吗？

信件 10. 业主不同意此事为不可抗力

致：中管道　　编号：EPC2/OMPD/005

针对你方编号 97/CPB/405 的来信，我方提醒承包商注意：任何索赔，包括不可抗力，都需要证据和证明，仅靠一方的陈词是不能够被接受或证实的。虽然洪水和暴雨包括在合同条件所描述的不可抗力中，此描述本身并不足以证明发生了不可抗力事件。我们同时还要提醒你方注意合同第 24.4 款，即：

“如果一项情况：

……

(d) 由天气的正常干扰引起；

则该情况应被认为可以预见并在承包商的控制之内。”

必须注明一切有关于不可抗力的合同条款及条件和支持索赔的证据及证明，否则，我们不接受索赔。

COP

评注：

在承包商证明此事件属于不可抗力之前，业主不会承认。这是一个合理的要求。承包商能够给出有说服力的论证吗？

信件 11. 承包商试图证明此事为不可抗力

致：COP　　编号：97/CPB/406

感谢你方编号为 EPC2/OMPD/005 号来信，承包商认为上述问题是不言自明的；然而承包商理解业主要得到更有逻辑的论述的要求，并阐述如下：

1. 根据合同条件，双方同意洪水和暴风雨属于不可抗力事件。

2. 下一步是要证实此次海亚的“发水事件”（在证实它是洪水之前权且如此称呼）是否是洪水。在这一点上，双方必须就“洪水”一词的含义达成一致。为了保证对此词定义的准确性和普遍接受性，我们从“XXX法律辞典——XXX出版社”中摘录了该词的定义，定义如下：

洪水：（________）通常无水的地区的大量降水（或流入大量的水）。

3. 据承包商所知，在事件发生的10月3日，海亚是处在旱季的一个干燥的地区，这是业主也知道的。（证据见“工作范围”——A. 设计基础——3.0现场和气候数据及气象局给出的证明。见附件1）

4. 因为暴风雨引起的洪水突然冲下，没有时间做出完整详细的纪录。在事件发生之后，业主的现场代表在承包商的现场人员陪同下，立即检查了事故地点并目睹了事故后的情景。1.44公里的美国标准直管螺纹28”F输油管道被冲毁并扭曲成U型锐角，这一事实充分证明了必然有大量水流高速流动（见附件2——录像带及事故后景象的照片）。

因此这一不可预见且不可控制的事件被证明为洪水，也就是不可抗力事件。

承包商完全明白合同条件的第2.3.9.3款，即：

“如果一项情况：

……

(d) 由天气的正常干扰引起；

则该情况应被认为可以预见并在承包商的控制之内。”

但是，这次洪水显然不是“正常干扰”，因为：

1）它发生在干燥地区的旱季；

2）洪水的后果（参见录像带及附件3——受影响区域的平面图）；

3）保险公司的理算师在调查期间这样评述：“看到洪水发生在如此平坦的地区让我十分惊讶；……真奇怪。……我从来没有想到如此粗大的管道能被扭曲成这样”；

4）当地一位居民评论说，“据我所知，这是本地区第一次发洪水”。

上述事件，不是正常的干扰，而是十分反常并对管道造成了很严重的损失，因此不能被认为可以预见且在承包商的控制之内。

目前，我们正在你方现场代表的监督之下修复受影响的部分。同时随此信附上经你方现场代表附签的检验结果。最终的费用和工期影响将按照规定的程序提交给你方。

望你方能够给与公正考虑，我们在此提前表示感谢。

中管道

评注：

这封信看起来推理严密，论据有力。

信件12. 承包商提交费用索赔清单

致：COP　　　　编号：97/CPB/407

参见我方编号97/CPB/406的去函，我们已经完成了对受影响的区段的修复工作。附上施工记录和带有计算表的应补偿费用。

因为修复的时间在浮时之内，因此承包商不要求延长工期。

中管道

评注：

修理的费用清楚了，承包商现在正式要求给与补偿。业主会就此事件补偿承包商吗？

信件13. 业主作出了让步

致：中管道　　　　　　　　　　　　　　　　　　　　　　编号：EPC2/OMPD/006

按照施工进度计划，受影响的管道区段本应在 1997 年 10 月 1 日之前，即洪水发生的前夕下沟。如果那样的话，该部分管道就不会受到如此严重的影响。因此，责任主要在承包商一方。但是，为了使事情得到解决，业主免费追加提供的线管以置换受损管子。承包商应负责由此事件引起的一切其它损失。此即为业主的最终的决定。

COP

评注：

虽然业主很有策略地承认了这是一次不可抗力事件，但是他提出了另一个事实，即管道的严重损失是由延误线管下沟而引起的。无论如何，业主允诺免费提供更多的线管作为解决此问题的让步（此项目中，整个输油管道系统的管子都是由业主免费供应）。承包商会接受这种解决方式吗？

信件 14. 承包商接受了业主的决定

致：COP　　　　　　　　　　　　　　　　　　　　　　　编号：97/CPB/408

感谢你方编号 EPC2/OMPD/006 的关于海亚附近因洪水引起的管道损失一事的来函。

我们同意延误线管下沟是造成损失的部分原因；然而，这是由于你方的现场代表拖延了管沟验收的时间而引起的。在应该验收管沟时，你方现场代表未能出席。尽管如此，本着合作的精神，我们接受你方的决定，结束此事。

中管道

评注：

承包商见好就收，接受了业主的决定。我们并不清楚业主代表不在现场是否有正当的理由。在承包商施工期间，业主代表是否应该始终在场呢？承包商是否按照惯例（合同也常这样规定）通知了业主代表管沟已准备好了验收呢？但实际中的情况往往比合同中所设想的更为复杂。所以如果双方都不想将此事提交仲裁或诉诸于法庭的话，就必须都对事情的解决作出让步。

案例评述

此案例包括两方面的问题：一是保险；二是不可抗力。

风险在项目实施过程中始终存在，保险是降低大多数施工风险造成财务损失的一种方法。投保一般是承包商的合同义务之一，在某些情况下也有例外（例如，在本案例中，承包商和业主就保险作了划分）。

向保险公司投保时，应注意下列事项：

1）合同要求承包商以业主和承包商的联合名义投保吗？

2）保单的承保范围有多大？

3）保单中有哪些例外事项？

4）免赔额/减赔额有多大？

5）进行保险索赔的程序如何？

6）是否要求有特殊的条款，如保险公司放弃代位求偿权？

7）在合同期限延长的情况下，保险单是否规定承包商应通知保险公司延长此保险单呢？

在这个特定的案例中，由业主对工程本身投保，但是免赔额很高，承包商负责对其它部分投保。本合同中的保险条款引述如下。

承包商应获得并维持下列保险：

1）工人的补偿保险/雇主责任险；

2）施工设备保险；

3）交通车辆，飞机和船只的责任险；

4）运输一切险；

5）第三方责任险。

业主应办理工程施工过程险，并保持其全面有效，包括所有在现场并将构成工程一部分的所有机械、材料、供货、免赔额为400,000美元。

显然，承包商开始没有意识到或忽视了合同条件中对免赔额的规定，而他本应在投标阶段研究招标文件时就注意到这一点，这使得承包商在实际操作中处于十分不利的地位。因此，承包商应熟悉合同文件中所有有关保险的要求。这样，他就可以对如此大的免赔额采取相应的措施。

参 考 文 献

[1] 梁鑑. 国际工程施工索赔（第二版）[M]. 北京：中国建筑工业出版社. 2002.
[2] 梁鑑，潘文，丁本信. 建筑工程合同管理与案例分析[M]. 北京：中国建筑工业出版社. 2004.
[3] 何伯森. 国际工程承包[M]. 北京：中国建筑工业出版社. 2007.
[4] 何伯森. 工程项目管理的国际惯例[M]. 北京：中国建筑业出版社. 2007.
[5] 张水波，何伯森. FIDIC 新版合同条件导读与解析[M]. 北京：机械工业出版社. 2002.
[6] 张水波，谢亚琴. 国际工程管理英文信函写作[M]. 北京：中国建筑工业出版社. 2001.
[7] [英] Nael G. Bunni 著，张水波，王佳伟主译. FIDIC 系列工程合同范本——编制原理与应用指南（第三版）[M]. 北京：中国建筑工业出版社. 2008.
[8] 陈勇强. 项目采购管理[M]. 北京：机械工业出版社. 2002.
[9] 刘家明，陈勇强，戚国胜. 项目管理承包：PMC 理论与实践[M]. 北京：人民邮电出版社. 2005.
[10] 殷保合. 黄河小浪底水利枢纽工程[M]. 北京：中国水利水电出版社. 2004.
[11] 李武伦. 建设合同管理与索赔[M]. 郑州：黄河水利出版社. 2003.
[12] 王咸儒. 小浪底水利枢纽 FIDIC 合同项目管理实践，清华大学讲座讲稿. 2003.
[13] FIDIC. Conditions of Contract for Works of Civil Engineering Construction. 4th Edition 1987.
[14] FIDIC. Conditions of Contract for Construction. 1st Edition 1999.
[15] FIDIC. Conditions of Contract for Plant and Design-Build. 1st Edition 1999.
[16] FIDIC. Conditions of Contract for EPC/Turnkey Projects. 1st Edition 1999.
[17] FIDIC. Short Form of Contract. 1st Edition 1999.
[18] Nael G. Bunni. The FIDIC Forms of Contract (3rd Edition) [M]. Blackwell Publishing. 2005.
[19] J. J. Adrian. Construction Claims——A Quantitative Approach [M]. Prentice Hall, Inc. 1988.
[20] Robert J. Cushman, John D. Carter, Paul J. Gorman *et al*. Proving and Pricing Construction Claims (3rd Edition) [M]. Gaithersburg, New York: Aspen Law & Business A Division of Aspen Publishers, Inc. 2007.
[21] McGraw-Hill Construction, University of Reading, CIOB. Key Trends in the Construction Industry Smart Market Report. 2008.
[22] PMI. A Guide to the Project Management Body of Knowledge [M]. 2004.
[23] 成虎. 建筑工程合同管理与索赔[M]. 北京：中国建筑工业出版社. 2005.
[24] 成虎. 建筑工程合同管理与索赔（第三版）[M]. 南京：东南大学出版社. 2000.
[25] 李建设，吕胜普. 土木工程索赔方法与实例[M]. 北京：人民交通出版社. 2005.
[26] 潘文. 国际工程谈判[M]. 北京：中国建筑工业出版社. 1999.
[27] 上海普华应用软件有限公司. Primavera Project Planner (P3 2.0) For Windows 简明教程[M].（内部培训资料）
[28] 刘力，钱雅丽. 建设工程合同管理与索赔[M]. 北京：机械工业出版社. 2004.
[29] 李晓龙. 大型工程项目业主合同索赔管理[M]. 北京：中国建筑工业出版社. 2006.
[30] 沈其明，李红镝. 公路工程合同管理与索赔及案例分析[M]. 北京：人民交通出版社. 2005.
[31] [英] 道格拉斯·斯蒂芬著，路晓村，穆怀晶译. 工程合同仲裁实务（第五版）[M]. 北京：中国建筑工业出版社. 2003.

[32] [英] 彼得·希伯得，保尔·纽曼著，路晓村，王自青译. 工程争端替代解决方法与裁决[M]. 北京：中国建筑工业出版社. 2003.
[33] 董建军，王宏亮，徐得毅等. 水利水电建设索赔、争端与仲裁指南[M]. 北京：中国水利水电出版社. 2004.
[34] 宋连斌. 仲裁理论与实务[M]. 长沙：湖南大学出版社. 2005.
[35] 赵菁. 中国国际经济贸易仲裁委员会仲裁规则示意及适用指南[M]. 北京：法律出版社. 2005.
[36] [英] 艾伦·雷德芬，马丁·亨特等著，林一飞，宋连斌译. 国际商事仲裁法律与实践（第四版）[M]. 北京：北京大学出版社. 2005.
[37] 杨晓林，冉立平. 建筑工程索赔与案例分析[M]. 哈尔滨：黑龙江科学技术出版社. 2003.
[38] 陈安. 国际投资争端案例精选[M]. 上海：复旦大学出版社. 2001.
[39] 苟伯让. 建设工程合同管理与索赔[M]. 北京：机械工业出版社. 2003.
[40] 王平，李克坚. 招投标·合同管理·索赔[M]. 北京：中国电力出版社. 2006.
[41] 赵浩. 建设工程索赔理论与实务[M]. 北京：中国电力出版社. 2006.
[42] 毕星，瞿丽. 项目管理[M]. 上海：复旦大学出版社. 2000.
[43] [英] 大卫·查贝尔著，方志达，余培明，夏瑞康等译. 建筑承包商标准信函格式[M]. 北京：机械工业出版社. 2004.
[44] [美] 约翰·雷克斯著，费琳，张祖成译. 项目文档管理指南[M]. 北京：电子工业出版社. 2006.
[45] 王卓甫，简迎辉. 工程项目管理：模式及其创新[M]. 北京：中国水利水电出版社. 2006.
[46] 王兆俊. 国际建筑工程项目索赔案例详解[M]. 北京：海洋出版社. 2006.
[47] 白均生. 水电工程合同管理及工程索赔案例与分析[M]. 北京：中国水利水电出版社. 2006.
[48] 邓海涛. 三峡永久船闸工程的索赔管理实践[J]. 中国三峡建设，2001 (1).
[49] 杨德钦. 多事件干扰下工期延误索赔原则研究[J]. 土木工程学报，2003，36 (3).
[50] 蒋跃光，段雪峰. FIDIC 合同条件下施工承包合同中的工程变更[J]. 水电站设计，2004，20 (2).
[51] 贺为民. FIDIC 施工合同条件下的承包商索赔问题分析[J]. 建筑施工，2004，26 (2).
[52] 张水波，严栋，何伯森. FIDIC 合同条件范本的最新发展[J]. 国际经济合作，2006 (10).
[53] 张文来. FIDIC 合同条件下的国际工程索赔——红皮书索赔条款[J]. 国际经济合作，2001 (2).
[54] 任学强. FIDIC 合同条件下业主索赔的权利与程序——新红皮书业主索赔条款[J]. 国际经济合作，2007 (5).
[55] 刘玉珂. 新版 FIDIC 合同条件及其应用——EPC[J]. 中国工程咨询，2003 (12).
[56] Sabah Alkass，Mark Mazerolie，Frank Harris. Construction delay analysis techniques [J]. Construction Management and Economics，1996 (14).
[57] David Arditi，Thanat Pattanakitchamroon. Selecting a delay analysis method in resolving construction claims[J]. International Journal of Project Management，2006 (24).
[58] Dr. Satish B，Mohan，Khalids Al-Gahtani. Current delay analysis techniques and improvements [J]. Cost Engineering，2006.
[59] Tony Farrow. Developments in the analysis of extensions of time[J]. Journal of Professional Issues in Engineering Education and Practice. 2007 (7).
[60] Thomas M. C. Taam，Amarjit Singh. Unabsorbed overhead and the Eichleay Formula[J]. Journal of Professional Issues in Engineering education and Practice，2003 (10).
[61] Jefferey L. Ottesen，PE，Jack L. Dignum. Alternative Estimate of Home Office Overhead [J]. AACE International Transactions，2003.
[62] James G. Zack，Jr. Calculation and Recovery of Home/Head Office Overhead[J]. International Cost Engineering Council，2002.

[63] Ronald Gulezian, Frederic Samelian. Baseline determination in Construction Labor Productivity-loss Claims[J]. Journal of Management in Engineering, 2000.

[64] Richard P. Flake, Susan G. Perin. Mediating construction disputes: what works and what doesn't [J]. Dispute resolution journal, 2003 (3).

[65] Kathleen M. J. Harmon. Resolution of construction disputes: a review of current methodologies [J]. Leadership and management in engineering, 2003 (10).

[66] Edwin H. W. Chan, Charles K. L. Chan, Martyn J. Hills. Construction industry adjudication: a comparative study of international practice [J]. Journal of international Arbitration, 2005, 22 (5).